LATEIN KREATIV

Lateinische Lektürebände mit kreativer Ausrichtung

Herausgegeben von Rudolf Henneböhl

Band 1

Ovid - Metamorphosen

Lehrerkommentar

Bearbeitet von Rudolf Henneböhl

© 2007 OVID-VERLAG
Rudolf Henneböhl
Im Morgenstern 4
33014 Bad Driburg

www.ovid-verlag.de
info@ovid-verlag.de

Alle Rechte vorbehalten. Dieses Werk und seine Teile sind urheberrechtlich geschützt. Jede Nutzung außerhalb des Urheberrechtsgesetzes ist ohne vorherige schriftliche Zustimmung des Verlages unzulässig. Dies gilt vor allem für das Kopieren, Einscannen und jede Form elektronischer Weiterverarbeitung.

1. Auflage 2007

Druck: Druckerei Egeling, Bad Driburg

Das Werk folgt der reformierten Rechtschreibung und Zeichensetzung. Ausnahmen bilden Texte, bei denen künstlerische, philologische oder lizenzrechtliche Gründe einer Änderung entgegenstehen.

ISBN: 978-3-938952-04-7

Titelbild: Palamedesz Palamedes II (1633-1705) - Raub der Proserpina

Vorwort

Der Antike verdankt die Menschheit den Mythos *und* den Logos. Beide gehen auseinander hervor und bleiben stets aufeinander bezogen. Sie bilden ein Geschwisterpaar, ja, man kann sie sogar als zweieiige Zwillinge betrachten. In der Spannung, die sich aus beidem ergibt, liegt der Bildungswert des Faches Latein, nicht nur im Sinne der Schulung, sondern der Persönlichkeitsformung und -Entfaltung, metaphorisch „Bildung" genannt. Pädagogisch und gesellschaftspolitisch gesehen muss der Lateinunterricht dieses Potential entfalten, muss junge Menschen zu logischer *Einsicht*, aber auch zu mythischer *Tiefsicht* führen.
Die *Metamorphosen* des Ovid sind *das* Werk schlechthin, das in idealer Weise beide Aspekte miteinander verbindet. Als narratives Epos über Verwandlungsmythen sind sie dem Mythischen verhaftet, in ihrer Gestaltung (Dichttechniken, Gattungsvariation, Leserlenkung, poetische Reflexion) und in ihrem existenziellen Gehalt sind sie dem Logos verpflichtet. Beides gilt es den Schülern bei der Lektüre zu zeigen.
Allerdings verschwindet die Bewusstheit und Planmäßigkeit des Werkes, von der man ausgehen muss, hinter der Perfektion seiner Ausführung, wie bei einer Statue, deren glatt polierte Oberfläche kaum noch die Spuren der Bearbeitung erkennen lässt. Dass der *tenerorum lusor amorum* genau diesen Eindruck scheinbarer Glätte und Leichtigkeit erzielen wollte, lässt sich demonstrieren. Die Unauffälligkeit der dichterischen Mittel und Techniken ist ein poetisches, logisch durchdachtes Ziel, das Ovid programmatisch in der Pygmalion-Episode benennt: *ars latet arte sua*! (~ der künstliche Charakter des Werkes verbirgt sich hinter seiner künstlerischen Perfektion; Met. X 252).
Ziel der Ovid-Lektüre sollte also neben dem Spaßfaktor - neben der Freude an den wunderbar fabulierten Erzählungen, an der spielerischen Leichtigkeit und Lockerheit der Darstellung - auch der Einsichtsfaktor sein, die konsequente Interpretation und damit das Nachvollziehen der dichterischen Techniken Ovids.
Dies sollte, soweit möglich, auch auf Werkebene geschehen. Nicht länger sollten die *Metamorphosen* als Steinbruch herhalten - so wie man in der Anfangszeit der Ausgrabungen in Pompei einzelne Fresken aus ihrem Zusammenhang riss, sie aus den Wänden und damit aus ihrem Kontext herausbrach, sie exportierte und auf diese Weise oft zerstörte -, sondern sie sollten als einheitliches Kunstwerk ernstgenommen werden.
Dem kommt entgegen, dass die *Metamorphosen* über die Enge der augusteischen Zeit - ihre geistige Konzentration auf Rom, auf das Imperium und die Person des Kaisers - hinausgehen und so eine menschheitliche, humane Dimension erreichen, die die Leser aller Zeiten anspricht. Sie sind ein „Bilderbuch" im besten Sinne: anschaulich, spannend, fesselnd, farbenfroh und vielfältig ... und ein ideales Bildungsbuch: nachdenklich machend, lehrend, begeisternd und tiefsinnig.

Rudolf Henneböhl

INHALTSVERZEICHNIS

    Vorwort   3

I. DIDAKTISCHE PROLEGOMENA   5-17

1. **Gestalt und Gehalt**
   - Der didaktische Wert der *Metamorphosen*   5
2. **Latein kreativ**   8
3. **Didaktische Ziele der Reihe „LATEIN KREATIV"**
   - 3.1 Existenzielle Lektüre   9
   - 3.2 Anregungen zu vertiefter Interpretation   12
   - 3.3 Ästhetische und rezeptionsästhetische Erziehung   13
   - 3.4 Kreative Erweiterung der Interpretation   14
4. **Hinweise zum Aufbau des Kommentares**   15
5. **Vorschläge für Lektüre-Sequenzen**   15

II. OVID - METAMORPHOSEN

I	Proömium (S. 18-19)	17
	Schöpfung (S. 21-22)	21
	Vier Zeitalter (S. 23-27)	24
	Sintflut (S. 28)	34
	Apollo und Daphne (S. 29-39)	35
II	Europa (S. 40-41)	56
III	Cadmus (S. 43-45)	59
	Actaeon (S. 46-53)	63
	Narcissus und Echo (S. 54-62)	75
IV	Pyramus und Thisbe (S. 63-71)	91
	Salmacis und Hermaphroditus (S. 72-77)	107
	Perseus und Andromeda (S. 78-81)	118
V	Pluto und Proserpina (S. 83-85)	122
VI	Niobe (S. 86-91)	127
	Die Lykischen Bauern (S. 92-95)	137
VIII	Daedalus und Ikarus (S. 97-107)	146
	Erysichthon (S. 108-111)	166
IX	Byblis und Caunus (S. 113-116)	172
X	Orpheus und Eurydike (S. 117-127)	182
	Pygmalion (S. 128-135)	201
XI	Somnus und Morpheus (S. 138-143)	216
XII	Die Fama bei Vergil und Ovid (S. 144-145)	224
XV	Die Rede des Pythagoras (S. 146-149)	227
	Die Apotheose Caesars (S. 150-151)	234
	Epilog (S. 152-153)	238

    Bildnachweis (im hinteren Einband)

I Didaktische Prolegomena

Simplicitas rudis ante fuit. Nunc aurea Roma est
et domiti magnas possidet orbis opes
(Ars III 113 f.)

1.1 Gestalt und Gehalt
- der <u>didaktische</u> Wert der Metamorphosen

„Reichlich hat die Muse ihre Gaben über Ovid ausgegossen. Der Trieb zur Dichtkunst beherrschte sein ganzes Wesen. Wie im Frühlinge der frischquellende Lebenssaft aus dem mächtigen Baume reichliche Knospen und Blüten treibt, ... so sprudelte aus dem inneren Drange unseres Dichters kraftvoll und unwiderstehlich eine Poesie, die zwar, wie dieser selbst, des tieferen Gehaltes entbehrte, aber durch den Zauber der Form alles in ihren Bann zog. ... So dichtete er mit unübertroffener Meisterschaft für das fein gebildete Publikum der weltbeherrschenden Kaiserstadt. Den sittlichen Ernst der älteren republikanischen Zeit, wärmeres religiöses Empfinden, höhere Auffassung des Lebens vermissen wir bei unserem Dichter. Seine unbestrittenen Vorzüge sind lebhafte Phantasie, meisterhafte Charakterzeichnung, eine außerordentliche Gestaltungsgabe, gewandter Witz, Farbenreichtum des Ausdruckes, Durchsichtigkeit der Gedanken, Leichtigkeit und Glätte des Wortbaues, Kraft und Wohlklang der Rhythmen. Ohne Zweifel war Ovid der bedeutendste und geistvollste Erzähler der Römer." [1]

Gut 100 Jahre liegt dieses Urteil über Ovid zurück, verfasst von J. Meuser, „Oberlehrer am Gymnasium zu Bochum", im Vorwort zu einer Schulausgabe. Die Konstanz dieses Werturteiles lässt sich an einer zweiten Stimme ermessen, mehr als 50 Jahre später:

„Trotz mannigfacher Kritik haben sich die Metamorphosen Ovids in Deutschland als Schullektüre halten können. ... Wahrscheinlich lebt sogar die eine oder andere der rund zweihundertfünfzig Verwandlungssagen in der Erinnerung fort. Im ganzen wird jedoch eher der Eindruck eines unzusammenhängenden Chaos von Geschichten wie aus „Tausend und einer Nacht" geblieben sein."

So beurteilt Vinzenz Buchheit 1966 in einem Aufsatz den Stand der Metamorphosen-Rezeption zu seiner Zeit.[2] Fassen wir die wesentlichen Kritikpunkte zusammen:
- *Literarisches Unvermögen*: Ovid sei ein chaotischer Autor, der seiner Stofffülle nicht gewachsen gewesen sei und besser bei der Liebesdichtung geblieben wäre.
- *Fehlende Originalität*: Er könne kaum literarische Qualität für sein Werk beanspruchen, da es eine wenig gelungene Kompilation griechischer Quellen darstelle.
- *Mangelnde literarische Disziplin*: Oft treibe er seine Manierismen auf die Spitze und habe keinen einheitlichen (epischen) Stil aufrechterhalten können.
- *Fehlender Gehalt des Werkes* (*Oberflächlichkeit*): Ihm fehle - vor allem im Vergleich zu Vergil - jeglicher Ernst und jegliche Tiefe.
- *Konzeptionslosigkeit*: Die *Metamorphosen* ließen jegliche Linie (epische Monumentalität) und ein klares Aussageziel vermissen.

---
1) **Meuser, J.**: Metamorphosen des P. Ovidius Naso, Schöningh-Verlag, Paderborn [10]1913, S. 4-5
2) **Buchheit, Vinzenz**: Mythos und Geschichte in Ovids Metamorphosen I, Hermes 94 (1966), 80-108

Originalität: Vierzig Jahre ist dies her und heute wird man nur schwer begreifen können, wie es zu einem solchen Fehlurteil kommen konnte. Eine der historischen Ursachen ist der Geniebegriff des 18. Jh., der sich im Neuhumanismus und im Klassizismus des 19. Jh. an der „Originalität" der Griechen orientierte. Dabei kann Ovid mit Fug und Recht als literarisches Genie gelten. Er verbindet Anschaulichkeit der Darstellung mit hintergründigem Witz, literarische Universalität mit neoterischer Raffinesse und existenziellen Tiefgang mit spielerischer Leichtigkeit. Eine weitere Ursache für das eher abschätzige Urteil über Person und Dichtung Ovids mag in seiner Selbstdarstellung als *tenerorum lusor amorum* liegen (Tristia IV 10). Sicherlich ist dieses Diktum oft missverstanden worden; zudem wird Ovid selbst seinen dichterischen Ruhm anders definiert haben als wir es heute aus historischem Abstand heraus tun.

War Ovid wirklich „nur" ein Zauberkünstler des schönen Scheins, „nichts als" ein geistiger Schönling ohne Tiefgang, „kaum mehr als" ein oberflächlicher Kompilator, der aus originären griechischen Quellen - die man so häufig bei ihm vermutet hat ... und so selten hat finden können! - ein Versatzstück zusammengebastelt hat?

Dagegen steht die unveränderte Beliebtheit Ovids und der *Metamorphosen*, auch bei Schülern, die ungebrochene Rezeptionsvielfalt in allen modernen Medien und Kunstrichtungen, dagegen stehen vor allem die Ergebnisse der modernen Ovidforschung, die immer mehr die ungeheure Vielfalt dieses Werkes entdeckt, ohne doch schon zu einem vollen Urteil über seine Qualität gelangt zu sein. Erst allmählich hat die Forschung begriffen, wieviel Eigenständigkeit und Kreativität diesem Autor und seinem Werk zukommen. Erst Ovid hat vielen Mythen ihre prägende und bleibende Gestalt verliehen, etliche Mythen hat er neu komponiert und so verändert, dass seine Version unzählige Nachahmungen angeregt hat.

Existenzieller Gehalt: Die Nachwirkungen des apodiktischen Urteils des 19. und 20. Jh. über Ovid zeigen sich bis heute darin, dass man immer noch wenig geneigt ist, in den *Metamorphosen* mehr als ein künstlerisches Spiel zu sehen, das in frivoler und pietätloser Manier alle literarischen Vorgänger und Vorlagen - darunter Vergil und selbst Homer - durch den Kakao zieht und - durchaus mit politischer Spitze - die propagandistischen Werte des augusteischen Imperialismus der Lächerlichkeit preisgibt. Ein *tenerorum lusor amorum* par excellence, eine Mischung aus Diderot (Universalismus), Voltaire (politische Schärfe) und Charles Bukowski (Laszivität). Allenfalls auf der rein formalen Ebene sei ihm ein großes Talent zu bescheinigen, das bravourös und technisch perfekt jegliches Thema habe durchspielen können.

Hat aber Ovid tatsächlich jeglichen Stoff - ob Komödie oder Tragödie, Elegie oder Epos - rein zu darstellerischen oder gar selbstdarstellerischen, narzisstischen Zwecken genutzt? Liegt seinem umfangreichen Schaffen tatsächlich keine tiefere menschliche Sinnrichtung zugrunde? Die vorliegende Ausgabe versucht die Absichten und die Wirkungen Ovids auf mehreren Ebenen zu begreifen. Sie verkennt nicht den oberflächlichen Scherz, die Lockerheit und Verspieltheit der Darstellung, billigt Ovid aber auch tiefere, existenzielle Schaffensmotive zu.

In erster Linie müssen die *Metamorphosen* verstanden werden nicht nur als eine *Kombination*, sondern als eine *Verzahnung* von Liebes- und Todesthematik. Eines der wesentlichen Motive, die ihnen zugrundeliegen, ist die Frage nach der Dauerhaftigkeit der Existenz, nach dem Unverwechselbaren und Unverlierbaren, dem, das bei aller nur denkbaren Metamorphose am Leben bleibt und überdauert. Es ist die Frage nach der „Ex(s)istenz" im ursprünglichen Sinne, nach dem „Geworfensein" (Heidegger), dem Ausgesetztsein des Menschen in die Welt. Aus der Macht der Triebe und Emotionen resultiert die Härte des Daseins, das Entsetzen und der Schmerz, Verlustangst, Egoismus und Rücksichtslosigkeit, aber auch die Liebe und die Reue, die Fürsorge und das Vertrauen. Vor allem die Emotionen und Triebe sind es, die den Menschen, diesen „Spielball der Götter" (Rudolf Hagelstange) in Hybris und Schuld verstricken und die sein Glück und seine Tragik ausmachen.

Anthropologische Relevanz (Philosophie und Psychologie, Ethik und Moral, Religiösität): Der Mythos dient Ovid als virtuelle Projektionsfläche, um auf ihr Einsichten über die Natur und das Wesen des Menschen darzustellen. Anhand mythologischer Konstellationen demonstriert er die äußeren Kräfte und Mechanismen, die auf den Menschen einwirken, aber auch die inneren Triebkräfte seines Handelns. Beides wird in der mythologischen Erzählung anschaulich sichtbar und findet in der Verwandlung seinen Kulminationspunkt.

Nicht zuletzt stellt der Mythos die Frage nach den Konsequenzen des Handelns, weniger als a priori definierte Moral, sondern auf einer grundsätzlichen, eher existenziellen als ethischen Ebene. Daraus erwächst ein offenes Menschenbild, das den Menschen, das verwandlungsfähige Tier, in all seinen Facetten gelten lässt. Was der Mensch ist, zeigt sich daran, was er werden kann. Für den Unterricht bietet sich die faszinierende Chance, das Menschenbild mit den tieferen Ebenen des Psychologischen und des Religiösen zu verbinden und durch Interpretation Einsichten in anthropologische Grundfragen zu erlangen.

Dichterische Techniken: Schüler sind dann angesprochen, wenn sie merken, dass die Lektüre Sinn macht und Einsichten bringt, und dass die scheinbar zufällige Gestaltung des Stoffes einem nachvollziehbaren Plan und einer erkennbaren Technik der Darstellung entspringt. So können sie anhand der Lektüre fast idealtypisch begreifen und erlernen, wie poetischer Ausdruck (Stil) und poetische Verdichtung (Form und Gehalt) erreicht werden können. Einzigartig ist vor allem Ovids Erzählstil, der auf einer Reihe fester, immer wiederkehrender Techniken beruht (Vgl. dazu vor allem die entsprechenden Kapitel im Übungsheft); zu diesen gehören u.a.:

- **Szenische Gliederung**
- Aufbau von **Wortfeldern**
- **Veranschaulichung** des Inhaltes durch die Form (Klang, Metrik, Versbau etc.)
- **Polyvalenz** (Einbeziehung meist mehrerer Sinneseindrücke)
- Variierende **Bezeichnungen für die Handlungsträger**
- Bewusster Einsatz der **Pronomina** (z.B. zur Konfrontation bei Konflikten)
- Formen direkter und indirekter **Charakterisierung**
- Bewusster Einsatz von **Gleichnissen** als episches Stilmittel
- Wechel von **tragischen und komischen Elementen** (auch auf Werkebene)
- **Bühnenhafte Inszenierung** von Erzählungen
- Kommunikation mit dem Leser und **Leserlenkung**
- Variation von **Erzähltempo** und **Erzähltempus** (Dramatisierung)
- Wechsel von engagierter (emotionaler) und distanzierter (rationaler) **Erzählweise**
- Verknüpfung mehrerer Motive zu **Motivkomplexen** (Motivstränge, Leitmotive etc.)
- Verdichtung von Motiven durch **Sentenzen**
- **Symbolisierung** (Allegorie, Personifikation, poetologische Deutungen etc.)
- **Erzählstrategie** (Verzögerung, schneller Ausklang nach dem Höhepunkt etc.)
- **Erzählkomposition** (architektonische Symmetrie der Erzählteile)
- **Intertextualität**
- **Gattungsmetamorphose** (Wechsel der literarischen Genera)

Viele dieser Mittel verwendet Ovid nicht nur immanent innerhalb der einzelnen Erzählungen, sondern auch auf Werkebene, und nutzt sie zur Gestaltung und zur Gliederung des Gesamtwerkes. Die grundlegende methodische Prinzip ist das der *Variation*, mithin die konsequente Vermeidung von direkten Wiederholungen, von Gleichförmigkeit und Langeweile. Eben aus diesem Grund ist es so schwierig, wenn nicht unmöglich, ein Bauprinzip innerhalb des Werkes zu rekonstruieren.

Dafür gewinnt Ovid eine konsequente Einheit von Inhalt (Verwandlung) und Form (Veränderung), d.h. eine Verdichtung, die so wohl nie wieder erreicht wurde. Erst der Vergleich zu entsprechenden Kataloggedichten im Hellenismus kann verdeutlichen, wie sehr sich Ovid gerade von allen Vorgängern abhebt und um Originalität bemüht ist. Man bedenke auch, wie leicht sich starre Ordnungsschemata und eine feste Gliederung hätten durchführen lassen, wie sie gerade für das Lehrgedicht typisch gewesen wären.

Die didaktische Relevanz liegt im Zusammenspiel der oben genannten Elemente. Es ist nicht schwierig, die *Metamorphosen*-Lektüre sinnvoll und motivierend zu gestalten; es ist eher schwierig, all ihren Aspekten gerecht zu werden. Das bedeutet, dass die Schüler nur ansatzweise und nur Schritt für Schritt den Wert und die literarische Qualität dieser Dichtung werden begreifen können. Dies bedeutet aber auch, dass man ihnen möglichst viele Elemente und Techniken vermitteln muss, damit in ihnen die Einsicht in das Wesen dieses Werkes und die Fähigkeit zu einem eigenen Werturteil allmählich heranwachsen können.

2. Latein kreativ

Latein kreativ scheint sicherlich manchem - auch innerhalb unseres Fachgebietes - ein Paradoxon zu sein. Sind die lateinische Kultur und Sprache nicht eher rational bestimmt, sachlich, historisch, machtorientiert, logisch strukturiert etc.? Sicherlich ist dies in vielen Fällen so. Daneben aber gibt es überraschend viele lateinische Texte und Werke, die in hohem Grade zu Kreativität einladen. Dies betrifft nicht nur den archetypischen Mythenschatz des Abendlandes, der weitgehend von den Griechen ererbt ist, sondern alle Aspekte lebens- und erlebensbezogener Darstellung. Die humanistische Tradition und die von ihr inspirierte Literatur, die Kunst und das Theaterwesen zeigen dies in vielerlei Hinsicht.

Dennoch sollen der Horizont und der Sinn einer solchen Reihe kurz skizziert werden. Das erste Heft aus der Reihe „Latein kreativ" beginnt nicht zufällig mit den *Metamorphosen* Ovids, sind diese doch ein Meisterstück an Bildhaftigkeit, künstlerischer Perfektion, Lebendigkeit, psychologischer Tiefe und existenziellem Gehalt. Damit bieten sie alle Voraussetzungen, die kreatives Arbeiten benötigt. - Der kreative Aspekt betrifft vor allem folgende Bereiche:

- **Hinführung**: Der Einleitungsteil macht bereits auf existenzielle Grundverhältnisse (Unterschied zwischen göttlicher und menschlicher Lebensweise) aufmerksam und versucht ein tieferes Verständnis für die literarische und poetische Qualität der *Metamorphosen* zu vermitteln (vgl. besonders Textband S. 16 f.).
- **Bebilderung**: Die Bilder, die die Rezeptionsgeschichte hervorgebracht hat und nach wie vor weltweit hervorbringt, sind bereits in sich Zeugnisse künstlerischer Kreativität. Im platonischen Sinne sind sie Abbilder der literarischen Ideen der *Metamorphosen*. Da sie meist unmittelbar von den Erzählungen Ovids angeregt wurden, kann man von ihnen her auf den Charakter des Werkes zurückschließen.
- **Aufgabenstellung**: Das Kreative ist eng verwandt mit dem Existenziellen und dem Psychologischen; es entspringt der inneren Betroffenheit des Lesers, seiner Spontaneität und seinem Engagement. Deshalb richtet sich die Art der Interpretation stärker als bei bisherigen Ausgaben auf die innerlichen Aspekte der Erzählungen (~ das Wesentliche). Zwar bildet die äußere Interpretation den Ausgangspunkt und die Basis des Erfassens, sie sollte jedoch nur eine Brücke sein zur Wahrnehmung des inneren Gehaltes.
- **Anregungen zu eigener kreativer Gestaltung**: Aus der Erfassung von Bedeutung und aus dem eigenen Mit- und Nacherleben von Schicksalen ergibt sich der Anreiz zu kreativer Gestaltung. Dieser Anreiz muss geweckt und gefördert werden; deshalb werden an geeigneten Stellen spezielle Aufgaben zur kreativen Bearbeitung vorgeschlagen.

3. **Didaktische Ziele** der Reihe Latein kreativ
▶ **3.1 Existenzielle Lektüre**
▶ **3.2 Anregungen zu vertiefter Interpretation**
▶ **3.3 Ästhetische und rezeptionsästhetische Erziehung**
▶ **3.4 Kreative Erweiterung der Interpretation**

Abkürzungen: **TB** = Textband
ÜH = Übungsheft
LK = Lehrerkommentar

3.1 Existenzielle Lektüre

Man kann Lektüre objektiv und distanziert lesen, indem man die darin enthaltenen Fragen und Themen zwar zur Kenntnis nimmt, aber innerlich unbeteiligt bleibt. Man kann Lektüre aber auch so lesen, dass man die darin enthaltenen Motive mit innerer Beteiligung aufnimmt, am Schicksal der darin enthaltenen Personen Anteil nimmt und die Entwicklung einer Erzählung gespannt und mit Anteilnahme verfolgt.

Vor der (rationalen) Deutung steht die (emotionale) Betroffenheit, die Empathie. Deshalb kann man immer wieder fragen: *Wie erlebt eine Erzählfigur die Verwandlung und die ihr vorausliegende Situation? Wie geht die Verwandlung genau vor sich? Was verändert die Verwandlung am Zustand des Betroffenen, an seinem Leben und Erleben? Wie beurteilt er oder sie die Tatsache der Verwandlung: Ist sie verdient oder erwünscht?*

Die vorliegende Ausgabe zielt darauf hin, die innere Beteiligung zu wecken. Es geht darum, dass die Schüler sich in die Personen, deren Gedanken und Empfindungen hineinfühlen (Empathie) und aus ihrem eigenen Urteil heraus (Sympathie oder Antipathie) sich auf die Figuren und auf die Problemkonstellation einlassen. Dies sollte nicht vorschnell mit dem Ziel der Motivation für den Lateinunterricht oder für eine bestimmte Lektüre verknüpft werden (Funktionalisierung). Vielmehr kann man darauf vertrauen, dass eine existenzielle Form der Lektüre selbst bei anfänglichen Widerständen (vgl. die Einleitung im ÜH) in Bann zieht, Beteiligung und Engagement weckt und die Befriedigung verschafft, etwas aus eigenem Erleben heraus wirklich verstanden zu haben. Zudem haften existenzielle Erlebnisse (wie Scham, Angst, Freude, Überraschung) dem Gedächtnis unverlierbar an, da sie mit der eigenen Person unmittelbar verbunden sind.

Existenzielle Lektüre ist immer auch individuelle Lektüre und sollte den unterschiedlichen Empfindungen und Gefühlen und den Charakteren der Rezipienten Raum geben. Dann lassen sich die Emotionen, die beim Lesen geweckt werden, und die Werturteile, die unbewusst vollzogen werden, für das Unterrichtsgespräch nutzen. Emotionen und Urteile können durch gemeinsame Interpretation erweitert und überprüft werden.

Aber auch die Interpretation kann vielschichtig und subjektiv deutend erfolgen. Im Idealfall ergänzen sich Interpretation und Kreativität wechselseitig. Wenn die Schüler [3] Interesse an der Sache finden, vermittelt die Schule nicht nur Interpretations-Wissen, sondern auch Interpretations-Freude. Gelingt dies, so öffnet sich ein persönliches Lernfeld, in dem der Unterricht partnerschaftlich auf die Gefühle und Werthaltungen des Einzelnen eingeht. Ein solcher Unterricht benötigt weniger Außenmotivation, da jeder Schüler seinem Wesen nach beteiligt ist. Nicht der Lehrer stellt eine pflichtgemäße Anforderung, sondern die Sache selbst und die Konstellation der Figuren reizen zur Auseinandersetzung. Lateinische Lektüre hat gerade dann besonders hohe Chancen, als positiv und gewinnbringend erfahren zu werden.

---

3) Der Einfachheit halber verwende ich den „Gattungsbegriff" Schüler immer für beide Geschlechter.

Der **Begriff „existenziell"** kann als ein Wesensbegriff (im Gegensatz zu einem Sachbegriff) nicht eindeutig erklärt werden, sondern nur umschrieben werden. Das Existenzielle ist all das, was uns Menschen in unserem Erleben, Fühlen und Denken unmittelbar betrifft und „angeht". Es wird von uns als das eigentlich Wichtige neben den äußeren Aspekten des Lebens, den Funktionen der Dinge und den kulturellen Mechanismen, angesehen. Es ist eng verbunden mit den Tiefenschichten des Seelischen, sowohl individuell als auch kollektiv. Das Existentielle wird subjektiv erlebt und ist nicht objektivierbar, es wird innerhalb einer Kultur und einer sozialen Gruppe jedoch in ähnlicher Weise wahrgenommen (Zeitgeist).
Ein existenzielles Fehlverhalten ist kein moralisches oder rechtliches Vergehen gegen ein äußeres Gebot, sondern ein Verhalten, das zu einer Lebensminderung oder gar zur Verweigerung aus Lebensangst führt, eine „Verfehlung" im eigentlichen Wortsinn. Tragische Schuld ist immer existenziell, da sie aus dem Wesen und dem Charakter einer Person resultiert. Existenzielle Betroffenheit - etwa durch den Tod oder durch die Liebe - ist keine (rein) gefühlsmäßige „Reaktion" (wie etwa der erotische Reiz), sondern sie geht tiefer und reicht fundamental bis in die Urgründe unseres Seins. Existenzielle Furcht ist nicht die Angst vor etwas Konkretem, sondern das Gefühl der allgemeinen Bedrohtheit und der Haltlosigkeit des Daseins.

In den *Metamorphosen* verdichtet Ovid solche existenziellen Fragen und Probleme und entfaltet das Drama der menschlichen Existenz als Komödie und als Tragödie. Es kommt für den Unterricht wesentlich darauf an, die äußere Handlung, die Oberfläche der Erzählung, als Vordergrund zu begreifen, hinter dem sich die eigentliche, tiefere Aussageebene verbirgt. In vielen Fällen sind ovidische Landschaften Seelenlandschaften und der Vorgang der Verwandlung selbst ist oft nur die Chiffre für eine Wesensveränderung. So ist es die Aufgabe des Unterrichtes und die vorrangige Aufgabe der Interpretation, den Tiefengehalt des Mythos durch Deutung zu erschließen. Deshalb stellt die Fähigkeit, symbolische Aussagen zu deuten, ein wesentliches Lernziel für die Metamorphosenlektüre dar.

Beispiel: So kann man bezüglich der **Vier Zeitalter** die üblichen Klassifizierungen zur Aufgabe stellen: Das Abzählen der Versmengen, das Zusammentragen der Wortfelder und ihre Unterordnung zu Oberbegriffen (wie Recht, Militär, Ackerbau etc.). Wichtiger erscheint es mir, den Text als Anregung zu nehmen, über die eigene Zeit nachzudenken und deren Charakteristika zu erfassen, den Begriff der „Entwicklung" zu klären und sich ein Urteil über die humane Evolution (Fortschritt oder Rückschritt) zu bilden.
Man kann auch fragen, wie sich die Bewertung des Goldes im Ablauf der Vier Zeitalter verändert; dies ist jedoch solange irrelevant, wie man nicht die Symbolik des *Goldes* erfasst oder - wirtschaftlich gedacht -: die Rolle und die Symbolik des *Geldes*. Dabei gilt es auch über die etymologische Nähe von *Gold* und *Geld* und den Zusammenhang von *Geld* und *Geltung* nachzudenken. Hier kann der antike Text Anlass zum Nachdenken, und nicht nur zum Nachzählen oder Nacherzählen geben! [4]
Ein anderes Beispiel: **Niobes** Haltung ist zu extrem, als dass ein Jugendlicher sie als Möglichkeit seiner eigenen Person begreifen würde. Sie bleibt ihm also wesensfremd und wird sich auch durch Interpretation nicht vermitteln lassen. Dies ändert sich, wenn man den Schwerpunkt der existenziellen Interpretation auf die Frage konzentriert, was dem Leben überhaupt Sicherheit und Verlässlichkeit gibt, wie ein Mensch extreme Verlustsituationen emotional und existenziell verkraften kann und welche Veränderungen sie bei ihm auslösen. Es kommt also darauf an, den für die Schüler existenziell bedeutsamen Punkt zu treffen.

---

4) Die textbegleitenden Bilder sind u.a. deswegen wichtig, weil sie die Aufnahme symbolischer Deutung begleiten und fördern; an ihnen lassen sich symbolische Bezüge oft leichter, weil „einsichtiger", evidenter vermitteln.

Die Bandbreite der existenziellen Motive und Themen, die Ovid in seinem Epos behandelt, soll durch eine (keineswegs vollständige) Übersicht noch einmal verdeutlicht werden: [5]

- **Schönheit** und ihre (erotische) Anziehungskraft (→ Liebesthematik)
  [*Daphne, Europa, Narcissus, Hermaphroditus, Proserpina*]
- Jugendlichkeit, **Pubertät** und Alter (→ Todesthematik)
  [*Narcissus, Pyramus und Thisbe, Daedalus und Ikarus, Orpheus und Eurydike*]
- **Sterblichkeit** und Fortleben nach dem Tod (→ Verewigungs- und Verwandlungsthematik) [*Narcissus und Echo, Pyramus und Thisbe, Orpheus und Eurydike, Apotheose Caesars, Epilog*]
- Die Rolle der **Kunst** und des künstlerischen Schaffens (→ Verewigungsthematik)
  [*Pygmalion, Epilog*]
- **Natur und Kultur** des Menschen, Humanisierung (→ anthropologische Thematik)
  [*Vier Zeitalter, Cadmus, Erysichthon, Rede des Pythagoras*]
- **Freiheit** und Unfreiheit (→ Verwandlungsthematik und Liebesthematik)
  [*Apollo und Daphne, Pyramus und Thisbe, Perseus und Andromeda, Daedalus und Ikarus*]
- **Glück** und Unglück (→ Schicksalsthematik und Liebesthematik)
  [*Cadmus, Actaeon, Pyramus und Thisbe, Byblis und Caunus, Ceyx und Alcyone*]
- **Liebe und Sexualität** zwischen Erfüllung und Misslingen (→ Liebesthematik)
  [*Apollo und Daphne, Narcissus und Echo, Pyramus und Thisbe, Pluto und Proserpina, Byblis und Caunus, Orpheus und Eurydike, Pygmalion*]
- **Identität** und Selbstfindung (→ Verwandlungsthematik)
  [*Daphne, Narcissus und Echo, Salmacis und Hermaphroditus, Byblis und Caunus*]
- **Wahrheit** und Fiktion (→ Dichtungsthematik)
  [*Narcissus und Echo, Daedalus und Ikarus, Erysichthon, Pygmalion, Apotheose Caesars*]
- Weisheit und beschränkte **Erkenntnis** des Menschen (→ philosophische Thematik)
  [*Vier Zeitalter, Actaeon, Narcissus, Niobe, die Lykischen Bauern, Orpheus*]
- Konflikt zwischen **Moral** und Verhalten (→ philosophisch-religiöse Thematik)
  [*Pyramus und Thisbe, Salmacis und Hermaphroditus, Niobe, die Lykischen Bauern, Erysichthon, Byblis und Caunus, Pygmalion*]
- Konflikte zwischen **Mensch und Gott** (→ religiöse und anthropologische Thematik, Liebesthematik) [*Apollo und Daphne, Europa, Actaeon, Pluto und Proserpina, Niobe, die Lykischen Bauern, Erysichthon, Orpheus und Eurydike*]
- Zorn und **Grausamkeit der Götter** (→ religiöse Thematik)
  [*Sintflut, Actaeon, Pluto und Proserpina, die Lykischen Bauern, Erysichthon*]
- Humanität, Gewalt und **Grausamkeit des Menschen** (→ anthropologische Thematik)
  [*Vier Zeitalter, Die Lykischen Bauern, Erysichthon*]
- Mut und **Übermut** des Menschen (→ Hybris: religiöse Thematik)
  [*Niobe, Daedalus und Ikarus, Erysichthon, Orpheus und Eurydike, Epilog*]

---

[5] Karl Heinz Eller hat bereits 1982 richtungsweisend verschiedene „Ebenen" bzw. „Aspekte" der Deutung unterschieden: „Diese Mythen der Verwandlung haben jedoch einen Sinn: einen religiösen, philosophischen, moralischen, psychologischen, und hinter dem ästhetisch reizvollen Vordergrund eröffnet sich der Blick in das Reich der Seele, der Phantasien und Tagträume; die Kategorien von Gut und Böse, von Schuld und Strafe, von Güte und Belohnung, von Liebe und Treue, von Schmerz, Qual und Erlösung gewinnen sinnlich faßbare Konturen, und die mythische Dichtung wird zum Symbol für anthropologische und theologische Daseinsstrukturen." (Ovid und der Mythos von der Verwandlung - Zum mythologischen und poetischen Verständnis des Metamorphosen-Gedichts; Diesterweg 1982, S. 7 f.)

3.2 Anregungen zu vertiefter Interpretation

Basis jeder vertiefenden Interpretation bleibt die fundierte Textinterpretation auf allen Ebenen: a) Wortwahl, Sprache und Stil (inklusive der Metrik), b) Aufbau, Komposition und Gliederung, c) Aussage, Deutung und Urteil.

Bei der Deutung ist allerdings zu beachten, dass Ovid häufig auf mehreren Ebenen gleichzeitig erzählt. Verschiedene Motive liegen wie Folien übereinander und bilden voneinander unabhängige Erzählstränge. Meist sind sie so geschickt und so unauffällig in die Erzählung eingebaut, dass der ungeübte Leser sie zu Anfang kaum bemerken und unterscheiden dürfte. Das poetische Grundsymbol für diese mehrschichtige, sublime Erzählweise ist der Teppich, bei dem die verschieden gefärbten Fäden erst in ihrer Verkettung (lat. *textum*) das Gesamtmuster ergeben (vgl. die **Arachne**-Erzählung). Zu unterscheiden sind folgende Ebenen:

- **anthropologische Ebene** (Einsichten über den Menschen und sein Verhältnis zu den Göttern) [*vor allem: Vier Zeitalter, Niobe, Orpheus und Eurydike, Rede des Pythagoras*]
- **sensualistische Ebene** (anschauliche Schilderung von Sinneseindrücken) [*vor allem: Sintflut, Cadmus, Salmacis und Hermaphroditus, Lykische Bauern, Somnus und Morpheus*]
- **ästhetische Ebene** (Beschreibung von Schönheit bei Menschen und Gegenständen und Schilderung ihrer Wirkung) [*vor allem: Daphne, Narcissus, Pygmalion*]
- **psychologische Ebene** (Einblick in die Gemütslage und die Motive der Zentralfiguren) [*vor allem: Narcissus und Echo, Salmacis, Niobe, Byblis, Orpheus, Pygmalion*]
- **erotische-** und die **erotodidaktische Ebene** (Ovid als *Praeceptor amoris*) [*vor allem: Europa, Narcissus, Pyramus und Thisbe, Salmacis, Byblis, Pygmalion*]
- **artifizielle Ebene** (Reflexion über den Kunstcharakter der Darstellung, speziell: Poetologische Anspielungen, d.h. Reflexion über die eigene poetische Tätigkeit und deren Ziele) [*vor allem: Apollo und Daphne, Salmacis, Daedalus, Byblis, Orpheus, Pygmalion, Epilog*]
- **narrative Ebene** (Austausch zwischen Erzähler und Leser; dazu gehören: Witz und Humor, Fragen der Moral, Intertextualität) [*vor allem: Narcissus und Echo, Salmacis, Niobe, Lykische Bauern*]
- **politische Ebene** (Ovids Haltung gegenüber dem Kaiserhaus) [*vor allem: Vier Zeitalter, Apollo und Daphne, Cadmus, Rede des Pythagoras, Apotheose Caesars, Epilog*]

Je mehr Motivstränge eine Erzählung enthält und auf je mehr Ebenen sie erzählt wird, um so komplexer wird sie. Dies lässt sich gerade an den großen ovidischen Erzählungen nachweisen, vor allem an **Narcissus und Echo**, aber auch an **Apollo und Daphne**, **Orpheus und Eurydike** und an **Pygmalion**. Man muss diese Polyvalenz ovidischer Erzählungen als eine eigene Dichttechnik begreifen, die u.a. die einzigartige Qualität seiner Dichtung ausmacht.

Über die Beachtung der verschiedenen Erzählebenen hinaus kann eine Vertiefung der Textinterpretation auf *philosophische-*, auf *psychologische-* oder auf *kreative* Weise erfolgen (siehe unter 3.4). Wichtig erscheint mir vor allem die psychologische Vertiefung, die von der Beachtung der im Text vorkommenden Symbolik ausgehen kann (vgl. TB S. 133). So ist z.B. der Teich des **Narcissus** nicht einfach Bestandteil der einsamen Berglandschaft, sondern er ist als Seelenlandschaft zu verstehen. Er gibt dem Leser einen symbolisch verschlüsselten Hinweis auf die Psyche des Narcissus, seine Unberührbarkeit und abweisende Gefühlskälte. Der Teich ist somit nicht nur zufälliger Handlungsort, wie es zunächst vom äußeren Erzählverlauf her scheinen mag, sondern der notwendige Kulminationspunkt und Katalysator eines hoch dramatischen, inneren Geschehens, das sich in der Seele des Narcissus abspielt und dem Leser als unmittelbarem Beobachter vor Augen geführt wird.

Eine solche Vertiefung oder Erweiterung der Interpretation ist sowohl vom Werk her als auch vom Schüler her gesehen sinnvoll:

a) Berücksichtigung des Werk-Charakters: Geht man davon aus, dass die Metamorphosen ein Werk mit philosophisch-anthropologischem Gehalt und mit psychologischem Tiefsinn sind, ein Werk, das viele sehr feinsinnige Charakter- und Verhaltensstudien enthält, dann kann die Interpretation dem Werk nur dann gerecht werden, wenn sie sich nicht nur auf die Textinterpretation beschränkt. Neben den sprachlichen Qualitäten sollten auch die inhaltlichen Qualitäten des Werkes vermittelt werden.

b) Förderung der Persönlichkeit: Der Literaturunterricht hat die Chance, aber auch die Verpflichtung, Schüler in ihrer Persönlichkeit zu bilden und ihnen ein Grundverständnis von Leben und Kultur zu vermitteln. Die textbegleitenden Aufgaben zielen immer wieder darauf hin, dass die Schüler sich in die Handlungsfiguren und deren Motive, Gedanken und Gefühle hineinversetzen und mit den vorkommenden Rollen spielerisch-experimentell umgehen. Dies ist wichtig als Vorbereitung für eine kreative Auseinandersetzung (vgl. 3.4), aber auch zur Förderung der emotionalen und sozialen Intelligenz und der Urteilsfähigkeit.

3.3 Ästhetische und rezeptionsästhetische Erziehung

Lateinlehrer sind in der Regel keine Kunsterzieher und dies kann und soll auch nicht Aufgabe des Lateinunterrichtes sein. Wir sind in erster Linie Sprach-Erzieher und Kultur-Erzieher; daraus setzt sich der Bildungsauftrag unseres Faches zusammen. Es geht also weniger um den *Kunst*charakter der Bilder selbst, sondern um deren textbegleitende und texterschließende Funktion!

Ziel der Bebilderung ist *nicht* (!) der zeitweise Ersatz der Spracharbeit durch andere Unterrichtsformen, auch *nicht* in erster Linie ein Beitrag zur Motivation der Schüler, sondern die Vertiefung der Lektüre und die anschauliche Vermittlung ihrer Aktualität, Bedeutung und Vielfalt. Die textbegleitenden Bilder dienen also in erster Linie der Verdeutlichung des Werkcharakters! Sie sind jedoch sehr genau auf den Text abgestimmt und erhalten Bedeutung für die Übersetzungsarbeit (Veranschaulichung), vor allem aber für die erweiterte Interpretation (Kontrastierung, Problematisierung, Verfremdung etc.). Darüber hinaus bilden sie einen Anreiz für die kreative Auseinandersetzung. Die Bilder führen also entweder zum Text hin oder zum Text zurück und erfüllen eine mehrfache Funktion:

- **Veranschaulichung** des Textinhaltes (Visualisierung, optische Unterstützung der Textdekodierung) [*Übersetzungsphase*]
- **Problematisierung** und **Kontrastierung**, teils auch **Aktualisierung** (Auseinandersetzung mit den Inhalten und Motiven des Textes) [*inhaltliche Zugangsphase*]
- **Anregung zur Diskussion** und zur Vertiefung der Thematik [*Interpretationsphase*]
- **Anregung zu eigener kreativer Gestaltung** [*Erweiterung der Interpretation*]

Innerhalb des Lektüreunterrichtes sind Bilder in erster Linie interessant als Rezeptionsdokumente. Als solche geben sie Auskunft darüber, wie ovidische Mythen in verschiedenen Epochen von der Antike bis heute gelesen und gedeutet wurden; sie vertiefen also das Interpretationsspektrum. Da die Person des Künstlers und sein biographischer oder soziokultureller Hintergrund für den Lateinunterricht in der Regel irrelevant sind, erfolgen meist nur wenige biographische Hinweise. Wichtiger ist die Frage, ob und wie der jeweilige Künstler die Textvorlage aufgreift, welche Motive und Aspekte er in den Vordergrund stellt und wie er die Textvorlage verfremdet und umdeutet.

3.4 Kreative Erweiterung der Interpretation

Kreativität ist eine Fähigkeit, die neben dem Humor, dem reflexiven Denken und der Phantasie zur biologischen Sonderausstattung des Menschen gehört. Die wichtige Funktion der Kreativität beschreibt Friedrich Maier im Vorwort zu Auxilia, Band 47 (Kreativität im Lateinunterricht), folgendermaßen: „Kreativität steht einem nur rezeptiven Verhalten, in das der Mensch durch den technologischen Standard unwillkürlich und immer stärker gedrängt wird, diametral entgegen; sie verhindert nachweislich den Verlust der Identität und das Sich-Einfügen in den Gleichschritt der medienkonsumierenden Masse. ... Kreativität ist eine der größten Chancen zur Selbstverwirklichung des Menschen. Ja, mehr noch: Wie uns die Kreativitätsforschung lehrt, ist dem Menschen, „da er einen großen Teil schematisierbarer logischer Denk- und Handlungsabläufe an Maschinen abgegeben hat, seine Kreativität als letzte Ressource geblieben" (J.A. Copley); ... Gerade humanistisch orientierte Fächer wie Latein und Griechisch sollten deshalb diese Schlüsselqualifikation Kreativität zu einem vorrangigen didaktischen Prinzip ihres Unterrichts machen."

Kreative Leistungen vermitteln oft spontane, dadurch aber um so wertvollere Erkenntnisse, da alles Spontane als Ursprüngliches und Eigenes erlebt wird. Kreativität muss jedoch vorbereitet werden; sie benötigt Motivation bzw. einen Anreiz oder Impuls. Ihre Basis bilden die **sorgfältige Textinterpretation**, das **gefühlsmäßige Miterleben der Erzählung** und die **Wahrnehmung der Symbolik** (psychologische Deutung). Der Anreiz zur Ausgestaltung ergibt sich meist aus einem **Leerraum**, d. h. aus dem, was gerade nicht erzählt wird, was aber zur Ausgestaltung durch die Phantasie reizt:

Wie heißt das fünfte **Zeitalter**? *- Reagieren Pluto und Proserpina unterschiedlich auf die* **Rede des Orpheus**? *Wie erleben jeweils* **Orpheus und Eurydike** *den Rückweg aus der Unterwelt? Wie lang dauert überhaupt dieser Weg? - Was genau ist in* **Ikarus** *vor sich gegangen, als er zur Sonne aufstieg und abstürzte? - Wie reagiert* **Salmacis** *auf die Verschmelzung mit Hermaphroditus? Hat sich ihr Wunsch damit erfüllt? - Wie funktionieren das Kennenlernen und die Ehe zwischen* **Pygmalion** *und seiner Statue? Wird Pygmalion mit ihr und wird sie mit Pygmalion glücklich? - Was denkt der Diener der* **Byblis** *eigentlich über seine Herrin? - Wie erlebt* **Andromeda** *ihre Auslieferung an das Seemonster und die unerwartete Rettung?*

Umfang und Benotung kreativer Aufgaben, die erwartete Leistung (Zeitumfang etc.) und den Umgang mit den Ergebnissen sollte man mit den Schülern vorab besprechen, um Enttäuschungen und Missverständnisse zu vermeiden. Dazu einige Hinweise: [6]

- **Was ist eine kreative Leistung?**
  Kreative Leistungen sind keine Nachformungen oder bloße Zusammenfassungen, sondern sind echte schöpferische Leistungen, die die Vorlage erweitern und aktualisieren, oft auch kontrastieren oder verfremden. Ihre Voraussetzung ist die gründliche individuelle Auseinandersetzung mit dem Stoff (also eine echte, persönliche Arbeitsleistung), ihr Ziel die Erweiterung der bisherigen Einsichten oder der bisherigen Vorstellungen.
- **Setzt Kreativität eine bestimmte Begabung voraus?**
  Nicht jeder ist in gleicher Weise kreativ begabt, oder vielmehr: Nicht jeder ist zu allen Formen kreativer Umsetzung begabt (Bild, Text, Collage, Vertonung, Schauspiel etc.). Deshalb empfiehlt es sich, verschieden Methoden als Alternative freizustellen. Kreative Aufgaben bieten jedoch *allen* Schülern die Chance, sich in den Unterricht einzubringen.

---

6) Vgl. dazu meinen Aufsatz „Römische Dichtung im Plastikzeitalter - Kreativität als Mittel der vertiefenden Interpretation", Auxilia, Bd. 47, Buchners-Verlag, Bamberg 2001, S. 86-103 - Vgl. auch den Lehrerkommentar zu „Daphne - Narcissus - Pygmalion", Buchners-Verlag, Bamberg 2004

- **Wie kann man Schüler zu kreativen Leistungen anregen?**
  Schüler haben meist hervorragende kreative Fähigkeiten, doch fehlt ihnen oft die genaue Idee bzw. der Anreiz. Zu unterscheiden ist der inhaltliche- (Idee) und der methodische Impuls (Ausführung, Gestaltung). Der inhaltliche Impuls muss sich aus der Übersetzungs- und Interpretationsphase ergeben als Drang, etwas auszugestalten oder weiterzuführen. Hilfreich ist ein methodischer Impuls, da eine ungenaue Aufgabenstellung für Schüler mit Unsicherheit verbunden ist. In einer kurzen Gesprächsphase können Möglichkeiten der kreativen Umsetzung besprochen werden (Ideen, Anregungen, Materialien etc.).
- **Wie kann man kreative Leistungen benoten?**
  Man kann mit den Schülern vereinbaren, dass keine Negativzensuren gegeben werden (außer in Fällen offensichtlicher Arbeitsverweigerung), dass aber gelungene kreative Leistungen im Rahmen der mündlichen Note besonders hoch gewichtet werden.
- **Wie kann man kreative Leistungen im Unterricht besprechen?**
  Da die Produkte sehr individuell sind und die Schüler die Art ihrer Leistung selbst nur schwer einschätzen können, sind sie oft unsicher, was den Vortrag oder das Besprechen angeht. Wichtig ist deshalb, dass alle Produkte so gelten gelassen werden, wie sie sind (keine Negativkritik, außer bei deutlichen Arbeitsmängeln), und dass die Schüler selbst sich bemühen, einander ein offenes und direktes Feedback zu geben (Du-Ansprache). Dabei können Verbesserungsvorschläge gemacht werden, es sollte aber vor allem das Gelungene herausgestellt werden. Besondere Leistungen finden bei den Schülern automatisch besondere Zustimmung. Oft nehmen die Schüler sehr genau den Charakter des Vortragenden wahr und verbinden ihn mit dem Produkt. Stunden, in denen kreative Umformungen besprochen werden, sind deshalb häufig sehr spannend, aber auch sehr lustig.

4. Hinweise zum <u>Aufbau des Kommentares</u>

Der vorliegende Kommentar muss sich aufgrund des Umfanges des Textbandes auf die grundlegenden, für den Unterricht wichtigen Aspekte konzentrieren. Er verzichtet also auf weitergehende Aspekte (vgl. dazu den Lehrerkommentar zu „Daphne - Narcissus - Pygmalion") und auf das übermäßige Zitieren von Sekundärliteratur.
Die einzelnen Erzählungen werden nach folgendem Schema kommentiert:
1. Zentrale Aspekte (Inhalt, Schwerpunkte der Interpretation, Gattung, Erzählebenen)
2. Übersetzung (mit differenzierenden Markierungen)
3. Interpretation im Textverlauf
4. Lösungen zu den Aufgaben und **Besprechungen der Bilder**
5. Literaturhinweise (ergänzend zum Textband)

5. Vorschläge für <u>Lektüre-Sequenzen</u>

Im Textband sind die ausgewählen Erzählungen in der Reihenfolge gehalten, wie sie in den *Metamorphosen* selbst vorkommen. Übersichten zu den Inhalten der einzelnen Bücher sollen den Schülern einen Einblick in den Kontext ermöglichen und ihnen den Überblick über das Gesamtwerk erleichtern. - Folgende Kriterien waren für die Stoff-Auswahl bestimmend:
1) **Einblick in das Gesamtwerk**: Vermittlung eines breiten Spektrums an Inhalten, Motiven und Gattungen
2) **Existenzielle Relevanz**
3) Einsicht in **poetische Techniken** Ovids
4) **Aktualität** und Schülernähe (Variationsmöglichkeiten)
5) Möglichkeiten der **thematischen Verknüpfung** (Motivstränge auf Werkebene)

Bei der Ovid-Lektüre hat man immer wieder die Qual der Wahl. Grundbestandteile einer jeden Ovidlektüre (aufgrund ihrer traditionsgeschichtlichen, ihrer motivischen und existenziellen Bedeutung und aufgrund ihres kreativen Potentials) sollten meines Erachtens sein:
- **Prolog**
- **Apollo und Daphne**
- **Ikarus**
- **Orpheus**
- **Pygmalion**
- **Epilog**

Alle Metamorphosen lassen sich unter verschiedenem Schwierigkeitsgrad lesen; dies bietet den Vorteil der Anpassung an die jeweilige Altersstufe und die Schülerklientel. Grundlegend ist die rein **narrative Ebene** der äußeren Erzählung, die unter sensualistischem oder anthropologischem Aspekt vertieft werden kann (vgl. S. 11). Eine **intensivere Lektüre** wird auch weitergehende Aspekte mit einbeziehen (psychologische, erotodidaktische, artifizielle oder politische Ebene).

Erzählungen wie die Vier Zeitalter, Apollo und Daphne, Cadmus, Actaeon, Pyramus und Thisbe, die Lykischen Bauern, Perseus und Andromeda, Daedalus und Ikarus, Orpheus und Eurydike, Fama eignen sich aufgrund ihres dramatischen Charakters (Heldenmotiv, Abenteuer) oder aufgrund ihrer Anschaulichkeit und ihres Phantasiereichtums auch für jüngere Schüler (Mittelstufe).

Erzählungen wie Narcissus und Echo, Erysichthon, Byblis und Caunus, Pygmalion eignen sich aufgrund der diffizilen Liebesthematik eher für ältere Schüler (Oberstufe). **Narcissus und Echo** ist wohl die genialste und die komplexeste Erzählung Ovids; ihre Behandlung stellt besondere Anforderungen an den Unterricht, ist dafür aber auch besonders reizvoll.

Die **Lykischen Bauern** eignen sich nicht nur wegen ihrer Kürze ideal als Einstiegserzählung. An ihnen lassen sich besonders deutlich zentrale Techniken der ovidischen Dichtung und Erzählweise vermitteln (Verdichtung von Inhalt und Form durch Wortwahl, Metrik und Versbau, Stilmittel und ihre Funktion, szenische Gliederung, Aufbau von Wortfeldern, direkte und indirekte Charakterisierung, Dramatisierung, Wesen und Ablauf der Verwandlung).

Weniger mythologisch als historisierend (narrativ) sind die Vier Zeitalter, die Sintflut, Cadmus, Perseus und Andromeda, die Rede des Pythagoras und die Apotheose Caesars.

Besonders interessant und anschaulich sind Allegorien wie Erysichthon (Hunger), Somnus und Morpheus (Schlaf und Traum) und Fama (Gerücht). Gerade sie regen die kreative Phantasie der Schüler an und lassen sich gut bildhaft umsetzen.

Die Liebe mit ihren Leidenschaften und Illusionen bildet eines der Zentralthemen Ovids, der auch in den *Metamorphosen* seinem dichterischen Programm (*Amores* und *Ars amatoria*) und seiner poetischen Rolle als *tenerorum lusor amorum* und als *praeceptor amoris* treu bleibt. Unter dem Thema „Verbotene Liebe" oder „Gute Zeiten, schlechte Zeiten" (GZSZ) - beliebte Fernsehsendungen bei Jugendlichen - lässt sich gerade zum Thema Liebe leicht eine Lektürereihe zusammenstellen: **Apollo und Daphne** (Gewalt in der Liebe?), **Narcissus und Echo** (Täuschung und Selbsttäuschung), **Pyramus und Thisbe** (Verbotene Liebe und ihre Tragik), **Salmacis und Hermaphroditus** (Liebesdrang und Liebeszwang), **Byblis und Caunus** (Verbotene Geschwisterliebe), **Pygmalion** (Sehnsüchte nach einem Partner und ihre Erfüllung). Ergänzend kommen hinzu: Europa (Täuschung und Entführung), Perseus und Andromeda (Liebe auf den ersten Blick), Pluto und Proserpina (Entführung), Orpheus und Eurydike (tragische Liebe und früher Tod, Bewältigung von Trauer und Verlust), Somnus und Morpheus bzw. Ceyx und Alcyone (Tod des Partners, Umgang mit Verlustschmerz).

Proömium (S. 18-19)

1. Zentrale Deutungs-Aspekte

Inhalt: Dichterisches Programm der *Metamorphosen*
Interpretation: Auflistung der programmatischen Angaben, Intertextualität (Vergil)
Methodik (vgl. ÜH): Metrik (Einführung?), Versbau (Hyperbata)
Gattung: Prolog
Erzählebenen (S. 12): artifiziell

2. Übersetzung

1 Es drängt mich, Gestalten zu besingen, die in neue Körper
2 verwandelt wurden. Ihr Götter, helft - da *ihr* sie ja verwandelt habt -
3 meinem Vorhaben und geleitet mein Lied ohne Unterbrechung
4 vom Uranfang der Welt bis hin zu meiner Zeit.

3. Interpretation

In der Antike waren Proömien kunstvolle Gebilde. Sie dienten:
- der Information über Autor und Werk
- der Demonstration des eigenen Könnens
- der Einordnung in eine literarische Tradition (Intertextualität)
- der thematischen Vorgabe von Leitmotiven (wie Zorn, Kampf, Leid etc.).

> **In nova** fert animus mutatas dicere formas
> corpora. Di, coeptis - nam vos mutastis et illas -
> adspirate meis primaque ab origine mundi
> ad mea perpetuum deducite tempora **carmen**.

All dies findet sich in den nur vier Versen in perfekter Form, wobei die Schlichtheit der Formulierung über den Anspielungsreichtum hinwegtäuscht. Zudem lässt Ovid häufig die Wortbezüge offen und erreicht dadurch eine Mehrdeutigkeit der Aussage. Bereits hier kann man den Schülern die Verdichtung von Inhalt und Form als Wesensmerkmal der Poesie („Dichtung") verdeutlichen.

Allerdings tritt bei heutigen Schülern sehr schnell die kritische Frage nach Sinn und Funktion der Hyperbata und des dichterischen Versbaus auf („Kann man das nicht einfacher sagen!?"), so dass bereits von Anfang an Inhalt und Gehalt dichterischer Sprache unterschieden werden müssen. Dichtung ist eben nicht der Versuch, eine Aussage möglichst eindeutig und nüchtern zu vermitteln, sondern - im Gegenteil - offene, sinnreiche, assoziative, bildhafte Sprache, die auf eine tiefere seelische Wirkung (Emotionalität) und auf eine ästhetische Wirkung bedacht ist (Schönheit von Sprache, Klang und Rhythmus).

Wenn man es in einem Bild ausdrücken will, so ist Prosa Sprache in zweidimensionaler Form („flach" und „oberflächlich", überwiegend zielgerichtet und damit linear), Poesie dagegen Sprache in dreidimensionaler Form (sie ähnelt dem Wellenschlag des Meeres, unter dessen Oberfläche sich tiefere Schichten verbergen). Dichtung zu lesen ist wie ein Tauchgang in die eigene Seele, der uns erst deren Reichtum vermittelt und offenbart.

S. 19

(1.) Das dichterische Programm der *Metamorphosen*
- **In nova**: a) Dichterischer Neuanfang Ovids (Wechsel von der Liebeselegie zum Epos)
  b) Begründung einer neuen Gattung (Innovation) [Mischepos]
  c) Zielrichtung der Verwandlungen: *in nova* ↔ *corpora*
- **fert animus**: Der innere Drang (gr. *thymós*) als Inspirationsquelle [vgl. TB S. 6]
- **mutatas formas**: Verwandlungssagen als Stoff und Titel des Epos (gr. *Metamorphoses*)
- **dicere**: Dichterisches „Sagen" im Gegensatz zum epischen Gesang (~ canere; vgl. *arma virumque cano*), zum rhetorischen Sprechen (~ *loqui*) oder zum Erzählen (~ *narrare*) [der Dichter als *vates* (Verkünder einer göttlichen Wahrheit)]
- **Di**: Anruf aller Götter (als Verwandlungsmächte) [üblich ist sonst der Musenanruf]
- **coeptis ↔ meis**: a) Understatement des Dichters (Vorhaben/Idee, statt Werk)
  b) Simulation der Anfangsphase des Dichtens
- **nam vos mutastis et illas**: Begründung für die Zuständigkeit der Götter:
  a) Sie haben *sich selbst* (*vos* als Objekt) *und* jene Gestalten (*formas*) verwandelt.
  b) *Sie selbst* (*vos* als Subjekt) haben *schließlich* jene Gestalten (*formas*) verwandelt.
  c) (Lesart **illa ↔ coepta**): Sie haben sein dichterisches Werk verändert.[1]
- **adspirate**: Bitte um göttliche Inspiration (Topos)
- **prima ab origine mundi .. ad mea [2] tempora**: Umfang des Werkes (Universalgeschichte)
- **perpetuum carmen**: a) Überleitungstechnik: Seinem Stoff entsprechend lässt Ovid die einzelnen Erzählungen unmerklich ineinander übergehen.
  b) Ein Epos (*perpetuum carmen*) in Opposition zum dichterischen Programm der Neoteriker (Epyllien-Dichtung).[3]
- **deducite**: *deducere* als Terminus technicus für die sorgfältige Ausformung von Gedichten

(2.) a) *mutatas formas* - als lateinische Übersetzung des griechischen *metamorphosis* - meint die Veränderung der äußeren Gestalt und der Körpermerkmale, damit verbunden die Veränderung der Funktionen eines Organismus. Auch die Natur kennt Übergänge zwischen verschiedenen Lebensformen (Flugsaurier, „Vogel" Strauß, Schlammspringer etc.).
b) Bekannt dürften Mutationen wie die eines Werwolfes sein (Professor Lupin in Harry Potter) oder biologische Mutationen wie die der Raupe zum Schmetterling. Auch der Prozess der Evolution selbst stellt eine ständige Mutation aller Lebewesen „in Zeitlupe" dar.

---

1) Gemeint wäre, dass die Götter den *Liebeselegiker* Ovid zur Gattung *Epos* bewegen, und dass Cupido, der Ovid bereits früher vom Plan eines Epos abbrachte und zur Liebesdichtung zwang (Amores I 1), nun erneut eingreift und die Liebesthematik in das geplante Epos hineinbringt (→ Apollo und Daphne). So wird aus dem geplanten Heldenepos eine Mischform aus Lehrgedicht und erotischem Epos.
2) Die Bezeichnung **mea** tempora ist auffällig selbstbewusst und stellt einen politischen Affront dar; zu erwarten gewesen wäre *aetas Augusta* oder wenigstens der Plural **nostra** tempora. Janine Andrae (S. 83 f.) verweist auf Parallelstellen wie *tua, Caesar, aetas* (Horaz, carm IV 15, 4) oder *haec tempora* (Livius I pr. 9). Zudem zeige die aus dem Exil an Augustus gerichtete Korrektur *ab origine mundi in tua deduxi tempora, Caesar, opus* (Tristia II 557-562), dass Ovid sich der Provokation bewusst gewesen sei.
3) Mit dem Gegensatz von *carmen perpetuum* und *carmen deductum* entwirft Ovid programmatisch die Idee zu einer neuen Gattung als Verbindung von epischer Großdichtung (*carmen perpetuum*) und neoterischer Epylliendichtung (*carmen deductum*; vgl. den Aitien-Prolog des Kallimachos).
Nach Latacz will Ovid sein Vorbild Kallimachos insofern überbieten, als er die beiden Formen des Epos (*Lehrgedicht* im Stile von Arat und Lukrez, *Heldenepos* im Stile von Homer und Vergil) zu einer Synthese bringt. Dabei verbindet er die systematische Struktur des Sachepos mit der chronologischen Struktur des Heldenepos. Ovid entwirft also einen neuen Epentypus [vgl. dazu Latacz, 588, Knox, 9 f., v. Albrecht, 166, Grewing, 249, und Harrauer, 302].

Bekannt ist das Verwandlungsmotiv vor allem aus dem Märchen (Froschkönig), wobei sich der Übergang plötzlich vollzieht (~ Verzauberung) und die Verwandlung häufig nur für eine gewisse Zeit andauert (Frosch/König). Der Verwandelte behält zum Teil das Ausdrucksvermögen (sprechender Frosch), seine Identität und die Erinnerung an seine frühere Gestalt, die durch Rückverwandlung wieder offenbar werden kann (vgl. „Die Schöne und das Biest").

Das Bild von **Bruno Depetris** stellt den Meeresgott Proteus dar, einen Verwandlungskünstler (Met. VIII 731-737). Die vielfältigen Formen tierischer und menschlicher Organe und der Körperbau, der bei vielen Tieren auf einer ähnlichen Grundgestalt beruht (evolutionäre Urformen) verschmelzen in diesem Bild. Es finden sich Elemente von *Säugetieren* (Fell, Greifarme), *Fischen* (Schwanz), *Insekten* (Schmetterlingsflügel mit Augen), *Vögel* (Schwingen und Federn) und *Amphibien* (Geckofinger). Der Mensch als höchstes Lebewesen (*animal rationale*) wird durch den Kopf repräsentiert, der als menschlicher Fingerabdruck gestaltet ist (~ Einzigartigkeit, Individualität). Das Spiel der Evolution mit ihrem Formenreichtum ist in einer grandiosen Synthese eingefangen. Evolutionär gesehen sind alle Lebewesen miteinander verwandt und könnten sich - genug Zeit vorausgesetzt - ineinander verwandeln.

(2.) c) Verwandlung hat immer einen zeitlichen Aspekt; sie kann schnell oder langsam erfolgen, einzelne Körperteile oder den gesamten Organismus betreffen (Übergang in eine andere Lebensform). Sie kann eine Höherentwicklung darstellen (Verstirnung, Apotheose) oder eine Degradierung zu einer niedrigeren Lebensform (Tier, Pflanze oder Stein).
d) Verwandlung kann eine Verbesserung oder Verschlechterung darstellen (Verlust der Wahrnehmung, der Sprache und des menschlichen Verstandes) und durchaus schmerzhaft sein (Einengung, Verhärtung etc.). Sie kann als Belohnung oder Strafe empfunden werden, kann eine dauerhafte Fixierung darstellen oder einen Ausweg aus einer untragbaren Situation.

(3.) a) Dichtung ist rhythmische Sprache; ihre Musikalität geht bei der Umformung verloren. Der Satzbau ist in Prosa klarer strukturiert und lässt die Aussage schneller erfassen,
b) doch ist die dichterische Fassung vielschichtiger und anspielungsreicher und insofern auch ausdrucksstärker.
c) Antike Dichtung kannte keinen aspiratorischen Akzent und ist von daher subtiler und variabler. Vor allem das Fehlen eines Endreimes bzw. eines Reimschemas führt zu einer stärkeren Beachtung des gesamten Verses und zu fließenden Versübergängen (Enjambement).

(4.) Vergil, dessen Proömium sich an Homers *Odyssee*-Proömium orientiert, macht schon mit den beiden ersten Schlagworten *arma* und *virum* deutlich, dass Krieg und Waffentaten sein zentrales Thema sind. Der Fokus seines Epos liegt auf *einem* Mann (Aeneas), dessen Schicksal von höheren Mächten bestimmt wird. Götterzorn und menschliches Leid sind die zentralen Motive. Die geographische Richtung von **Troja** (Vers 1) bis **Rom** (Ende von Vers 7) gibt die historische Leitlinie vor, die insgesamt vergangenheitsorientiert ist (Rückblick auf die Entwicklung Roms). Vergils Stil ist rein episch (objektiv) und pathetisch übersteigert (*saevae* memorem Iunonis ob iram, *altae* moenia Romae).
Ovids Proömium dagegen, das zusammen mit dem Epilog gelesen werden muss, ist persönlich gehalten (*fert animus, coeptis meis, ad mea tempora*) und gegenwartsbezogen (vgl. im Epilog: *iamque opus exegi*). Ovid zeigt sich selbstbewusst als moderner Autor, der Anspruch auf Innovation erhebt (*in nova*). Konzentrierter als Vergil, der in seinem Proömium die epische Breite des Werkes anklingen lässt, verpackt Ovid alle wesentlichen Informationen in nur vier Verse (neoterisches Dichtideal). Schon von Anfang an eröffnet er mit den Leitbegriffen *carmen perpetuum* und *carmen deductum* einen dichtungstheoretischen Diskurs und kündigt sein Werk als Synthese zweier Gattungstypen an.

Ergänzende Literaturhinweise (vgl. TB S. 172)

- **Albrecht, Michael von**: Das Buch der Verwandlungen - Ovid Interpretationen; WBG 2000, 158-167
- **Andrae, Janine**: Vom Kosmos zum Chaos - Ovids Metamorphosen und Vergils Aeneis; Wissenschaftlicher Verlag Trier 2003, 78-87
- **Grewing, Farouk**: Einige Bemerkungen zum Proömium der ‚Metamorphosen' Ovids; Hermes 121 (1993), 246-252
- **Holzberg, Niklas**: Ovid - Dichter und Werk, C.H. Beck, München ³ 2005, 123-126
- **Knox, Peter E.**: Ovid's Metamorphoses and the Traditions of Augustan Poetry; Cambridge 1986, 9-26
- **Latacz Joachim**: Ovids ‚Metamorphosen' als Spiel mit der Tradition; in: Dialog Schule-Wissenschaft XII, 1979, 5-49 (abgedruckt in: Joachim Latacz - Erschließung der Antike; Teubner 1994, 569-602)
- **Spahlinger, Lothar**: Ars latet arte sua - die Poetologie der Metamorphosen Ovids, Teubner 1996, 27-40

Zum Aufbau der Bücher I-II (Seite 20)

Der Beginn der *Metamorphosen* (I 1 - I 451) folgt einem konventionellen, regelrecht „klassischen" epischen Programm. Dazu gehören die **Kosmogonie** (Hesiod, Lukrez), die **Vier Zeitalter** (Hesiod) und die Gigantomachie (vgl. das Proömium zum Gesang des Orpheus in Met. X 148-151: *cecini plectro graviore Gigantas*), das Götterkonzil (Vergil), die **Sintflut** und die Tötung des Python (Drachenkampf). Epischer kann man eigentlich nicht beginnen! Grundprinzip der Darstellung ist der **Wechsel vom Chaos zum Kosmos**, wie es in der griechischen Kosmogonie vorgegeben war, und die **bleibende Bedrohtheit des Kosmos** (Möglichkeit des Rückfalls ins Chaos). Auf den Anfangszustand des Goldenen Zeitalters folgt die Deszendenz bis zum Eisernen Zeitalter, die zur Trennung von Gott und Mensch führt (vgl. in der Genesis die Vertreibung des Menschen aus dem Paradies, sprich: der Nähe Gottes). Die Gigantomachie und der Kampf gegen den Python - in augusteischer Zeit Sinnbilder für den Bürgerkrieg und die Schlacht bei Actium - reihen sich in dieses Erzählschema ein. Schließlich führt die Wahnsinnstat des Phaethon (I 747 - II 400) die Welt an den Rand des Kollaps und erst das Eingreifen Jupiters bewahrt diese vor der endgültigen Zerstörung, dem Weltenbrand (Ekpyrosis). So bilden Buch I und II einen kosmogonischen Erzählstrang, der durch ein dauerndes Auf und Ab gekennzeichnet ist (zyklisches Weltbild).

Legt man dieses **Schema von Bedrohung und Bewahrung der Schöpfung** zu Grunde, dann wird deutlich erkennbar, dass die **Daphne**-Episode (*amor Phoebi*), das Io-Epyllion (*amor Iovis*) und die Pan-und Syrinx Doublette (~ eine Kopie von *Apollo und Daphne*) sich deutlich davon unterscheiden. Sie bilden einen eigenen, erotischen - und eher elegischen! - Erzählstrang innerhalb der kosmogonischen Erzählfolge. In Anschluss an die Fahrt des Phaethon (ab II 400) setzt sich dieser **erotische Erzählstrang** fort, denn nun folgen mit Callisto, Coronis, Herse und Europa Erzählungen zum Thema „göttliche Leidenschaft".

Ovid täuscht also den Leser in seinen Erwartungen, indem er zu Beginn klassische Epenstoffe behandelt, um mit dem programmatischen Stichwort *primus amor* (I 452) ganz plötzlich und umso überraschender zur Liebesthematik zu wechseln. Dieses **Ineinander von kosmogonischem- und erotischem Erzählstrang** ist sicherlich bewusst konstruiert, um dem Leser die **Vermischung zweier Genera**, des narrativen und lehrhaften Epos und der Liebeselegie, vor Augen zu führen. Bis zum Schluss behält Ovid dieses Wechselspiel bei. Erst mit *Vertumnus* - einem weiteren Verwandlungskünstler und Sexualprotz, der selbst Priap übertrifft (*superabat amando*, XIV 637 ff.) - und dessen *ultimus ardor* zu Pomona (XIV 682 f.) endet der erotische Erzählstrang, so dass das Werk wiederum rein episch endet.

Wichtig ist es, den Schülern zu vermitteln, dass in den *Metamorphosen* die Rolle Amors - entgegen den Gattungskonventionen des Epos! - bestimmend bleibt (vgl. TB S. 14). Nach antiker Vorstellung enthält der Eros, einer der Urgötter, neben der Anziehungskraft immer auch ein chaotisches Element. Aufgabe des Menschen ist es, das Chaos der Gefühle zu ordnen und den Trieb durch Moral und Verstand zu bezwingen.

Von der Schöpfung bis zur Sintflut (S. 21-28)

1. Zentrale Deutungs-Aspekte

Inhalt: Antike Kosmogonie, Wesensbestimmung des Menschen
Interpretation: Verhältnis von Mensch und Gott (Anthropologie und Theologie); menschliches Zusammenleben und Charakteristik der Zeitalter
Methodik (vgl. ÜH): Wortfelder, Symbolik, Fachterminologie antiker Naturwissenschaft
Gattung: Lehrgedicht
Erzählebenen (S. 12): anthropologisch

Die Schöpfung (S. 21-22)

1. Übersetzung

Vor dem **Meer** und dem **Festland** und dem alles bedeckenden **Himmel**
6   besaß die Natur im ganzen Erdenrund nur ein einförmiges Aussehen,
    das man Chaos nannte: Eine unförmige, zusammenklumpende Masse,
    nichts als unbewegliches Gewicht und **einander unverträgliche Samen**
9   kaum verbundener Dinge, an denselben Ort zusammengetrieben.

15 *Und auch wenn Erde sich an jenem Ort befand und Meer und Luft,*
    so konnte man doch auf der Erde nicht stehen und im Wasser nicht schwimmen
    und die Luft war ohne Licht. Keinem blieb seine Gestalt
18 *und das eine stand dem anderen entgegen, weil in ein und demselben Körper*
    das Kalte mit dem Warmen kämpfte, das Feuchte mit dem Trockenen,
    das Weiche mit dem Harten und das Schwerelose mit dem Gewichtigen.
21 *Diesen Streit beendete* **ein Gott** *und* **eine bessere Natur**,
    denn er/sie trennte vom Himmel die Landmasse und vom Festland das Meer
    und schied vom lauteren Himmel [= Äther] die dunstige Luft.
24 *Nachdem er/sie all diese entwirrt und aus dem dunklen Haufen ausgeschieden*
    hatte, gab er/sie jedem seinen Raum und verband sie **in einträchtigem Frieden**.

72 Und damit keine Gegend frei sei von beseelten Wesen, die zu ihr passen,
    haben den **Himmelsraum** Sterne und Göttergestalten inne,
    machten die **Wogen** Platz als Wohnstätte für die glänzenden Fische,
75 nahm die **Erde** die wilden Tiere auf und die bewegliche **Luft** die Vögel.
    Noch aber fehlte **ein Lebewesen, heiliger als diese und empfänglicher für**
    hohen Geist, und eines, das die Übrigen zu beherrschen vermochte.
78 Da wurde **der Mensch** geboren, sei es dass ihn **jener Schöpfer des Kosmos**,
    Urheber einer besseren Welt, **aus göttlichem Samen** schuf,
    sei es dass **die jüngst entstandene Erde** noch Samen des ihr verwandten
81 Himmels in sich bewahrte, als sie neulich vom hohen Äther getrennt ward.
    Diese vermischte **der Sohn des (Titanen) Iapetus** [= Prometheus] mit
    Regenwasser und formte sie **nach dem Bild der** alles lenkenden **Götter**.
84 Und während die übrigen Tiere vornübergebeugt die **Erde** anschauen sollten,
    gab er dem Menschen **ein erhabenes Antlitz** und ließ ihn den **Himmel**
    betrachten und **aufrecht bis zu den Sternen** seinen Blick erheben.
87 So verwandelte sich **die eben noch rohe und gestaltlose Erde** und
    nahm die noch ungewohnte **Gestalt von Menschen** an.

2. Interpretation im Textverlauf

Die Schöpfung - der physikalische Kosmos (S. 21)

Ante **mare␣et terras et** quod tegit omnia **caelum**   Polysyndeton
6 unus erat toto **naturae vultus** in orbe,
quem dixēre Chaos: rudis indigestaque moles,
nec quicquam nisi pondus iners congestaque␣eodem ␣   abbildende Wortstellung
9 non bene iunctarum **discordia semina rerum**.

Die antike Lehre von den vier Grundelementen und ihren gegensätzlichen Eigenschaften war eines der ersten großen Theoriegebäude, als geistige und naturwissenschaftliche Leistung den großen Entdeckungen der Neuzeit (Evolutionslehre, Atomforschung, Chaostheorie) durchaus ebenbürtig. Als Denkmodell verhalf sie dem antiken Menschen dazu, viele Phänomene der Wirklichkeit zusammenhängend zu erklären und auf diese Weise überhaupt ein einheitliches Weltbild zu entwickeln, das sich vom mythischen, bildhaften Weltbild emanzipieren konnte. Anziehung und Abstoßung der Elemente (später auch der Atome) wurden durch die Prinzipien von Liebe und Zwietracht (Eros und Eris) erklärt und mit Metaphern von Krieg oder von geschlechtlicher Vereinigung beschrieben. In den mythologischen Erzählungen von der Sintflut (Wasser) und von der Fahrt des Phaethon mit dem Sonnenwagen (Feuer) drohen zwei dieser Elemente die Welt wieder ins Chaos zu stürzen.

Ovid legt die Schwerpunkte seiner Darstellung auf folgende Aspekte:
- Den Gegensatz der Elemente und der mit ihnen verknüpften Lebensräume
- Die Veränderung der Qualität (*deus et* **melior** *natura*, 21, *mundi* **melioris** *origo*, 79, *quae fuerat* **rudis** *et sine imagine, tellus*, 87). Die expliziten Wertungen bereiten die Abfolge der Vier Zeitalter und das dabei verwendete Depravationsschema vor.
- Die Beseelung und Belebung der Welt durch die Tiere und besonders durch den Menschen (*tellus, quae* **sine imagine** *fuerat, hominum figuras* **induit**, 87 f.)
- Die Verwandtschaft von Mensch und Gott (*finxit* **in effigiem** *... deorum*, 83)
- Die besondere Stellung und Aufgabe des Menschen [vgl. **sanctius** animal mentisque *capacius altae*, 76, *quod* **dominari** *in cetera posset*, 77, und Vers 85 f.].

S. 21

S. 21

(1.) Das **Bild von Suzanne Duranceau**, ein Panoramablick auf die Erde mit all ihren gegensätzlichen Lebensräumen und den dort vorhandenen Tieren, illustriert recht genau die Schilderung Ovids. Anhand des Bildes lässt sich die antike Elementelehre und die Chaos-Kosmos-Theorie anschaulich nachvollziehen: *Wo zeigen sich die vier Elemente in Reinform, wo sind sie vermischt? Welche Eigenschaften der Elemente prägen die jeweiligen Regionen? Welches Element und welche seiner Eigenschaften könnte man verschiedenen Tieren zuordnen?*
Durch die Verteilung der Elemente mit ihren gegensätzlichen Eigenschaften (Hitze und Kälte, Härte und Durchlässigkeit, Beweglichkeit und Starre, Dunkelheit und Helle, Feuchtigkeit und Trockenheit etc.) bildet sich ein labiles Gleichgewicht, das sich immer wieder neu einpendeln muss (Wind und Wetter, Jahreszeiten, Naturkatastrophen, geologische Evolution etc.). Auch im Zusammenleben der Tiere bildet sich ein Gleichgewicht, doch herrscht eine ständige Konkurrenzsituation (Hierarchie, Nahrungskette, Fressfeinde, *struggle of life* etc.).

S. 21

(2.) Die **Verse 8-9** spielen anschaulich die Anhäufung von ungeordneter und nur schlecht verbundener Materie (analog: von Einzelwörtern) auf der strukturellen Ebene des Satzbaus wieder, eine chaotische Wortanhäufung.

Die Verteilung des Lebens auf der Erde - der biologische Kosmos (S. 22)

72	Neu regio foret ulla suis animalibus orba,	
	astra tenent **caeleste solum** formaeque deorum,	
	cesserunt nitidis habitandae piscibus **undae**,	Asyndeton
75	**terra** feras cepit, volucres agitabilis **aer**.	Chiasmus
	Sanctius his animal mentisque capacius altae ␣	
	deerat adhuc et quod dominari␣in cetera posset.	
78	**Natus homo␣est**, *sive*␣hunc divino semine fecit ␣	
	ille␣opifex rerum, mundi melioris origo,	
	sive recens tellus seductaque nuper ab alto ␣	
81	aethere cognati retinebat semina caeli.	
	Quam **satus Iapeto**, mixtam pluvialibus undis,	Antonomasie
	finxit in effigiem moderantum cuncta deorum,	
84	pronaque cum spectent animalia cetera terram,	
	os homini sublime dedit caelumque videre ␣	
	iussit et erectos ad sidera tollere vultus:	Klimax
87	sic, modo quae fuerat **rudis et sine␣imagine, tellus** ␣	
	induit ignotas **hominum** conversa **figuras**.	

S. 22

(1.) Metamorphose bedeutet in einem allgemeinen Sinne „Gestaltwandel", also die äußere Veränderung einer schon bestehenden Gestalt. Deshalb bildet die Ausdifferenzierung und Abgrenzung der Lebensräume aus dem anfänglichen Chaos zunächst nur die Voraussetzung dafür, dass sich überhaupt wahrnehmbare Gestalten ausformen können (*nulli sua forma manebat*, 17). Die Schöpfung geht also dem Phänomen der Metamorphose voraus. Die „elementaren" Veränderungen, die in der Natur zu beobachten sind, stellen sozusagen die biologisch-physikalische Vorbedingung für die Metamorphose von Körpern dar.

Die *discors concordia* der Schöpfung bleibt jedoch ein Spannungsgefüge, das nur mühsam seine Form bewahrt und jederzeit vom Rückfall ins Gestaltlose (Chaos) bedroht bleibt [vgl. *discordia* semina rerum (9), *concordi* pace ligavit (25) und tanta est *discordia* fratrum (60)].

(2.) Ähnlich wie in der Genesis erhält **der Mensch als Abbild Gottes**, d.h. als geistiges, selber schöpferisch tätiges Lebewesen, eine herausragende Stellung. Seine religiöse und geistige Vormachtstellung (*sanctius animal mentisque capacius altae*, 76) sind nach römischem Verständnis Begründung und Befähigung für ein *imperium mundi* (~ *dominari in cetera*, 77) [Vgl. Vergil, Aen. VI, 851 f.: *tu regere imperio populos, Romane, memento / - hae tibi erunt artes - pacique imponere morem*]. Wie die Götter lenkend und herrschend über ihm stehen, so übt der Mensch wiederum die Herrschaft über alle anderen Lebewesen aus.

Der Blick zu den Sternen (als Sitz der Götter; vgl. 73) ist eine symbolische Aussage. Der Mensch ist mit Weitblick ausgestattet (~ zur Transzendenz fähig), er ist seinem Wesen nach „religiös" (auf die Götter hin bezogen, die für ihn Maßstab und Führung bedeuten), er orientiert sich an den Fixpunkten der Himmelssphäre (Astronomie und Astrologie). So bedeutet der Aufblick zu den Sternen einen geistigen Auftrag an den Menschen, sein Leben nicht nur - wie das Vieh (*prona cum spectent animalia cetera terram*, 84) - unter dem Aspekt des Irdischen zu leben, sondern *sub specie aeternitatis*.[1]

---

1) Vgl. das Proömium zu Sallusts *Coniuratio Catilinae*. - Ein ähnliches, stoisch-kosmopolitisches Gedankengut vertritt Cicero im *Somnium Scipionis*. - Vgl. auch Io (Met. I 731), Callisto (Met. II 487) und Pygmalion (Met. X 293 f.)].

S. 22

(3.) **Ohne den Menschen** bliebe die Welt gleichsam gesichtslos und auf sich selbst beschränkt (*naturae* **vultus**, 6, *quae fuerat rudis et* **sine imagine**, *tellus* ..., 87 f.). Die Tiere, denen die Ausdrucksfähigkeit der Mimik fehlt (bzw. deren seelische Wurzeln), und die ihrer Natur nach weder „hohen" Geist noch Tiefsinn noch Weitlick besitzen, nehmen weder das Ganze wahr (sie leben zeitlich und räumlich beschränkt), noch können sie einzelne Dinge oder das Leben als ganzes wertschätzen, beurteilen oder auch relativieren. Nur der Mensch, der Messende, kann sich selbst als Maßstab der Welt begreifen (homo-mensura-Satz), einen Zweck erfassen und über Sinn nachdenken. Zugleich liegt darin seine Ambivalenz, denn so, wie er maßvoll und weise sein kann, kann er auch unmäßig und gierig sein (→ Erysichthon).

(4.) Ovids Darstellung bezieht sich intertextuell auf eine Fülle von kosmogonischen Vorlagen: Hesiods Theogonie, Homers Schildbeschreibung (*Ilias* 18, 483 ff.), das kosmogonische Lied des Orpheus in den *Argonautica* des Apollonius Rhodius (Arg. I 496-5029), den Gesang des Silen in Vergils Eklogen (Ecl. VI 31-40) und Lukrez (De rer. nat. V 416-508.780-1457). Wichtig ist Ovids Schöpfungserzählung nicht nur, weil hier das antike Menschenbild in einmaliger Weise formuliert ist, sondern weil Ovid mehrere der damals gängigen Theorien (aus Theologie, Mythologie und Naturwissenschaft) einander gegenüberstellt. Damit überlässt er dem Leser, wie er es oftmals tut, die Entscheidung:
- Theologische Deutung: *sive hunc* **divino semine** *fecit* **ille opifex rerum** (78 f.)
- Naturphilosophische (wissenschaftliche) Deutung: sive *recens tellus* ... *retinebat* **semina caeli** (80 f.) [vgl. besonders Lukrez, De rer. nat. V 793 ff., 805 ff., 837 ff.]
- Mythologische Deutung: *quam* **satus Iapeto** *finxit* ... (79-83; Prometheus erschafft den Menschen aus Ton)

Die Vier Zeitalter (S. 23-27)

S. 23

Léon Frédéric war am Leben der Arbeiterschaft interessiert. Seine Bilder vom Goldenen Zeitalter zeigen eine Hügellandschaft mit bäuerlicher Idylle, in der die Menschen im Vordergrund stehen. Es ist eine Welt heiteren Spieles und gelassener Ruhe im Sonnenschein. Im linken Bild sitzt eine Gruppe von Frauen und Kindern auf einer Wiese, während im Hintergrund bäuerliches Leben zu erahnen ist (Kühe auf der Weide, Bauernhäuser und eine Mühle am Horizont); ein Baby wird hochgehalten, um die Blütenpracht (ein Hinweis auf den ewigen Frühling) zu ertasten. Im rechten Bild sitzen Jung und Alt in Eintracht vor dem Haus zusammen, während im Hintergrund die reiche Ernte des Tages von Frauen herbeigetragen wird (Männer fehlen - bis auf den Greis im rechten Bild - ganz). Die vielen Kinder sind ein Zeichen der Lebensfülle. Zwischen „Morgen" und „Abend" gibt es keinen wesentlichen Unterschied, alles verläuft in Gleichmaß, Heiterkeit und Ruhe.

1. Übersetzung

Als erstes entstand das **GOLDENE ZEITALTER**, das *ohne* **Richter**,
90 aus eigenem Antrieb und *ohne* Gesetz, die **Treue** und das **Recht** achtete.
Furcht vor Strafe kannte man *nicht*, es waren *noch keine* Paragraphen
auf bronzener Tafel zu lesen und es musste *noch keine* flehende Schar
93 den Richterspruch fürchten; auch *ohne* **Rechtsprechung** war man **sicher**.
Noch war die Pinie *nicht* gefällt und aus ihren Bergen in die klaren Fluten
herabgestiegen, um fremde Länder aufzusuchen
96 und *keine* Küsten kannten die Sterblichen außer ihren eigenen.
Noch nicht waren die Städte von steilen Gräben umgeben,
es gab weder die längliche Tuba noch das Horn aus gerundetem Erz,

99 *keine* Helme und *keine* Schwerter: **ohne den Gebrauch des Krieges**
    lebten die Völker **sicher** und **in sorgloser Ruhe**.
    Ja, auch die Erde selbst, *unversehrt* und noch *unberührt* von der Hacke,
102 von *keiner* Pflugschar aufgerissen, gab alles von allein.

    Es herrschte **ununterbrochener Frühling** und *milde* Westwinde strichen
108 mit *sanfter* Brise über die **Blumen**, die *ohne Samen* entstanden waren.
    Bald auch brachte die ungepflügte Erde **Früchte** hervor, und ohne Ruhezeit
    schimmerte mit vollen Ähren das **Korn** auf dem Acker.
111 Es flossen **Ströme von Milch** und auch **Ströme von Nektar**
    und gelber **Honig** tropfte von grünen Eichen herab.
    Nachdem Saturn in den finsteren Tartarus verbannt war und die Welt
114 unter der Herrschaft Jupiters stand, folgte ein **SILBERNES GESCHLECHT**,
    nicht so viel wert wie das Gold, doch **kostbarer** als rotgelbe Bronze.
    Jupiter zog den Zeitraum des anfänglichen Frühlings zusammen
117 und schuf durch Winter, sommerliche Hitzeperioden, wechselnde
    Herbstzeiten und einen **kurzen Frühling** vier Jahreszeiten.
    Damals flimmerte die Luft zum ersten Mal in trockener, sengender **Hitze**
120 und **Eiszapfen** hingen herab, erstarrt im **frostigen Wind**.
    Da erst suchten (die Menschen) sich **Behausungen**; Höhlen dienten
    als Wohnung, dichte Sträucher und Äste, mit Rinde verkleidet.
123 Damals legte man zuerst **Getreide** als Samen in lange Furchen
    und es stöhnen die Rinder unter der Last des Joches.
    Als drittes folgte danach ein **BRONZENES GESCHLECHT**, *gewalttätiger*
126 **seinem Wesen nach** und schneller bereit zu den schrecklichen Waffen,
    dennoch **nicht verbrecherisch**. **VON HARTEM EISEN** ist das letzte (Geschlecht).
    Sofort drangen in das Zeitalter der *schlechteren Ader*
129 **sämtliche Schandtaten** ein: Es flohen *Scham, Wahrhaftigkeit und Treue*.
    An deren Stelle folgten **List und Tücke**,
    Verfolgung und Gewalt und **die verbrecherische Habgier**.
132 Die Segel richtete er in die Winde, die er noch kaum richtig kannte,
    der **Seemann**, und Kiele, die zuvor noch auf hohen Bergen
    gestanden hatten, tanzten auf unbekannten Wogen.
135 Der akribische **Feldvermesser** markierte mit langer **Grenze** den Boden, der
    früher noch allen gemeinsam war wie das Licht der Sonne und die Atemluft.
    Und nicht nur Saaten und die nötige Nahrung *forderte man* vom
138 ertragreichen Erdboden, sondern man grub sich in die Eingeweide der Erde.
    Und die **(Boden)Schätze**, die die Erde im Schatten des Styx verborgengehalten
    hatte, die werden ausgegraben als **Anreiz zum Bösen**.
141 Und schon waren *das schädliche Eisen* und - noch schädlicher als dieses - *das Gold*
    ans Tageslicht gekommen, und mit ihnen der **Krieg**, der mit beidem den Kampf führt
    und mit blutiger Hand die dröhnenden Waffen aneinanderschlägt.
144 Man lebt vom **Raub**, kein Gast ist vor seinem Gastgeber sicher,
    der Schwiegervater nicht vor seinem Schwiegersohn, und selbst Bruderliebe ist selten.
    Es wünscht der Mann den Tod seiner Gattin und diese den ihres Ehemannes,
147 *bösartige* Schwiegermütter mischen **tödliche Gifte**
    und der Sohn hofft auf das vorzeitige Ableben seines Vaters.
    Besiegt liegt *die Treue* am Boden und die Jungfrau Astraea
150 verließ als letzte der Himmelgötter die **vom Blut triefende Erde**.

2. Interpretation im Textverlauf

Das Goldene Zeitalter ist eine uralte, archetypische Vorstellung (vgl. Paradies oder Schlaraffenland). An solchen utopischen Entwürfen lässt sich ablesen, wohin die Geschichte eigentlich hätte führen sollen und was das wesentliche Glück menschlichen Lebens ausmacht. Bereits das antike Rom kannte die Symptome der „Großstadt" und setzte der Komplexität und dem Stress der „modernen" Arbeitswelt die Sehnsucht nach ursprünglicher Einfachheit entgegen. Zwar gab es den romantischen Naturbegriff und den Aufruf „zurück zur Natur!" noch nicht, doch ist gerade der augusteischen Zeit eine Neigung zur Bukolik und zur ländlichen Idylle eigen.

Schon bei Vergil war die Frage nach „Krieg und Frieden" und die Suche nach deren Ursachen (*furor impius belli*) ein zentrales Thema seiner Dichtung; sie bildet den Hauptpunkt auch in Ovids Beschreibung der Vier Zeitalter und ihrer Entwicklung. Die **discordia**, die bereits in der Schöpfung angelegt ist und sich im **Chaos** auslebt, greift von der Götterwelt (Entmachtung Saturns durch Jupiter) auf die Menschheit über. Insofern sind die Menschen eher Opfer als Täter. Generell moralisiert Ovid nur selten (im Gegensatz etwa zu Lukrez); er beschränkt sich darauf, die existenziellen Konsequenzen bestimmter Verhaltensweisen aufzuzeigen und überlässt dem Leser die Wertung des Geschehens.

Der antike Mensch stand den Frühzeiten menschlicher Entwicklung (Ur- und Frühgeschichte) noch näher als wir; seit den Vorsokratikern (7. und 6. Jh. v. Chr.) gab es das Nachdenken über die Urformen menschlicher Entwicklung, über Wurzeln und Herkunft der Kultur. Das Erklärungsmodell der Zeitalter-Folge - das auf Hesiod zurückgeht und dem auch die Geschichtswissenschaft mit der Unterscheidung von **Steinzeit, Bronze- und Eisenzeit** gefolgt ist - ist nicht mehr rein mythologischer Natur, sondern enthält einen deutlichen Anteil logischen Nachdenkens und logischer Strukturierung (Erklärungsmodell). Diese Struktur lässt sich interpretatorisch leicht erarbeiten [vgl. die im ÜH erläuterten Interpretationstechniken].

Man sollte den Schülern Gelegenheit geben, die Frage nach der Menschheitsentwicklung selbst spekulativ zu durchdenken (Aufgabe 1, S. 24, ergänzend dazu S. 25), weil dies ihr Interesse weckt, die Theorien der Antike kennenzulernen. Man kann etwa in einer Einführungsphase in Kleingruppen Theorien zur Urentwicklung verschiedener Lebens- und Arbeitsbereiche entwickeln und kurz vorstellen lassen (*Seit wann gibt es Häuser, Ackerbau, Metallverarbeitung, Schrift ...? Wie und woraus haben sich Techniken der Nahrungszubereitung, der Seefahrt, der Malerei, der Musik etc. entwickelt?*). Man kann auch in die nähere Vergangenheit gehen und fragen, ob jemand genau weiß, aus welchen Anfängen und mit welchem Ziel sich die Flugtechnik oder die Computertechnik entwickelt haben.

Es sollte aber auch deutlich werden, welchen Wert antike Erklärungsmodelle für die heutige Zeit haben. Sicherlich ist die Beschreibung des kommunistischen Urgesellschaft durch Karl Marx, der auf einem altsprachlichen Gymnasium in Trier zur Schule ging, von Ovids Schilderung nachhaltig beeinflusst. Der kreative Ausblick ins fünfte Zeitalter (S. 27) dient schließlich der Aktualisierung. Das vorgegebene Schema der Zeitalter erleichtert den kreativen Ansatz und führt in der Regel zu sehr interessanten Schülerbeiträgen. Bei näherem Nachdenken werden die Schüler verblüfft sein, dass auch wir heute immer noch ganz ähnlichen (und deshalb wohl archetypischen) Denkschemata folgen. Quasi mythologische Begriffe wie Ausbeutung der Natur, Umweltzerstörung, Klimawandel, Ozonloch etc. zeigen die Aktualität des antiken Mythos. Auch die Moderne schwankt zwischen einem Dekadenzschema (Kulturpessimismus) und optimistischem Fortschrittsdenken (Utopien, Weltbild der Aufklärungszeit).

Die Charakteristika der einzelnen Zeitalter sind weiter unten in einem Tafelbild zusammengestellt. Für den Unterricht erscheint es praktikabel, eine solche Übersicht nach und nach zu ergänzen. Eventuell kann man den Schülern dafür ein Leerschema in Kopien austeilen.

Das Goldene Zeitalter - Negativbeschreibung (S. 23)

90	**Aurea** prima sata est **aetas**, quae *vindice nullo*, sponte sua, **sine lege** **fidem rectum**que colebat.	Pleonasmus, Hendiadyoin
	Poena metusque aberant, **nec** verba minantia fixo aere legebantur, **nec** supplex turba timebat iudicis ora sui, sed erant *sine vindice* **tuti**.	Parallelismus, Anapher
95	**Nondum** caesa **suis**, ↔ *peregrinum* ut viseret *orbem*, ↔ montibus *in liquidas* ←pinus→ descenderat *undas*, **nulla**que mortales praeter sua litora norant.	Hyperbata, Personifikation Metonymie, abbild. Wortstellung
	Nondum praecipites cingebant ←oppida→ fossae.	Anapher, abbildende Wortstellung
	Non tuba derecti, **non** aeris cornua flexi,	Anapher, Pleonasmus
	non galeae, **non** ensis erat: *sine militis usu*	Klimax
100	**moll**ia **secur**ae peragebant **ot**ia gentes.	Hyperbata, Reim

Ovid beschreibt das Goldene Zeitalter (die „gute alte Zeit") vor der Folie der römischen Gegenwart, indem er deren Missstände und kulturelle Entartungen verneint. Zu diesem Zweck konstruiert Ovid - eine von ihm häufig angewandte Technik! - eine **Negationen-Kette**. Bewundernswert ist die kunstvolle Variation, die aufgrund ihrer Perfektion auf den ersten Blick kaum zu bemerken ist. Die vierzehn Verneinungen (im Text kursiv/fett gedruckt) lauten zusammengestellt: *nullo, sine, aberant, nec, nec, sine | nondum, nulla, nondum | non, non, non, non, sine* (1 x verbal, 2x nullus, 2 x nec, 2 x nondum, 3 x sine, 4 x non).

Häufung und Eindringlichkeit dieser Negationen werden wie in einem Crescendo gesteigert, (vierfaches *non*, pleonastische Aufzählung, Klimax der Kriegsgeräte), um dann mit dem fast lautmalerischen Vers 100 in einer sanften Idylle resümierend auszuklingen (vorwiegend dunkle Vokale, ruhiger Versrhythmus, betontes *mollia*).

Nach Bömer sind die 24 Verse des Goldenen Zeitalters (die Verse 103-106 sind im Textband ausgespart) in zwei Hälften zu je 12 Versen geteilt. Bevor mit Vers 100 die erste positive Beschreibung erfolgt, werden zunächst drei Lebensbereiche negiert: **Rechtswesen, Seefahrt und Krieg**. Dass **Recht und Gesetz** an erster und damit wichtigster Stelle stehen, mag verblüffen. Auch dürfte der Gedanke uns heute fremd erscheinen, dass das Rechtswesen eigentlich keine positive Erscheinung ist, sondern ein Indiz für mangelnde Moral (vgl. die Bewertung der Medizin in Platons *Politeia*). Auch hier kann man auf ganz aktuelle Probleme verweisen: „Prozesslawine", „Gesetzesflut", „Paragraphen-Dschungel" und „Abbau von Bürokratie". Dass „Rechtssicherheit" (vgl.: *erant sine vindice tuti*, 93) ein eminent hohes Gut ist, sollte daneben nicht verschwiegen werden; dies zeigt die Ambivalenz von Kultur und Technik.

Die **Seefahrt** ist nicht an sich ein Übel, sondern steht als Synonym für die mangelnde Bescheidenheit der Menschen, die mit dem, was die heimische Erde ihnen bietet, nicht zufrieden sind. Sogenannte „Entdeckungsreisen" sind immer auch Eroberungsreisen gewesen; dies mag noch für manche Formen des heutigen Tourismus gelten (~ „Dollar-Imperialismus").

Der **Krieg** - trotz *Pax Augusta* mit dem Römischen Imperialismus eng verbunden - steht an dritter Stelle als Konsequenz aus Rechtlosigkeit und Eroberungsdrang.

Sprachlich ist auf die Personifikation der Fichte hinzuweisen, die metonymisch für den Schiffsbau und die Seefahrt steht, und auf die abbildende Wortstellung in Vers 95 und 97: *in liquidas* ←pinus→ *descenderat undas* (das Schiff, von der Weite des Meeres umschlossen) und *praecipites* cingebant ←*oppida*→ *fossae* (die Städte, von steilen Gräben umgeben) [Vgl. ÜH: Wortarchitektur]. *suis* ↔ *peregrinum* und *orbem* ↔ *montibus* stehen für den Gegensatz zwischen Heimat und Fremde.

Das Goldene Zeitalter - Positivbeschreibung (S. 23-24)

102	Ipsa quoque‿inmunis rastroque‿intacta nec ullis ⌣ saucia vomeribus **per se dabat omnia tellus**.	Polysyndeton, i-Alliteration
107	<u>Ver</u> erat <u>aeternum</u> placidique tepentibus auris mulcebant zephyri natos **sine semine** flores. Mox etiam fruges <u>tellus</u> *inarata* ferebat,	Pleonasmus s-Alliteration
110	nec renovatus ager gravidis canebat aristis. **Flumina iam lactis, iam flumina nectaris ibant**, flavaque de viridi stillabant ilice mella.	Klimax Anapher, Parallelismus Hyperbaton, Lautmalerei

Ein Land, wo Milch und Honig fließen (*flumina lactis*, *flumina nectaris*), so die biblische Verheißung vom Lande Kanaan, dem späteren Israel. Die Negativ-Charakterisierung schwingt weiterhin mit (*rastro intacta*, **nec ullis** *vomeribus saucia*, **sine** *semine*, *tellus* inarata und **nec** *renovatus ager*), klingt aber allmählich aus.

Klima und Pflanzenwachstum, aber auch Mensch und Natur reagieren aufeinander in einem harmonischen Zusammenspiel. Dem äußeren Frieden (*concordia, mollia otia*) entspricht die innere Zufriedenheit des Menschen (vgl. die Darstellung der <u>Tellus</u> auf der *Ara Pacis*).

Die Passage ist symmetrisch eingeteilt (4 x 2 Verse), wobei die Verse 103-106 (hier ausgespart) wie ein Einschub wirken; sie schildern die Genügsamkeit der Menschen als Reaktion auf die Fruchtbarkeit der Erde. Die Verse 100, 107-108 und 111-112 beschreiben typologisch die Grundkonstanten des Goldenen Zeitalters: **Ruhe und Frieden**, **ewiger Frühling** (ständige Blütezeit und mildes Klima) und **Flüsse von Milch und Honig** (Synonym des Überflusses). Die Verse 101-102 und 109-110 sind dagegen eher funktional bestimmt und aus der Sicht des Bauern gedacht (Stichwort *tellus*); sein Traum ist die Mühelosigkeit der Ernte (biblisch gesprochen: Dort zu ernten, wo man nicht gesät hat, *sine semine*). Die Gaben der Natur sind in Klimax angeordnet: *flores, fruges, gravidae aristae, flumina lactis, flumina* **nectaris** (Göttertrank!) und *flava mella*.

Vers 112 beschreibt lautmalerisch das Tropfen des Honigs (*viridi stillabant ilice mella*) und erinnert mit seinem weichen *l*-Ausklang an Vers 100 (*mollia ... otia*); so entsteht eine zyklische Struktur und die Passage schließt erneut mit einem ruhigen Ausklang.

Das Silberne Zeitalter (S. 24)

114	Postquam Saturno tenebrosa‿in Tartara misso ⌣ sub Iove mundus erat, subiit **argentea proles**, **auro deterior,** *fulvo* **pretiosior aere**. <u>Iuppiter</u> antiqui contraxit tempora veris	t-Alliteration, t-o-Assonanz Chiasmus Hyperbaton
117	perque‿hiemes aestusque‿et inaequalīs autumnos ⌣ et **breve ver** spatiis exegit quattuor annum. *Tum primum* siccis aer fervoribus ustus ⌣	Polysyndeton, abbild. Wortstellung
120	canduit et ventis glacies adstricta pependit. *Tum primum* **subiēre domos**; domus antra fuerunt et densi frutices et vinctae cortice virgae.	Parallelismus Anapher (1)
123	**Semina** *tum primum* longis **Cerealia** sulcis ⌣ obruta sunt, pressique iugo gemuēre iuvenci.	Anapher (2)

Dass eine neue, gänzlich andere Zeit beginnt, verdeutlicht Ovid mit einer klanglichen Veränderung. Während das Goldene Zeitalter mit hellen i-Tönen und einem idyllischen Bild heiter ausklang (*viridi stillabant ilice mella*), beginnt das Silberne Zeitalter mit dem düsteren Bild eines tödlichen Machtkampfes unter den Göttern (die Entthronung des Saturn/Kronos) und ist geprägt von dunklen Vokalen und harten Konsonanten: Postquam Saturno tenebrosa in Tartara misso (vgl. Roser, S. 64).

Die Komparative in Vers 115 verdeutlichen, dass das Silberne Zeitalter nur ein Übergangsstadium ist. Die Ruhe und Ordnung und das Gleichmaß des Goldenen Zeitalters enden mit der Verwandlung der Zeit durch Jupiter. Der ewige Frühling (**ver aeternum**, 107) wird durch göttlichen Eingriff in die Natur verkürzt (*Iuppiter contraxit tempora veris antiqui*, 116) und als **breve ver** (118) in den Wechsel der vier Jahreszeiten eingebunden. Das Klima wird nun extremer (chaotisch) und pendelt zwischen glühender Hitze und Eiseskälte. Die dreifache Wiederholung des *tum primum* (3 x 2 Verse) forciert die deutlichen Veränderungen. Für den Menschen hat der **Klimawandel** zwei Folgen, die der Not entspringen: Den **Hausbau** (das beengte und primitive Wohnen in Hütten und Höhlen) und **Ackerbau und Viehzucht**. Synonym für die Härte der Arbeit ertönt das Stöhnen der domestizierten Ochsen unter dem Joch (nach Roser, S. 66, ein Ausblick auf kommendes Leid, das auch den Menschen erfassen wird).

S. 24

(1.) Zu Aufgabe 1 siehe oben (S. 26). - Der **Lukreztext** dient der Anregung zur Diskussion und dem intertextuellen Bezug; neben Hesiod und Vergil wird er eine der Vorlagen Ovids gewesen sein. Er zeigt aber auch - *auri sacra fames*! - eine viel stärkere Moralisierung als bei Ovid und lässt so dessen maßvolle Zurückhaltung erkennen.

(2.) Die **ungleichmäßige Länge der Jahreszeiten**, deren gleitende Übergänge und die Länge des Jahres im Vergleich zum kurzen Frühling werden durch die Verschleifungen und durch die Metrik (mit Enjambement zu lesen!) veranschaulicht.

perque hiemes aestusque et inaequalis autumnos   et breve ver

Nach Bömer ist ein Vers mit drei Spondeen am Schluss bei Ovid singulär und ein dreisilbiges, nicht griechisches Schlusswort sehr selten. Dazu kommen die Verschleifungen (Synaloephe und Elision), die die Übergänge der Jahreszeiten lautmalerisch nachbilden. Dem langen *ver erat aeternum* von Vers 107 steht der nun kurze Frühling gegenüber: *et breve ver*. Roser interpretiert treffend: „Vers 117 ist ein seltener Versus spondiacus, der die lastende Schwere der neuen Jahreszeiten, die lange Dauer der kalten Winterstürme, die sengende Sonnenglut des Sommers und die unbeständigen Herbsttage nachdrücklich untermalt." (S. 65). Zudem weist er darauf hin, dass gegenüber den anderen Jahreszeiten nur der Frühling im Singular seht und so noch stärker ins Hintertreffen gerät.

S. 25

Die „**Zukünftige Lösung der Umweltfrage**" unterteilt die Welt in einen bewohnten Kulturgürtel mit Riesenstädten und in agrikulturelle Areale, die symmetrisch angeordnet sind. Dazwischen liegen Wasserflächen und im Zentrum ein kleines Eiland. Die Tiere, die zuvor in einer Überfülle alle Bereiche bewohnt hatten (Bild S. 21) sind - bis auf die unruhig umherziehenden Vögel - aus dieser Welt ausgeschlossen (Entwicklung auf Kosten der Natur). Der Mensch hat die Welt nun ganz seiner ordnenden Vernunft unterworfen und alle Bereiche des Lebens rationalisiert (vgl. den Ausdruck „wegrationalisieren"). Einzelne Wälder und Naturgebiete werden unter schützenden Glashauben bewahrt, Windräder und Felder mit Sonnenkollektoren weisen auf den technischen Fortschritt hin. Insgesamt kann man das Bild als Mahnung an die heutige Menschheit lesen, es nicht so weit kommen zu lassen.

> **Das Bronzene und das Eiserne Zeitalter (S. 26)**
>
> Tertia post illam successit **aenea proles**,
> 126 **saevior ingeniis** et **ad horrida** promptior *arma*,
> **non scelerata** tamen. **De duro est ultima ferro**.
> Protinus inrupit **venae peioris** in aevum
> 129 **omne nefas**: fugēre *pudor verumque fidesque*.   Emphase, Polysyndeton
> In quorum subiēre locum **fraudes**que **doli**que   Polysyndeton, Antithese, Klimax
> **insidiae**que et **vis** et **amor sceleratus habendi**.   Pleonasmus, Personifikationen

Das Eherne/Bronzene Zeitalter wird in nur 2½ Versen beschrieben, ein Zeichen dafür, wie schnell der moralische Verfall voranschreitet (vgl. 128: *protinus*). Mit der Entdeckung des Erzes ist die Herstellung tödlicher Waffen verbunden. Die gleichsam absichtslose, noch kindliche Bosheit und Grausamkeit, die man auch bei Naturvölkern finden kann - *ad horrida promptior arma*, 126, als ob es die Waffen selbst wären, denen die Eigenschaft der Grausamkeit anhaftet - wird unterschieden vom Verbrechen (*scelus*), der absichtlichen, planvollen Tat aus niederen Motiven (vgl. die Unterscheidung von Mord und Totschlag im Strafrecht).

Das Eiserne Zeitalter beginnt fast übergangslos in der Mitte von Vers 127. Es wird wie das Goldene Zeitalter in 24 Versen beschrieben und steht diesem konträr gegenüber. War das Silber noch *deterior* auro (weniger wert als Gold), so wird das Eisen auch moralisch abgewertet: *vena peior* (die verderbtere Ader). Während die übrigen Metalle mit keinem qualitativen Attribut gekennzeichnet wurden (Roser, S. 67), wird die Härte des Eisens gleich zu Anfang betont. Dies weist symbolisch auf die harten Zeiten hin, die nun über die Menschen hereinbrechen, und auf die Veränderung ihres Charakters zur Hartherzigkeit [Vgl. das Motto der Hitlerzeit: „Hart wie Kruppstahl"].

Das durch Anfangsstellung betonte **ómne nefas** (129) bildet den Auftakt für den hemmungslosen Verfall, der mit einer Kaskade von Untugenden beschrieben wird: *fraudes, doli, insidiae* und *vis*. Fast verloren stehen **pudor verumque fidesque** (vgl. 90: *fidem rectumque*) als fester Block zwischen all den Übeln, während die Untugenden sich gleichsam chaotisch ausbreiten und verschlimmern (Klimax). Das erdrückende Übergewicht der Bosheit wird durch die Antithese von Singular (Tugenden) und Plural (Untugenden) und durch das Zahlenverhältnis (3:5) noch zusätzlich unterstrichen. **Amor sceleratus habendi** ist eine Reminiszenz an Vergil (Belegstellen bei Bömer, S. 62 f. und S. 66) und benennt die innere Ursache für die Vielzahl der genannten Verbrechen, nämlich Habgier und Neid.[2]

Nach Bömer (Übersicht S. 61) ist die Beschreibung des Eisernen Zeitalters ringförmig angeordnet. Zwischen der Flucht der Tugenden (129) und der Flucht der Göttin Dike (149 f.) entfalten sich die Untugenden, denen chiastisch einzelne Kulturbereiche zugeordnet sind.

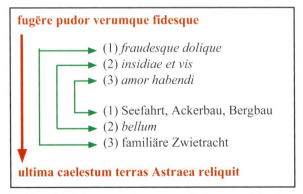

---

2) Nach Karl Marx besteht die Ursünde der Menschheit in der Besitzgier. Damit einher geht der Prozess der „Entfremdung" des Menschen mit sich selbst, seinen Mitmenschen und mit der Natur. - Vgl. Erich Fromm: Haben oder Sein (dtv) und den Schlussteil der *Utopia* des Thomas Morus.

Das **Bild Monolith** (Klotz, einförmiger Stein) wirkt zwar auf den ersten Blick schockierend, ist jedoch als Allegorie zu verstehen und lässt sehr vielfältige Deutungen zu. Es kann nicht nur zum Verständnis von „Metamorphose" beitragen (körperliche Veränderung als Ausdruck einer Wesensveränderung), sondern kann als eine Veranschaulichung menschlichen Verhaltens im Eisernen Zeitalter betrachtet werden.

Der Titel *Monolith* bezieht sich auf die einheitlichen Blöcke, die im Bild vorkommen: Die dunkle Wand aus genormten und verhärteten Menschenköpfen, die Wände der Fabrik im Hintergrund, aber auch die Reihen der gleichförmig zum Dienst in die Fabrik einmarschierenden Menschen.

Der Kampf im Vordergrund stellt allegorisch den Konflikt zwischen Individualität und Konformität, Anpassung und Widerstand, Freiheit und Unterdrückung, Stagnation und Veränderung dar. Der Raum bleibt unklar (drinnen oder draußen?), erinnert jedoch durch die Symbolik des Feuers an eine Schmiede oder einen Hochofen. In der Bildmitte marschieren nackte, uniformierte Menschen in geschlossener Reihe und mit erhobener Faust wie unter Parolen in die Fabrik ein, wo sie offensichtlich eingeschmolzen und als metallene Roboter neu geprägt werden (in der oberen Mitte scheinen sie freiwillig in das Feuer des Hochofens zu springen).

David Spear (geb. 1974, USA) - Prometheus, 2004

Im Vordergrund versuchen einige letzte Individuen das Bollwerk aus genormten und geschmiedeten Menschenköpfen (*aenea proles, saevior ingeniis et ad horrida promptior arma*) mit Schmiedehämmern zu zertrümmern. Die herausgebrochenen Einzelmenschen lassen unter der Oberfläche noch Reste ihrer alten Individualität erkennen, ihre Köpfe sind jedoch entweder hohl (~ hirnlose Uniformität) oder wie ein Amboss geformt. Die Lücken in der monolithischen Mauer werden sofort von Nachrückenden ausgefüllt, deren Gesichter wie Totenmasken aus der Mauer hervorschauen. Von oben her ergießt sich eine Welle der Abwehr und der Aggression auf den im Vordergrund Kämpfenden. Seine Mitstreiter sind bereits überwältigt und auch er wird von einem der am Boden Liegenden am Fuß gepackt und beginnt selbst zu verhärten; so erscheint sein Kampf aussichtslos.

Die über die Mauer hinweg Nachstürzenden - Verteidiger oder Angreifer? - verlieren immer stärker ihr menschliches Antlitz (*os homini sublime dedit*), je weiter sie in die Mauer integriert werden. Ihre rechte Hand halten sie ebenso wie die im Hintergrund Einmarschierenden zur Faust erhoben, die sich im Angriff zu einer aggressiven Klaue öffnet.

Die Bewegungsrichtung, die Farbgebung und die Situation selbst sind nicht eindeutig und so lässt sich weder klar bestimmen, wie es zu der Situation gekommen ist und was sich im Moment abspielt, noch von wem die Agression ausgeht. Insgesamt erinnert die Darstellung an Chaplins *modern times*, wo eine gnadenlose Maschinerie, die keinen Stillstand mehr kennt, den Menschen, ihren Konstrukteur, in die Bewegung der Zahnräder hineinzieht. Man mag auch an Akkordarbeit, Roboterklaven und Maschinenmenschen denken. All dies bildet einen modernen Bezug zur Thematik des Eisernen Zeitalters.

132	Vela dabat ventis - nec adhuc bene noverat illos -˷	v-Alliteration
	navita, quaeque prius *steterant in montibus* altis,	Antithese, Chiasmus
	fluctibus ignotis *insultavēre* carinae	Metonymie
135	communemque prius ceu lumina solis et auras	Hyperbaton
	cautus **humum** longo signavit limite mensor.	l-Alliteration
	Nec tantum segetes alimentaque debita dives ˷	
138	poscebatur **humus**, sed itum˷est in **viscera terrae**,	
	quasque recondiderat Stygiisque˷admoverat umbris,	
	effodiuntur **opes, inritamenta malorum**.	

Im Folgenden werden die Negationen, die zur Beschreibung des Goldenen Zeitalters dienten, nun Wirklichkeit: **Seefahrt**, Aufteilung von **Grundbesitz**, **Ackerbau** und **Bergbau** (als Auswirkungen des *amor sceleratus habendi*). Gab *pinus* noch die natürliche Herkunft des Materials an, so ist *carinae* eher ein technischer Begriff, der die Bauweise eines Schiffes assoziiert. Wieder arbeitet Ovid mit einer Numerus-Steigerung. Das einzelne Boot (*pinus*) steht einer Vielzahl von Schiffen (*carinae*) gegenüber.

Deutlicher noch wird die Veränderung durch den Begriff *humus* (statt, wie oben, *tellus*). Der Mensch, der nun in die natürlichen Prozesse eingreift, hat das Empfinden für die Göttlichkeit des Mutterbodens verloren und betrachtet die Erde rein funktional nach ihrer Nützlichkeit (*humus* ~ fruchtbarer Ackerboden). War die Erde im Goldenen Zeitalter noch *inmunis* (101), in juristischer Fachsprache frei von Abgaben, so sind ihre Gaben nun *alimenta debita* (137), ein dem Menschen geschuldeter Unterhalt. Der Boden ist zwar immer noch reich (*dives*, 137), doch reicht dies dem Menschen nicht mehr, er strebt nach den Metallen als *opes* (140), Machtmittel. Gier und Neid führen zum „Privat"-Besitz (von *privare*, berauben), dessen Verteidigung oder Erwerb wiederum Streitigkeiten und Kriege auslöst (*inritamenta malorum*, 140) und zu einem sozialen Ungleichgewicht führt (Klassenbildung). Mit Vers 140 wechselt Ovid zum ersten Mal ins Präsens und macht damit deutlich, dass dieser Zustand „bis heute" andauert.

Die Landvermessung ist wiederum kein Übel an sich, aber die Idee dazu entspringt einer pervertierten Haltung zu den Gaben der Natur, die (nach dem Naturrecht) allen Menschen zustehen (vgl. die Argumentation der Latona vor den Lykischen Bauern). Heute sprechen wir von „Ressourcen" und von „Rohstoffen" als Erwerbsquellen.

141	Iamque ***nocens ferrum*** ferroque ***nocentius aurum*** ˷	Chiasmus, Polyptoton
	prodierat, prodit **bellum**, quod pugnat utroque,	Polyptoton, *p*-Alliteration
	sanguineaque manu crepitantia concutit arma.	Personifikation, c-Alliteration
144	Vivitur ex rapto: *non* hospes ab hospite *tutus*,	Polyptoton
	non socer a genero, **fratrum** quoque **gratia rara˷est**.	
	Inminet exitio *vir* coniugis, illa *mariti*,	Chiasmus
147	lurida terribiles miscent aconita novercae,	
	filius ante diem patrios inquirit in annos.	
	Victa iacet pietas et **virgo** caede madentīs ˷	Metapher, Hyperbaton
150	ultima caelestum **terras Astraea reliquit**.	

Wert und Bedeutung des Goldes haben sich nun völlig pervertiert. War das Gold im „Goldenen Zeitalter" gleichsam nichts wert (oder unbekannt, da es noch in der Erde steckte), so bildet es nun das Ziel menschlicher Habgier. **Eisen** (~ Härte und Gewalt) und **Gold**

(~ Habgier, Bestechung etc.) wirken gerade im **Krieg** (~ *insidiae et vis*) in dämonischer Weise zusammen und verstärken wechselseitig ihren unheilvollen Einfluss auf die Menschen (*nocens, nocentius*, 141). Die Darstellung des Krieges als Dämon (133) dürfte eine Nachbildung zu Vergils Personifikation des *furor impius belli* sein (Aen. I 291-296).

Auch die beiden letzten Untugenden *fraudesque dolique* entfalten nun ihre Wirkung. Der Gegenbegriff dazu ist *pietas* (149), ein typisch römischer Wertbegriff; er bezeichnet die Treue zu allem, was heilig ist: Götter, Vaterland, Familie etc. Ohne *pietas* erscheint ein sicheres Leben schlechthin undenkbar, weil sie die Grundlage aller Moral bildet (drohender Nihilismus). Anhand von sechs Beispielen aus dem engsten, familiären Beziehungskreis schildert Ovid drastisch die völlige Amoralität dieses Zeitalters. Vor der Folie des Goldenen Zeitalters wirken diese Beispiele auf den Leser noch zusätzlich wie *Adynata*.

Die Flucht der **Göttin Dike** bildet den unheilvollen Abschluss der Negativentwicklung (betontes *ultima*). Dass die Göttin der Gerechtigkeit selbst die Erde verlässt, ist nach zwei Seiten hin zu lesen. Aus der Sicht der Götter mag es verständlich erscheinen, dass sie einem unhaltbaren und unrettbaren Zustand den Rücken kehren, es zeigt aber auch ihre Hilflosigkeit angesichts menschlicher Bosheit (vgl. die Lycaon-Episode), zu der ein Gott trotz all seiner Machtfülle nicht fähig ist (einzig der Zorn und die sexuelle Begierde bilden das freudsche „Es", die Triebwelt der Götterseele). Aus der Sicht der Menschen erscheint die Flucht der Dike als Ausdruck der Trostlosigkeit, der absoluten Verlassenheit und der unrettbaren Verdammnis. Wer außer den Göttern sollte jetzt noch die Welt retten können? Ovid löst diese tragische Situation nicht und führt sie nicht - wie Vergil - zu einem propagandistischen Happy End.

(1.) Gold und Silber als reine Metalle stehen der Bronze als Metallmischung und dem korrodierbaren Eisen gegenüber. Das Gold ist das edelste Element, da es kaum Verbindungen eingeht und seine Reinheit bewahrt. Sein Glanz symbolisiert das Strahlende und Lichte (Sonne), es dient überwiegend zur Schmuckherstellung. Das **Silber** (oft mit dem Mond verbunden) ist ein schimmerndes Metall (Spiegel), das anlaufen kann (oxidieren) und zur Herstellung von Schmuck und kostbaren Gebrauchsgegenständen dient. **Bronze** ist eine Metalllegierung und deshalb weniger rein; es diente in frühen Zeiten zur Waffenherstellung (Bronzezeit), bis es vom härteren Eisen abgelöst wurde. Das **Eisen** ist das vielfältigste Material und kann für alle möglichen Gebrauchsgegenstände (vor allem in Handwerk und Technik) benützt werden. Es rostet schnell (oxidiert) und korrumpiert dadurch (kürzere Haltbarkeit). Seine Haupteigenschaft ist die Härte und Schärfe. [Vgl. insgesamt die Symbolik der Olympia-Medaillen]

(2.) Das **Schema** auf der nächsten Seite (mögliches Tafelbild) fasst die Antagonismen in der Beschreibung der Zeitalter zusammen und gibt ein Strukturmodell der ovidischen Darstellung. Das Vorhandensein oder Nichtvorhandensein der jeweiligen Bereiche wird duch + und − gekennzeichnet (die Versangaben sind nur zur Erleichterung der Auffindung gesetzt). Die Veränderungen gehen von den Göttern aus, die die Natur nach ihrem Gutdünken gestalten. Haupttendenzen sind die zunehmende Härte und Amoralität, die durch den Klimawandel erzwungene Entwicklung von Kultur und Technik, aber auch die Entdeckung des Krieges. Die zunehmende soziale Unsicherheit führt zu einem Zustand andauernder Bedrohtheit.

(3.) Ovid scheint gegenüber der **Propaganda des Kaiserhauses** und den großartigen Versprechungen einer neuen Friedenszeit eher reserviert und skeptisch eingestellt gewesen zu sein. Negatives Indiz dafür ist, dass er eben nicht, wie es etwa Vergil oder Horaz tun, Stellen wie diese für eine Panegyrik nutzt. Wiederholt wendet er sich gegen Gewalt und Krieg und deckt in seiner Beschreibung die Habgier als deren Wurzeln auf. Seine Beschreibung des Eisernen Zeitalters trägt deutliche Züge der eigenen Zeit und kann insofern als eine immanente Kritik an deren Zuständen gelesen werden.

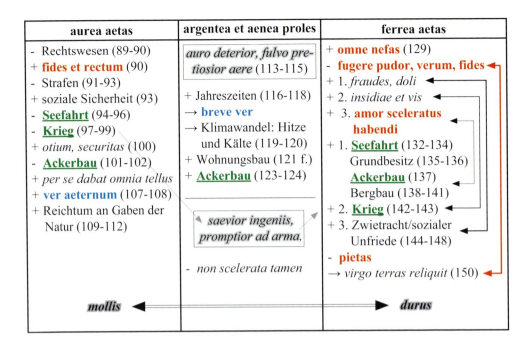

Ergänzender Literaturhinweis (vgl. TB S. 172)

- **Wheeler, Steven**: Imago mundi - another view of the creation in Ovid's Metamorphoses; American Journal of Philology 116 (1995), 95-121 [mit ausführlicher Bibliographie]
- Man beachte auch *Amores* **III 8**, wo Ovid den Zeitaltermythos poetisch und erotodidaktisch auslegt.

Die Sintflut (S. 28)

Die Sintflut schließt die negative Entwicklung der Vier Zeitalter ab und stellt deren Konsequenz dar (Weltuntergang). Auf sie folgt die Erschaffung eines neuen Geschlechtes - aus den Steinen des Ackerbodens, also ebenso hart! - durch Deucalion und Pyrrha.
Die Beschreibung selbst ist ein Bravourstück ovidischer Veranschaulichungskunst und trägt trotz der tragischen Thematik Züge von Komik in sich (auch dies ist typisch für Ovid).

S. 28

Das Bild stellt **die biblische Sintflut** dar (in der Bildmitte ist die Arche Noah zu sehen); es kann zur Illustration der Katastrophe, vor allem aber zur Erweiterung der Sintflutthematik beitragen. Sintfluterzählungen finden sich bei fast allen Völkern, sie sind archetypischer Natur (Urbilder der menschlichen Seele). In solchen Mythen mögen sich Erinnerungen an Katastrophen früherer Zeiten erhalten haben.
Ovid scheint eher an den physikalischen und biologischen Paradoxa als an den Emotionen, an der Schuldfrage oder am Leid der Menschen interessiert zu sein. Seine Schilderung ist rein sachlich und eher komisch als tragisch. Im Gegensatz dazu konzentriert Schoenfeld seine Darstellung auf das unermessliche Leid der ertrinkenden und hilflosen Menschen. Auf einen letzten Flecken Erde auf den Gipfeln der Berge haben sich einige versprengte Menschen gerettet (notdürftige Zelte oben links), im Vordergrund liegen andre tot oder völlig ermattet am Ufer, umgeben vom zufälligen Treibgut oder ihrer aus den Fluten geretteten Habe. Selbst die wenigen Vögel als einzig überlebende Lebewesen scheinen ermattet das rettende Land anzustreben. Dennoch verheißt der düstere, verregnete, wolkenschwere Himmel kein Ende der Drangsal und so ist auch das letzte Häuflein der Überlebenden letztlich dem Tod geweiht.

Apollo und Daphne (S. 29-39)

1. Zentrale Deutungs-Aspekte

Inhalt: Götterstreit, jungfräuliches Lebensideal der Diana, Gewalt in der Liebe; Verwandlung in einen Baum

Interpretation: Gattungsmetamorphose (Epos → Elegie), Verwandlungsschema, Techniken der Charakterisierung und der Dramatisierung, Verwendung von Pronomina (*zur Psychologisierung*), Symbolisierung

Gattung: Epos/Elegie, Hymnus, Prophetie

Erzählebenen (S. 12): erotisch, ästhetisch, psychologisch, politisch, poetologisch, narrativ

2. Übersetzung

Die erste Liebe des **Phoebus** war **Daphne, die Tochter des Peneus**. Diese Liebe
453 stiftete kein blinder Zufall, sondern der <u>wütende Zorn</u> **Cupidos**.
Diesen hatte **der Gott von Delos**, noch stolz über die Tötung des Drachens, unlängst
beobachtet, wie er die Sehne in die Enden des Bogens einzuspannen versuchte,
456 und er hatte gemeint: „Was willst denn *du*, *du übermütiger Knabe*, mit so starken
Waffen? Ein so schwerer Bogen passt zu *meinen* Schultern,
der ich treffsicher Wild zu erlegen und Feinde zu töten vermag.
459 Vor kurzem noch habe ich den riesigen Python mit unzähligen Pfeilen
niedergestreckt, der mit seinem todbringenden Leib so viele Morgen bedeckte.
Gib *du* dich damit zufrieden, mit *deiner* Fackel **irgendwelche Liebschaften**
462 anzuzünden, und maße dir nicht <u>Ruhmestaten</u> an, die nur *mir* zustehen."
Dem gab **der Sohn der Venus** zur Antwort: „*Dein* Bogen mag ja alles treffen,
Phoebus, *dich* aber trifft *meiner*, und genauso wie alle Tiere dir als Gott
465 weichen müssen, ebenso ist *dein* Ruhm geringer als *meiner*."
So sprach er, flatterte flugs mit knatterndem Flügelschlag zur
schattigen Höhe des Parnass und stellte sich dort auf.
468 Aus seinem pfeiltragenden Köcher zog er zwei Geschosse hervor
mit entgegengesetzter Wirkung: *Der eine* vertreibt und *der andere* **verursacht Liebe**.
Der sie verursacht, ist vergoldet und funkelt mit scharfer Spitze;
471 der sie vertreibt, ist abgestumpft und enthält unter dem Schaft einen Bleikern.
Eben diesen heftete **der Gott** der **Peneischen Nymphe** an, aber mit dem anderen
durchschlägt er die Knochen und verletzt **Apollo** bis ins Mark.
474 Sofort beginnt **der eine** zu **lieben**, **die andere** aber scheut schon das Wort **Liebe**.
Sie erfreut sich am Schatten des Waldes und an den Fellen erbeuteter
Tiere und eifert der unverheirateten **Phoebe** nach.
477 Eine Binde zügelte ihr unordentlich herabfallendes Haar.
Viele hatten sie schon umworben, sie aber verabscheute jeden Bewerber,
kann die Nähe eines Mann nicht ertragen und durchstreift (lieber) die Einöden
480 der Wälder, denkt nicht an **Ehe**, **Liebe** oder **Beischlaf**.
Oft sprach ihr Vater: „Einen Schwiegersohn schuldest du *mir*, meine **Tochter**."
Oft sprach ihr Vater: „Enkelkinder schuldest du *mir*, mein **Kind**."
483 Ihr aber waren die **Hochzeitsfackeln** verhasst wie eine schmutzige Angelegenheit,
ihr hübsches Gesicht überzog sich mit Schamesröte,
schmeichelnd hing sie mit ihren Armen am Hals ihres Vaters
486 und sprach:"Gewähre mir, herzallerliebster Vater, dass ich **ewig**

Jungfrau bleiben darf; auch **Dianas Vater** hat das seiner Tochter erlaubt."
Jener folgt zwar ihrer Bitte, aber deine Schönheit verwehrt *dir* zu sein,
489 was du dir wünschst, und *deinem* Gelübde steht *dein* Liebreiz entgegen.
Phoebus liebt, und wie er **Daphne** sieht, begehrt er den **Beischlaf**, und weil er
begehrt, macht er sich Hoffnungen und seine eigenen Orakel täuschen ihn.
492 Wie Strohhalme, die man nach der Ernte auf dem Feld abbrennt,
wie ein Schilfzaun, von einer Fackel entflammt, die vielleicht ein Passant
zu nahe herangehalten hat oder bei Tagesanbruch zur Seite warf,
495 so **ging der Gott in Flammen auf**, so **entbrennt er in ganzer Seele**,
macht sich Hoffnungen und nährt auf diese Weise eine fruchtlose Beziehung.
Er betrachtet ihre Haare, wie sie schmucklos am Hals herabhängen
498 und meint: „Wie sie wohl aussähen, wenn sie frisiert würden?" Er sieht ihre
wie Sterne feurig funkelnden Augen, sieht ihre Lippen, die nur zu sehen
ihm nicht genügt. Er preist ihre Finger und die Hände,
501 ihre Unterarme und die mehr als zur Hälfte nackten Oberarme.
Was das Kleid verbirgt, scheint ihm noch besser. (Doch) schneller als ein
Windhauch läuft jene davon und bleibt auch nicht zu folgenden Worten stehen,
504 die er ihr hinterherruft: „**Nymphe**, bitte, **Tochter des Peneus**, bleib stehen! Nicht
als Feind folge ich dir. **Nymphe**, bleib doch stehen! So flüchtet ein Lamm vor dem
Wolf, eine Hirschkuh vor dem Löwen, so flüchten vor dem Adler mit ängstlichem
507 Flügelschlag die Tauben, ein jedes Tier vor seinem Feind. *Ich* folge dir **aus Liebe**!
Ach *ich* Armer! Fall bloß nicht hin und lass dir nicht in deiner Unschuld die Beine
von Dornen zerkratzen, dass ich noch schuld an deinem Schmerz wäre!
510 Rau ist das Gelände, wo du läufst. Lauf doch bitte langsamer
und halte ein in deiner Flucht; ich werde dir auch langsamer folgen.
Frag doch erst einmal, wem du gefällst. Kein Bergbewohner,
513 kein Hirte bin *ich*, bin kein grässlicher Kerl, der hier Rinder- und Ziegenherden
hütet. Du weißt doch gar nicht, **du Dummchen**, du weißt nicht,
vor wem du fliehst, und deshalb fliehst du. *Mir* dienen **die Erde von Delphi**
516 und **Klaros** und **Tenedos** und **das Königreich von Patara**.
Jupiter ist mein Vater, *durch mich* wird offenbar, was sein wird und gewesen ist
und was ist, *durch mich* erklingen lieblich die Lieder zum Saitenspiel.
519 Treffsicher ist zwar *mein* Pfeil, aber ein Pfeil ist noch treffsicherer
als *meiner*, der mich **in leerer Brust verwundet** hat.
Die Heilkunst ist *meine* Erfindung und „Erlöser" werde ich in der ganzen Welt
522 genannt, und *mir* unterliegt die Heilkraft der Kräuter:
Wehe *mir*, da **kein Kraut gegen die Liebe gewachsen** ist
und die Künste, die allen helfen, ihrem eigenen Herrn nicht helfen können!"
525 Vor ihm, der noch viel mehr sagen wollte, floh **die Tochter des Peneus**
in ängstlichem Lauf und ließ ihn mit seinen unfertigen Worten zurück,
auch dann reizend anzusehen. Der Luftzug entblößte ihren Körper
528 und der Gegenwind ließ ihr Kleid flattern.
Eine leichte Brise wehte ihre Haare nach hinten und so wurde
ihre Schönheit durch die Flucht noch vermehrt. Aber nicht weiter erträgt es
531 **der jugendliche Gott** Schmeicheleien an sie zu verschwenden, und da **Amor** selbst
ihn antrieb, folgte er ihrer Spur mit schnellerem Schritt.
Wie ein gallischer *Jagdhund*, der auf weiter Flur einen *Hasen* erspäht hat
534 und jetzt mit seinen Füßen die *Beute* zu erreichen sucht, jener aber die *Rettung*,
der eine sich dranzuhängen scheint und schon fast meint ihn schnappen

zu können und die Hinterläufe mit weit geöffnetem Maul streift,
537 *der andere* noch ungewiss ist, ob er schon geschnappt ist, und sich dem zubeißenden Maul noch gerade eben entreißt und der Berührung der Schnauze entgeht,
so auch **der Gott** und **die junge Frau**: Er schnell in seiner Hoffnung, sie in ihrer
540 Furcht. Aber **von den Flügeln Amors beschwingt** ist der Verfolger noch schneller und gewährt keine Atempause. Schon hängt er der Flüchtenden drohend im Rücken und haucht ihr um den Nacken wehendes Haar mit seinem Atem an.
543 Völlig erschöpft erblasste jene, und besiegt von der Anstrengung der schnellen Flucht sprach sie im Anblick des Flusses Peneus: „Hilf mir, Vater! Wenn ihr Flüsse Einfluss habt, dann verdirb durch Verwandlung
546 meine Gestalt, mit der ich allzusehr Gefallen erregt habe!" Kaum hatte sie ihre Bitte ausgesprochen, da befällt eine schwere Erstarrung ihre Glieder. Ihre **weiche Brust** wird von dünnem Bast umschlossen,
549 zu Laub wachsen ihre **Haare**, zu Ästen ihre **Arme**, ihr **Fuß**, noch eben so geschwind, hängt an einem zähen Wurzelgeflecht.
552 Ihr **Gesicht** überdeckt ein Wipfel und es bleibt einzig ihr **Glanz** erhalten. Auch diese **liebt Phoebus**, und wie er seine rechte Hand an den Stamm legt, da spürt er noch immer unter der neuen Rinde ihr **Herz** zitternd schlagen.
555 Mit *seinen* Armen umfängt er die Äste **wie Glieder** und küsst das Holz; zurück scheut aber das Holz vor den Küssen. Zu ihm sprach **der Gott**: „Da du nun *meine* Gattin nicht sein kannst,
558 wirst du auf jeden Fall *mein* Baum sein. Immer werden *dich* tragen *mein* Haar, *dich meine* Leier, *dich*, **Lorbeer**, *mein* Köcher. *Du* wirst bei den römischen Führern sein, wenn laute Rufe zum Triumph
561 erschallen und das Kapitol die langen Festzüge bestaunt. Vor den Toren am Palast des Augustus wirst *eben du* als treuester Wächter stehen und den Eichenkranz in der Mitte wirst du schützen,
564 und so wie *mein* Haupt jugendlich bleibt mit ungeschnittenem Haar, sollst auch *du* immer die Ehre ständiger Belaubung tragen." Geendet hatte der **Heiland**. Mit den eben entstandenen Zweigen nickte
567 **der Lorbeer** und wie ein Haupt schien sich der Wipfel bewegt zu haben.

3. Interpretation im Textverlauf

Apollo und Daphne ist eine der beliebtesten Erzählungen Ovids, die eine breite Rezeptionsgeschichte erfahren hat. Dazu kommt, dass sie eine der wichtigsten Erzählungen für das Verständnis der *Metamorphosen* ist:
a) in Hinsicht auf das **Phänomen der Verwandlung** und dessen Deutung,
b) in Bezug auf die **Gattungszugehörigkeit** und das **dichterische Programm Ovids** und
c) für die Vermittlung verschiedener **Deutungsebenen** und **Interpretationsansätze**.

Judith Legeler (Jgst. 11)
- Apollo und Daphne, 2006

Der Streit zwischen Apollo und Cupido (S. 29)

	Primus amor Phoebi **Daphne Peneia**, quem non ␣	
453	fors ignara dedit, sed **saeva** Cupidinis **ira**.	Antithese
	Delius hunc nuper, victa serpente superbus,	Antonomasie, s-Alliteration
	viderat adducto flectentem cornua nervo,	
456	„Quid" que „*tibi*, **lascive puer**, cum fortibus armis?"	
	dixerat. „Ista decent umeros gestamina **nostros**,	
	qui dare certa ferae, dare vulnera possumus hosti,	Enallagé, Parallelismus
459	qui modo pestifero tot iugera ventre prementem	Anapher
	stravimus innumeris tumidum Pythona sagittis.	Hyperbaton
	Tu face nescio quos esto contentus amores ␣	
462	inritare *tua*, nec laudes adsere **nostras**."	Hyperbaton

Die Vorerzählung - die Stiftung der Pythischen Spiele durch Apollo (445-451) - lässt den Leser eine Aitiologie zur Entstehung des Lorbeerbaumes erwarten (450: *nondum laurus erat*). Dagegen weisen die beiden Anfangsverse, die wie ein Proömium wirken, auf eine andere Thematik hin, nämlich den **Antagonismus von *amor* und *ira***. Das erste ist ein *elegisches*, das zweite ein *urepisches* Thema (vgl. etwa den Zorn des Achill in der *Ilias* und den Zorn der Juno in der *Aeneis*). Beide Begriffe haben **programmatische und poetologische Bedeutung**; sie weisen den Leser darauf hin, dass in den *Metamorphosen* epische und elegische Dichtung - vertreten durch Apollo und Cupido - in einem Wettstreit stehen, und dass von nun an - *primus amor*! - die bisher rein epische Stilhöhe und Thematik von elegischen Partien durchzogen sein wird. Dadurch ändert sich der Charakter des Werkes, so dass wir hier eine Gattungsmetamorphose erleben. Niklas Holzberg (S. 749): „Das neue Werk ist zwar nun in Hexametern verfasst und dadurch rein formal in gewisser Hinsicht der Gattung ‚Epos' zuzuordnen, aber stofflich und geistig ist es ganz wesentlich von ... der römischen Liebeselegie geprägt." Ob Cupido (~ die Liebeselegie) tatsächlich über Apollo (~ das Epos) triumphieren wird und ob somit das Thema Liebe die Oberhand gewinnen wird, bleibt zunächst noch offen. Deutlich ist jedoch, dass Ovid inhaltliche Elemente des ersten Buches in Hinsicht auf Dichtung allegorisiert:

a) Dichtung als eine Form geistiger Schöpfung, *poesis*, mit der Aufgabe, verschiedene Elemente zu ordnen und zu strukturieren, um so das anfängliche Chaos zu bändigen (der Dichter als *opifex*, Met. I 79).
b) Die Tötung des Python - seiner Größe und Länge wegen ein Synonym für das Epos - als Hinweis auf das Ende des rein epischen Teiles.
c) Der Streit zwischen Amor und Cupido als ein Wettstreit im Herzen des Dichters, welche Gattung (Epos oder Liebeselegie) und welchen Stil er bevorzugen soll.[1]

In ähnlicher Weise führt Ovid unterschwellig einen ständigen poetologischen Diskurs mit dem Leser (poetologische Erzählebene). Auf jeden Fall bestimmt das Thema *Metamorphose* das Werk von nun an nicht nur inhaltlich, sondern auch formal (*mutatas dicere formas* im poetischen Sinne!): Form, Gattung und Stil ändern sich von nun an ständig und werden oft auch im Widerstreit miteinander stehen (eine poetische *discors concordia*).

---

[1] In Amores I 1 hatte Cupido dem Dichter Ovid, der eigentlich ein Epos geplant hatte, einen Versfuß gestohlen und ihn auf diese Weise gezwungen, statt eines Epos nun Liebeselegien in Distichen zu schreiben. Eine scherzhafte Allegorie Ovids auf die innere Entscheidung, welcher Gattung er sich widmen solle.

Zunächst erfolgt eine **Charakterisierung des Apollo**, sowohl direkt (*Delius ... superbus*, 454) als auch indirekt anhand der Art, wie er den kleinen Cupido anredet. Seine Überheblichkeit hat sich durch seinen Sieg über den Python noch mächtig gesteigert.[2] Ironischerweise betont Ovid gleich doppelt, wie mühsam dieser Sieg für den *deus arquitenens* (441) war: Den mit tausend Geschossen gefüllten Köcher hätte er beinahe aufgebraucht und dadurch nutzlos gemacht (*mille gravem telis exhausta paene pharetra perdidit*, 443) und er benötigte zahllose Pfeile (*innumeris sagittis*, 460). Dabei wirkt der verquere Satzbau der Verse 459-460 ähnlich geschwollen und aufgeblasen wie der Drache selbst (*tumidum Pythona*), eine weitere typisch ovidische Ironie.

Die *superbia* Apollos zeigt sich auch in seinem langatmigen Selbstlob, das beinah hymnischen Charakter annimmt (Aufzählung seiner Machttaten im hymnischen Relativstil; pathetische Wiederholung des *dare* in Vers 458), vor allem aber im Gebrauch der Personal- und Possessiv-Pronomina. Apollo spricht Cupido im Singular an, während er selbstherrlich von sich im Pluralis Majestatis redet. Der Anrede *tibi* und *tu* steht wiederholte Besitzanspruch Apollos entgegen (*nostros*, 457, und *nostras*, 462, jeweils endbetont).

Der Anblick des kleinen Amor, der nur mühsam seinen Bogen zu spannen vermag, indem er die Ösen der Sehne in die Bogenenden einfädelt, löst den Spott Apollos aus. Seine kurze Rede ist gespickt von subtilen Sticheleien (mögliches Tafelbild):

(1.) Beleidigungen Cupidos durch Apollo

- Er bezeichnet Cupido als Knaben (*puer*) und als lasziv (*lascive*, übermütig).[3]
- Für den schweren Bogen sei er noch zu klein (*quid tibi cum fortibus armis; gestamina*).
- Mit seinem kleinen Bogen könne er ja doch nichts ausrichten (*dare certa vulnera*).
- Er könne nur ein bisschen „reizen" (*inritare*), aber nicht ernsthaft verletzen.
- Er solle sich deshalb besser auf seine Liebesfackel beschränken (*tu face .. esto contentus amores inritare tua*).
- Solche Liebesgeschichten seien nicht weiter wichtig (*nescio quos amores*).
- Ihm und seiner Tätigkeit, dem Liebesgeplänkel, stehe also kein Lob zu (*nec laudes adsere nostras*).

Cupidos Rache für die Beleidigungen Apollos (S. 30)

Filius *huic* **Veneris** „Figat *tuus* omnia, **Phoebe**,	Chiasmus
te ↔ meus arcus" ait „quantoque animalia cedunt	
465 cuncta deo, tanto minor est *tua* → gloria ← *nostrā*."	abbildende Wortstellung
Dixit et eliso **percussis** aere **pennis**	pe-Alliteration
inpiger umbrosa Parnasi constitit arce	
468 eque sagittifera ← prompsit duo tela → pharetra	Hyperbaton (abbildende Wortst.)
diversorum operum: **f**ugat hoc, **f**acit illud amorem.	Antithese, f-Alliteration
Quod facit, **auratum** est et cuspide fulget acuta;	
471 *quod fugat*, obtusum est et habet sub harundine **plumbum**.	Parallelismus und Chiasmus
Hoc **deus** in **nympha Peneide** fixit, at illo	Antonomasie
laesit **Apollineas** traiecta per ossa medullas.	Enallagé

---

2) Eine mögliche politische Spitze liegt darin, dass der Sieg Apollos (Schutzgott des Augustus) über den Python in der Augusteischen Zeit als Sinnbild für den Sieg des Octavianus bei Actium gedeutet wurde (politische Erzählebene).

3) In dem *lascive puer* schwingt natürlich die sexuelle Konnotation mit, da Amor traditionell als geil und liebestoll galt.

Die **Charakterisierung des Cupido** ergibt sich indirekt aus seiner Antwort. Das verächtliche *huic* (dem da) zeigt, dass Cupido den Streit bereitwillig aufnimmt. Ja, er setzt eine noch schärfere Polarisierung dagegen: *te ↔ meus* steht ebenso deutlich in Konkurrenz wie das Ringen um den Ruhm, der von beiden angestrebt wird: *tua →* gloria *← nostrā*. Dabei äfft Cupido die Großkotzigkeit Apollos nach, indem er diesen seinerseits im Singular anspricht (*tua gloria*) und - wie Apollo - von sich im Plural redet (*nostra gloria*).

Der durch Enjambement betonte Chiasmus *tuus* omnia ... / te *meus*, stellt die unterschiedliche Schlagkraft der beiden Bögen - **Jagdbogen** gegen **Liebesbogen** - betont gegenüber. Ovid erreicht durch den Einsatz solcher antithetischer Pronomina eine sehr eindringliche, indirekte Charakterisierung der beiden Gegner und ihrer Haltung zueinander.

S. 30

(1.) a) Zu den **Beleidigungen Apollos** siehe die Auflistung auf der vorigen Seite. - **b) Cupido** äfft die großkotzige Rede Apollos nach, indem er dessen Sprachstil verwendet und ihn nun seinerseits mit „Du" anredet, während er von sich im Plural spricht. Allerdings „schwafelt" er nicht so lange wie Apollo, sondern handelt kurz und entschlossen (*Dixit et ..,* 466).

(2.) Aussehen und Bauart der beiden Pfeile sind symbolischer Natur: Das **Gold** steht metaphorisch für den Glanz und den hohen Wert der Liebe, das **Blei** dagegen für die Bedrückung und Dumpfheit der Lieblosigkeit.

Art und Wirkung der Treffer und damit die Schwere der Verwundung werden deutlich unterschieden. Bei Daphne haftet der Pfeil nur außen an (*fixit*, 472), sozusagen ein Kratzer oder eine Fleischwunde. Apollo dagegen ist im Innersten getroffen und lebensbedrohlich verletzt, da das Knochenmark - *laesit Apollineas .. medullas* (473) - metonymisch für die Lebenskraft steht. Seine Verwundung ist mit einem Steckschuss zu vergleichen.

Von daher könnte man erwarten, dass Apollo - derartig geschwächt - den Streit um den Ruhm als Jäger (Jagdbogen gegen Liebesbogen) verlieren wird; als Gott kann er ja nicht sterben. Natürlich erwartet der Leser, dass Apollo nun die Nymphe vergeblich lieben wird und sich in endlosen Liebesqualen aufreiben wird, um vielleicht zum Schluss Amor um Vergebung und Heilung zu bitten. Auf jeden Fall ist der Leser auf den Wettstreit und dessen Lösung - d. h.: irgendeine Form der „Siegerehrung" - fixiert.[4]

(3.) Die Meinungen dürften hier auseinandergehen. Zwar ist Apollo schwer verwundet und scheinbar schon besiegt, doch hat er als einer der großen olympischen Götter, zu denen Amor nicht zählt, mehr Macht und wird vielleicht seinerseits sich an Amor rächen können.

(4.) Ovid selbst ist dem Einfluss beider Götter ausgesetzt, da er **als Liebeselegiker** die Abfassung eines Epos wagt, sich also einer schwierigeren und anspruchsvolleren Gattung widmet (Zu Epos und Elegie vgl. auch das ÜH). So wie Cupido von Apoll ist er vielleicht selbst für das Abfassen von Liebeselegien kritisiert und belächelt worden und musste sich im Wettstreit um dichterischen Ruhm mit den großen Vorgängern, vor allem Vergil, messen.

S. 30

(1.) Grammatik: Es finden sich **Demonstrativpronomina** (*hunc, ista, huic, hoc, illud, hoc, illo*), **Personalpronomina** (*tibi, tu, te*), **Possessivpronomina** (*nostros, tua, nostras, tuus, meus, tua, nostra*), **Relativpronomina** (*quem, qui, qui, quod, quod*), ein **Interrogativpronomen** (*quid*) und ein **Indefinitpronomen** (*nescio quos*). [siehe auch ÜH].

(2.) Abl. abs: *victa serpente* (454, vorzeitig), *adducto nervo* (455, vorzeitig) und *eliso aere* (466, vorzeitig) - **P.C.:** *hunc flectentem viderat* (454 f., gleichzeitig) und *stravimus prementem Pythona* (459 f., gleichzeitig).

---

4) Eine Siegerehrung erfolgt tatsächlich, allerdings in der Form, dass Apollo selbst sich zum Schluss den Lorbeerkranz aufsetzt!

Daphnes Wunsch nach ewiger Jungfräulichkeit (S. 31)

474	Protinus **alter** *amat*, ↔ *fugit* **altera** *nomen amantis*,	Chiasmus, Polyptoton
	silvarum tenebris captivarumque ferarum ⌐	
	exuviis gaudens **innuptae**que ͜ **aemula Phoebes**.	
477	Vitta coercebat positos **sine lege** capillos.	
	Multi iam petiēre, ͜ **illa** ͜ aversata petentes	Antithese
	inpatiens expersque viri nemorum ͜ avia lustrat,	Hendiadyoin
480	nec, quid **Hymen**, quid **Amor**, quid sint **conubia**, curat.	Asyndeton, Klimax
	Saepe **pater** dixit: „Generum, mihi, **filia**, debes."	
	Saepe **pater** dixit: „Debes mihi, **nata**, nepotes."	Parallelismus
483	**Illa**, velut **crimen taedas** exosa **iugales**,	Antonomasie
	pulchra verecundo suffunditur ora rubore	
	inque **patris** *blandis* ← haerens cervice → *lacertis*	Hyperbaton (abbild. Wortst.)
486	„Da mihi **perpetua**, genitor carissime," dixit ⌐	Hyperbaton
	„**virginitate** frui; dedit hoc **pater** ante **Dianae**."	

In gekonnter Variatio beschreibt Ovid **Daphnes Scheu vor der Ehe und vor jeglichen Liebesbeziehungen**. Es bleibt offen, ob Daphne erst durch den Pfeilschuss Cupidos zu dieser Haltung getrieben wurde (*protinus fugit nomen amantis*, 474), oder ob sie auch schon vorher dem Ideal der jungfräulichen Diana nachgeeifert hatte (*multi iam petiere*, 478; saepe *pater dixit*, 481 f.). Die Antwort hängt von der Rolle Daphnes in diesem Götterstreit ab (vgl. unten zu Aufg. 3, TB S. 31). Jedenfalls sind die temporalen Adverbien widersprüchlich, so dass Cupidos Pfeilschuss eine bei Daphne bereits vorhandene Haltung wohl nur noch verstärkt.

(1.) Erst wenn man die vielfältigen Angaben Ovids zusammenstellt, wird deutlich, dass hier kein individuelles **Charakterprofil** beschrieben wird, sondern ein regelrechter Frauentypus. Daphne gibt tatsächlich nur ein Schema vor für andere weibliche Figuren wie Syrinx, Callisto, Arethusa, Procris, Atalanta und auch Diana selbst (vgl. Actaeon). Der Gegentyp dazu ist Salmacis. Aufgabe 1 und 2 kann man in einem Tafelbild zusammenfassen (s. folgende Seite).

(2.) Daphne und ähnliche Frauentypen sind personifizierte Gegenbilder zur erotischen Lebensweise. Ihr äußerer Habitus und ihr Leben im Wald haben metaphorische Bedeutung (vgl. das Bild TB S. 33). Sie sind ein Weg, die persönliche Freiheit/Ungebundenheit zu bewahren und sich gesellschaftlichen Rollenerwartungen zu entziehen.[5]

Julia Weiland (Jgst. 11)
- Daphne im Glasbaum, 2001a

---

5) Man kann mit den Schülern überlegen, welche Möglichkeiten es heute für Mädchen oder Jungen gibt, ihre Freiheit zu bewahren. Haarmode und eine lässige Kleidung sind Ausdruck und Mittel der Emanzipation, komplementär zur Jagd bildet der Sport eine Möglichkeit sich auszuleben.

Charakterisierung Daphnes	Deutung der Symbolik
fugit nomen amantis	Sie scheut vor der Liebe (Beziehungen) zurück.
gaudet **tenebris** *silvarum*	Sie sucht die Deckung des Waldes (als Schutzraum).
gaudet exuviis **captivarum ferarum**	In der Jagd lebt sie ihre Triebe aus (Sublimierung).
aemula **innuptae** *Phoebes*	Sie orientiert sich an Diana als Vorbild.
vitta coercebat capillos *sine lege positos*	Für die Jagd trägt sie ein Stirnband; ansonsten lässt sie ihr Haar offen und frei (als Ausdruck ihrer Individualität) und unterwirft sich keinen Konventionen (~ *lex*).
aversata petentes	Sie lässt keinen Mann an sich heran.
inpatiens expersque viri	Überhaupt möchte sie mit der Welt der Männer nichts zu tun haben.
avia nemorum lustrat	Von der gesellschaftlichen Moral her erscheint ihre Liebe zur Einsamkeit und Freiheit *abwegig* (~ *a-via*).
Hymen, Amor, conubia *non curat*	Sie denkt nicht daran zu heiraten und lehnt die traditionellen Rollenerwartungen an eine Frau ab.
exosa taedas iugales *velut* **crimen**	Zu heiraten empfinden sie als eine Schandtat (*crimen* im Sprachgebrauch der Liebeselegie).
perpetua *virginitate frui*	Sie genießt ihre Jungfräulichkeit (als Status der Freiheit) und will ihre Ungebundenheit nicht aufgeben.

S. 31

(3.) Aufgrund ihrer Verweigerung der Liebe, die man psychologisch als pubertäre Rückzugshaltung verstehen kann, scheint Daphne geradezu dafür prädestiniert zu sein, von Cupido mit sexueller Bedrängung bestraft zu werden (völlige Ablehnung der Liebe bei gleichzeitigem Begehrtwerden). Insofern nutzt Cupido die Gelegenheit, zwei Fliegen mit einer Klappe zu schlagen. Sein Anti-Liebespfeil führt bei Daphne nicht zu einer Umorientierung, sondern eher dazu, dass sie sich zwangsweise mit einem bisher verdrängten Problem auseinandersetzen muss.

Ovid beschreibt hier wohl typologisch eine weibliche Problematik (Sehnsucht nach Freiheit und Selbstverwirklichung), die mit den Forderungen der Männerwelt (Unterwerfung in der Ehe) zusammenhängt. Dies war nicht nur in einer patriarchalischen Gesellschaft wie der römischen ein Problem, sondern ist es auch heute noch (vgl. die Rolle der Frau in muslimischen Staaten und Dritte-Welt-Ländern).

Julia Weiland (Jgst. 11)
- **Daphne im Glasbaum**, 2001b

(4.) Die **Stilmittel** sind oben neben dem Text aufgelistet. Generell dienen sie dazu, dem Leser die paradoxe Haltung Daphnes in ihrer Ablehnung der Ehe eindringlich zu vermitteln (Chiasmus, Antithese, Klimax). Der Parallelismus in Vers 481 f. lässt die häufig wiederholten, immer drängenderen Anmahnungen des Vaters erahnen.

Die Apostrophé des Dichters an Daphne in Vers 488 f. betont die Unrealisierbarkeit ihres Wunsches. Gerade ihre Schönheit ist es, die die Männerwelt reizt und deren Besitzgier weckt. Insofern hängt das Verdikt ***voto*** *tuo tua **forma** repugnat* (eindringlich in chiastischer Stellung) wie ein Damoklesschwert über Daphnes Zukunft.

S. 31

(5.) Erst bei näherem Hinsehen entdeckt man, wie groß die **Spannungen** sind, die Daphnes Leben betreffen und die sie aushalten muss:

- Der Lebensraum der Wälder (*silvarum tenebris, avia nemorum*) steht im Gegensatz zum häuslichen Bereich und - unausgesprochen - dem Leben in der Stadt.
- Sie steht allein einer Vielzahl von männlichen Bewerbern gegenüber (*multi ↔ illa*, 478).
- Sie sieht sich ständig mit den Rollenerwartungen der Männer und der Gesellschaft an sie konfrontiert (480).
- Sie führt häufige Auseinandersetzungen mit ihrem Vater, der so langsam die Geduld zu verlieren scheint, sich aber dennoch erweichen lässt (481-488).

Insgesamt erreicht Ovid auf diese Weise, dass der Leser Daphne durchaus Mitgefühl, aber auch - je nach Einstellung und Geschlecht - ein gewisses Unverständnis entgegenbringt. Insofern steht die Mahnung des Erzählers an Daphne in Vers 488 f. auch für das unausgesprochene Empfinden des Lesers.

(6.) Daphnes Konflikt ist ein pubertärer Konflikt. Eigentlich ist ihr Wunsch, noch nicht zu heiraten (man beachte das frühere Heiratsalter in der römischen Gesellschaft) durchaus verständlich und entspringt vielleicht einer noch kindlichen Haltung. Problematisch wird ihr Wunsch jedoch durch die Verabsolutierung (*perpetua virginitate frui*), also die generelle Ablehnung der Ehe. Hierin liegt letztlich die Wurzel für ihre spätere Verwandlung und für ihre besondere Eignung als Lockvogel für Apollo.

Apollo verliebt sich in Daphne (S. 32)

Ille quidem obsequitur, sed *te* **decor** iste, quod optas,	Apostrophé
489 esse vetat *votoque* **tuo** ↔ *tua* **forma** repugnat.	Chiasmus, t-Alliteration
Phoebus amat → visaeque → **cupit** conubia **Daphnes**,	*Klimax*, abbildende Wortst.
quodque **cupit**, sperat, suaque illum oracula fallunt.	*Antiklimax*
492 *Utque* leves stipulae demptis adolentur aristis,	Vergleich
ut facibus saepes ardent, quas forte viator	Anapher
vel nimis admovit vel iam sub luce reliquit,	
495 sic **deus in flammas abiit**, sic **pectore toto**	Anapher, *Klimax*, Metapher
uritur et sterilem sperando nutrit amorem.	*Antiklimax*, Metapher
Spectat inornatos collo pendere **capillos**,	Hyperbaton
498 et „Quid, si comantur?" ait. Videt igne micantes	
sideribus similes **oculos**, videt **oscula**, quae non	Anapher
est vidisse satis. Laudat **digitos**que **manus**que	Polysyndeton
501 **bracchia**que et **nudos** media plus parte **lacertos**.	
Siqua latent, meliora putat. Fugit ocior aura	Chiasmus
illa levi, neque ad haec revocantis verba resistit:	

An *Apollo und Daphne* lässt sich sehr schön die „Ping-Pong-Technik" oder auch „Scheinwerfertechnik" beobachten, mit der Ovid die Protagonisten abwechselnd in den Vordergrund rückt. Selten agieren sie zusammen, sondern sie betreten fast immer nacheinander und im Wechsel die Bühne der Erzählung.

Immer wieder staunt man auch, wie genial und treffsicher Ovid selbst kleinere Partien ausformt. Die *Metamorphosen* sind u.a. für die Schule deshalb so interessant, weil man an ihnen die Beobachtungsgabe für Feinheiten der Dichtung schulen kann.

S. 32

(1.) Die ganze Passage dreht sich um die Frage, **wie Cupidos Liebespfeil sich auf Apollo auswirkt**. Nach antiker Vorstellung merkt der Getroffene vom eigentlichen Pfeilschuss nichts, er spürt nur die Veränderungen, die der Treffer in ihm auslöst. Ovid veranschaulicht dies durch ein Stakkato von Verben. Sie bilden zwei Wortfelder, die miteinander vermischt sind und sich gegenseitig verstärken: **optische Wahrnehmung** und **Liebesgefühl**. Der **Blick** auf die schöne Nymphe (*visae*, 490, *spectat*, 497, *videt*, 498, *videt*, 499, *vidisse*, 500) reizt die **Liebesglut** Apollos, die in einer Klimax immer weiter aufflammt (**amat**, 490, **cupit**, 490, **cupit**, 491, **sperat**, 491, **in flammas abit**, 495, **toto pectore uritur**, 495 f.).

(2.) Nach Daphne rückt **Apollo** ins Bild. *Phoebus amat* (490) greift *protinus alter amat* (474) auf und führt den unterbrochenen Handlungsstrang fort. Die Frage, wie Cupido Daphne aussucht und wo Apollo ihr begegnet, wird von Ovid übergangen.
Vers 490 stellt **Apollo** und **Daphne** antithetisch gegenüber und verdeutlicht auch unausgesprochen die Entfernung, aus der Apollo Daphne erblickt. Dass es Liebe auf den ersten Blick ist, zeigt die psychologische Ursachenkette: **amat** → ***visae*** → **cupit conubia**. Apollo liebt, sieht Daphne und begehrt sogleich den Beischlaf (zum Versbau vgl. TB S. 170 f.). Dabei steht paradoxerweise die Liebessehnsucht (*amat*) vor dem Erblicken (*visae*), doch erklärt sich dies aus der Anfangsszene. Cupidos Treffer hatte zunächst nur die Auswirkung gehabt, dass Apollo von einem unbestimmten Liebesgefühl bzw. einem ungerichteten Liebesdrang gequält wurde, für den er erst ein passendes Objekt finden musste. Bevor er Daphne erblickte, hatte er also nur *vacuo pectore* geliebt, mit leerer Brust, ohne ein konkretes Objekt der Begierde.[6]

(3.) Die aufflammende **Liebesglut Apollos** wird noch weiter veranschaulicht durch zwei **Gleichnisse** [Zur Funktion ovidischer Gleichnisse siehe die Ausführungen im ÜH]: Das Abbrennen eines Stoppelfeldes nach der Ernte und das zufällige Entflammen eines (Schilf)-Zaunes durch die Fackel eines nächtlichen Wanderers (492-494). Beide Gleichnisse sind allerdings recht merkwürdig und passen nicht zur angeblichen Intensität von Apollos Liebesglut (*laesit Apollineas traiecta per ossa medullas*, 473, *pectore **toto** uritur*, 495 f.).
Beim **Stoppelfeld** handelt es sich um einen kontrollierten und gewollten Vorgang, der zudem keinen Schaden verursacht, beim **Schilfzaun** um ein marginales Ereignis, das ebenfalls keinen großen Schaden anrichtet und auch eher zufällig passiert. Der Sinn dieser Diskrepanz ist schwer zu deuten. Ich würde vermuten, dass Ovid dem Leser auf diese Weise schon früh einen Hinweis darauf gibt, dass die angeblich heillose Liebesglut Apollos doch nicht ganz so vehement ist, Cupidos tief sitzender Pfeil also nicht seine volle Wirkung entfalten wird (metaphorisch gesehen bleibt diese Liebe nur ein „Strohfeuer"; vgl. Bömer, S. 155 f.).

(4.) Entsprechend weist Ovid gleich zwei Mal auf **die Vergeblichkeit und Unfruchtbarkeit dieses Liebesfeuers** hin: *suaque illum oracula **fallunt*** (491), und ***sterilem** sperando nutrit amorem* (496). Solche Vorverweise auf den Ausgang der Erzählung sind eine typische Erzähltechnik Ovids. Sie fordern den Leser dazu auf, seinen Blick nicht auf den vordergründigen Handlungsstrang zu richten, sondern sich auf die Art zu konzentrieren, *wie* Ovid erzählt, und die vielfältigen Anspielungen im Hintergrund der Erzählung bewusster wahrzunehmen.
Insgesamt verfolgt Ovid eine Erzählstrategie, die wohl als Leserlenkung und als Ironie zu verstehen ist. Immer wieder erlebt Apollo einen erotischen Höhenflug, der doch jedesmal jäh gebremst wird (vgl. 474, 490 f., 495 f., 502, 523, 525 f., 538, 540 ff. und 556). Auf diese Weise erlebt der Leser Apollos Wechselbad der Gefühle, die zwischen Hoffnung und Skepsis schwanken, unmittelbar mit.

---

6) Dies ergibt sich aus Vers 520 (*in **vacuo** quae vulnera **pectore** fecit*). Ovid zitiert hier *Amores* I 26: *Uror et **in vacuo pectore** regnat Amor*, verknüpft also erneut sein Epos mit seiner Liebesdichtung.

S. 32

(5.) a) Auf die erste **erotische Klimax** folgt eine **optische Klimax**: Apollos Blick, den der Leser *live* mitvollziehen kann, wandert vom **Gesicht** (Haare, Augen und Lippen als erotische Reize) zu den **Fingern**, von dort weiter über **Hände** und **Unterarme** bis hin zu den **nackten** (!) **Oberarmen**.

b) *si qua latent* klingt so, als wäre Daphnes ganzer Körper schon weitgehend entblößt. Der verheißungsvolle Blick, dessen Richtung weitergehende erotische Phantasien auslöst, lässt Apollo seine Wünsche greifbar nahe erscheinen. So ist die Enttäuschung um so größer, als die Nymphe kurzerhand wegläuft und der *Delius superbus* (454) wie ein Trottel dasteht. Ovid treibt hier ein sehr feinsinniges Spiel mit den Illusionen und Täuschungen der Liebe, ein sekundäres, unterschwelliges Motiv, das sich vor allem bei Narcissus und Echo und bei Pygmalion findet.

Erste Rede Apollos an die fliehende Daphne (S. 33-34)

504	„**Nympha**, precor, **Penei**, mane! Non insequor *hostis*.	Emphase, abbildende Wortstellung
	Nympha, mane! Sic *agna lupum*, sic *cerva leonem*,	Anapher, Klimax
	sic *aquilam* penna fugiunt trepidante *columbae*,	abbildende Wortstellung
507	*hostes* quaeque suos. **Amor est mihi causa sequendi**.	
	Me miserum! Ne prona cadas, indignave laedi	
	crura notent sentes, et sim *tibi* causa doloris!	
510	Aspera, qua properas, loca sunt. *Moderatius*, oro,	Lautmalerei (dunkle Vokale, Stol-
	curre fugamque inhibe; *moderatius* insequar ipse.	Anapher / perlaute)
	Cui placeas, inquire tamen. *Non* incola montis,	
513	*non ego* sum pastor, *non* hic armenta gregesque	Anapher (Emphase)
	horridus observo. *Nescis*, **temeraria**, *nescis*,	Emphase
	quem fugias, ideoque fugis. **Mihi Delphica tellus**	
516	*et* Claros *et* Tenedos Patarea*que* regia servit,	Polysyndeton
	Juppiter est genitor; **per me**, **quod erit***que* **fuit***que*	Polysyndeton
	est*que*, **patet**; **per me concordant carmina nervis**.	Anapher, Parallelismus, c-Alliter.
519	**Certa** quidem *nostra* est, *nostra* tamen una **sagitta**	Chiasmus
	certior, **in vacuo quae vulnera pectore fecit**.	Hyperbaton
	Inventum medicina me*um* est, **opiferque per orbem**	m-Alliteration
522	**dicor**, et **herbarum subiecta potentia** *nobis*:	
	Ei mihi, quod **nullis amor est sanabilis herbis**	Hyperbaton, Sentenz
	nec prosunt domino, quae prosunt omnibus, artes!"	Emphase (Pathos)

Die erste Rede Apollos an Daphne (504-524) ist ein Meisterstück an subtilem Humor und an Charakterisierungskunst. Sie gliedert sich in drei Teile:
- den Versuch Apollos, die Nymphe zum Anhalten zu bewegen (504-511),
- das hymnische Selbstlob Apollos (512-522) und
- seinen Ausbruch von Selbstmitleid (elegische Klage, 523-524).

Deutlicher als zuvor mischt Ovid **epische und elegische Stilelemente**. Durch intertextuelle Bezüge zum Eröffnungsgedicht der *Amores* - *Me miserum* (508) erinnert an *Me miserum! Certas habuit puer ille sagittas*! (Am. I 25) - verweist er zusätzlich auf die Elegie als Gattung. Ausgerechnet die Rede Apollos, der als Patron der gehobenen Dichtung galt, gleitet immer wieder in elegischen Tonfall ab, der doch seinem Kontrahenten Cupido zugeschrieben wird; ein Zeichen dafür, dass Amors Liebespfeil sich auch auf die Sprache und die Empfindungen Apollos auswirkt. Jagd und Krieg (*hostis, hostes*, 504-507) und Götterhymnus (512-522) sind

45

epische Themen, während das jammernde *Nympha, mane* (504 f.) und der Hinweis *Amor est mihi causa sequendi* (die Liebe als Handlungsmotiv, 507) völlig unepisch sind. Rein elegisch (im ursprünglichen Sinne der Klage) sind die Verse 508-509 und 523-524. Ovid führt auf diese Weise sein dichterisches Programm der Gattungsmischung beispielhaft vor.

Anhand dieser Passage lassen sich vielfältige **Einblicke in die Erzählweise Ovids** gewinnen:
- Sein **subtiler Humor** zeigt sich in der Darstellung eines Olympiers, der jammernd einer Nymphe hinterherläuft und dabei seine Rede nur keuchend vorbringen kann (die kurzen, abgehackten Worte in Vers 504 als Lautmalerei der Atemlosigkeit Apollos).
- *Zweideutigkeit* und *Ironie* finden sich in Bemerkungen wie *Amor est mihi causa sequendi* (507), die in orakelhafter Weise den wahren Hintergrund enthüllen, ohne dass dies dem Aussprechenden selbst bewusst würde:
  a) Ich folge dir aus Liebe (Apollos subjektive Sichtweise),
  b) *Amor/Cupido* bewirkt, dass ich dir folge (objektive Sichtweise des Erzählers/Lesers).
- Die **Charakterisierung** Apollos erfolgt geschickt anhand der Personal- und Possessivpronomina der 1. Person (vgl. oben die Rede an Cupido), die seinen Narzissmus unmittelbar demonstrieren. Seine *superbia* wird durch den Selbsthymnus offensichtlich noch verstärkt. Dazu treten die elegischen Partien, die ihn jämmerlich und weinerlich erscheinen lassen.
- Ovid spielt mit der **Diskrepanz zwischen der objektiven Einsicht des Erzählers/Lesers und der subjektiv begrenzten Sichtweise der Erzählfigur**. So hält Apollo die Argumentation seiner Ansprache an Daphne (*non insequor hostis*, 504, und *Amor est mihi causa sequendi*, 507) für angemessen und überzeugend, da er ja nicht wissen kann, dass Daphne von Cupido mit einem Liebes-Antidot versehen wurde.[7]

S. 33

Das Bild der **Jägerin Diana** dient zur Veranschaulichung des Diana-Types (TB S. 31) und der Schönheit Daphnes (TB S. 32). Man kann mit Schülerinnen und Schülern darüber diskutieren, welche Empfindungen ein solcher Frauentyp jeweils auslöst (und wie ein solches Bild auf die Kultur und Moral des 19./20. Jh. gewirkt haben mag).

Für die Interpretation der Passage sind **drei Aspekte** wichtig:
b) die **Gattung (Hymnus)** [vgl. Aufg. 1, TB S. 34],
c) die Frage, **warum Apollo mit seiner Werberede versagt** [vgl. Aufg. 2, TB S. 34], und
a) die **Charakterisierung Apollos** [vgl. Aufg. 3, TB S. 34].

S. 34

(1.) Vor allem Therese Fuhrer („Der Götterhymnus als Prahlrede") hat **die Rede Apollos** zutreffend als **Hymnus** gedeutet, der eben nicht über oder zu Apollo gesprochen wird, sondern von ihm selbst. Deshalb entfallen die *Epiklese* (Anruf) und die *Schlussbitte*, es bleibt nur der Mittelteil, die *Prädikation*. Dass die religiös anmutende *per te*-Formel zur *per me*-Formel entartet, macht diesen Hymnus zu einer Karikatur. Typisch für den Lobpreis ist die Aufzählung der vielen **Kultstätten** (als Zeichen der weltweiten Verehrung), der **Abstammung** (*Juppiter est genitor*, 517) und der **Zuständigkeitsbereiche** (Weissagung/Orakel, lyrische Dichtung und Musik, der Bogen als Jagd- und Kriegswaffe und die Medizin). – Ausbrüche elegischer Klage, die das hymnische Schema durchbrechen, finden sich in den Versen 508 f. und 523 f.

---

[7] Es mutet merkwürdig an, dass Apollo so plötzlich dann doch die Einsicht vollzieht, dass Cupido ihn verwundet hat (519 f.), und dass es kein Heilmittel gegen das Gift des Liebespfeiles gibt (523 f.). Merkwürdig ist die Plötzlichkeit dieser Einsicht, da Apollo zuvor nichts davon gemerkt zu haben scheint und auch im weiteren Verlauf der Erzählung sein Verhalten nicht ändert (vgl. ähnlich Narcissus). Dabei müsste man eigentlich erwarten, dass er nun, da ihm bewusst wird, weshalb er Daphne folgt, die Verfolgung abbricht und auf diese Weise Cupidos Triumph vereitelt.

(2.) Die Erzählstrategie Ovids beruht darauf zu zeigen, wie Apollos Rede aufgrund von Missverständnissen und aufgrund seines mangelnden Feingefühls scheitert, ja, scheitern muss. Besonders die folgenden Punkte treffen bei Daphne auf ein **gegenteiliges Verständnis**:
- Mit dem Wort *hostis* (504 und 507) trifft Apollo insofern den Nagel auf den Kopf, als Daphne ja tatsächlich alle Männer als potentielle Feinde (und als wilde Tiere) betrachtet.
- Die Beispiele aus dem Tierreich entsprechen Daphnes Empfindungen, denn gegegenüber dem viel stärkeren Gott (~ Raubtiere: *lupus, leo, aquila*) kommt sie sich wie ein Beutetier vor (~ *agna, cerva, columbae*). Tatsächlich wird sie durch den Pfeilschuss Cupidos von einer Jägerin zur Gejagten, nämlich zum erotischen „Freiwild". Immer wieder findet sich bei Ovid diese ironische Umkehrung (vgl. besonders Actaeon).
- Der beschwichtigender Hinweis *Amor est mihi causa sequendi* (507) trifft bei Daphne, die allein schon das *Wort* „Liebe" verabscheut (474), natürlich auf taube Ohren.
- Apollos Klage *Me miserum* (508) ist besonders unsensibel und egozentrisch; schließlich bedroht *er* die Nymphe und nicht umgekehrt! Auch der Hinweis auf die raue Gegend (*aspera, qua properas, loca sunt*, 510) statt auf sein eigenes Verhalten (!) verkehrt die Situation.
- Unfreiwillig spricht Apollo auch Daphnes Angst vor Verletzung mit subtiler Symbolik aus: *ne prona cadas* (508, ~ die drohende Vergewaltigung als Niederwerfung Daphnes) und *crura laedi* (508 f., mit sexueller Konnotation).

(3.) Die **Redestrategie Apollos** beruht auf der Abwehr scheinbar falscher Vorstellungen. Dass die Nymphe ihn selbst nicht mögen könnte, kann sich dieser göttliche Macho nicht vorstellen. So scheint ihm die einzig plausible Erklärung für ihre Flucht ein Missverständnis zu sein, das auf Unkenntnis seiner Person oder seiner Absichten beruht (*nescis, temeraria, nescis, quem fugias, ideoque fugis*, 514 f.):
a) Er komme in feindlicher Absicht (*non insequor hostis*, 504) und
b) er sei ein „Waldschrat" (*non incola montis, non ego sum pastor*, 512 f.).
Insofern will er mit seiner Selbstanpreisung Daphne von den Vorzügen seiner Person überzeugen, eine typisch Suasorie. Ironischerweise merkt er jedoch nicht - bzw. erst zum Schluss (ab Vers 519)! -, dass es mit seinen Fähigkeiten doch nicht so weit her ist.

oben: **Bernadette Bothe, 2006 (Jgst. 11)**

rechts: **Caroline Hüllwegen, 2006 (Jgst. 11)**

Wie sehr Apollo in allen Bereichen versagt, zeigt die folgende Aufzählung:

- Zwar genießt er **weltweite Verehrung** (515 ff.), doch trifft ihn Amor von seinem eigenen Berg herab (467) und auch Daphne interessiert sich nicht im Geringsten für ihn.
- Zwar ist er der **Sohn Jupiters** (517), doch fehlt ihm dessen Durchsetzungsfähigkeit (vgl. Callisto, Europa, Ganymed etc.)
- Zwar ist er der Gott der **Weissagung**, doch täuschen ihn seine Liebeshoffnungen (*sua illum oracula fallunt*, 491; vgl. 496) [Man merkt, wie geschickt Ovid schon im frühen Verlauf der Erzählung Hinweise auf das Scheitern Apollos einbringt.]
- Zwar ist er der Gott der (gehobenen) **Dichtung** (518), doch passt sein hymnisch-episches Lied nicht zu einer Situation, in der eine werbende Liebeselegie passender gewesen wäre (der Gott der Lyra muss erst noch lernen, wie man ein Mädchen umwirbt).
- Zwar ist er der Gott des **Bogens** (*deus arquitenens*, 441), doch trifft der Liebespfeil Amors sehr viel sicherer und schmerzhafter (519 f.).
- Zwar ist er der Gott der **Heilkunst** (521 f.), doch ist gegen die Liebe kein Kraut gewachsen und er kann sich selbst nicht helfen (523 f.).

Die Erotik der fliehenden Nymphe (S. 35)

525 Plūra locūtūrum ti-mi-dō **Pēnēia** cursū ͜ fūgit ←cumque͜ipso *verba͜inperfecta*→ reliquit, **tum quoque visa decens. Nudabant corpora venti**	u-Assonanz, Antonomasie abbildender Versbau
528 obviaque͜adversas **vibrabant flamina vestes**, et levis inpulsos **retro dabat aura capillos**, *auctaque forma fuga͜est.* / Sed enim non sustinet ultra ͜	1. Parallelismus 2. Parallelismus f-Alliteration
531 *perdere blanditias* **iuvenis deus**, utque movebat ͜ ipse͜**Amor**, admisso sequitur vestigia passu.	Antonomasie Hyperbaton, s-Assonanz

Der Übergang von der Rede zur erneuten Flucht Daphnes wird von Ovid meisterhaft veranschaulicht: Das kurze *ti-mi-dō* (mit hellem i-Klang) steht eingerahmt zwischen *plūra locūtūrum* und *Pēnēia* (jeweils mit naturlangen Vokalen) und wirkt wie ein erstes Aufzucken. Der dunkle **u**-Laut wiederholt sich echoartig in *cursū fūgit* (Ejambement). Vers 526 ist überwiegend lang und durch zwei Elisionen bestimmt. Man könnte den Versrhytmus deuten als Veranschaulichung einer Flucht mit langen, weiten und gleichmäßigen Laufschritten.
Verba inperfecta ist wieder zweideutig: a) Daphne lässt die noch nicht abgeschlossene Rede zurück (~ flieht mitten in seiner Rede), b) Daphne lässt die unvollendete (~ kunstlose, schlechte) Rede hinter sich (~ flieht, weil sie seine schwache Rede nicht weiter anhören will). Dabei lässt *plura locuturum* (525) Apollo noch zusätzlich als eitlen Schwätzer erscheinen.

S. 35

Vers 531 f. (*movebat ipse Amor*) hatte den Leser daran erinnert, dass Cupido immer noch im Hintergrund das Geschehen beobachtet und lenkt. Konsequenterweise bildet ihn **Sebastiano Mazzoni** mit ab. - Man kann die Schüler fragen: *Wie habt ihr euch den Verfolgungslauf bisher vorgestellt?* (*Örtlichkeit, Distanz zwischen Apollo und Daphne, vor allem: Gefühle von Daphne und Apollo*). - Wichtig ist das Bild als Ergänzung zum Text, da es die drohende Vergewaltigung Daphnes zeigt, die der Leser über dem locker-erotisierenden Erzählstil Ovids beinahe vergisst: Daphne versucht sich dem Zugriff Apollos zu entwinden und entblößt dabei ihr Kleid immer mehr. Das Bild greift der Erzählung bereits voraus, bereitet dadurch jedoch das Verständnis der nun folgenden Hetzjagd mit vor.

(2.) Die Erzählstrategie Ovids beruht darauf zu zeigen, wie Apollos Rede aufgrund von Missverständnissen und aufgrund seines mangelnden Feingefühls scheitert, ja, scheitern muss. Besonders die folgenden Punkte treffen bei Daphne auf ein **gegenteiliges Verständnis**:
- Mit dem Wort *hostis* (504 und 507) trifft Apollo insofern den Nagel auf den Kopf, als Daphne ja tatsächlich alle Männer als potentielle Feinde (und als wilde Tiere) betrachtet.
- Die Beispiele aus dem Tierreich entsprechen Daphnes Empfindungen, denn gegenüber dem viel stärkeren Gott (~ Raubtiere: *lupus, leo, aquila*) kommt sie sich wie ein Beutetier vor (~ *agna, cerva, columbae*). Tatsächlich wird sie durch den Pfeilschuss Cupidos von einer Jägerin zur Gejagten, nämlich zum erotischen „Freiwild". Immer wieder findet sich bei Ovid diese ironische Umkehrung (vgl. besonders Actaeon).
- Der beschwichtigender Hinweis *Amor est mihi causa sequendi* (507) trifft bei Daphne, die allein schon das *Wort* „Liebe" verabscheut (474), natürlich auf taube Ohren.
- Apollos Klage *Me miserum* (508) ist besonders unsensibel und egozentrisch; schließlich bedroht *er* die Nymphe und nicht umgekehrt! Auch der Hinweis auf die raue Gegend (*aspera, qua properas, loca sunt*, 510) statt auf sein eigenes Verhalten (!) verkehrt die Situation.
- Unfreiwillig spricht Apollo auch Daphnes Angst vor Verletzung mit subtiler Symbolik aus: *ne prona cadas* (508, ~ die drohende Vergewaltigung als Niederwerfung Daphnes) und *crura laedi* (508 f., mit sexueller Konnotation).

(3.) Die **Redestrategie Apollos** beruht auf der Abwehr scheinbar falscher Vorstellungen. Dass die Nymphe ihn selbst nicht mögen könnte, kann sich dieser göttliche Macho nicht vorstellen. So scheint ihm die einzig plausible Erklärung für ihre Flucht ein Missverständnis zu sein, das auf Unkenntnis seiner Person oder seiner Absichten beruht (*nescis, temeraria, nescis, quem fugias, ideoque fugis*, 514 f.):
a) Er komme in feindlicher Absicht (*non insequor hostis*, 504) und
b) er sei ein „Waldschrat" (*non incola montis*, non ego sum *pastor*, 512 f.).
Insofern will er mit seiner Selbstanpreisung Daphne von den Vorzügen seiner Person überzeugen, eine typisch Suasorie. Ironischerweise merkt er jedoch nicht - bzw. erst zum Schluss (ab Vers 519)! -, dass es mit seinen Fähigkeiten doch nicht so weit her ist.

oben: **Bernadette Bothe, 2006 (Jgst. 11)**

rechts: **Caroline Hüllwegen, 2006 (Jgst. 11)**

Wie sehr Apollo in allen Bereichen versagt, zeigt die folgende Aufzählung:

- Zwar genießt er **weltweite Verehrung** (515 ff.), doch trifft ihn Amor von seinem eigenen Berg herab (467) und auch Daphne interessiert sich nicht im Geringsten für ihn.
- Zwar ist er der **Sohn Jupiters** (517), doch fehlt ihm dessen Durchsetzungsfähigkeit (vgl. Callisto, Europa, Ganymed etc.)
- Zwar ist er der Gott der **Weissagung**, doch täuschen ihn seine Liebeshoffnungen (*sua illum oracula fallunt*, 491; vgl. 496) [Man merkt, wie geschickt Ovid schon im frühen Verlauf der Erzählung Hinweise auf das Scheitern Apollos einbringt.]
- Zwar ist er der Gott der (gehobenen) **Dichtung** (518), doch passt sein hymnisch-episches Lied nicht zu einer Situation, in der eine werbende Liebeselegie passender gewesen wäre (der Gott der Lyra muss erst noch lernen, wie man ein Mädchen umwirbt).
- Zwar ist er der Gott des **Bogens** (*deus arquitenens*, 441), doch trifft der Liebespfeil Amors sehr viel sicherer und schmerzhafter (519 f.).
- Zwar ist er der Gott der **Heilkunst** (521 f.), doch ist gegen die Liebe kein Kraut gewachsen und er kann sich selbst nicht helfen (523 f.).

Die Erotik der fliehenden Nymphe (S. 35)

525 Plūra locūtūrum ti-mi-dō **Pēnēia** cursū ⌣	u-Assonanz, Antonomasie
fūgit ←cumque ipso *verba inperfecta*→ reliquit,	abbildender Versbau
tum quoque visa decens. *Nudabant corpora venti*	
528 obviaque adversas ***vibrabant flamina vestes***,	1. Parallelismus
et levis inpulsos ***retro dabat aura capillos***,	2. Parallelismus
auctaque forma fuga est. / Sed enim non sustinet ultra ⌣	f-Alliteration
531 perdere blanditias **iuvenis deus**, utque movebat ⌣	Antonomasie
ipse **Amor**, admisso sequitur vestigia passu.	Hyperbaton, s-Assonanz

Der Übergang von der Rede zur erneuten Flucht Daphnes wird von Ovid meisterhaft veranschaulicht: Das kurze *ti-mi-dō* (mit hellem i-Klang) steht eingerahmt zwischen *plūra locūtūrum* und *Pēnēia* (jeweils mit naturlangen Vokalen) und wirkt wie ein erstes Aufzucken. Der dunkle u-Laut wiederholt sich echoartig in *cursū fūgit* (Ejambement). Vers 526 ist überwiegend lang und durch zwei Elisionen bestimmt. Man könnte den Versrhytmus deuten als Veranschaulichung einer Flucht mit langen, weiten und gleichmäßigen Laufschritten.
Verba inperfecta ist wieder zweideutig: a) Daphne lässt die noch nicht abgeschlossene Rede zurück (~ flieht mitten in seiner Rede), b) Daphne lässt die unvollendete (~ kunstlose, schlechte) Rede hinter sich (~ flieht, weil sie seine schwache Rede nicht weiter anhören will). Dabei lässt *plura locuturum* (525) Apollo noch zusätzlich als eitlen Schwätzer erscheinen.

S. 35

Vers 531 f. (*movebat ipse Amor*) hatte den Leser daran erinnert, dass Cupido immer noch im Hintergrund das Geschehen beobachtet und lenkt. Konsequenterweise bildet ihn **Sebastiano Mazzoni** mit ab. - Man kann die Schüler fragen: *Wie habt ihr euch den Verfolgungslauf bisher vorgestellt? (Örtlichkeit, Distanz zwischen Apollo und Daphne, vor allem: Gefühle von Daphne und Apollo).* - Wichtig ist das Bild als Ergänzung zum Text, da es die drohende Vergewaltigung Daphnes zeigt, die der Leser über dem locker-erotisierenden Erzählstil Ovids beinahe vergisst: Daphne versucht sich dem Zugriff Apollos zu entwinden und entblößt dabei ihr Kleid immer mehr. Das Bild greift der Erzählung bereits voraus, bereitet dadurch jedoch das Verständnis der nun folgenden Hetzjagd mit vor.

(1.) Ovid dramatisiert die Erzählung geschickt durch eine zunehmende **Steigerung der erotischen Phantasie** und - damit verbunden - einer zunehmenden **Entschiedenheit Apollos bei der Liebesjagd**. Der erotische Anblick der nun schneller laufenden Nymphe, deren wehendes Kleid sich noch enger an den Körper anschmiegt, erregt von neuem die Phantasie des Gottes. *Tum quoque visa decens* erinnert an die Verse 498-500 (*videt, videt, vidisse*). Apollos Blick, der von den Haaren zum Gesicht und von den Fingern bis zu den nackten Oberarmen gewandert war (501, Ärmelausschnitt), richtet sich nun auf den Körper der Nymphe (*nudabant corpora venti*, 527) und ihre lang nach hinten wehenden Haare (*retro dabat aura capillos*, 529). Der Parallelismus von *nudabant corpora venti*, *vibrabant flamina vestes* und *retro dabat aura capillos* betont zusätzlich die einzelnen Impressionen. *auctaque forma fuga est* (530) fasst diesen Eindruck mit einem ästhetischen Urteil zusammen und bildet mit *tum quoque visa decens* (527) eine Umrahmung der erotisch bestimmten Szene.

(2.) Apollos ichbezogene Rede hatte seine Aufmerksamkeit für eine Weile von Daphnes Schönheit abgelenkt (retardierende Funktion). Offensichtlich war Daphne tatsächlich stehengeblieben und setzt nun erneut zur Flucht an: *timido Peneia cursu fūgit* (525 f.) greift den Erzählstrang von Vers 502 f. wieder auf (*fugit ocior aura illa levi*). Da Apollos lange Rede in erster Linie seiner Selbstdarstellung galt, hat sie bei der Nymphe nichts bewirkt. Tatsächlich flieht diese sogar noch schneller, da sie noch mehr Unbehagen vor Apollo empfindet.

(3.) Tempusgebrauch: Nach der Rede Apollos (Präsens) führen *fūgit* und *reliquit* (narratives Perfekt) den eigentlichen Erzählstrang fort. *visa decens* und *forma aucta est* (resultatives Perfekt) umrahmen das Bild der fliehenden Daphne. *nudabant, vibrabant* und *dabat* (duratives Imperfekt) lässt den länger verweilenden Blick Apollos erahnen. *Sed enim non sustinet ultra* und *sequitur admisso passu* (präsentische Vergegenwärtigung) führen zurück zum aktuellen Geschehen und zeigen an, dass das Drama nun seinen Lauf nimmt.

(4.) Die **Charakterisierung Apollos** bündelt den bisherigen Erzählverlauf. Bisher erschien der Gott zwar teilweise als lächerlich, jedoch nicht als bösartig. Hauptmerkmal seines Charakters ist die *superbia*, die er gegenüber Cupido an den Tag legte, und die auch in seiner Rede an Daphne deutlich zu spüren war. Seine anfängliche Selbstsicherheit ist allerdings erschüttert und weicht ersten Selbstzweifeln (gegen Ende der Rede). So langsam verliert er auch die Geduld mit der spröden Nymphe (*non sustinet ultra perdere blanditias*, 530 f.).
Dass Apollo noch jugendlich ist (*iuvenis deus*, 531), wird betont. Dies entspricht einerseits der antiken Vorstellung (vgl. Narcissus, TB S. 57, 421 f.), andererseits charakterisiert es Apollo als noch unerfahrenen, stürmischen Liebhaber.

Die Hetzjagd (S. 36)

Ut canis in vacuo leporem cum Gallicus arvo	Vergleich, Enjambement
534 vidit, et hic praedam pedibus petit, ille salutem,	Antithese, p(e)-Alliteration
alter inhaesuro similis iam iamque tenere	Emphase, Enjambement
sperat et extento → stringit vestigia ← rostro,	abbildende Wortstellung
537 alter in ambiguo est, an sit conprēnsus, et ipsis	Anapher, Enjambement
morsibus eripitur tangentiaque ora relinquit,	
sic deus et virgo: est hic spe celer, illa timore.	Antithese
540 Qui tamen insequitur, pennis adiutus Amoris	Metapher
ocior est requiemque negat tergoque fugacis	Polysyndeton, Enjambement
inminet et crinem sparsum cervicibus adflat.	Klimax

S. 36

(1.) a/b) Das Gleichnis hat, wie so häufig bei Ovid, mehrere Funktionen [vgl. ÜH].
1. Es retardiert die Spannung kurz vor dem Höhepunkt, der bevorstehenden Verwandlung.
2. Es macht dem Leser die existenzielle Dramatik der Situation bewusst: Es geht „um Leben und Tod".
3. Es hilft, sich in die Empfindungen der beteiligten Figuren besser hineinzuversetzen.
4. Es charakterisiert den Gott Apollo, der nun vollends seinen Trieben unterliegt - Hunde galten in der Antike als Sexualsymbol - und sich entgegen seiner früheren Beteuerung (*non insequor hostis*, 504 ff.) wie ein wildes Tier auf die verängstigte Daphne stürzt.

(1.) c) Immer wieder sollte man Schülern vermitteln, mit wie vielfältigen **dichterischen Mitteln** Ovid arbeitet. Nur so kann man allmählich ein Verständnis für die künstlerische Qualität seiner Dichtung wecken. Schon anhand der vielen Verben merkt man, wie dynamisch, ja, dramatisch die Schilderung verläuft. Eine dreifache Klimax steigert immer wieder das Geschehen und zeigt das Wechselspiel der Verfolgungsjagd:
canis *vidit* → *petit* → *iam tenere sperat* → *vestigia stringit* (zunehmende Nähe bis kurz vor dem Zubeißen), **lepus** .. *conprensus* → *ipsis morsibus eripitur* → *ora relinquit* (gewinnt in letzter Sekunde wieder Abstand), **Apollo** (*pennis adiutus Amoris*): *ocior est* → *requiem negat* → *tergo inminet* → *crinem adflat* (kommt erneut ganz dicht heran).
Ovid wäre nicht Ovid, wenn er eine solche Szene nicht noch zusätzlich ausgeformt hätte! Vers 533 zeichnet die Ausgangssituation im Versbau nach. Der Jagdhund sitzt auf der Lauer, während der Hase sich versteckt hält (alle Wortbezüge sind getrennt), plötzlich aber (Vers-Umschwung mit anfangsbetontem *vidit*) wird er erblickt. Nun beginnt sofort ein antithetisches Reaktionsmuster: Der Hund stürmt los wie ein Wirbelwind (*praedam pedibus petit*, eine ungewöhnliche Junktur) und der Hase flüchtet (überwiegend daktylischer, schneller Vers mit vielen kurzen Wörtern und auch vielen naturkurzen Vokalen). *inhaesuro* (535) liest sich wie in Zeitlupe; der kritische Moment wird noch zusätzlich durch die Emphase *iam iamque* und das Enjambement *tenere / sperat* in die Länge gezogen. Das Hyperbaton *extento ... rostro* spiegelt in abbildender Wortstellung das zum Zuschnappen bereite Maul wieder, zwischen das die Hinterläufe des Hasen geraten. Die Antithese *hic .. ille* und die Anapher *alter .. alter* lassen den Leser das dramatische Wechselspiel von Angst und Hoffnung eindringlich miterleben. Erneut zieht das Enjambement *ipsis / morsibus eripitur* die kritische Situation in die Länge und lässt erst zum Schluss aufatmen: ... *tangentia ora relinquit*. Das Ganze ist ein einziger Satz über sechs Verse hinweg, der wie mit angehaltenem Atem zu lesen ist und erst mit *sic deus et virgo* eine Lösung findet.
Zum Spannungsaufbau gehört, dass Daphne sich scheinbar in letzter Sekunde noch retten kann und offensichtlich gleich schnell ist, da sich ihre Angst und Apollos Gier die Waage halten (*est hic spe celer, illa timore*, 539). Aber schon im nächsten Vers wird diese Hoffnung durch *tamen* revidiert, um in einer erneuten Verbenkette (mit Polysyndeton) Daphnes Bedrängnis und die Atemlosigkeit der Flucht eindringlich wiederzugeben: *ocior est* → *requiem negat* → *tergo inminet* → *crinem adflat* (540-542).

(2.) Zunächst scheint es, als ob Daphne keine Chance hätte, was auch immer sie tut. Denkt man an moderne Verhaltenspsychologie, so kann man aus Untersuchungen zur **Täter-Opfer-Dynamik** durchaus etwas lernen. Vorschnelle Flucht, der Mangel an deutlicher, auch verbaler Ablehnung und das Einnehmen einer Opferhaltung (gesenkter Blick, sich Zusammenkauern etc.) führen eher zur Gewalt, auch wenn man dies nur mit aller Vorsicht sagen kann.
Man kann im Unterricht also durchaus moderne Parallelen ziehen. So wird deutlich, dass Ovid mit dem Problem männlicher Gewalt gegenüber Frauen ein wichtiges soziales und existenzielles Thema behandelt (siehe besonders Stender-Seidel/Baasch und Fellner!).

Verwandlung der Daphne (S. 36)

543 *Viribus absumptis* expalluit **illa** citaeque ⌐ Hyperbaton
　　victa labore fugae spectans Peneidas undas,
　　„Fer **pater**" inquit „opem! Si flumina numen habetis,
546 *qua nimium placui, mutando perde figuram*!"
　　Vix prece finita, **torpor gravis** <u>occupat</u> **artus**.
549 **Mollia cinguntur** tenui **praecordia libro**,
　　in **frondem crines**, in **ramos bracchia** <u>crescunt</u>, Parallelismus
　　pes, modo tam velox, **pigris radicibus** <u>haeret</u>,
552 **ora cacumen** obit; <u>remanet</u> **nitor** unus in **illa**.

Die Ausweglosigkeit der bedrängten Daphne zeigt sich darin, dass sie selbst um Verwandlung bittet. Allerdings sieht sie die Schuld eher bei sich selbst und bei ihrer Schönheit (*qua nimium placui, perde figuram*, 546), zeigt also eine depressive statt agressive Reaktion.

Die beiden Ablativi absoluti *viribus absumptis* (543) und *vix prece finita* (547) beschleunigen die Vorgänge. Auch dies gehört zu Ovids Erzähltechnik.

(3.) Daphnes Gefühle während (und nach) ihrer Verwandlung, die ja immerhin den Verlust von Menschlichkeit, Freiheit und Lebendigkeit bedeutet, bleiben ungenannt: Wut, Entsetzen, Trauer, Zorn, Beklemmung ...?

Ihr Wunsch ist unspezifisch und lässt ganz unterschiedliche Formen der Verwandlung zu. Vielleicht hätte es Daphne gereicht, ihre äußere Schönheit zu verlieren und mit hässlichem Antlitz (wie um Jahre gealtert) vor Apollo zu stehen. Man stelle sich dessen entsetztes Gesicht vor und die diebische Schadenfreude Cupidos. Auch einzelne Entstellungen wie der Verlust ihrer Haare (Glatze) oder eine Mickymaus-Stimme hätten vielleicht gereicht, um Apollo zu ernüchtern. Die Verwandlung in einen Baum ist also keineswegs eine logische Folge; viel eher hätte Daphne auch in ein scheues Reh oder ein anderes der Tiere verwandelt werden können, die sie früher gejagt hatte: *agna, cerva, columba* (505 f.).

Warum also gerade in den Lorbeer? Zwar hängt dies mit der Komposition der Erzählung als Aitiologie für den Siegeslorbeer zusammen, doch erschließt sich die Logik der Verwandlung erst aus der **Baummetaphorik** (Ansatzpunkt für Kreativität!). Die Baumgestalt bedeutet eine Erstarrung und Verhärtung ihrer Position, entspricht aber in gewisser Weise Daphnes Wunsch nach ewiger Jungfräulichkeit und nach einem Leben im Wald. Die harte Rinde umgibt ihr Inneres wie ein Schutz, verhindert aber gleichzeitig den Ausdruck von Gefühlen.

(4.) a) Der **Auslöser der Verwandlung** bleibt unklar. In erster Linie kommt ihr Vater Peneus in Frage, aber auch die Göttin Diana oder sogar Cupido (sublime Rache an Apollo). - Meist geht der Verwandlung ein Zustand der Verhärtung voraus, der zu einem Ungleichgewicht zwischen Innen und Außen führt. In diesem Fall ist es der Wunsch der fast erwachsenen Daphne, *ewig* jungfräulich und damit *ewig* Kind bleiben zu wollen.

b) Der **Beginn der Verwandlung** erfolgt übergangslos mit Vers 547, sie endet mit der abschließenden Bemerkung: *remanet nitor unus in illa* (551). Der innere Umwandlungsprozess geht jedoch noch weiter und wird durch Apollos Handgreiflichkeit (*posita in stipite dextra*, 553) verstärkt. Noch schlägt Daphnes Herz, doch führen die ungewollte Berührung (553-555) und der Kuss Apollos (556) dazu, dass Daphne nun auch innerlich verhärtet: ***ligno, lignum*** (556). Damit endet ihr menschliches Leben endgültig. Nun ist sie durch und durch Baum (wichtig zum Vergleich ist die Verwandlung der Dryope, Met. IX 324-393).

S. 36

c) Der **Verwandlungsvorgang** beginnt mit einer Erstarrung der Glieder mitten im Lauf (*torpor gravis occupat artus,* 547) und vollzieht sich von der Peripherie her nach innen und von oben nach unten: Ihre **Brust** umschließt sich mit weicher Rinde, die **Haare** werden zu Laub, die **Arme** zu Ästen und die **Füße** zu Wurzeln. Das **Gesicht**, Ausdruck der Persönlichkeit eines Menschen, wird zuletzt durch einen Wipfel überdeckt, aber auch endgültig ersetzt (die Junktur *cacumen obit* erinnert an den Ausdruck *mortem obire*). - Die **zeitliche Länge** wird von Ovid nur selten angegeben und bleibt der Phantasie des Lesers überlassen. Offensichtlich denkt Ovid an einen Zeitraum von mehreren Minuten bis vielleicht einer Viertelstunde.

d) Die **Veränderung** betrifft die äußere Gestalt (*mutatas formas*), während das innere Wesen, der Charakter erhalten bleibt. In diesem Fall ist es Daphnes glänzende Schönheit (*nitor*), die als Eigenschaft in die schimmernden Blätter des Lorbeers übergeht.

e) Die Verwandlung hat einen für Daphne unhaltbaren Zustand aufgehoben (*voto tuo tua forma repugnat*) und die innere Spannung zwischen gewünschter Jungfräulichkeit (als Synonym für Ungebundenheit und eine mädchenhafte Lebensform) und äußerer Prädestination zur Ehe (körperliche Reife) beseitigt. Es erfolgt also ein **Ausgleich zwischen Innen und Außen**, indem das Äußere der inneren Befindlichkeit angeglichen wird.

f) Die Verwandlung ist in diesem Fall eher als **Befreiung oder Erlösung** zu verstehen.

S. 37

Das Bild von **Marco Bigio** ist eine Allegorie. Es zeigt den Moment der beginnenden Verwandlung (Hände und Füße). Daphnes Füße werden durch die Wurzelbildung gehemmt und so bleibt sie mitten im Lauf stecken. Ihre Arme sind flehentlich zum Himmel erhoben und bleiben als Baum in dieser Position. Apollo mit wehendem roten Umhang, der sich wie zu einer Rose faltet (Symbol seiner Liebesglut und Verehrung) legt zögerlich seine rechte Hand über Daphnes Schulter, während die Linke verblüfft innehält. Seinen Bogen hat der Gott fallengelassen (~ Ende der Jagd). Im Hintergrund sitzt der Flussgott Peneus, sein Gesicht kummervoll abgewendet. Am oberen Bildrand erscheint durch die Wolken die Abendsonne (vielleicht auch eine Darstellung des Phoebus oder der Diana).

Die Darstellung der Landschaft hat symbolisch-deutenden Charaker. Verkohlte Bäume ragen skelettartig empor, die Äste abgestorben und schwarz, Symbol der Zerstörung, die die Liebesglut Apollos hinterlassen hat.

Reaktion Apollos auf die Verwandlung Daphnes (S. 37 und 38)

Hanc quoque **Phoebus** amat positaque in stipite dextra	
sentit adhuc trepidare novo sub cortice **pectus**,	
555 conplexusque *suis→* ramos, **ut membra**, ←*lacertis*	abbildende Wortstellung
oscula *dat* **ligno**. *Refugit* tamen **oscula lignum**.	Chiasmus/Parallelismus, Epipher
Cui **deus**: „At quoniam coniunx **mea** non potes esse,	
558 arbor **eris** certe" dixit „**mea**. Semper **habebunt**	Hyperbaton
te coma, *te* citharae, *te* nostrae, **Laure**, pharetrae.	**Emphase (Pathos)**, Anapher und
Tu ducibus Latiis **aderis**, cum laeta triumphum	Asyndeton / Emphase
561 vox **canet et visent** longas Capitolia pompas.	
Postibus **Augustis** eadem fidissim**a custos**	Wortspiel
ante fores **stabis** mediamque **tuebere** quercum,	
564 utque **meum** intonsis caput est iuvenale capillis,	Hyperbaton
tu quoque perpetuos semper gere frondis honores."	**Emphase**, Hyperbaton
Finierat **Paean**. Factis modo **laurea** ramis	Antonomasie
567 adnuit **utque caput** visa est agitâsse **cacumen**.	

Von Apollos Gefühlen erfährt der Leser nichts: Ist er verwirrt, enttäuscht, verärgert ... , reumütig, zerknirscht, entsetzt? Dass Phoebus auch den Baum noch lieben muss, erklärt sich aus der anhaltenden Wirkung des Liebespfeiles. Natürlich erscheint das „Abknutschen" des Baumstammes äußerst lächerlich, aber gerade das ist von Cupido (bzw. Ovid) intendiert. Die bleibende Abneigung Daphnes gegenüber männlicher Berührung wird durch den Chiasmus und den Versumschlag (*refugit*, 556) nach der Zäsur sehr schön verdeutlicht.

Wichtig für die Interpretation und für das Gesamtverständnis der Erzählung ist **die zweite Rede Apollos an Daphne**. Sie enthält wiederum hymnische Elemente - direkte Ansprache (*te, te, te*, 559, *tu*, 560, *tu*, 565), Aufzählung der Machtbereiche -, ist jedoch eine **Prophezeiung** (Futur: *habebunt, aderis, canet, visent, stabis, tuebere*). Das dreifache *te* (559) erinnert an die Trauer des Orpheus über den Verlust Eurydices (Vergil, Georg. IV 464-466). Zugleich weist die Vergilreminiszenz darauf hin, dass Daphne in ähnlicher Weise wie Eurydike tatsächlich gestorben ist, und dass ihr früheres Leben unwiederbringlich dahin ist.

Entscheidend ist, dass Apollo nun offensichtlich seinen Verstand und damit seine göttliche Erhabenheit zurückgewinnt. Er demonstriert seine Vollmacht als Gott der Weissagung, und so ist die Bezeichnung **Paean** (ein singuläres Wort in den Metamorphosen!) durchaus zutreffend, denn durch die Ehrung Daphnes gelingt es ihm, sie mit ihrem Schicksal zu versöhnen. Insofern ist auch der Schluss, wenn auch nur vorsichtig angedeutet (*visa est agitasse cacumen*, 567), durchaus versöhnlich.

Dass Daphne nun zum Ehrenbaum wird, stellt eine Bedeutungs-Wandlung dar und schließt den Verwandlungsprozess endgültig ab. Es verwundert allerdings den Leser, dass Ovid keinerlei Antwort darauf gibt, wer denn nun den Wettstreit um *gloria* gewonnen hat: Apollo oder Cupido? Eigentlich müsste Apollo für die nächste Zeit von seinem Hochmut kuriert sein. Andererseits wollte er die Nymphe unbedingt besitzen (doppeltes, betontes *mea* in 557 f.). Dies ist ihm - wenn auch in symbolischer Form - durchaus gelungen. Die Eroberung Daphnes stellt für ihn einen Zugewinn dar und den Lorbeerschmuck kann er von nun an wie eine Jagdtrophäe tragen.

4.38

(1.) Apollo gibt sich ganz seinen Trieben hin und verfolgt Daphne aggressiv. Immer noch beherrscht ihn Amor (*pennis adiutus Amoris*, 540), auch nach der Verwandlung (*hanc quoque Phoebus amat*, 553), so dass er selbst das Holz noch küsst und den Baumstamm umarmt. Erst durch seine prophetische Rede an Daphne (aus der Vollmacht des Orakelgottes gesprochen) kann er sich von der Macht Amors lösen und kommt wieder zu sich.

Daphne erscheint Apollo wunderschön (was natürlich auch eine Täuschung aus Liebe sein kann; - „Liebe macht blind" ist ein häufiges Motiv bei Ovid). Der Hang zur Flucht bleibt für sie kennzeichnend, auch als Metapher für ihre Scheu vor Beziehungen allgemein. In diesem Sinne bleibt sie *Peneia*, Tochter des Peneus (452, 472, 504, 525) und *virgo* (539).

Verhaltensalternativen hätte es, wenn überhaupt, nur ganz am Anfang gegeben in der Art, wie Apollo dem kleinen Amor begegnet und in der Art, wie Daphne sich allen Bewerbern gegenüber verhält. Doch entspringt das Verhalten beider ihrem Charakter und ist deshalb tiefer verwurzelt. Eine letzte Chance hätte das erste Treffen geboten (490). Apollo hätte seine Liebe offenbaren können und dazu seine Fähigkeiten als Gott der Dichtung einsetzen können (~ Minnegesang). Entscheidend ist, dass es zu keinem Gespräch zwischen beiden kommt, weil Daphne von vornherein flieht (502 und 525 f.) und sich auch nie verbal an Apollo wendet.

Insofern ist die **Schuldfrage** sehr schwierig oder nur ambivalent zu beantworten. Letztlich ist es das durchtriebene Handeln Amors, das die Entwicklung bestimmt. Sein Zorn hat eine Situation geschaffften, die kaum anders zu lösen war.

S. 38

(2.) Dass der Lorbeer zum Ehrenbaum wird, stellt eine **Erhöhung Daphnes** dar und schafft einen gewissen Ausgleich für den Verlust, den sie durch Apollo erlitten hat. Apollo konnte die Verwandlung (als Schicksal) nicht mehr zurücknehmen, er versucht sie jedoch abzumildern, indem er sie positiv umdeutet. Daphne scheint dies auch so wahrzunehmen; für sie war die Verwandlung eine Rettung vor der drohenden Vergewaltigung. Insofern ist der Schluss zumindest versöhnlich, wenn auch kein Happy End.

(3.) Die Erzählung erklärt die **Herkunft und Entstehung des Lorbeerbaumes** (gr. *Daphne*) und **seine Bedeutung als Siegeslorbeer** (im künstlerischen und im militärischen Bereich).

(4.) Die zweite Rede Apollos enthält keinerlei elegische Anteile, sondern ist hochepisch; offensichtlich hat der Gott zu seiner früheren Größe zurückgefunden. Die Weissagung (Futurstil) entspringt Apollos Macht als Orakelgott, der emphatisch-hymnische Stil seiner Macht als Gott der (epischen und lyrischen) Dichtung.

(5.) Apollo macht im Laufe der Erzählung eine regelrechte Entwicklung durch. Zu Anfang ein junger, hochmütiger Gott, wird er mit einer stärkeren Macht - eben der Liebe (Cupido/Amor) - konfrontiert, die er total unterschätzt. Diese Macht zwingt ihn, triebhaft der Nymphe Daphne nachzustellen, ohne dass er seine Leidenschaft befriedigen kann („Liebe lässt sich nicht erzwingen!" ist ein *praeceptum amoris* dieser Erzählung). Erst als er sozusagen gegen die Wand gelaufen ist und wieder zu Verstand kommt, vermag er sich vom Einfluss des Eros zu lösen. Immer noch selbstsüchtig bewirkt er ein für beide versöhnliches Ende, indem er sich zwar den Lorbeerbaum unterwirft und zu Eigen macht, ihm aber auch eine übergeordnete Ehrenstellung verleiht.

In der Regel wird er von Ovid als *Phoebus* (452, 463, 490 und 553) oder einfach als *deus* bezeichnet (472, 495, 539 und 557), wobei beide Bezeichnungen variierend benutzt werden. Erst am Schluss der Erzählung gewinnt er seine göttliche Macht als *Paean* (566, Heiland) wieder. Zwar mag eine leise Ironie in dieser Bezeichnung mitschwingen - ganz so heilsam war sein Wirken Daphne gegenüber nicht! -, doch ist das singuläre Wort an dieser Stelle wohl ernst gemeint, da er sich selbst von der Wirkung der Liebe befreien kann (*Ei mihi, quod nullis amor est sanabilis herbis*, 523) und auch Daphne einen ehrenvollen Ausweg verschafft.

(6.) Das ovidische **Spiel mit den Gattungen** und deren Konventionen [siehe die Tabelle auf der nächsten Seite!] verrät viel über den Charakter des Gesamtwerkes. Daphnes Verwandlung enthält eine **poetologische Symbolik**, die auf den ersten Blick kaum erkennbar ist, doch im Nachhinein durch eine gewisse Merkwürdigkeit der Bezeichnungen plausibel wird. Vielleicht hatte sich der ein oder andere Leser schon gefragt, warum sich Daphnes Brust nicht mit Rinde (*cortex*), sondern mit Bast (*liber*) überzieht. Nimmt man die Adjektive *mollis* und *tenuis* hinzu, die zur Terminologie neoterischen Dichtens (und in deren Nachfolge der Liebeselegie) gehören, so kann *tenuis liber* auch als dünnes Buch (~ Büchlein, *libellus*) gelesen werden. *Mollis* ist ein Synonym für die weiche, klagende Elegie. Übersetzt würde eine solche Anspielung bedeuten, dass Daphne nicht nur körperlich, sondern auch metaphorisch verwandelt wird, nämlich in ein eigenes Epyllion innerhalb des Metamorphosen-Epos, das nun auch Ovid selbst dichterischen Lorbeer einbringen wird.

(7.) Die Mischung beider Gattungen versinnbildlicht die Konkurrenz zwischen den beiden Göttern, von denen offensichtlich keiner die Oberhand gewinnt. Ovid selbst nimmt mit seinem dichterischen Programm (Wechsel von der Elegie zum Epos und Erfindung eines Mischepos aus beiden Gattungen) am **Wettstreit um *gloria*** teil. Offensichtlich hat dieser keinen Sieger, da beide Götter ihren Einfluss geltend machen konnten. Apollo scheint sich allerdings als Sieger zu fühlen, da er sich zum Schluss selbst mit dem neu gewonnenen Lorbeer bekränzt.

Für ihn stellte der Verfolgungslauf mit der abschließenden Siegerehrung (Lorbeerkranz) nur einen Wettkampf dar, wie er bei den von ihm gegründeten pythischen Spielen hätte stattfinden können. Für Daphne dagegen war das Ganze eine qualvolle Situation, wobei nur das Eingreifen ihres Vaters Peneus (oder einer anderen Gottheit) eine Katastrophe verhinderte.

Die Mischung der Gattungen

	Epos (Jagd und Wettstreit)	**Elegie** (Trauer und Liebesschmerz)
452-465	non fors ignara, sed **saeva** Cupidinis **ira** victa serpente, cornua flectere, **gestamina, vulnera dare**, stravimus, **gloria**	primus **amor** Phoebi lascive puer, face **amores inritare**
466-473	**sagittifera pharetra, tela**, laesit medullas	fugat hoc, facit illud **amorem**
474-480	**exuviis** gaudens, aemula Phoebes, nemorum avia lustrat	alter **amat**, fugit altera nomen **amantis**, multi iam petiere, illa aversata petentes; **Hymen, Amor, conubia** non curat
481-489	(neutrale Beschreibung)	(neutrale Beschreibung)
490-496	**ut** stipulae adolentur, **ut** saepes ardent	**amat, cupit, pectore uritur, nutrit amorem**
497-503	**fugit** ocior aura	spectat, videt, **laudat**
504-511	non insequor **hostis .. hostes** suos	Nympha, mane! - **Amor** est causa sequendi - **Me miserum!** - Ne cadas .. **causa doloris**
512-524	**mihi Delphica tellus ...**	**cui placeas**, inquire - **Ei mihi**, quod **nullis amor est sanabilis herbis!**
525-532	timido cursu **fugit**, admisso **sequitur** passu	visa **decens, nudabant corpora** venti, aucta **forma** est
533-542	**ut** canis .. , **sic** deus et virgo; tergo **inminet**	**pennis** adiutus **Amoris**
543-556	**victa** labore fugae	hanc quoque Phoebus **amat, oscula dat**
557-567	**Semper habebunt te ...**	quoniam **coniunx** mea non potes esse

Gina Wetzel ist eine noch junge, aber bekannte Manga-Malerin. Dieser Stil, auch Anime genannt und von Japan beeinflusst, ist bei vielen Jugendlichen beliebt. Die Grazilität der schönen Nymphe und die Verzweiflung des blond gelockten Apollo sind sehr schön ausgedrückt. Gut gelungen ist auch die Darstellung des Wurzelgeflechtes, mit dem Daphne sich mit den umgebenden Bäumen verbindet. Die Bewegung der Flucht schwingt nach in dem grünen Tuch, das sich wie ein Band um Daphne und Apollo legt. Das Bild lässt allerdings wenig von der Tragik und dem tieferen Sinn der Erzählung spüren.

Ergänzende Literaturhinweise (vgl. TB S. 172)

- **Davis, Gregson**: The death of Procris - Amor and the Hunt in Ovid`s Metamorphoses; Instr. Litt. 2, Rom 1983
- **Fellner, Karin**: Frauenbilder in den Metamorphosen - eine kritische Annäherung an die Autorenperspektive in Ovids Daphne-Mythos; AU 2/2002, 64-71
- **Nicoll, W.S.M.**: Cupid, Apollo and Daphne (Ovid, Met 1.452 ff.); Classical Quaterly 30 (1980), 174-182
- **Stender-Seidel, Susanne/Baasch, Dirk**: Gewaltprävention im Lateinunterricht?; AU 1/2001, 50-56

Europa (S. 40-41)

1. Zentrale Deutungs-Aspekte

Inhalt: Götterverwandlung als Täuschung; Entführung der Europa
Interpretation: Götter-Persiflage, die Wirkung der Liebe bei Göttern
Gattung: Mock-Epos, Götterburleske
Erzählebenen (S. 12): erotisch und erotodidaktisch, sensualistisch

2. Übersetzung

866 Allmählich, als ihr die Furcht genommen, bietet er bald seine **Brust** der **jungfräulichen** Hand zum Streicheln dar, bald lässt er sich seine **Hörner** mit frischen Blumen umkränzen. Es traute sich schließlich **die Prinzessin**
869 - ohne zu ahnen, wem sie da aufsaß - sich auf den **Rücken** des **Stieres** zu setzen, während **der Gott** fort vom Land und vom trockenen Ufer unmerklich die Spur seiner trügerischen **Füße** in die vordersten Wellen setzt.
872 Von dort schwimmt er weiter hinaus und trägt seine **Beute** hinweg über die Meeresfläche. **Die Verschleppte** ängstigt sich und blickt verlassen zum Strand zurück, hält sich mit ihrer Rechten an seinem **Horn** fest und stützt sich
875 mit ihrer Linken auf seinen **Rücken**. Flatternd bauscht sich ihr Kleid im Wind.

3. Interpretation

S. 40

Man kann die Erzählung mit einem Blick auf das Bild von **Marten de Vos** einleiten (vgl. TB S. 167) und zunächst die Szenerie beschreiben lassen (oder auch mögliches Vorwissen über die Erzählung selbst sammeln). Den Schülern dürfte die erotische Darstellung Europas (Nacktheit, Farbenspiel rot-weiß, gerötete Wangen), aber auch die besonders prächtige Gestalt des Stieres auffallen. Die Begründung für die Art der Darstellung (die insgesamt typisch für die unzähligen Behandlungen dieses Stoffes in der klassischen Kunst ist) liegt in der Darstellung Ovids und wird durch die Übersetzung und den Textauszug deutlich. Der Vergleich des Bildes mit dem Text zeigt, wie anschaulich Ovid erzählt (das Bild setzt die Schilderung des Textes nur um), aber auch, wie genau der Maler die Textvorlage studiert hat.

Hinter Europa sieht man die Stadt Tyros und den Palast des Agenor, am linken oberen Bildrand den Gott Merkur (Flügelhelm und Heroldsstab). Jupiter hatte ihn ohne weitere Erklärung ausgesandt, um die in den Bergen weidende Rinderherde des Königs an den Strand zu führen, wo - wie er wusste - Europa gerne mit ihren Freundinnen spielt. Die Entführung Europas über See ist also sorgfältig geplant. Das Alter Europas dürfte im Text um die fünfzehn Jahre herum liegen, im Bild vielleicht etwas älter. Oberhalb von Merkur sind drei Eroten (kleine geflügelte Liebesgötter) zu sehen, die sich über die Entführung freuen, da sie letztlich auf den Einfluss des Eros/Amor/Cupido zurückgeht. Europas Freundinnen am Strand scheinen das Unglück noch gar nicht registriert zu haben. Der flatternde rote Umhang Europas zeigt die Dynamik des Stieres, der der Weite des Meeres entgegenstrebt (Schiff am Horizont), und dessen Blick auf den Betrachter gerichtet ist, während Europa unsicher zum Strand zurückschaut.

Jupiter und Europa ist keine sehr spannende Erzählung, aber sie gehört zum Urbestand der Mythologie und bildet zudem das Aition für die Herkunft und den Namen unseres Kontinentes. In der klassischen Kunst ist meist die eigentliche Entführungs-Szene beim Verlassen des Ufers dargestellt. Heute lebt die Erzählung vor allem in politischen Karikaturen weiter.

866 Paulatimque metu dempto modo *pectora* praebet	
virgineā palpanda manū, modo *cornua* sertis ␣	Enallagé
inpedienda novis. <u>Ausa␣est</u> quoque **regia virgo** ␣	Antonomasie
869 - nescia, quem premeret - *tergo* considere **tauri**,	Parenthese
cum **deus** a terra siccoque␣a litore *sensim* ␣	*s*-Alliteration
*falsa **pedum*** primis vestigia ponit in undis.	Hyperbaton, Enallagé
872 Inde␣abit ulterius mediaque per aequora ponti ␣	
fert **praedam**. <u>Pavet</u> **haec** litusque␣ablata relictum ␣	
<u>respicit</u> et dextra ***cornum*** <u>tenet</u>, altera ***dorso*** ␣	
875 inposita␣est. Tremulae sinuantur flamine vestes.	

Ovid konzentriert seine knappe Darstellung der allzu bekannten Sage auf zwei Hauptaspekte: a) den **Widerstreit zwischen Majestät und Liebe** (Wie verändert die Liebe einen Herrschergott?) und b) die **Arglosigkeit Europas** bzw. das Motiv der **Täuschung** (*fallacis imagine tauri*), also der Raffinesse, mit der der oberste Gott sich an eine junge Prinzessin heranmacht. Die Schüler begegnen hier vielleicht zum ersten Mal einem für den Mythos insgesamt und besonders für die *Metamorphosen* zentralen Motiv: Der Verwandlungskunst oder auch Täuschungskunst der Götter (vgl. besonders die Darstellungen auf dem Teppich der Arachne, Met. VI 103-128, deren erstes Motiv die *elusam imagine tauri Europam* zeigt).
Mit dem malerisch anmutenden Bild eines „Ausrittes" auf dem Stierrücken endet das zweite Buch und leitet so geographisch **von Asien nach Europa** über. Außer *pavet haec* erfahren wir nichts über die Gefühle Europas; Ovid erzählt eher distanziert, allerdings nicht kommentarlos. Schon in der einleitende Passage wird Europa als *magni filia regis* bezeichnet (844), eine ironische Anspielung gegenüber dem *optimus maximus* Jupiter, der sich hier gar nicht königlich, sondern sehr hinterlistig präsentiert. Ohne Skrupel setzt er alle Mittel ein, um sich der schönen Prinzessin zu bemächtigen, die arglos mit dem scheinbar so sanftmütigen Stier spielt.
Die Stiersymbolik ist im Mittelmeerraum und im Nahen Osten uralt (vgl. u. a. die Anbetung des Goldenen Kalbes, den Stierkult - besonders auf Kreta - und den Stierkampf in Spanien); der Stier steht für Macht, Stärke und männliche Potenz und ist ein Götter- oder Königssymbol. Weiße, makellose Stiere wurden als Opfertiere verwendet und dazu mit Blumengirlanden geschmückt. So weisen die Blumen schon in symbolischer Form auf Europas bevorstehende Defloration hin (symbolische Erzählebene; vgl. die Entführung der Proserpina).
Ovid erotisiert diese kleine Episode und führt auf diese Weise den *pater deum hominumque* respektlos vor. Der erotische Erzählstrang braucht im Rahmen des Unterrichtes nicht eigens betont zu werden; falls die Schüler selbst die feinen Untertöne und die Symbolik bemerken, kann man darauf hinweisen, dass dies zur sublimen Darstellungstechnik des *tenerorum lusor amorum* gehört (die erotische Erzählebene bildet eine Erzählebene unter mehreren). So erhält z.B. das *ludere .. solebat* (845) in der Terminologie der Römischen Liebeselegie einen erotischen Unterton (*ludere* hat dort die Bedeutung des sexuellen Spieles oder des Flirtens).

(1.) Die Liebe macht aus Jupiter eine Karikatur seiner selbst. Seine Herrscherwürde (*maiestas*), die sich in Besonnenheit und Gerechtigkeit äußern sollte und normalerweise in den Insignien seiner Macht sichtbar ist, wird - *sceptri gravitate relicta* (II 847) - von niederen Antrieben verdrängt: Sexuelle Gier, Hinterlist, Raub und Vergewaltigung.

(2.) Im **Gegensatz zu Apollo** setzt sich Jupiter völlig ohne Skrupel und unter Einsatz aller Mittel durch und erreicht auch tatsächlich sein Ziel. Europa erscheint merkwürdig blass, man erfährt kaum etwas über ihre Empfindungen, ihr weiteres Schicksal wird in zwei knappen

S. 41

Versen zu Beginn des dritten Buches nachgetragen: *Iamque deus posita fallacis imagine tauri / se confessus erat* (III 1-2). Die Vergewaltigung, aus der die Dynastie des Minos (und damit die minoische Kultur) hervorgeht, wird mit dem Euphemismus *se confessus erat* (~ er hatte sich zu erkennen gegeben) regelrecht übergangen. Wer herrscht, kann unbestraft Verbrechen begehen, so die unausgesprochene Moral.

(3.) Man findet die Darstellung auf der **griechischen 1 €-Münze**. Dies betont die Rolle der Erzählung als Gründungsmythos eines ganzen Kontinentes und seiner Kultur.

S. 41

(4.) Der bullige Stier Amerika mit GI-Helm und roten, kriegslüsternen Augen trägt eine zahnlose, stark gealterte Europa, die offensichtlich als Verbündete kaum noch taugt. Die Karikatur spielt auf die Zurückhaltung der europäischen Staaten an, sich im Irak-Krieg (im Frühjahr 2003) innerhalb des NATO-Bündnisses zu engagieren.

Literaturhinweise
- **Maier, Friedrich**: Europa - Ikarus - Orpheus; Antike und Gegenwart, Buchners 1998 (Textband mit vielen Abbildungen von Karikaturen und Lehrerkommentar)
- **Renger, Almut-Barbara**: Mythos Europa; Reclam 2003

Zum Aufbau der Bücher III-IV (Seite 42)

Auf die Verbindung von Kosmogonie und erotischen Göttersagen (Buch I und II) folgt übergangslos ein Wechsel zu den **Erzählungen um das Königshaus von Theben**. Ovid strebt allerdings keine genaue chronologische Reihenfolge an, sondern zieht einen weiten genealogischen Rahmen von der Gründung Thebens durch Cadmus (III 1 ff.) bis zu dessen Verwandlung in eine Schlange (IV 563 ff.). Nach den erotischen Eskapaden von Jupiter und Apollo steht der Gott Bacchus im Vordergrund, dessen Kult - wie die Prinzessin Europa - von Asien nach Griechenland gelangte. Eingeschoben sind drei tragisch-erotische Geschichten, die die Töchter des Königs Minyas einander erzählen (erste Hälfte von Buch IV). Diese Episoden sind nur locker mit der Bacchus-Thematik verbunden (Bestrafung von Verächtern des Bacchus-Kultes). Mit Perseus beginnt zum Ende von Buch IV ein neuer Heldenzyklus.

Das dritte Buch ist geprägt vom Thema **Götterzorn gegenüber Sterblichen**. Dabei gibt es eine Tendenz von unbeabsichtigter zu willentlicher Schuld (Actaeon → Tiresias → Narcissus → Pentheus) und von willkürlicher zu verdienter Strafe (Diana → Juno → Bacchus). Dementsprechend erfolgt die Verwandlung in den meisten Erzählungen als Strafe und bedeutet eine Degradierung.

Ein weiteres zentrales **Motiv** ist das **des verhängnisvollen Erblickens**: Actaeon erblickt die nackte Diana und wird dafür mit dem Tod bestraft, Semele erblickt auf ihren eigenen Wunsch hin Jupiter in seiner echten Gestalt und verbrennt, Narcissus erblickt sich selbst im Teich und stirbt an übergroßer Liebe, Pentheus wird von den Mänaden erblickt und von ihnen zerrissen.

Das **Gegenmotiv** dazu ist das **der mangelnden Erkenntnis** (Verblendung, innere Blindheit): Tiresias wird von Juno mit Blindheit geschlagen, von Jupiter als Ausgleich mit der Sehergabe belohnt, Narcissus vermag sich selbst nicht zu erkennen, Pentheus erkennt die Macht des Bacchus nicht und wird von seiner eigenen Mutter, die im bacchantischen Rausch ihren Sohn nicht erkennt, zerrissen.

Das **Motiv der täuschenden Gestalt** (Jupiter als Stier) wird fortgeführt in Actaeon und Narcissus, es korrespondiert mit dem **Motiv der verlorenen Selbstidentität** (Actaeon, Tiresias, Narcissus, Hermaphroditus) und mit dem tragischen **Motiv des Irrtums** (*error*) **und seiner fatalen Folgen**.

Die wichtigste und umfangreichste Erzählung ist die von Narcissus und Echo. Sie hat - ähnlich wie die Daphne-Erzählung - leitmotivische Bedeutung. Mit ihr werden das **Motiv männlicher Schönheit** eingeführt und die Verwandlung von jungen Männern in Pflanzen (vgl. Cyparissus, Hyacinthus und Adonis im zehnten Buch). Außerdem bildet dieser äußerst diffizile Mythos den Auftakt für Erzählungen, in denen es um **die Pathologie der Liebe** geht (vgl. später Pyramus und Thisbe und Salmacis und Hermaphroditus und vor allem das zehnte Buch: Orpheus, Cyparissus, Myrrha, Adonis).

Cadmus (S. 43-45)

1. Zentrale Deutungs-Aspekte

Inhalt: Cadmus tötet den Drachen des Mars (Heldenmut, Drachenkampf)
Interpretation: Tempuswechsel, Dramatik, Gestaltung von Stimmungen
Gattung: Epos
Erzählebenen (S. 12): sensualistisch, religiös

2. Übersetzung

Es stand da ein **alter Wald**, von keinem Beil verletzt, und mittendrin
eine **Höhle**, dicht von **Büschen** und Weiden umgeben, die,
30 wie aus Steinen zusammengefügt, einen niedrigen **Bogen** bildete,
fruchtbar durch **reichhaltiges Wasser**. Dort in der Höhle verborgen
hauste **der Drache des Mars**, gekennzeichnet durch seinen **goldenen Kamm**.
33 Seine **Augen** funkeln wie Feuer, sein ganzer **Körper** ist aufgedunsen vom Gift,
drei **Zungen** züngeln, in dreifacher Reihe stehen seine **Zähne**.
Sobald **die aus Tyros aufgebrochene Schar** diesen **Wald** mit unheilvollem Schritt
36 betreten hatte und der Krug, als er ins Wasser hinabgetaucht wurde,
einen Ton von sich gab, streckte **die blauschimmernde Schlange** ihr **Haupt**
aus der langgezogenen **Höhle** und gab ein schauerliches **Zischen** von sich.
39 Es glitt die Krüge aus den Händen, es gefror ihnen das Blut in den Adern
und ein jähes Zittern befällt die erschütterten Glieder.
Jener verdreht seinen **schuppigen Körper** in kreisenden Windungen,
42 bäumt sich auf und krümmt sich zu **riesigen Windungen**,
richtet sich mehr als die Hälfte in die leichten Lüfte auf
und überschaut den gesamten **Wald**. So gewaltig ist sein Körper **wie das Sternbild,**
45 **das - könntest du es im Ganzen erblicken - den großen und den kleinen Bären trennt.**
Unverzüglich greift er **die Phoenizier** an, ob sie sich nun zum Kampf rüsteten
oder fliehen wollten, oder aus lauter Furcht nichts von beidem taten.
48 Die einen tötet er mit Bissen, die anderen mit würgenden Windungen,
wieder andere mit dem tödlichen **Pesthauch seines giftigen Atems**.

81 Es weicht **des Agenors Sohn** ein wenig zurück und schützt sich mit dem
Fell eines Löwen vor dem Ansturm und drängt das vorschießende **Maul**
mit der ausgestreckten Lanze zurück. **Jener** tobt und versetzt dem harten
84 Eisen nutzlose Wunden und verbeißt sich in die scharfe Spitze.
Schon hatte das Blut begonnen vom **giftigen Gaumen** zu tropfen
und hatte die **grünen Gräser** mit (roten) Spritzern gefärbt.
87 Doch war die Verwundung nur leicht, weil er sich vor dem Stoß zurückzog
und seinen verletzten **Nacken** nach hinten wandte und durch Ausweichen
einen Treffer vermied und ihn nicht weiter andringen ließ.
90 Da stieß ihm **der Sohn des Agenor** in die **Kehle** das Schwert,
drang weiter nach und drückte zu, bis eine **Eiche** dem Zurückweichenden
den Ausweg versperrte, so dass sein **Hals** an dem **harten Holz** aufgespießt wurde.
93 Vom Gewicht des **Drachens** bog sich der **Baum** und ächzte,
als das **Schwanzende** sein **Kernholz** peitschte.

3. Interpretation im Textverlauf

Die Erzählung vom Kampf des Cadmos gegen den Drachen des Mars ist eine klassische Ausformung des Genres Drachenkampf (Heldensage), ein hochepisches Thema; Ovids Darstellung dürfte etliche volkstümliche Sagen inspiriert haben. Vor allem in der sprachlichen Darstellung und in der Kunst der Dramatisierung zieht Ovid alle Register seines Könnens.

Der Drache tötet die Gefährten des Cadmus (S. 43-44)

	Text	Stilmittel
	Silva vetus stabat nulla violata securi,	
	et **specus** in medio, **v**irgis ac **v**imine densus,	vi-Alliteration
30	efficiens humilem lapidum campagibus **arcum**,	
	uberibus **fecundus aquis**, / ubi conditus **antro**	
	Martius anguis erat, cristis praesignis et auro.	Hendiadyoin
33	Igne micant oculi, corpus tumet omne venenis,	Chiasmus
	tres vibrant linguae, triplici stant ordine dentes.	Parallelismus
	Quem postquam **Tyria lucum de gente profecti**	Antonomasie
36	*infausto* tetigēre **gradu** demissaque in undas	
	urna dedit sonitum, longo caput extulit **antro**	Hyperbaton
	caeruleus serpens *horrenda*que sibila misit.	Lautmalerei (Zischen)
39	Effluxēre urnae manibus sanguisque reliquit	
	corpus et attonitos **subitus tremor** occupat artus.	Hyperbaton, Enallagé
	Ille volubilibus squamosos nexibus orbes	Abbildende Wortstellung (41-45)
42	torquet et inmensos saltu sinuatur in arcus	s-Alliteration
	ac media plus parte leves erectus in auras	
	despicit omne **nemus** tantoque est corpore, quanto,	Hyperbel
45	si totum spectes, geminas qui separat arctos.	Antonomasie
	Nec mora **Phoenicas**, *sive* illi tela parabant	
	sive fugam, *sive* ipse **timor** prohibebat utrumque,	Zeugma, Anapher
48	occupat: *hos* morsu, longis conplexibus *illos*,	Chiasmus
	hos necat adflati funesta tabe veneni.	Anapher

Es gehört zur Erzähltechnik Ovids, mit einem heiteren Beginn einen Kontrast zu setzen zu späterem Unheil und so ein Spannungsgefüge aufzubauen. Deshalb beginnt die schreckliche Szene der Hinmordung aller Gefährten mit einem *locus amoenus*, hier speziell einem heiligen Hain. Dessen Schilderung ist typologisch (Belegstellen bei Bömer, 454 ff.): Alter, unberührter Wald mit dichtem Gebüsch, einem Wasserlauf und einer Höhle (*specus* ist eine stollenartige Höhle, der Länge des Drachens entsprechend; vgl. *longo antro*, 37). Da es sich um den Drachen des Kriegsgottes Mars handelt, spielen Begriffe wie *cristis praesignis et auro* (goldener Helmbusch, 32) und *virga* (Rute der Offiziere, 29) auf das römische Militär an.

Die umständliche Antonomasie *Tyria de gente profecti* (35) verdeutlicht den langen Weg, den die Gefährten des Cadmus zurückgelegt haben und die Grausamkeit des Schicksals, das sie hier - fernab der Heimat - so elendig zugrundegehen lässt (*infausto gradu* deutet diese Schicksalhaftigkeit an). *Tetigere* weist darauf hin, dass ihr Eindringen in den heiligen Wald einem Sakrileg gleicht.

Fast dämonisch wirkt das Zusammenspiel von akustischem- (*urna dedit sonitum*, 37) und visuellem Eindruck (blauschimmernde, metallische Farbe des Drachens, 38). Die **horrenda sibila** (38) nehmen die Schreckensreaktion der Tyrier (39-40) voraus (**horror**, 38, **tremor**, 40, und **timor**, 47, als Wortfeld des Schreckens). *subitus* (40) und *nec mora* (46) verdeutlichen die Schnelligkeit der Vorgänge.

subitus tremor occupat artus (40) ist wörtliches Vergil-Zitat: Die Furie Allekto erscheint Turnus im Traum (Aen. VII 446). Auch die Beschreibung des Drachens ist von Vergils dämonischen Meeresschlangen (Aen. II) beeinflusst (Intertextualität; vgl. Bömer S. 458 ff.).
Der Drache ist als Teufelssymbol mit der Schlange eng verwandt (*draco* und *serpens* werden oft synonym verwendet).Tiefenpsychologisch stellt der Drache als Hüter der Quelle all die negativen und bösartigen Triebe dar, die Menschen daran hindern, die Lebensquellen ihres Unbewussten zu nutzen. Die Drachentötung stellt insofern einen notwendigen Akt dar, der der Urbanisierung (~ Ordnung und Strukturierung der Seele) vorausgeht. In symbolischer Form bildet der Drachenkampf das Hin-und-her-Wogen einer Schlacht und deren Härte und Grausamkeit ab. Insofern ist der Drachen mit dem Kriegesgott verbunden; seine Angriffswut (*furit*, 83) und sein Feuer sind Metaphern für die verheerende Wirkung des Krieges.

Bis auf die perspektivisch etwas verkürzte Beinstellung des Cadmus ist das **Bild von Goltzius** eine sehr eindrucksvolle Umsetzung des Mythos. Vers 34 (*tres vibrant linguae*) hat der Maler wohl (in Analogie zu Cerberus) als Dreiköpfigkeit des Drachens ausgelegt. Die drei Hälse ermöglichen es ihm auch, verschiedene Handlungen des Drachens in einem Bild wiederzugeben: Das Sich-Verbeißen in die Speerspitze, das Abnagen der getöteten Gefährten und das steile Sich-Aufrichten. Geschickt deutet Goltzius durch die im Vordergrund der Drachenhöhle verstreuten Leichen, Gerippe, Schädel und Waffenreste die tödliche Wirkung des Drachens an. Rings um die Höhle scheint alles Leben vernichtet.

Das Bild arbeitet vor allem mit Farbeindrücken (giftig-grüne, „grauenhaft"-düstere Umgebung, Leichenblässe, rötliches Drachenmaul). Hinzu kommt die Dynamik der Figuren-Konstellation: Die leicht vorgeneigte Haltung des Cadmus und seine angespannte Muskulatur, der rückwärts gebogene Hals des Drachens und dessen weit geöffnetes Maul. Im Gegensatz zum Text wirkt der Drachen jedoch deutlich kleiner. Dynamik gewinnt das Bild auch durch die Komposition (Schrägstellung des Drachens, der über seiner Beute hockt und im Fressen gestört wird, Ringkomposition der Leiber, Querachse des Lanzenschaftes etc.).
Goltzius schildert die Grausamkeit des Geschehens vor allem anhand der beiden Leichen. Der nach hinten überstreckte Kopf mit den geschlossenen Augen und dem leicht geöffneten Mund korrespondiert mit den beiden Drachenköpfen im Vordergrund, deren Augen den Betrachtet starr anblicken. Neben dem Kopf liegen bereits zwei Schädel als Hinweis auf die bevorstehende Verwesung. Das Dämonische liegt vor allem darin, dass der Drache gleichzeitig den Kopf der anderen Leiche in einem seiner Mäuler gepackt hält und mit dem anderen Maul den Angreifer bedroht, d. h. in seiner Instinktverhaftetheit (Fressgier und Revierverteidigung).
Der Text entfaltet durch die Reihung von Verben, durch die Variation von Wortfeldern und durch Bildvergleiche eine viel größere Intensität. Er regt die Phantasie des Lesers stärker zur eigenbildnerischen Tätigkeit an (das Bild ist auf optische Reize beschränkt, ihm fehlen akustische oder olfaktorische Sinneswahrnehmungen). Vor allem kann ein Bild nur andeutungsweise innerseelisches Geschehen (Empfindungen, Gedanken etc.) darstellen. So übertreibt Ovid beispielsweise die Größe des Drachens maßlos (41-45), um so indirekt den subjektiven Eindruck zu beschreiben, den der riesige Drache auf die Gefährten des Cadmus macht. Auch in den Einzelzügen ist der Text genauer, etwa darin, dass der Drache sich in die Lanzenspitze verbeißt, oder dass Blutspritzer das Gras färben.
Was die Malerei nur schwer darstellen kann, ist die entschlossene Haltung des Cadmus und vor allem das Hin und Her des dramatischen Kampfes. So wirkt das Bild statischer als der Text, der über die Metrik und die Lautanklänge noch zusätzlich den Eindruck der Simultanität erweckt und die Schilderung sehr lebendig wirken lässt.

Cadmus besiegt den Drachen (S. 45)

81	*Cedit* **Agenorides** paulum spolio*que* leonis ␣	Antonomasie
	sustinet incursus instantia*que* ora *retardat* ␣	in-Alliteration, Polysyndeton
	cuspide praetenta: *furit* **ille** et inania duro ␣	i-Alliteration, Enallagé
84	*vulnera dat* ferro *figit*que in acumine *dentes*.	f-Alliteration
	Iamque venenifero sanguis manare palato ␣	Hyperbaton
	coeperat et **virides** adspergine tinxerat **herbas**.	Hyperbato
87	Sed leve vulnus erat, quia *se retrahebat* ab ictu	
	laesaque colla *dabat retro* plagamque sedere ␣	
	cedendo arcebat nec longius ire *sinebat*,	
90	donec **Agenorides** coniectum in guttura ferrum ␣	Antonomasie
	usque *sequens pressit*, dum retro **quercus** eunti ␣	
	obstitit et *fixa est* pariter cum **robore** cervix.	
93	Pondere serpentis *curvata est* **arbor** et ima ␣	
	parte flagellari gemuit sua robora caudae.	

Die Beschreibung des Agenoriden Cadmus (*spolio leonis*, 81) erinnert an die Tötung des Monsters Cacus durch Herkules (Vergil, Aen. III 56 ff; vgl. Bömer S. 464-466) und betont auf diese Weise den epischen Charakter der Episode (Heldensage). Ovid legt es in dieser Passage darauf an, vor allem das Hin und Her des Kampfgeschehens lebendig wiederzugeben. Wie immer findet sich eine klare Szenenaufteilung (*iamque*, 85, *donec*, 90).

Für die Interpretation ist es lohnend, an dieser Stelle **Techniken der Dramatisierung** zu besprechen (vgl. ÜH). Dazu gehören (allein in den beiden Textauszügen):

- **Situativer Kontrast**: Ruhe und Schatten des Waldes, *locus amoenus* ↔ plötzlicher Überfall und Tod, *locus mortiferus* (28-31 ↔ 37-40)
- **Innerseelischer Kontrast**: Arglosigkeit, Einstimmung auf eine sakrale Handlung ↔ plötzliche Todesangst (35-37 ↔ 39-40, 47)
- **Aktionsketten**, Häufung von Verben (35-38, 39-40, 41-45, 81-84, 87-92)
- **Häufung kleinerer Einzelszenen**, die scheinbar alle zum selben Zeitpunkt passieren, oft unterstützt durch Demonstrativpronomina oder Konjunktionen (46-49, 81-84, 87-89)
- **Wechsel von Aktion und Reaktion** (37 f., 81-84, 87-92)
- **Tempuswechsel**: *Präsens* (81-84, aktueller Kampf), *Plusquamperfekt* (85-86, Erzählhintergrund als Auftakt zu einer Wende), *Imperfekt* (87-89, Zwischenstadium, wiederholtes Ausweichen des Drachens), *Perfekt* (90-94, Höhepunkt und Abschluss)
- **Hyperbolische Darstellung**, Übertreibung (41-45)
- **Variatio** (auch **Wortfelder**): **Wald**: *silva* (28), *lucus* (35) ‖ *quercus* (91), *arbor* (93); **Höhle**: *specus* (29), *antrum* (31 und 37); **Farben**: *aurum* (32), *caeruleus* (38) ‖ *virides herbas* (86); **Töne**: *urna dedit sonitum* (37), *sibila* (38), *arbor gemuit* (94); **Angst**: *horrenda sibila* (38), *subitus tremor* (40), *timor* (47); **Angriff und Verteidigung**: *tela parare* (46) ‖ *cedere* (81), *sustinere* (82), *retardare* (82), *dentes figere* (84), *se retrahere ab ictu* (87), *retro dare* (88), *plagam sedere cedendo arcere* (88 f.), *longius ire* (89), *premere* (91); **Verwundung und Tötung**: *morsu, complexibus, funesta tabe veneni* (48-49) ‖ *vulnera dare* (84), *venenifero palato* (85), *leve vulnus* (87), *laesa colla* (88)
- Einbindung der vordergründigen Handlung in einen **übergeordneten Erzählhintergrund** (Schicksal, Verhängnis, Göttersphäre etc.): *infausto gradu* (36)
- **Multivalenz** (Kombination unterschiedlicher Sinneseindrücke) (32-34, 37 f., 85 f., 93 f.)
- **Satzbau** - abbildende Wortstellung: Die Länge und die Windungen des Drachens (41-45)

- **Versbau**: Häufige Verschleifungen und Enjambements
- **Attribute** zur Verstärkung des Ausdrucks: *silva* **vetus** (28), *specus* **densus** (29), **uberibus** *aquis* (31), *corpus* **omne** (33), *infausto* **gradu** (36), **longo** *antro* (37), **horrenda** *sibila* (38), **subitus** *tremor* (40), *squamosos* **orbes** (41), **inmensos** *in arcus* (42), **leves** *in auras* (43), **omne** *nemus* (44), **longis** *conplexibus* (48), **funesta** *tabe* (49) ‖ **instantia** *ora* (82), **inania** *vulnera* (83 f.), *venenifero* **palato** (85), **laesa** *colla (88)*
- **Lautmalerei**: *sibila misit* (38) als Zischen des Drachens

Die Tötung des Drachens macht die fünf Ausgesäten (gr. *Spartoi*) zu **Drachenkriegern** und verleiht ihnen die Agressivität, Härte und Stärke des Drachens (als Symboltier). Im griechischen Märchen ist die Aussaat von Zähnen ein bekanntes Motiv (Bömer, S. 457; vgl. die Jason-Sage und Deucalion und Pyrrha). Durch diesen Akt erwachsen die Bewohner Thebens autochthon (erdentsprungen) und werden zu „Ureinwohnern", die mit der Erde besonders verbunden sind. Der Kampf der *terrigeni fratres* (118) untereinander und die Auslese der Stärksten ist ein archaisches (oder sogar „primitives") Motiv und zeigt die Gefahr der in den Drachenkriegern schlummernden wilden Kräfte, die sich gleichsam erst austoben müssen.
Romulus und Remus werden in ähnlicher Weise durch die Milch und den Schutz der Wölfin zu **Wolfskriegern** und übernehmen die Wildheit und Stärke dieses Tieres, das dann zum römischen Symboltier wird. Auch die beiden feindlichen Brüder müssen zunächst ihren Zwist austragen. Solche Vorstellungen entstammen einer noch magischen Weltsicht früher Zeiten.

Die **mittelalterliche Miniatur** integriert die verschiedenen Stationen des Mythos in einem Bild: Cadmus kommt mit dem Schiff in Griechenland an, folgt auf Geheiß des Orakels von Delphi einer Kuh mit einem mondförmigen Fleck und gründet die Stadt Theben an dem Ort, wo diese sich niederlässt. Da er die Kuh der Göttin Athene opfern will (oben links betet Cadmus vor dem Kultbild der Athene in der neu erbauen Stadt), schickt er seine Gefährten aus, um Wasser zu holen. - Nach der Tötung des Drachens musste Cadmus dem Gott Mars zur Sühne acht Jahre lang dienen, ehe er Harmonia, die Tochter des Ares/Mars und der Aphrodite/Venus, heiraten durfte.

Actaeon (S. 46-53)

1. Zentrale Deutungs-Aspekte

Inhalt: *locus amoenus* (Bad der Diana), verhängnisvolles Erblicken, übermäßiger Götterzorn und ironische Bestrafung
Interpretation: Erzählvordergrund und -hintergrund, Verwandlung als Strafe
Gattung: Epos
Erzählebenen (S. 12): psychologisch, artifiziell, anthropologisch, narrativ

2. Übersetzung

Da gab es **ein Tal**, mit **Kiefern** und spitzen **Zypressen** dicht bewachsen,
156 genannt Gargaphie, der **gegürteten Diana** heilig,
an dessen äußerstem Schlupfwinkel sich eine **Grotte** befindet,
entstanden durch keinerlei menschliche Einwirkung: Die Natur in ihrem Schöpfergeist
159 hatte es aussehen lassen, als ob es künstlich angelegt sei. Denn aus unbearbeitetem

Lucio Massari (1569-1633) - Diana und Actaeon

    Bimsstein und leichtem Tuff hatte sie einen **natürlich Bogen** geschaffen.
    Eine **Quelle** murmelt zur Linken, durchsichtig aufgrund ihres **klaren Wassers**,
162 die weite Öffnung mit einem **Rasenteppich** umgebend.
    Hier pflegte **die Göttin der Wälder** nach anstrengender Jagd
    ihre jungfräulichen Glieder mit fließendem Nass zu übergießen.
165 Nachdem sie dorthin gelangt war, übergab sie einer der Nymphen, ihrer
    Waffenträgerin, den Wurfspieß, ihren Köcher und den entspannten Bogen.
    Eine andere nahm das herabgleitende Gewand mit den Armen auf,
168 zwei weitere lösten die Riemen ihrer Schuhe. Gelehrsamer als jene legte
    Crocale (Meereskiesel), die Tochter des Ismenus, die über den Nacken
    fallenden Haare zu einem Knoten, obwohl sie ihr eigenes Haar frei trug.
171 Nephele und Hyale (Kristall) und Rhanis (Tautropfen), dazu Psecas (Tröpfchen)
    und Phiale, schöpfen das Nass und lassen es aus weiträumigen Krügen strömen.
    Und während die **Titanentochter** dort in dem gewohnten Wasser badet,
174 *irrt*, siehe da, **der Enkel des Cadmus** während der Mittagspause
    durch den unbekannten Wald mit unentschlossenem Schritt
    und gelangt zu dem Hain; *dorthin führte ihn sein Schicksal*.
177 Sobald dieser **die von der Quelle taufeuchte Höhlung** betrat,
    schlugen sich die Nymphen, nackt wie sie waren, beim Anblick des Mannes
    an die Brust und erfüllten mit ihrem erschreckten Geheule
180 den ganzen Wald, umringten mit ihren Körpern **Diana** und versuchten
    sie abzuschirmen. Doch ist **die Göttin** eben größer
    als jene und überragt alle um Haupteslänge.
183 Wie Wolken, die von den Strahlen der gegenüberliegenden Sonne
    angeleuchtet werden oder wie die Purpurfarbe der Morgenröte

färbte sich **Dianas** Gesicht, als sie ohne Kleid erblickt wurde.
186 Und obwohl diese umringt war von der **Schar ihrer Gefährtinnen**,
drehte sie sich dennoch zur Seite weg und wandte den Blick ab.
Und wenn sie auch lieber ihre Pfeile zur Hand gehabt hätte,
189 so schöpfte sie das, was sie hatte, das Wasser, und übergoss damit **das Gesicht**
des **Mannes**, und während sie **seine Haare** mit dem rächenden Wasser besprengte,
fügte sie jene Worte hinzu und verkündete damit das kommende Unheil:
192 „Nun magst du erzählen, dass du mich unbedeckt habest erblicken können,
wenn du es denn noch erzählen kannst!" Und nicht weiter drohte sie,
sondern versah **das besprengte Haupt** mit dem **Geweih** eines kapitalen Hirsches,
195 zog den **Hals** in die Länge und spitzte ihm oben die **Ohren**.
Seine **Hände** vertauschte sie mit Hufen, seine **Arme** mit langen
Beinen und bedeckt den **Körper** mit einem gefleckten Fell.
198 Auch *Furchtsamkeit* kommt dazu. Es flüchtet der **Held**, der **Sohn der Autonoe**,
und es wundert ihn selbst während des Laufes, dass er so schnell ist.
Als er aber sein **Antlitz** und das **Geweih** im Wasser erblickte,
201 wollte er „Ich Armer!" rufen; doch kein Wort erfolgte.
Nur ein Röhren, das war seine Stimme, und Tränen flossen über das Gesicht,
das nicht mehr das seine war. *Nur sein früherer Verstand blieb ihm.*
204 Was sollte er tun? Sein Haus aufsuchen und den Palast des Königs oder
sich in den Wäldern verstecken? Die Scham rät hierzu, die Furcht dazu.

[207-227: siehe Übersetzung im TB S. 51]

228 **Jener** flüchtet durch **die Gegenden, wo er oft das Wild gehetzt hatte**,
ach, vor seinen eigenen Gehilfen muss er fliehen. Er wollte rufen:
„Ich bin es, **Actaeon**: Erkennt doch euren Herren!"
231 Die Worte fehlen dem Sinn und es hallt die Luft vom Gebell.
Als erster riss *Schwarzhaar* ihm am Rücken eine Wunde,
danach *Wildfang*, während *Bergwelpe* an seiner Schulter hing.
234 Sie waren zwar später losgelaufen, aber über Bergpfade
vorausgeeilt. Während diese den **Herren** stellten,
lief die übrige Schar zusammen und vergrub ihre Zähne in den Körper.
237 Schon fehlt Platz für weitere Wunden. Jener stöhnt auf und gibt einen Laut
von sich, der zwar nicht von einem Menschen, aber auch nicht von einem Hirschen
stammen konnte, und mit traurigen Klagen erfüllt er **die ihm vertrauten Schluchten**.
240 Mit eingeknickten Läufen, demütig und **wie ein Bittsteller** anzusehen,
wendet er stumm seine Blicke anstelle seiner Arme hin und her.
Seine Gefährten aber treiben mit den üblichen Rufen die reißende Meute an
243 - sie ahnen ja nichts - und suchen mit ihren Blicken nach **Actaeon**.
Als ob er sich entfernt habe, rufen sie um die Wette nach **Actaeon**
- bei dem Namen wendet jener sein Haupt - und beklagen seine Abwesenheit
246 und dass ihm wegen seiner Verspätung das Schauspiel der bescherten Beute entgehe.
Er würde ja gerne fort sein, doch ist er da. Er würde gerne das wilde Verhalten
seiner Hunde beobachten, nicht aber es am eigenen Leibe verspüren.
249 Von allen Seiten umstellen sie ihn, verbeißen ihre Schnauzen in seinen Körper
und zerfleischen *in der täuschenden Erscheinung eines Hirsches* ihren Herren.
Und nicht eher, als bis sein Leben durch all die Wunden vergangen war,
252 soll sich *der Zorn* der **köchertragenden Diana** gelegt haben.

3. Interpretation im Textverlauf

Das Schicksal des Actaeon gehört zu den bekannten *Metamorphosen*-Stoffen. Die tragische Ironie, die in der „Verwandlung" des Actaeon vom Jäger zum Gejagten liegt, die Metaphorik der erotischen Beobachtung, der Jagd und der Gestalt eines Hirschen (vgl. auch Bömer S. 489 und 494) und die grandiose, psychologisch feinfühlige Erzählweise Ovids mögen zu der Beliebtheit dieses Mythos beigetragen haben.

Folgende **Motive** finden sich: **Verhängnisvolles Sehen** (*visae* sine veste Dianae, 185), **Irrtum** (*non certis passibus errans*, 175), **Tragik des Schicksals** (*sic illum fata ferrebant*, 176), **magische Verwandlung** (*ultricibus undis*, 190), **Identifikation und Selbstentfremdung** (*falsi sub imagine cervi*, 250), **Umkehr vom Jäger zum Gejagten** („Actaeon ego sum: *dominum* cognoscite vestrum!", 230), **Verstummen eines Menschen** (*verba animo desunt*, 231), **Götterzorn** (*ira fertur satiata Dianae*, 252), **Diskrepanz zwischen menschlichem und tierischem Wesen** (*similis* roganti, 240), **Anwesenheit und Abwesenheit** (*vellet abesse quidem, sed adest*, 247) ... Erst diese Motivfülle macht die Erzählung so eindringlich!

S. 46

Das Bild bezieht sich auf die Verse 173-178. Wie Ovid arbeitet auch **Rottenhammer** mit dem Kontrast zwischen entspannter Ruhe und aufkommender Dynamik. Das linke Bein der sitzenden Diana und der ausgestreckte linke Arm der hinter ihr stehenden Nymphe lenken den Blick des Betrachters auf die Gestalt des Actaeon, der entlang des Wasserlaufes auf die Nymphen zukommt, den Arm wie zur Begrüßung erhoben. Die Wasser schöpfende Nymphe hält in der Bewegung inne und dreht den Kopf Actaeon entgegen, während die Nymphen im Hintergrund (links und rechts) bereits ihre nackten Körper zu verbergen suchen. Rottenhammer malt also die Situation kurz vor Ausbruch des Tumultes.

Man kann das Bild zum Einstieg betrachten und so auf die Textarbeit hinlenken (allgemeine Beobachtung der Vorgänge im Bild und erste Deutungsideen). Man kann das Bild aber auch als unbewusste Anschauungs-Hilfe für die Textarbeit zunächst unbeachtet lassen und eventuell später überlegen, inwieweit Rottenhammer dem ovidischen Szenario folgt.

Das Tal der Diana (S. 46)

Vallis erat piceis et acuta **densa** cupressu,	
156 nomine Gargaphie **succinctae** sacra **Dianae**,	s-Alliteration
cuius **in extremo** est antrum nemorale **recessu**,	Hyperbaton (abbildende Wortst.)
arte laboratum **nulla: simulaverat artem**	Chiasmus, Polyptoton
159 ingenio **natura** suo. Nam pumice **vivo**	
et levibus tofis **nativum** duxerat arcum.	
Fons sonat a dextra	tenui **perlucidus** unda,	
162 margine gramineo *patulos* **succinctus** *hiatūs*.	

Im Textband sind die einleitenden Verse 131-154 zusammengefasst. Sie enthalten die sentenzenhafte Voraussage des Unheils (*Ultima* semper / *expectanda* **dies** *homini est, dicique beatus / ante obitum nemo supremaque funera debet*, 135 ff.), eine Apologie Actaeons (*At bene si quaeras,* **Fortunae crimen** *in illo, / non scelus invenies: quod enim scelus error habebat?*, 141 f.) und die Ekphrasis der Jagdszene (mit einleitendem **mons erat**, 143). Mit **vallis erat** (155) folgt eine zweite Ekphrasis, die das Tal der Diana beschreibt.

Ovid betont vor allem das blutige Geschäft der Jäger - der Berg ist besudelt vom Abschlachten diverser Tiere (143), Fangnetze und Jagdwaffen triefen vom Blut des Wildes (148) - und vermischt die grausame Beschreibung mit Hinweisen auf die mittägliche Ruhe (144 f.

und 149-152). In der Mittagspause, die nur eine Unterbrechung der blutigen Arbeit bedeutet (*intermittunt laborem*, 154), verstrickt sich Actaeon selbst in die Fangnetze des Schicksals; seine Tötung bedeutet die Fortsetzung des blutigen Waidwerks. Dass ein Teil der „Arbeit" nur aufgeschoben sei (*dilata parte laborum*, 174) ist tragische Ironie, da der Begriff *labor* nicht nur die Anstrengung, sondern auch das Leiden umfasst. Auf diese Weise unterlegt Ovid die Erzählung mit einer tragisch-dramatischen Komposition: Tun und Ergehen bilden nach dem *ius talionis* einen Ausgleich (vgl. v. Albrecht, S. 67 ff.). Im verkleinerten Maßstab eines Tages bewahrheitet sich die oben genannte Sentenz, dass niemand vor seinem Tod glücklich genannt werden sollte (vgl. v. Albrecht, S. 70).

(1.) Der **dichte Zypressenbestand** als „Hintergrund" des Ortes weist eine für jeden antiken Leser deutliche Todessymbolik auf - die Zypresse galt als Totenbaum - und legt einen düsteren Schatten auf die Erzählung. - Der Gegensatz von **Natur und Kunst**, der für die *Metamorphosen* in poetologischer Hinsicht und als Chiffre für den dichterischen Stil Ovids so wesentlich ist (vgl. besonders Pygmalion), wird von Ovid als Motiv angesprochen, aber nicht weiter entfaltet. Im Hintergrund mag tatsächlich, wie manche Interpreten meinen, die Vorlage einer antiken Skulpturengruppe oder antiker Fresken stehen (vgl. das Bild TB S. 50; vgl. auch die Beschreibung einer Actaeon-Gruppe in den *Metamorphosen* des Apuleius).
Zum **locus amoenus** gehören der dichte Baumbestand (Schatten), die Grotte, ein Bächlein mit klarem Wasser und der grüne Rasen, der zum Ausruhen einlädt. Betont wird, dass dieser Ort der Diana heilig ist (*sacra*, 156), sozusagen **das „Allerheiligste" der Waldgöttin**. So sind mit dem Eindringen Actaeons in diesen geschützten Raum **religiöser Frevel** und **sexuelle Aggression** unmittelbar verbunden, auch wenn er dies nicht intendiert. Für Diana jedoch steht diese Deutung außer Frage, und insofern begründet Ovid bereits in der Eingangsszene die Härte ihrer Reaktion, die den Fragehorizont seiner Darstellung bildet. In Zeiten, in denen der ursprünglich rüdere Mythos kultiviert und damit entschärft worden war (eine versuchte Vergewaltigung Dianas durch Actaeon oder zumindest das heimliche Beobachten dürfte im Zentrum gestanden haben), war gerade diese Härte der Reaktion nicht mehr verständlich. Ovid bemüht sich also vor allem, die harte Strafe psychologisch zu begründen.

(2.) Für Ovid typisch ist die Doppeldeutigkeit der Schilderung, die als reine **Naturbeschreibung** (Idylle) gelesen werden kann, die jedoch etliche unterschwellige Signale enthält und insofern auch als **Seelenbeschreibung** der Göttin Diana gelesen werden kann. Dies deutet Ovid mit dem für Diana typischen Begriff *succinctus* an (156), den er auf die Waldgrotte überträgt (*patulos succinctus hiatus*, 162). *vivus*, *nativus* und das Fehlen jeglicher *ars* zugunsten reiner Natürlichkeit (158-160) zeigen Dianas **„Naivität"** und **Naturverbundenheit**. Dennoch erweckt ihr Lebenszustand einen Anschein von Künstlichkeit (*simulaverat artem*).
densa, *sacra* und *in extremo (!) recessu* betonen nicht nur die Entlegenheit des Tales (und damit die Zufälligkeit, mit der Actaeon darauf stößt), sondern auch die **Zurückgezogenheit** der Diana selbst und ihr Bedürfnis, einen abgegrenzten Schutzbezirk um sich herum zu errichten (ihre **Unnahbarkeit und Unberührbarkeit**). Die Behauptung ihrer Lebensweise gegen männlichen Widerstand bildet den Kernpunkt und einen grundlegenden Konflikt in der Typologie der Diana und ihrer Kombattantinnen. Man sieht, wie stark Ovid auch Götter „psychologisiert" und ihre Lebensform konzeptionell und symbolisch durchdenkt. Fast könnte man die beiden Hinweise *perlucidus* und *liquidus* auf die Durchsichtigkeit der ganzen „Anlage" beziehen, also als Hinweis an den Leser, den äußeren Schein zu durchschauen.
[Übrigens ist *succinctus* in Vers 162 auf *fons* bezogen, jedoch wie ein PPA gebraucht! (vgl. Bömer, S. 494)] - [Zur Rolle der Diana bei Ovid und ihrer generell eher abschätzigen Schilderung siehe Schmitzer.]

Ruhe und Aufruhr beim Bad der Diana (S. 47)

Hic **dea silvarum** venatu fessa solebat	Antonomasie
virgineos artus **liquido** perfundere **rore**.	Enallagé
165 *Quo* postquam subiit, **nympharum** tradidit uni	
armigerae iaculum pharetram*que* arcus*que* retentos.	Polysyndeton
Altera depositae subiecit bracchia pallae,	
168 vincla **duae** pedibus demunt. Nam doctior illis	
Ismenis **Crocale** sparsos per **colla capillos**	Hyperbaton, c-Alliteration
colligit in nodum, quamvis erat ipsa solutis.	
171 Excipiunt **laticem** Nephele*que* Hyale*que* Rhanis*que*	Polysyndeton
et Psecas *et* Phiale fundunt*que* capacibus urnis.	
Dumque ibi perluitur solita **Titania lympha**,	
174 ecce **nepos Cadmi** dilata parte laborum	Antonomasie
per nemus ignotum non certis passibus **errans**	Pleonasmus, Litotes
pervenit in lucum; sic illum fata ferebant.	f-Alliteration
177 *Qui* simul intravit ror*antia* fontibus *antra*,	Reim
sicut erant, nudae **viso** sua pectora nymphae	Hyperbaton, abbild. Wortstellung
percussēre **viro** subitisque ululatibus omne	Enjambement mit Elision
180 inplevēre **nemus** circumfusaeque→ **Dianam** ←	abbildende Wortstellung
corporibus texēre suis. Tamen altior illis	
ipsa dea est colloque tenus supereminet omnīs.	

S. 47

(1.) An dieser Passage lässt sich sehr schön beobachten, wie Ovid anhand von temporalen und lokalen **Gliederungssignalen** seine Erzählung strukturiert (*hīc*, 163, *quo postquam*, 165, *dumque ibi*, 173, *ecce*, 174, und *qui simul*, 177). *ecce* (174) markiert den Beginn einer neuen Handlung und bedeutet nach Bömer immer eine Wendung des Blicks. Wie zuvor die Gefährten Actaeons, machen sich nun auch Diana und ihre Nymphen zur Mittagsruhe bereit.
Die idyllische Stimmung wird durch das Kolorit der dienenden Nymphen mit ihren klingenden griechischen Namen verstärkt. Die Ekphrasis der Dienerinnen, deren Tätigkeit nach römischen Gepflogenheiten geschildert wird, lenkt den Leser vom Hauptgeschehen ab und dient der Spannungsökonomie.
In diesen geschützten Raum dringt Actaeon in einem Moment der Entspannung (*arcus retentos*, 166, *vincla demunt*, 168, *solutis*, 170) ungewollt ein - *qui simul intravit*, 177, als Umschlagspunkt - und löst eine verhängnisvolle Kettenreaktion aus. Bömer (S. 488): Von nun an läuft die Erzählung als eine „ununterbrochene, gehetzte Folge erregtester Momente" ab.

(2.) Die Erotik der arglos badenden Nymphen lässt Ovid unterschwellig anklingen (*virgineos artus*, 164, *sparsos per colla capillos*, 169, *sicut erant, nudae*, 178). Geschickt verbindet Vers 177 das Eindringen Actaeons - *intravit* klingt wie das Betreten eines privaten Raumes - mit einem letzten Blick auf die noch ungestörte Idylle (*rorantia fontibus antra* klingt besonders lieblich und fast wie ein Reim).
Die **Panik der Nymphen** veranschaulicht Ovid durch abbildende Wortstellung (178 ff.). Nach dem ersten Aufschrei umringen sie ihre Herrin, wobei *corporibus* sich auf *confusae* und auf *texere* beziehen kann: Sie umringen die Göttin mit ihren Leibern und schützen sie so vor dem aufdringlichen Blick des Eindringlings. Ein solcher Doppelbezug ist bei Ovid häufig! Das Vorbild für seine Schilderung dürfte Aeneis I 496-508 sein (Dido-Diana-Vergleich; bes. Aen. I 501: *supereminet omnis*). Von der **Reaktion der** im Zentrum stehenden **Diana** erfährt der Leser jedoch zunächst nichts (Spannungsökonomie).

(3.) Schon häufig wurde bemerkt, dass **die Apologie Actaeons** vor dem Hintergrund der Verbannung Ovids zu lesen ist. Entgegen allen vorherigen Versionen des Mythos entschuldigt Ovid das „Versehen" des Actaeon ausdrücklich (141 f.: *Quod enim scelus **error** habebat*? - vgl. Bömer, 487, und v. Albrecht, 69). Die Verteidigung beruht auf vier „Argumenten": **Unwissenheit** (*per nemus ignotum*), **Absichtslosigkeit** (*non certis passitus*, ~ ziellosen Schrittes), **Zufälligkeit** (*errans pervenit*) und dem **Einfluss höherer Mächte** (*illum fata ferebant*).

Dass die klassischen Künstler die Texte genau kennen und ihre Intention verstanden haben, sieht man an solchen Bildern wie dem vorliegenden. Es gehört zu einer Reihe hervorragender *Metamorphosen*-Darstellungen aus dem Schloss in Fontainebleau (vgl. TB S. 91 und 93). **Blondel** verzichtet auf die Höhlung als Hintergrund, beschreibt jedoch sehr schön die Gegenläufigkeit der Figuren: Von Dianas drohendem Zeigefinger getrieben wendet sich Actaeon zur Flucht, doch warten im Hintergrund schon die Hunde auf ihn. Die ängstlich kauernden Nymphen lassen Diana größer erscheinen. Ihr weißer Umhang (Farbe der Unschuld) kontrastiert mit der unbewussten Erotik der weiblichen Körper (Rosa und Rot). Im Hintergrund ragt eine Gewitterwolke drohend in den Himmel als Zeichen des kommenden Unheils.

Der Maler deutet die Erzählung Ovids allerdings als Allegorie und überträgt diese auf seine Darstellung. Deutlich wird dies anhand der Blickrichtungen. Sowohl Actaeon selbst als auch die untere Nymphe, die mit der linken Hand ihre nackte Brust zu bedecken sucht und mit der rechten ihre Freundin schützend umarmt, blicken den Betrachter direkt an. Beide mahnen den Betrachter, dass sein Blick auf die Szenerie ähnlich ungeniert (und vielleicht auch ähnlich ungerichtet und zufällig) erfolgt wie der des Actaeon auf die Nymphen.

Reaktion der Diana - Verwandlung des Actaeon (S. 48 f.)

183	Qui color infectis adversi solis ab ictu	Vergleich
	nubibus esse solet aut purpureae Aurorae,	
	is fuit in vultu **v**isae sine **v**este **Dianae**.	**v**-Alliteration
186	Quae, quamquam *comitum* |turba est stipata| *suarum*,	q-Alliteration, abbild. Wortst.
	in latus obliquum tamen adstitit oraque retro	
	flexit et, *ut* vellet promptas habuisse sagittas,	
189	quas habuit, *sic* hausit aquas **v**ultumque **v**irilem	**V**-Alliteration
	perfudit spargensque **c**omas ultricibus undis	Enallagé, **u**-Alliteration
	addidit haec cladis praenuntia verba futurae:	Hyperbaton
192	„Nunc *tibi* ↔ *me* posito **v**isam velamine narres,	Antithese, **v**-Alliteration
	si poteris narrare, licet!" Nec plura minata	Correctio/Ironie
	dat sparso capiti *vivacis* **c**ornua *cervi*,	**c**-Alliteration
195	dat spatium **c**ollo summasque cacuminat **a**ures,	Anapher
	cum *pedibus*que **manus**, cum *longis* **bracchia** mutat	Chiasmus
	cruribus et **vel**at maculoso **vel**lere **c**orpus.	Wortspiel (**vel**-Alliteration)
198	Additus et *pavor* est. Fugit **Autonoeius heros**	Antonomasie (+ Ironie)
	et se tam celerem cursu *miratur* in ipso.	**c**-/**i**-Alliteration
	Ut vero **vultus et cornua** *vidit* in unda,	
201	„Me miserum!" *dicturus erat*; **vox** nulla secuta est.	
	Ingemuit. **Vox illa fuit** *lacrimae*que per ora	Parallelismus
	non sua *fluxerunt*; **mens** *tantum pristina mansit*.	
204	Quid faciat? Repetatne domum et regalia tecta	Pleonasmus, rhetorische Frage
	an lateat silvis? **Pudor** hoc, *timor* inpedit illud.	Antithese

Ovid schildert zunächst die unbewusste (körperliche), dann die bewusste (seelische) Reaktion der Göttin: Sie errötet vor *Scham* und *Wut* zugleich (*purpureae*, 184). [1] Ihre Rede erfolgt ausgesprochen knapp und distanziert; sie gibt Actaeon keine Chance, sein Eindringen zu erklären oder sich für die Störung zu entschuldigen, sondern reagiert rein emotional. Dabei verbirgt sie ihre kalte Wut und ihre Verletztheit hinter Ironie: *si poteris narrare* (193).

vivacis cervi (194) ist doppeldeutig: a) ein *langlebiger* Hirsch (Ironie angesichts seines baldigen Todes; vgl. Bömer S. 501), b) die Hörner eines lebenskräftigen, „kapitalen Hirsches" (wiederum ironisch gegenüber Actaeon, zugleich aber auch als verlockendere Beute für die Hunde und die Gefährten Actaeons, also der Tötungsabsicht Dianas dienend).

Martin Johann Schmidt (1718-1801) - Actaeon, 1785

S. 49

(1.) Diana bestraft Actaeon ohne zu Zögern und auf perfide und äußerst grausame Weise: Sie lässt ihn von seinen eigenen Hunden und Gefährten regelrecht hinrichten. Dass nicht nur die Verwandlung des Actaeon, sondern auch sein Tod zur intendierten Rache gehört (*ultricibus undis*, 190), zeigt Dianas Wunsch: *vellet promptas habuisse **sagittas*** (188).

Der **Grund für ihre zynische Reaktion** sind ihr Schönheitsempfinden bzw. ihre Scham. Sie begründet die Verwandlung damit, dass Actaeon nichts davon berichten können soll, wie die nackte Diana in den kritischen Augen eines Mannes aussieht (ihre Lebensform im Wald mit rein weiblichen Begleitern bildet letzten Endes eine Flucht vor solchen Situationen und zeigt ihre innere Unsicherheit).

Mit psychologischem Feingespür greift Ovid dieses Moment noch einmal sublim auf. Dass sie Actaeon gerade mit einem ***maculosum*** *vellus* versieht (197), ist ein Reflex ihrer eigenen Angst, *posito velamine* (192) als makelhaft angesehen zu werden.

---

1) Heselhaus (S. 20 f.): „Es sind die Blicke, die die Krisen dieser Geschichte markieren: nach dem entschleiernden Blick auf die Göttin [*viso viro*, 178 f.] und dem Selbsterkenntnis erheischenden Blick in den Spiegel des Wassers [*vidit in unda*, 200] erfolgt ein letzter, stummer Blick im Angesicht des Todes [*velletque videre, non etiam sentire*, 247 f.]." - Ergänzen ließen sich: Der Fluch der Göttin [*visae Dianae*, 185, und *me visam*, 192] und der Beginn der Hetzjagd [*vidēre canes*, 206].

(2.) Die **äußere Verwandlung** wird, da sie leicht vorstellbar ist, nur in den wesentlichen Punkten geschildert. Der **Kopf** als zentrales Organ des *animal rationale* ist als Erstes betroffen. Das **Geweih** (*cornua*, 194) verleiht ihm einen tierischen, entstellenden Ausdruck. Über den **Hals** und die **Ohren** setzt sich die Verwandlung fort und zielt auf die für den Hirsch typischen **schmalen Läufe**, in denen die Eigenschaft der Schnelligkeit mit inbegriffen ist (*se tam celerem cursu miratur in ipso*, 199). Das **Fell** umspannt den gesamten Körper und genügt als Abschluss des äußeren Bildes, das durch die **innere Wesensverwandlung** ergänzt wird: *additus et pavor est* (198). Als Letztes wird der Verlust der menschlichen **Stimme** erwähnt, Synoym für die Ausdrucks- und Kommunikationsfähigkeit (202, vgl. 231 und 237-240).

(3.) Im Zaudern des Actaeon (*repetatne domum .. an lateat silvis*, 204 f.) liegt ein letztes Innehalten und zugleich schon ein drohes Zu-spät. Er erleidet nun dasselbe wie die Nymphen und die Göttin Diana bei seinem Eindringen, nämlich *pudor* (Scham, sich öffentlich zu zeigen) und *pavor/timor* (Furcht vor dem nun plötzlich bedrohlich gewordenen Wald).

(4.) Das zuvor der Erfrischung und Erquickung dienende Wasser hat durch das Eindringen Actaeons gleichsam seine Qualität verloren - der Ort ist nun nicht mehr *sacer* (156) - und dient nun als Mittel zum Vollzug der Rache. Dabei ist die Besprengung mit verwandelndem Wasser als **magische Handlung** (Verzauberung) für die Metamorphosen eher ungewöhnlich. Actaeon behält - auch dies ist ungewöhnlich - sein menschliches Fühlen und Denken bei (*lacrimae*, 202, *mens pristina*, 203) und seine menschliche Gestik (vgl. später 240: *similis roganti*); - durch die Verwandlung wird also nicht, wie sonst, ein Konflikt gelöst oder eine Spannung beseitigt, sondern erst geschaffen! Die Verwandlung dient mehr oder weniger nur als Mittel zur Tötung und ist nicht endgültig. Es wird auch nicht, wie sonst, das entsprechende Tier neu geschaffen; jeglicher aitiologische Aspekt fehlt.

(5.) Das Schlimmste für Actaeon ist **der Verlust der Stimme** und damit jeglicher Kontaktmöglichkeit. Selbst in Gestalt eines Hirsches hätte er vielleicht durch die gewohnte Stimme die Hunde noch aufhalten können oder seine Gefährten zum Eingreifen bewegen können. So aber muss er sehenden Auges in sein Verderben laufen.

(6.) Bei **Diana**, die mit ihrem Namen oder als Göttin (*dea silvarum*, 163) bezeichnet wird, sticht die Benennung *Titania* (173) besonders hervor, zumal sie hier nicht genealogisch gemeint ist, sondern metaphorisch. In ihrer gewohnten Umgebung präsentiert sie sich herrscherlich und mit Würde, doch gerade ihre „Größe" als Göttin setzt sie kurze Zeit später den Blicken Actaeons aus (*supereminet omnis*, 182). - **Actaeon**, der *nepos Cadmi* (174), folgt einem vorgegebenen Schicksal (164: *sic fata ferebant*), wohl einem Verhängnis, das auf dem Haus des Cadmus zu liegen scheint. Auffällig ist die Antonomasie *Autonoeius heros* (198), die gerade dann verwendet wird, als er - gar nicht heldenhaft - voll Furcht flieht. - Das Wort *heros* wird von Ovid meist in solch ironischem Sinn benutzt!

Die **Rekonstruktion von Vincenzo Loria** zeigt (neben anderen antiken Zeugnissen) die Verbreitung des Actaeon-Stoffes in der nachaugusteischen Zeit, sicher auch angeregt durch Ovid. Die verschiedenen Szenen der Erzählung sind im Bild nebeneinandergestellt: Umherwandeln Actaeons (ohne Waffen, nur mit einem Stock), Bad der Göttin (mit den abgelegten Waffen, Köcher und Speere, und Kleidern, Umhang und Krone), Besprengung mit Wasser, Tötung Actaeons (die verwandelte Gestalt wird durch die Hörner nur angedeutet).
Die Landschaftsarchitektur ist eher elementartig zusammengefügt, deutet aber die wichtigsten Einzelzüge symbolisch an: Gebirge, Bogen der Grotte, Quelle, Bewuchs rund um die Grotte und nachmittäglicher Schatten.

Der Hunde-Katalog (S. 50-51)

S. 51

(1.) Es ist durchaus sinnvoll, die Partie zu **skandieren**, auch wenn dies für Schüler schwer sein dürfte. Auf diese Weise erfahren sie unmittelbar die Kunstfertigkeit des Versbaus. Natürlich kann man dies auch im „Wechselgesang" tun (jeweils einen Vers oder Versteile vorsprechen und die Schüler nachsprechen lassen). Es vermittelt sich auf diese Weise auch die Freude an den klingenden griechischen Namen.

(2.) Der **Hunde-Katalog** ist ein dichterisches Bravourstück, das altepischer Tradition folgt und zugleich der alexandrinischen Dichtung verpflichtet ist (entlegene Stoffe werden kunstvoll verwoben). Es liegt aber auch - für Ovid typisch - ein unterschwelliger Sinn in der Anordnung der Hundenamen. Diese geben den Verlauf der Jagd wieder:
- den **Ort der Jagd** (*Bergliebhaber, Waldlust*),
- das **Aufspüren** (*Spürnase, Sucher*) **und Anschlagen** (*Rufer, Kläffer*),
- die **Geschwindigkeit des Laufes** (*Tornado, Sturmwind, Renner, Läufer*),
- das **Zupacken** (*Pack-ihn, Scharfzahn*),
- die **Wildheit der Meute** (*Harpyie, Tiger, Bärin, Wölfin, Gierhals, Räuber, Raufbold*),
- die **unterschiedliche Fellzeichnung** (*Schwarzfuß, Blässe, Schneeweiß, Asche, Schwarzer*),
- und schließlich **die Tötung** (*Hirschtod, Allesfresser*).

Auf diese Weise unterstützen die Namen in ihrer Mischung das dramatische Element. Der lange Katalog führt gerade nicht - wie sonst - vom Geschehen weg, hat also keine retardierende Funktion, sondern verstärkt den sinnlichen Eindruck der Hetzjagd. Dazu kommen eingeflochtene Adjektive wie *rapida, velocius* (209), *ferox* (113), *fortis* (219), *praevalidus* und *velox* (220), die die Schilderung qualitativ verstärken.

Den Abschluss bilden die wunderbaren Verse 225-227, die durch Polysyndeton und Anapher, Elision und Aphärese das Zusammenkommen der Meute überaus anschaulich wiedergeben.

Flucht und Tod des Actaeon (s. 51-52)

228	**Ille** fug*it* per quae **f**uerat loca **s**aepe **s**ecutus,	fu-/s-Alliteration, Antithese
	heu, famulos fugit ipse suos. **Clamare libebat**:	Paradoxie, Anapher
	„**Actaeon** ego sum: **dominum** cognoscite vestrum!"	
231	**Verba animo desunt**, resonat latratibus aether.	Chiasmus
	Prima **Melanchaetes in tergo** vulnera fecit,	
	proxima **Therodamas, Oresitrophus** haesit **in armo**.	Chiasmus
234	Tardius exierant, sed per compendia montis	
	anticipata via est. **Dominum** retinentibus illis	
	cetera turba **c**oit **c**onfertque **in corpore** dentes.	c(o)-Alliteration, Metapher
237	**Iam** loca vulneribus desunt. Gemit **ille sonumque**,	
	etsi non hominis, quem non tamen edere possit	
	cervus, habet **maestisque replet** iuga nota **querellis**	Hyperbaton
240	et **genibus** pronis supplex similisque roganti	Vergleich
	circumfert **tacitos tamquam** sua bracchia vul**t**us.	t-Alliteration
	At comites rapidum solitis hortatibus agmen	
243	**i**gnari **i**nstigant oculisque **Actaeona** quaerunt	i-Alliteration
	et *velut absentem* certatim **Actaeona** clamant	Parallelismus
	- ad nomen **caput** ille refert - et *abesse* queruntur	

246	nec capere oblatae segnem spectacula praedae.	
	Vellet abesse quidem, ***sed adest***; velletque videre,	Antithese, Anapher
	non etiam sentire canum **fera facta** suorum.	f-Alliteration
249	Undique circumstant mersisque in corpore rostris	
	dilacerant ***falsi dominum sub imagine*** cervi,	Hyperbaton, Enallagé
	nec nisi finitā per plurima vulnera vitā	a-Assonanz
252	ira **pharetratae** fertur satiata **Dianae**.	

Ille fugit (228) macht die Umkehrung vom Jäger zum Gejagten deutlich. *prima* und *iam* (232 und 237) markieren eine zeitliche Entwicklung, während *at comites* (242) ein neues Subjekt einführt und *undique* (249) den abschließenden Gesamtblick einleitet.

Die Bezeichnungen für die Erzählfiguren werden von Ovid geschickt variiert. *Ille* (228 und 237) bezeichnet Actaeon in den Augen der Hunde und der Gefährten, die ihn nicht als Person, sondern nur als Jagdbeute erkennen. Erst jetzt, als er wehrlos der Meute ausgeliefert ist, betont Ovid in tragischer Ironie, dass Actaeon eigentlich ihr *Herr* ist und sein sollte (3 x *dominum*). Tragische Ironie liegt auch im Verhalten der Gefährten, die ahnungslos zum Tod Actaeons beitragen und ihrem Jagdkumpanen später „das Fell über die Ohren ziehen".

Ovid bündelt in der Schlussphase noch einmal mehrere Motive und verdichtet so den Ausklang seiner Erzählung:
- Das **Motiv der Selbstidentität** (*Actaeon ego sum*, 230; vgl. Narcissus).
- Das **Motiv der Vermischung von menschlicher und tierischer Lebensform** (*sonumque etsi non* **hominis**, *quem non tamen edere possit* **cervus**, 237 ff., *similis roganti*, 240)
- Das paradoxe **Motiv absens/praesens** (244-247) [Philip Hardie (Ovids Poetics of Illusion) hat dieses Motiv für viele Erzählungen in den *Metamorphosen* nachgewiesen.]
- Das **Motiv der Rache** (*ira .. satiata*, 252) **und der überzogenen Strafe** (*nec nisi finita per plurima vulnera vita*, 251).

Insgesamt liest sich die Actaeon-Erzählung wie ein Drehbuch, das man ohne Schwierigkeiten verfilmen könnte (vgl. die Lykischen Bauern, TB S. 95, kreative Aufgabenstellung). Vom einsam klagenden Actaeon schwenkt die Kameraführung zu den Gefährten und geht allmählich in die Totale, um mit dem grausamen Schlussbild, wie der Wehrlose von der gierigen Hundemeute zerfleischt wird, die tragische Erzählung zu beenden. Die beiden Schlussverse führen den Leser dann vorsichtig aus der Empathie zurück auf die distanzierte Erzählebene (*fertur*, 252). Das letzte Wort gilt der Jagdgöttin Diana, die nun wieder in göttlicher Vollmacht erscheint (*pharetratae Dianae*, 252).

(1.) Mit **schonungsloser Grausamkeit** wird der Tod des Actaeon als *fera facta* (248) vor Augen geführt. Ovid lässt den Leser die Qualen Actaeons sehr intensiv miterleben und weckt auf diese Weise Mitleid mit dem tragischen Helden (Leserlenkung). Dianas übermäßiger Zorn wird von ihm als grundlos dargestellt; das abschließende Attribut *pharetata* weist noch einmal auf Dianas Hang zur Grausamkeit hin.

(2.) Die *imago* ist das, was sich von außen gesehen als Bild oder Gestalt eines Menschen darbietet, seine Erscheinung, die auch eine Vorspiegelung, eben ein Scheinbild oder Trugbild sein kann (vgl. Jupiter gegenüber Europa: *fallacis imagine tauri*). Die Enallagé *falsi cervi* (~ *falsa sub imagine cervi*) deutet an, dass Actaeon seinem inneren Wesen nach eben nicht - wie sonst bei Verwandlungen üblich - voll und ganz zum Hirschen geworden ist, und dass sowohl die Hunde als auch die Gefährten auf ein Trugbild hereinfallen.

S. 52

(3.) Ovid nimmt gewöhnlich die Rolle eines auktorialen Erzählers ein, auch wenn er seine Erzählfiguren häufig zu Wort kommen lässt. Immer wieder schaltet er sich in den Erzählverlauf ein. Dies beginnt mit wertenden Zusatzinformationen wie *doctior illis* (168) oder hintergründigen Beobachtungen eines allwissenden Erzählers wie ***solita .. lympha*** (173) oder *per quae fuerat loca **saepe** secutus* (228). Deutlicher wird dies in Bemerkungen, die dem Leser das seelische Empfinden oder die heimlichen Gedanken einer Erzählfigur mitteilen: *ut **vellet** habuisse sagittas* (188) oder *se tam celerem **miratur*** (199). Kommentare ergänzen diese Innenperspektive und vermitteln zwischen den Gedanken der Erzählfigur und denen des Lesers: *Quid faciat? Repetatne domum .. an lateat silvis?* (204 f.) oder *vellet abesse* (247).

Auf diese Weise entsteht nicht nur die Fiktion, dass der Erzähler die Situation beobachtet, sondern dass er schon längere Zeit die Ereignisse verfolgt und - scheinbar allwissend - durchschaut. Es gehört jedoch zur paradoxen Erzähltechnik Ovids, dass er diesen Eindruck immer wieder desillusioniert und die *Verbürgtheit*, die *Wahrheit* oder die *Eindeutigkeit* seiner Erzählung in Frage stellt, als ob er sie doch nur vom Hörensagen her kenne (*fertur*, 252). Auch wechselt Ovid immer wieder zwischen engagiert-emotionalen Partien (Tod des Actaeon) und distanziert-rationalen Partien (Hunde-Katalog). Auf diese Weise fordert er seine Leser auf, selber eine Deutung und ein Urteil zu vollziehen und mit ihrer eigenen Phantasie an der Ausformung der Erzählung mitzuarbeiten. Ovid ist also sozusagen ein **demokratischer Erzähler**.

S. 53

Interessant ist das Bild von **Katherine Doyle** vor allem, weil es die antike Erzählung konsequent in eine moderne Situation übersetzt und dabei nur die Symbolik der (erotischen) Jagd und der Hunde (als Ausdruck sexueller Gier) beibehält. Ergänzt wird die Darstellung durch das Spiegelmotiv (zweifacher Spiegel: an der Wand und an der Tür des Badezimmers).

Man kann die Schüler zunächst die Situation beschreiben und deuten lassen: *Was genau passiert hier oder ist passiert?* - Ein moderner *Actaeon* erblickt - wohl auch eher zufällig (Kopfhaltung) - ein nacktes Mädchen (wie Diana etwas größer gewachsen), das von seinen beiden Freundinnen (wohl nach dem Duschen) frisiert wird, wobei sie ihr Handtuch noch in der Hand hält. Die rechte Freundin (in Unterwäsche) hält mit dem Frisieren inne und blickt zugleich den Eindringling und - über den Spiegel - den Betrachter des Bildes an. Die beiden Hunde stehen abwartend dabei. - Das Bild lässt offen, was aus der Situation entstehen könnte (Frage: *Was könnte als nächstes passieren? Was könnte einer der Beteiligten sagen?*).

S. 53

Das Bild von **David Lloyd** hält sich nicht streng an die Vorlage Ovids, ergänzt jedoch die Thematik durch eine eigene Symbolik. Die Jagdhunde im Hintergrund werden ergänzt durch einen hockenden Affen (~ „Sich zum Affen machen"?) und einen schleichenden Fuchs (~ Schlauheit?). Actaeon mit spitzen Ohren und einem Geweih blickt eher verträumt und sinnend in die Ferne, halb aufgerichtet, aber entspannt im Grase liegend. Dabei ragt einer von Dianas Pfeilen mitten aus seiner Brust. Die Tätowierung *love* auf seinem Oberarm könnte nahelegen, dass hier eher ein Liebespfeil als ein Jagdpfeil gemeint ist, die Verwundung also wie bei Apollo und Daphne nur metaphorisch gedacht ist. Diana, deren Bogen zwischen seinen Beinen liegt, beugt sich kniend über Actaeon und belehrt ihn mit ausgestrecktem Zeigefinger, vielleicht über die fatalen Folgen der Liebe.

Ergänzende Literaturhinweise (vgl. TB S. 172)

- **Heath, John**: „Diana's Understanding of Ovid's Metamorphoses"; CJ 86 (1990/91), S. 233 -243
- **Heselhaus, Herrad**: Textuelle Re-Visionen oder: Vom Willen zur Halluzination - Metamorphosen des Mythos am Beispiel der Rezeptionsgeschichte von Ovid, *Metamorphosen* III, 138-257; in: Heilmann, Markus/Wägenbauer, Thomas (Hrg.): Macht Text Geschichte - Lektüren am Rande der Akademie, Würzburg 1997

Narcissus und Echo (S. 54-62)

1. Zentrale Deutungs-Aspekte

Inhalt: Der frühzeitige Liebestod eines Jungen in der Pubertät; Täuschung und Selbsttäuschung in der Liebe, ausweglose Liebe
Interpretation: Paradoxien, Leserlenkung, Motivverschränkung; Narzissmus als psychisches und soziales Phänomen
Gattung: Liebestragödie, Liebeselegie (Paraklausithyron)
Erzählebenen (S. 12): erotodidaktisch, sensualistisch, poetologisch, psychologisch

2. Übersetzung

379 Zufällig hatte **der junge Mann**, getrennt von der treuen Schar seiner Begleiter, gesagt: „*Ist da jemand?*" und „*Jemand*" hatte **Echo** zurückgegeben.
Da <u>stutzt er</u>, und während er seinen Blick in alle Richtungen wendet,
382 ruft er „*Komm!*" mit lauter Stimme, und auch **jene** ruft den Rufenden.
Er schaut sich um und als wieder niemand kommt, spricht er: „*Warum versteckst du dich vor **mir***?", und ebensoviele Worte erhält er zurück.
385 Er beharrt und <u>getäuscht</u> von dem Eindruck der Gegenstimme spricht er:
„*Lass uns hier zusammenkommen!*" Auf keinen Laut hätte **Echo** jemals bereitwilliger geantwortet und gab zurück: „*Lass uns zusammenkommen!*"
388 Im **Vertrauen** auf **ihre eigenen** Worte verließ sie den Wald und ging, um ihre Hände um seinen Hals zu legen, wie sie es sich erhofft hatte.
Jener entzieht sich ihr und sagt im Zurückweichen: „*Nimm deine Hände*
391 *weg von meinem Hals! Eher will ich sterben, als dass ich **dir** gehöre!*"
Nichts anderes gab **jene** wieder als: „*... dass ich **dir** gehöre!*"
Verschmäht verbirgt sie sich in den Wäldern und bedeckt aus lauter Scham
394 ihr Gesicht mit Laub und hält sich seitdem nur in Höhlen auf. Aber
es haftet die **Liebe** und wächst noch durch den **Schmerz der Zurückweisung**.
Schlaflose **Sehnsucht** dünnt ihren bemitleidenswerten Körper aus,
397 Magersucht zieht ihre Haut zusammen und jeglicher Körpersaft verfliegt
in die Lüfte. Nur ihre Stimme und die Knochen sind noch übrig.
Die Stimme bleibt erhalten, die Knochen sollen zu Stein geworden sein.
400 Seitdem verbirgt sie sich in den Wäldern und ist auf keinem Berg zu sehen,
auf allen jedoch zu hören; nur noch der Laut ist es, der in **ihr** lebt.

407 Da gab es eine **Quelle**, glasklar und **mit silbrig glänzendem Wasser**,
die **weder** Hirten **noch** auf den Bergen weidende Ziegen oder anderes Vieh je verschmutzt hatten, die **kein** Vogel und **kein** wildes Tier getrübt hatten
410 und **noch nicht einmal** ein Zweig, von einem Baum hinabgefallen.
Rasen erstreckte sich ringsum, den die nahe **Feuchtigkeit** wachsen ließ,
und **Wald**, der den Ort von jeglichem Sonnenstrahl abschirmte.
413 Hier legte sich **der junge Mann** nieder, erschöpft von den Anstrengungen der Jagd und der Hitze, gelockt vom Anblick des Ortes und der Quelle.
und während er seinen Durst stillen möchte, erwächst ihm **ein anderer Durst**,
416 und während er trinkt, beginnt er <u>ein körperloses Trugbild</u> zu **lieben**, hingerissen vom Anblick der schönen Gestalt, und <u>hält das für Wirklichkeit</u>, was nur Wasser ist.
Er <u>bestaunt</u> **sich selbst** und hängt dort (über dem Wasser) regungslos mit
419 unbewegter Miene **wie ein Standbild aus parischem Marmor**.

Er lässt sich auf den Boden nieder und betrachtet das Doppelgestirn *seiner* **Augen**,
die **Haare**, eines Bacchus würdig und eines Apollo würdig,
422 die glatten **Wangen** und den **Hals**, so weiß wie Elfenbein, die Schönheit
des **Gesichtes** und die Mischung von Röte und hellem Teint.
Er bewundert all das, was *an ihm selbst* bewunderswert ist.
425 Ohne es zu wissen, **begehrt** er *sich selbst*, gefällt und findet **Gefallen**,
empfindet und erweckt **Sehnsucht**, **entbrennt** zugleich und **entzündet**.
Wie oft gab er der trügerischen Quelle vergebliche **Küsse**!
428 Wie oft tauchte er seine **Arme** mitten ins Wasser, um den erblickten **Hals**
zu **umarmen**, und konnte *sich* doch nicht darin erfassen.
Was er da sieht, weiß er nicht, aber weil er es sieht, **entbrennt** er dadurch,
431 und derselbe Irrtum, der die Augen täuscht, **reizt** sie auch wieder.
„**Du Narr**, was versuchst du vergeblich flüchtige Erscheinungen zu erhaschen!
Was du **begehrst**, das ist nirgendwo! Was du **liebst** - lass es doch sein! - wirst du
434 zerstören. Das, was du da wahrnimmst, ist nur der Schatten eines Spiegelbildes.
Es hat keinen Bestand in sich selbst, es kommt und bleibt *mit dir*;
mit dir verschwindet es, wenn *du* denn noch verschwinden kannst!"
437 Ihn vermögen nicht der Hunger und auch nicht das Schlafbedürfnis
von dort wegziehen, denn ausgestreckt im schattigen Gras
betrachtet er **mit unersättlichem Blick** die trügerische Gestalt
440 und durch *seine eigenen* Augen geht er zugrunde. Ein wenig richtete er sich auf,
streckte seine Arme zu den umherstehenden Bäumen aus und sprach:
„Hat schon einmal jemand, o ihr Wälder, grausamer **geliebt**?
443 Ihr wisst es doch und habt schon Vielen als günstiges Versteck gedient.
Erinnert ihr euch an irgendjemanden, wo ihr doch schon
so viele Jahrhunderte lebt, der sich so verzehrt hat?
446 **Er gefällt** [*mir*] und **ich sehe** [*ihn*], aber weil **ich** [*ihn*] **sehe** und **er** [*mir*] **gefällt**,
kann ich [*ihn*] dennoch nicht finden. - **Solch ein Irrtum hält den Liebenden umfangen!**
Und um mir noch mehr **Schmerz** zu bereiten, trennt *uns kein* unermessliches Meer,
449 *keine* Wegstrecke und *kein* Berg und auch *keine* Mauern mit verschlossenen Toren.
Ein *bisschen* Wasser ist es, das uns (*voneinander*) fernhält! Er will doch selbst
umarmt werden. Denn sooft *wir* dem flüssigen Nass unsere **Lippen** entgegenstrecken,
452 ebensooft streckt *er* sich *nach mir* hin aus mit zurückgebeugtem **Kopf**.
Man meint, man könne ihn berühren. - **So wenig ist es, was Liebende trennt!**
Wer immer du bist, komm heraus zu mir! Warum täuschst du mich, du einzigartiger
455 Knabe, und wohin verschwindest du, obwohl ich dich so **begehre**? Sicher ist es weder
mein Aussehen noch *mein* Alter, vor dem du fliehst; schließlich haben *mich* auch die
Nymphen geliebt! Irgendwie machst du mir doch Hoffnung mit freundlichem **Gesicht**,
458 und wenn *ich dir* die **Arme** hinstrecke, streckst auch du sie von selbst aus,
und wenn ich lache, lachst du mich an. Auch habe ich **Tränen** öfters *an dir* bemerkt,
wenn *ich* weinte, und auch mit **Nicken** gibst du mir Zeichen zurück und
461 - soweit ich aus der Bewegung deines schönen **Mundes** ersehen kann -
erwiderst du Worte, die aber an *meine* Ohren nicht gelangen!"
Der da bin *ich selbst*! Ich habe es gemerkt und *mein* Spiegelbild täuscht *mich* nicht.
464 **Ich brenne in Liebe *zu mir selbst*, schüre und ertrage die Glut**.
Was soll ich denn tun? Soll ich mich bitten lassen oder selbst bitten? Und worum soll
ich noch bitten? Was ich **begehre**, ist *an mir*; arm hat *mich* mein Reichtum gemacht.
467 Ach, könnte ich doch von *unserem* **Körper** mich trennen! Ein ganz neuer Wunsch
bei einem **Liebenden**: Ich wollte, es wäre entfernt, was ich **liebe**!
Schon raubt mir der **Schmerz** die Kraft und es bleibt *mir* nicht mehr
470 viel Zeit zu leben; in frühester Jugend schon werde ich ausgelöscht."

David Revoy ist ein französischer Computerdesigner. In seinem Bild überträgt er die Einsamkeit und Kontaktlosigkeit einer modernen U-Bahn oder Straßen-Bahn auf den antiken Mythos; ein Bild, das den Schülern den Einstieg in die Erzählung mit einer für sie assoziierbaren Situation erleichtert (*Welche Empfindungen ruft dieses Bild hervor? An welche Erfahrungen oder Erlebnisse erinnert es?*). Narcissus und Echo sitzen nebeneinander, ihre Körperhaltung ist zueinander gespiegelt (Haltung der Arme), außer dass Echos Kopf sich Narcissus zuwendet. *Er* ist fasziniert von dem Spiegelbild, das hinter den vorbeihuschenden Lichtern und Reflexen auf der Glasscheibe der Kabine sichtbar wird (*Was tut der junge Mann gerade?*), während *sie* mit Walkman und Kopfhörern in ihrer Welt der Musik versunken ist (*Wie stehen beide zueinander?*). Ihre Hand greift lauschend ans Ohr, aber vielleicht auch, um ihre Haare zurückzustecken. Ihre Haltung, Kleidung und Gestik signalisieren durchaus Offenheit und Kontaktbereitschaft. Dagegen greifen die Hände des jungen Mannes staunend wie ins Leere, als ob er sich scheuen würde, das Phänomen zu betasten und zu begreifen. Sein Blick ist gebannt, seine Lippen bleiben stumm.

3. Interpretation im Textverlauf

Die Einleitung birgt bereits **eine Fülle von Motiven**, die der eigentlichen Erzählung vorausgehen: Liebe und Gewalt (Vergewaltigung), Jugend und Alter in Verbindung mit Schönheit und Begehren, Selbsterkenntnis und Hochmut.
Natürlich ist *Narcissus und Echo* nicht einfach die Geschichte eines jungen Mannes, der weder das Echophänomen noch das Spiegelphänomen kennt! Vielleicht war sie dies einmal, doch hat Ovid weitaus mehr daraus gemacht. *Narcissus und Echo* ist im Gegenteil die wohl komplexeste und faszinierendste Erzählung Ovids. Es gilt als sicher, dass die Kombination der *Echo-* mit der *Narcissus-*Sage von Ovid selbst stammt, und damit die geniale **Verbindung von akustischem und optischem Phänomen, von Echo und Spiegelbild**.
Die Vorformen beider Sagen leben wohl durchaus von der magischen Faszination von Echo und Spiegelbild in naiven und primitiven Vorzeiten, doch waren die Phänomene zu Ovids Zeiten naturwissenschaftlich längst erklärt.[1] Allerdings verleitet Ovid den Leser zu einer solch naiven Sicht und narrt ihn mit der scheinbaren Stupidität des Narcissus.
Wichtig ist das **Alter des Narcissus: sechzehn Jahre!** Ein solches Pubertätsalter (im Übergang zum Mannesalter) verwendet Ovid typologisch und weist damit bereits auf die Sexualität und die Entdeckung der Liebe als Initiation in die Erwachsenenwelt hin. Viele seine Erzählungen haben Aspekte der Jugendpsychologie zum Thema und sind gerade deshalb für Schüler besonders motivierend. Der Orakelspruch des Tiresias *si se non noverit* (mit doppelter Alliteration) bleibt bewusst rätselhaft, ist aber ein deutlicher Hinweis auf die Selbsterkenntnis als zentrales Thema. Die Frage wird sein, warum Narcissus (paradoxerweise) durch Selbsterkenntnis zugrundegeht.
Seine **außerordentliche Schönheit** - auch dies ein typologisches Moment - bildet den Motor der Erzählung (ihre „Triebenergie"). - *Wie geht ein Jugendlicher mit außerordentlicher Schönheit um und mit dem Begehren, das sie weckt? Ist es ein Vorteil oder eher ein Nachteil, übermäßig schön zu sein?* - Dies sind Fragen, die zu Beginn oder im Verlauf der Erzählung mit den Schülern diskutiert werden können. Narcissus scheint aufgrund seiner Schönheit - trotz seiner *dura superbia*! - keine Schwierigkeiten mit der Partnerfindung zu haben, Echo dagegen schon. Sie stellt symbolhaft den Typ des scheuen, wenig selbstbewussten (pubertierenden) Mädchens dar, das von alleine „den Mund nicht aufmacht", ist also auch Chiffre für eine Entwicklungsproblematik.

---

1) Nach der antiken Atomtheorie dachte man sich beide Phänomene - zwar in sich falsch, aber durchaus plausibel - als Projektion von Atomen, die vom Objekt ausgehen und in das Auge/Ohr gelangen.

Narcissus trifft Echo (S. 54-55)

379	*Forte* **puer** comitum ←seductus→ ab agmine fido ⏑	abbildende Wortstellung
	dixerat: „**Ecquis adést?**" ‖ et „**Adést**" responderat **Echo**.	
	Hic <u>stupet</u>, utque ⏑<u>aciem</u> partes **dimittit** in omnīs,	
382	voce „**V**eni!" magna clamat: **v**ocat **ill**a **v**ocantem.	v(o)-Alliteration, Polyptoton
	Respicit et rursus nullo veniente „Quid", inquit, ⏑	Reim
	„*me* fugis?", et totidem, quot dixit, verba recepit.	
385	Perstat et alternae ‖ <u>**deceptus imagine vocis**</u>	**Paradoxie** (*imago / vox*)
	„**Huc coeámus!**" ait, ‖ nullique libentius umquam ⏑	Emphase
	responsura <u>sono</u> ‖ „**Coeámus!**" rettulit Echo	e-o-Assonanz (Lautmalerei)
388	et verbis favet *ipsa suis* egressaque silva	
	ibat, ut iniceret sperato bracchia collo.	
	Ille fugit fugiensque „Manus complexibus aufer!	Polyptoton
391	Ante", ait, „emoriar‖, quam sít *tibi* copia *nostri*!"	
	Rettulit *illa* nihil ‖ nisi „Sít *tibi* copia *nostri*!"	Parallelismus

Narcissus ist - deutlich betont - *puer*, eben noch ein Junge (oder junger Mann). In diesem Abschnitt arbeitet Ovid zwei Phänomene besonders heraus: a) Wesen und Klang des Echo-Phänomenes und b) die Psychologie oder vielmehr Pathologie der Nymphe.

S. 55

(1.) Mit allen technischen Mitteln überträgt Ovid den **Echo-Effekt** in die Sprache und auf den Versbau und variiert dabei geschickt; - ein einmaliges Stück Literatur (man versuche dies probehalber im Deutschen)! Folgende Beobachtungen lassen sich nennen:
- **Verkürzte Wiederholung** (jeweils mit gleicher Betonung im Vers!) [380, 386 f.]
- **Endstellung des Namens Echo** (als Lautmalerei des Nachalls) [380, bes. 387]
- **Vokal-Assonanz** mit Betonung auf *e* und *o*, den „Echovokalen" [382, 387]
- **Antithetischer Versbau** [382, 384]
- Andeutung der verkürzten **Wiederholung**: „*Quid*", inquit, / „*me fugis?*" [383 f.]. *Quid* bildet bereits ein kurzes Echo zu *inquit* und die Frage „*Quid | me fugis?*" wird durch Enjambement getrennt, so dass „*Me fugis?*" (384) bereits wie das Echo wirkt.
- **Versbau und Metrik** [386 f.]: Echos Antwort *coeámus* setzt nach der Penthemimeres ein, eben dort, wo die Aufforderung des Narcissus geendet hatte (vgl. Vers 380)
- **Parallelismus** [391 f.]

Wenn man die Schüler in Kleingruppen zunächst selbst die Aufgabe bearbeiten lässt, werden sie verblüfft sein, wie viele Mittel Ovid hier einsetzt und wie er sie unauffällig variiert. In den meisten Fällen dürften Schüler allerdings nur wenige dieser Mittel von alleine entdecken.
Es kommt noch eine weitere, subtile Beobachtung hinzu. Auch die **Tempora** dienen der Charakterisierung. Während Narcissus überwiegend im Präsens wahrnimmt und agiert (*stupet, aciem dimittit, clamat, respicit, perstat, ait*), verharrt Echo in der Vergangenheit (*responderat, rettulit*) - eine Art **Tempusspiegelung** - und findet erst mit *verbis favet* den Mut zur Aktion. Ihren resignativen Rückzug in den Hintergrund der Vergangenheitstempora markiert die echoartige Wiederholung von *rettulit illa* (387 und 392).

(2.) a) Es gibt keine direkte Motivation für **die Ablehnung Echos** durch Narcissus. Deshalb müssen die Wurzeln eines solch schroffen Verhaltens (*dura superbia*) tiefer liegen. Ovid deutet dies durch metaphorische Wendungen an. Narcissus fühlt sich von der Nymphe bedrängt (*complexibus*, 390) und weist sie deshalb ebenso ab wie die vielen Verehrer zuvor (vgl. die

Reaktion des Hermaphroditus, TB S. 74). Das Motiv der Flucht wird besonders betont: *me fugis* (384), *ille fugit fugiensque* (390), später *quam fugias* (456). Es ist durchaus auch als innere Flucht vor dem Eingehen einer näheren Beziehung zu deuten (~ *ut iniceret sperato bracchia collo*).²

Entscheidend ist der Hinweis *copia nostri* (391). Offensichtlich ist damit seine Schönheit gemeint, die er nicht teilen will; - ein hässlicher Narziss wäre vielleicht froh gewesen über die Avancen der Nymphe. Im weiteren Sinne fehlt ihm die Bereitschaft, sich auf die Liebe einzulassen, die ihrem Wesen nach Hingabe und Verschmelzung ist, in der man sich verlieren muss, um sich im anderen gespiegelt wiederzufinden. Wie bei Daphne ist nicht die *Unberührtheit* des Narcissus das Problem, sondern seine prinzipielle, charakterbedingte *Unberührbarkeit* (genau dies wird ihm später im Spiegelbild vor Augen geführt!). Sein Verhalten ist also nicht bewusste Grausamkeit, sondern Teil seines Wesens; die Verwandlung Echos als Folge seines Verhaltens ist deshalb tragisch und nicht schuldhaft.

Verwandlung der Echo (S. 54-55)

Spreta latet silvis pudibundaque frondibus ora
394 protegit et solis ex illo vivit in antris.   Hyperbaton, Enallagé
Sed tamen **haeret amor crescitque dolore repulsae**,
extenuant vigiles corpus miserabile **curae**,
397 adducitque cutem macies et in aera sucus
corporis omnis abit. **Vox** tantum atque **ossa** supersunt;
vox manet, **ossa** ferunt lapidis traxisse figuram.   Asyndeton
400 *Inde* latet silvis *nulloque* in monte **videtur**,
↔ omnibus **auditur**; **sonus** est, qui vivit **in illa**.   Antithese

Der Leser, der die grausame Bestrafung Echos durch die erzürnte Juno noch vor Augen hat, empfindet die Hilflosigkeit und die Sehnsucht der Nymphe umso intensiver und reagiert voller Mitleid. Man spürt förmlich die Erwartungen, die die unbedachten Äußerungen des Narcissus in der einsamen Nymphe wecken: *adest* (~ ich bin bereit, ich bin für dich da!), *vocat vocantem* (~ ich würde so gerne mit dir reden!), *me fugis?* (~ ich habe Angst, dass du mich nicht mögen könntest!) und schließlich das mutige *coeamus* (~ wie gerne wäre ich mit dir zusammen! - mit sexueller Konnotation), dem das verzweifelte *sit tibi copia nostri* folgt (~ ich will mich dir ganz hingeben!).

(2.) b) Diese Bereitschaft zur Hingabe drückt sich auch in dem emphatischen *nulli libentius umquam* responsura sono aus (386 f.). Ihr ganzes Wesen ist mittlerweile auf diese Erwartung und Entsprechung reduziert. Um so grausamer trifft sie die **Ablehnung des Narcissus**. In wundervoller Symbolik schildert Ovid, wie sie den Wald verlässt und sich damit ungeschützt den wertenden Blicken des Narcissus aussetzt. Das Imperfekt *ibat* verdeutlicht die sehnsuchtsvolle Länge des Weges zu ihm hin. *sperato collo* zeigt ihren tiefen Wunsch nach intimer Nähe, danach, umarmt und gehalten zu werden und auch selbst ohne Scheu umarmen zu können. Tiefe tragische Ironie liegt in der Beobachtung des Erzählers *verbis favet ipsa suis*, die das Missverstehen der Situation und der Absichten ihres Gegenübers offenlegt; es sind ihre *eigenen* Worte (und Wünsche), also nur eine Illusion, der sie folgt.

---

2) Das Eingehen einer Beziehung (~ *sit tibi copia nostri*) und die Loslösung voneinander sind zwei gegensätzliche Motive. Die Unfähigkeit des Narcissus, sich zu lösen und zu distanzieren, wird später von Ovid besonders herausgestellt.

S. 55

(3.) **Echos Verwandlung** verläuft in zwei Teilen: Der Bestrafung durch Juno (Verlust der aktiven Stimme) folgt die Verwandlung in das wesenlose Echo. Indirekt haben die Folgen der ersten Verwandlung zur zweiten Verwandlung beigetragen, da sie das Selbstbewusstsein der Nymphe erschüttert haben. So führen ihre „Hörigkeit" und ihre Unfähigkeit, selbst aktiv Beziehungen einzugehen und echte personale Entgegnung (statt echohafte Reaktion) zu zeigen, zu einer tragischen Partnerkonstellation. Sie, die schon vorher fast neurotisch von Selbstzweifeln geplagt wird, hat es durch die Macht der Liebe und getrieben von ihrer Sehnsucht geschafft, ihre passive Wesensbeschränkung zu überwinden und ihre Liebe aktiv zu offenbaren (*ibat, ut iniceret*, 389). Um so mehr wirkt die schroffe und unerwartete Ablehnung des Narcissus auf sie wie ein Schlag ins Gesicht. Sofort fällt sie in die alten Selbstzweifel zurück und sucht den Fehler bei sich selbst anstatt bei Narcissus. Hatte Daphne sich als zu schön empfunden und darin den Anlass für die Verfolgung durch Apollo gesehen, so empfindet Echo sich als zu hässlich und sieht darin den Anlass für die Ablehnung durch Narcissus.

Das **Motiv von Täuschung und Enttäuschung** in der Liebe (aufgrund von falschen Erwartungen und aufgrund von persönlichen Defiziten) ist das Grundthema der ovidischen Erzählung, sie ist also in erster Linie ein *praeceptum amoris*. Vermeintliche Täuschungen von außen stellen dabei eher Selbsttäuschungen dar, die nur von innen her zu lösen wären.

Echos Missfallen an ihrem verschmähten Körper wird von Ovid mit fast modern anmutender Psychopathologie beschrieben (~ Magersucht). Ihr Verhalten - der Rückzug in dunkle Höhlen und das Bedecken des Gesichtes mit Laub - muss metaphorisch gelesen und gedeutet werden, da solche Stellen keinerlei anderen Sinn zulassen. Durch den Rückzug in die Wälder entzieht sie sich dem Kontakt mit Menschen und deren möglicher Verachtung. Das Bedecken des Gesichtes mit Laub ist eine symbolische Handlung: Am liebsten möchte Echo vor Scham „im Boden versinken", möchte ihre Personalität (~ Gesicht), die ihr soviel Ängste und Schwierigkeiten verschafft, aufgeben zugunsten einer vegetativen, unbewussten Lebensform (Pflanze). Der Humus des mütterlichen Erdbodens stellt gleichsam ein letztes Refugium dar, in dem sie sich bergen könnte (~ psychische Regression). Die Wortstellung *solis .. in antris* (394) betont ihr Bedürfnis nach Absonderung, aber auch ihre Einsamkeit (in Enallagé: Sie lebt *einsam* in Höhlen.). - Es ist ein allgemeiner Prozess der physiologischen Auflösung, den Ovid beschreibt. Echo wird nicht in ein anderes Wesen verwandelt, sondern ihre Wesenlosigkeit als Hauptmerkmal ihres Charakters verstärkt sich und wird auch äußerlich sichtbar in ihrem körperlichen Verschwinden. Zuletzt bleibt nur die körperlose Stimme übrig.[3]

(4.) *Deceptus imagine vocis* - getäuscht durch das „Bild" (~ den Eindruck) der Stimme - ist eine Paradoxie. Sie verdeutlicht, dass Narcissus und Echo in verschiedenen Welten leben. *Sie* ist ganz fixiert auf das Akustische (*vox, sonus*), *er* auf das Optische. Dies wird sich im weiteren Verlauf der Erzählung noch deutlicher zeigen.

S. 56

Das Bild von **Francois Perrier** vermittelt den Schülern einen Vorstellungsrahmen. Im Hintergrund beobachtet Echo aus ihrer Höhle heraus das Geschehen. Die Hunde, die am Phänomen der Spiegelung uninteressiert scheinen, stehen Narcissus, dessen Haltung (*procubuit*, 414) und Gestik Neugier und Erstaunen ausdrücken, gegenüber. Dargestellt ist der erste Moment, in dem Narcissus das Bild im Wasser entdeckt und mit einer Geste der Hand (Gruß oder Ausprobieren der Reaktion?) Kontakt aufnehmen will. Ovids Schilderung entsprechend sind die Merkmale seiner Schönheit hervorgehoben: glatte, helle Haut, rosige Wangen und blond gelocktes Haar. Auch der Rasenbewuchs und die Dunkelheit des Teiches (Felsen und hohe Bäume ringsum) entstammen der ovidischen Vorlage.

---

3) Man sieht, dass es kein einheitliches Konzept von Verwandlung gibt, das schematisch angewendet würde; vielmehr variiert Ovid Art und Bedeutung der Verwandlung je nach Situation.

Die Quelle des Narcissus (S. 56)

407	**Fons erat** inlimis, nitidis argenteus undis,	i-Assonanz (Lautmalerei)
	quem *neque* pastores *neque* pastae monte capellae ⌣	p-Alliteration (bzw. Assonanz)
	contigerant aliud*ve* pecus, quem *nulla* volucris	Pleonasmus
410	*nec* fera turbārat *nec* lapsus ab arbore ramus.	
	Gramen erat circa, quod proximus **umor** alebat,	
	silvaque sole locum passura tepescere *nullo*.	s-Alliteration (bzw. Assonanz)
413	*Hic* **puer** et studio venandi lassus et aestu	
	procubuit faciemque loci fontemque secutus.	Zeugma, Metapher, f-Assonanz

Die Aufgabenstellung klingt banal, führt aber schnell zum Kernpunkt.[4] Es liegt eben keineswegs eine einfache Landschaftsschilderung vor, wie die Schüler denken werden, sondern die Schilderung einer **Seelenlandschaft**. Die Quelle und ihre Umgebung sind ein Spiegelbild der Psyche des Narcissus und Ausgangspunkt für die weitere Entwicklung.

Bereits das erste Wort *fons* ließ jeden antiken Leser die Beschreibung eines *locus amoenus* erwarten (s. TB S. 85). Diese Erwartung wird von Ovid weiter genährt durch die i-Assonanz (als Lautmalerei des Wasserplätscherns) und vor allem durch eine **intertextuelle Anspielung**. *nitidis argenteus undis* (407) erinnert an die Höhle der Kalypso im fünften Buch der Odyssee: „Rings um die Grotte wuchs ein Hain voll grünender Bäume, voll Pappelweiden und Erlen und duftender Zypressen. Unter deren Laub wohnten die breitgefiederten Vögel, Eulen und Habichte [...] Um die gewölbte Grotte des Felsens breitete ein Weinstock seine schattenden Ranken, behängt mit purpurfarbenen Trauben. Vier Quellen ergossen ihr *silberblinkendes Wasser*, eine nahe der anderen, und schlängelten hierhin und dorthin. Wiesen grünten ringsum, mit Klee bewachsen und Eppich." (nach der Übersetzung von Johann Heinrich Voss).

Die Erwartung des Lesers, nun die übrigen für einen *locus amoenus* klassischen Elemente zu hören (üppiger Pflanzenwuchs, Idylle, Schatten etc.), wird allerdings in einem **Stakkato von Verneinungen** jäh desillusioniert. Diese Quelle ist kein Ort idyllischen Lebens, sondern ein starrer, lebloser, düsterer und kalter Ort. Ausgeschlossen wird zunächst jedes bukolische Leben (Hirten und Weidetiere), dann auch jede natürliche Berührung (Vögel, wilde Tiere, Pflanzen). Zwar findet sich dort Rasen (der im mediterranen Klima im Sommer meist verdorrt), doch erscheint die in den Bergen gelegene Quelle durch den umgebenden Wald und die fehlende Sonne düster und kalt. Die ungewöhnliche Junktur *facies loci* nimmt bereits das Erscheinen des (gespiegelten) Gesichtes im Teich vorweg.

Die Quelle des Narcissus - eine Seelen-Landschaft

fons erat: inlimis, argenteus, nitidis undis → **locus amoenus?**

quem contigerant	quem perturbaverant
- *neque* pastores	- *nulla* volucris
- *neque* capellae	- *nec* fera
- aliud*ve* pecus	- *nec* ramus

gramen erat circa → **silva** → **sole** tepescere *nullo*

facies loci: unberührt, leblos, kalt, düster   → **locus moribundus!**
    ... wie die Seele des Narcissus!

---

4) Ich verdanke sie Karlheinz Hilbert (in Dietz/Hilbert: Phaethon und Narziss bei Ovid, 47 f.).

Narcissus verliebt sich in sein Spiegelbild (S. 57)

Dumque sitim sedare **cupit**, **sitis altera** crevit,	s-Alliteration, **Paradoxie**, Metapher
416 dumque bibit, **visae correptus imagine formae**	
spem sine corpore amat, corpus **putat** esse, quod unda˰est.	
Adstupet *ipse sibi* vultuque˰inmotus eodem ˰	**Paradoxie**
419 **haeret** ut e Pario formatum marmore signum.	spondeische Metrik, Vergleich
Spectat humi positus geminum, ***sua lumina***, sidus	Metapher
et dignos Baccho, dignos *et* Apolline **crines**	Anapher/Parallelismus
422 inpubes*que* **genas** et eburnea **colla** decus*que*˰˰	Polysyndeton
oris *et* in niveo mixtum candore **ruborem**,	abbildende Wortstellung
cuncta*que* **miratur**, quibus est mirabilis *ipse*.	

Bereits in den ersten drei Versen geschieht alles, was für den weiteren Verlauf wesentlich ist. Es gehört jedoch zur sublimen Erzähltechnik Ovids, dass der Leser es zu dem Zeitpunkt überliest. Gegenüber der **akustischen Täuschung** (*deceptus* imagine vocis, 385), ist die **optische Täuschung** weitaus stärker: *correptus* imagine formae (hingerissen vom Erscheinungsbild der Gestalt). Dadurch, dass *forma* im Lateinischen sowohl die äußere Gestalt an sich als auch die Wohlgeformtheit/Schönheit einer Gestalt meinen kann (also eine qualitative Bedeutung enthält), merkt der Leser zunächst nicht, was geschieht. Narcissus wird nämlich nicht nur davon hingerissen, dass er überhaupt - für ihn unerwartet - ein Spiegelbild sieht, sondern vor allem von der außerordentlichen Schönheit der ihm begegnenden Gestalt.[5] Seine Reaktion ist deshalb zweifach: Einerseits ein naives Staunen (*corpus putat esse, quod unda est*, 417), das wiederum den Leser in Erstaunen versetzt - *Wie kann jemand mit sechzehn Jahren das Phänomen der Spiegelung nicht kennen?* -, andererseits ein erotisches Begehren (*cupit, amat*).

Wie Zanker richtig bemerkt hat, ist die **Unterscheidung zwischen einem naiven und einem bewussten Narziss** für die Erzählung konstitutiv. Wichtig erscheint mir aber auch die **Unterscheidung zwischen einem naiven (~ erotisch unbeeinflussten) und einem erotisierten Narcissus**. Die Täuschungen, denen er unterliegt, sind nämlich miteinander verbunden und bedingen einander: Die **optische Täuschung** (und Enttäuschung), die **ästhetische Täuschung** (und Enttäuschung) und die **erotische Täuschung** (und Enttäuschung).[6] Zunächst überwiegt die ästhetische Faszination, die von dem Bild im Wasser ausgeht: *adstupet, inmotus haeret, spectat, miratur*.

S. 57

Die Bilder des Niederländers **Kik Zeiler** stellen eine intelligente Bearbeitung des Mythos dar. Sie entsprechen insofern der ovidischen Vorlage, als sie die existenzielle Situation der beiden Protagonisten spiegelbildlich darstellen. Echo lebt vorwiegend im akustischen Raum, ihr Element ist die Luft und der *Fels*, Narcissus lebt vorwiegend in einer optischen Welt, sein Element ist das Wasser. Ihre Welten kommen sich nahe, als Narcissus in der stillen Einsamkeit der *Berge* auf Jagd geht, und doch verbinden oder durchdringen sie sich nicht, da jeder

---

5) Bacchus und Apollo galten beide als jugendliche und besonder schöne Götter. Sprichwörtlich waren die blonden Locken des Apoll.
6) Die Vorgänge bei Narcissus sind immer auch ein Spiegelbild für das tragische Schicksal der Nymphe Echo. Ovids Erzählung ist also hoch komplex, doch kann der Leser dies zu diesem Zeitpunkt noch nicht durchschauen. Allerdings werden die Schüler wohl verwundert oder verächtlich fragen, was eigentlich mit Narcissus vorgeht, und dabei selbst die Erzählung auf einer naiven Ebene lesen. Klar ist, dass er sich in sein Spiegelbild verliebt (Metaphorik des Durstes als Liebes-Sehnsucht), und dass er dessen Natur nicht erkennt bzw. sich selbst nicht darin wiedererkennt.

ganz egozentrisch auf seine eigene Welt hin ausgerichtet bleibt. Beide betrachten ihre Hände wie ein Gegenüber und haben, wenn auch in unterschiedlicher Ausrichtung, ein ähnliches Problem des „Begreifens". Die Bilder können also dazu beitragen, die gegenläufigen Motive der Erzählung schon jetzt zu begreifen und die Rezeptionsebene zu vertiefen.

Narcissus ist - Ovid entsprechend - als Junge dargestellt. Die Paradoxie seiner pubertären Selbstbespiegelung zeigt sich am schärfsten im Berührungspunkt der Nase. Wie bei Ovid versucht Narcissus die Distanz, die hemmende Grenze des Kontaktes und des Eintritts in das fremde Gegenüber im Medium Wasser zu überwinden (vgl. 427-431 und 446-462). Doch wird er zwangsweise auf die Unmöglichkeit eines solchen Versuches gestoßen. Der Kontakt der wirklichen und der gespiegelten Nase lässt die Aporie erahnen; jede weitere Annäherung würde den Wasserspiegel und damit das Bild verschwimmen lassen oder (beim Eintauchen) in sich selbst zurückführen. Mit allen Sinnen (Auge, Ohr, Mund, Nase, Haut) ist Narcissus auf sein Spiegelbild fixiert, wobei vor allem das Auge einen starren Blick annimmt. Die mit dem Gesicht verschwimmenden Hände (eine a-logische Perspektive) symbolisieren den Versuch des Erfassens und Begreifens, und doch zerrinnt ihm die Erkenntnis gleichsam zwischen den Fingern. Der rote Nacken und die geröteten Wangen (als Zeichen der Erregung) erinnern an die Vorlage Ovids. Die ihn umgebenden Narzissen sind ein anachronistischer Vorverweis auf seine bevorstehende Metamorphose.

Echo steht antithetisch zu Narcissus. Ihr Welthorizont ist weiter, aber genauso umschlossen und verdüstert. Der sterile See im Hintergrund bildet den Resonanzraum ihres stummen Schreies. Deutlicher noch als bei Narcissus spricht hier die Aporie, die Not, ja, die Qual einer leidenden Existenz. Der starre Blick und der stumme Schrei werden von der Rundung der Hände echohaft zurückgeworfen und erstickt. Die Haare zeigen bereits den Übergang vom Organischen ins Naturhafte; sie verschmelzen mit den Blättern und Stängeln der Narzissen und umfließen Echos Kopf (~ akustische „Wellen"). Ihr Körper ist ebenso hingestreckt wie die Berge und Felsen, in die sie sich auflöst; noch aber spricht aus ihrer geröteten Haut die Erregung und Sehnsucht der Liebe.

Echo: *„Adest"* responderat Echo (380), *vocat illa vocantem* (382), *„huc coeamus"* ait (386), *responsura sono* (387), *sonus est, qui vivit in illa* (401) - **Narcissus:** *stupet* (381), *deceptus imagine* (385), Verse 415-420 und 422-424, später auch 430-440a.

	Der *error* des Narcissus (S. 58)	
425	*Se* **cupit inprudens** et, qui probat, ***ipse*** probatur,	Paradoxie
	dumque **petit, petitur** pariterque **accendit et ardet**.	Paradoxie (2 x)
	Inrita **fallaci** quotiens **dedit** oscula **fonti**!	f-Assonanz
428	In medias ← quotiens **visum** captantia ←collum→	Parallelismus, Hyperbaton
	bracchia mersit → aquas **nec se deprēndit** in illis.	abbildende Wortstellung
	Quid **videat, nescit**, sed quod **videt**, uritur illo,	Parallelismus
431	atque **oculos** idem, qui **decipit**, ↔ **incitat** error.	Paradoxie, Chiasmus
	„**Credule**, quid frustra **simulacra fugacia** captas?	Apostrophé
	Quod **petis**, est nusquam! Quod **amas**, - avertere! - perdes.	Parallelismus
434	Ista **repercussae**, quam **cernis**, **imaginis umbra** est.	Hyperbaton
	Nil habet ista sui, ***tecum v**en**it**que m**an**et**que,*	Apostrophé
	tecum discedet, si ***tu*** discedere possis!"	Anapher (+ Emphase)

Nach der sprachlichen Umsetzung des *Echo-Phänomens* erfolgt nun eine sprachliche Veranschaulichung des *Spiegelphänomens*, und zwar als Aktiv-Passiv-Spiegelung (425 f.).

S. 58

(1.) Beide unterliegen einer Täuschung und beide leiden an Liebessehnsucht und an der Unerfüllbarkeit dieser Liebe. **Echo** wurde in ihren Kontaktbemühungen *aktiv*, während **Narcissus** sich bisher eher *passiv* verhält. Echo vertraute ihren eigenen Worten, die eigentlich nicht ihre waren, während Narcissus den Bewegungen und Aktionen des Spiegelbildes vertraut, die eigentlich seine eigenen sind (*repercussae imaginis*, 434). Echo reagierte *depressiv* (statt aggressiv) auf die Zurückweisung; wie Narcissus reagieren wird, ist noch unklar (Frage: *Wie reagieren Säugetiere, z. B. Wellensittiche oder Affen, auf einen Spiegel?*).

(2.) Ovid verstärkt in diesem Abschnitt die Paradoxie solange, bis sich das Bedürfnis von Autor und Leser, Narcissus aus seiner Trance wachzurütteln, in der **schroffen Ansprache**: *Credule, ...* (432 ff.) Luft macht. Eigentlich hätte Narcissus schon längst bei der Berührung des Wassers die Illusion durchschauen und durchbrechen müssen. Warum, so fragt sich der Leser, verharrt er so lange in seinem Irrtum, ähnlich einem Insekt, einem Falter oder einem Vogel, die aus dem Rahmen der Glasscheibe nicht herausfinden, weil sie die täuschende Durchlässigkeit des Glases nicht begreifen?

Die Apostrophé *Credule* verrät den Ärger, den solch stupides Verhalten bei jedem denkenden Beobachter auslöst. Das *credere* kann die Leichtfertigkeit des Glaubens ausdrücken (~ du Narr, du Verrückter), aber auch die Intensität der emotionalen Verbindung (*cor dare* ~ sein Herz an etwas hängen). Wie zu einem unbelehrbaren Kind spricht der Autor in eindringlicher, ermahnender Form. Die Überzeugungsstrategie setzt ganz auf die logische Einsicht des Narcissus und hofft, ihn durch eine quasi naturwissenschaftliche, rationale Erklärung des Phänomens aus seiner (geistigen) Verirrung lösen zu können.

(3.) Dabei liegt **der *error* des Narcissus** nicht in erster Linie in einer Sinnestäuschung und ist kein erkenntnistheoretischer Irrtum, sondern eine erotische Verirrung, die sich auf das falsche Objekt richtet (bzw. auf sich selbst als Objekt), das, was Freud später „Narzissmus" nannte. Die **Verbformen** machen dies ganz deutlich. Sie unterteilen sich in **drei Wortfelder**:

      a) **Optische Wahrnehmung**
      b) **Erotisches Begehren** (in Klimax)
      c) **Geistiges Nicht-Begreifen** (in Klimax)

Es vermischen sich: **cupit** (415), **visae** (416), **amat** (417), **putat** (417), **adstupet** (418), inmotus **haeret** (418 f.), **spectat** (420), **miratur** (424), **se cupit** (425), **probat** (425), **petit** (426), **ardet** (426), **dedit oscula** (427), **visum** (428), **nec se deprendit** (429), **videat** (430), **nescit** (430), **videt** (430), **uritur** (430), **cernis** (434).

Die Verse 430 f. sind entscheidend für die **Erklärung des *error***. Einerseits weiß und begreift Narcissus nicht, dass er sich selber sieht (optische und rationale Täuschung: **videre = nescire**), andererseits begehrt er das Spiegelbild, eben weil er es sieht (erotische Faszination: **videre = urere**). Er ist ebenso **deceptus** (385) wie **correptus** (416), wird gleichzeitig **optisch getäuscht** und **erotisch gereizt** (*error* decipit et incitat).

Weil das Bild so intensiv auf ihn wirkt, gewinnt es für Narcissus immer mehr an Wirklichkeit. Das hyperbolische, tragische Moment, das diesen Versen anhaftet, entsteht aus dieser Ambivalenz von Täuschung und Faszination und aus dem Gegensatz von objektiver Einsicht des Beobachters und zunehmender erotischer (!) Verstrickung des Narcissus.

Eine brillante psychologische Studie, von Ovid meisterhaft inszeniert! Schon jetzt müsste dem Leser deutlich werden, dass Ovid keine erkenntnistheoretische Lehrfabel, sondern eine erotodidaktische Erzählung anstrebt.

Die Klage des Narcissus (S. 59)

437	*Non* **illum** Cereris, *non* **illum** cura quietis abstrahere inde potest, sed opaca fusus in herba **spectat inexpleto mendacem lumine formam**,	Anapher
440	perque oculos perit *ipse suos* paulumque levatus	Sentenz (?), p(er)-Alliteration
	ad circumstantes tendens sua bracchia silvas	Hyperbaton
	„*Ecquis*, io silvae, **crudelius**" inquit „**amavit?**	Rhetorische Frage
443	Scitis enim et multis latebra opportuna fuistis.	
	Ecquem, **cum vestrae tot agantur saecula vitae**,	Rhetorische Frage, Hyperbaton
	qui sic **tabuerit**, **longo** meministis **in aevo**?	

Nachdem Narcissus sich wohl anfangs über die Quelle gebeugt hatte (428 f.) und sich dann auf den Boden niedergelassen hatte (*humi positus*, 420), um das Bild besser betrachten zu können (420-424) und um es zu berühren (427-429), streckt er sich nun lang ins Gras aus (*fusus in herba*, 438), um seinem Gegenüber näher zu sein und ihm in die Augen schauen zu können (439 f.).

Die elegische Klage an die Bäume ringsum ist ein Einschub, der wohl dazu dient, den Tod des Narcissus vorzubereiten (*longo in aevo* greift die **Thematik der Sterblichkeit** aus dem Einleitungsteil wieder auf und weist voraus auf Vers 470: *primo exstinguor in aevo*). Das Todesmotiv klingt aber auch in den Begriffen *umbra* (434) und *perit* (440) mit an. Die Verstrickung des Narcissus geht also weiter und macht eine Lösung immer unwahrscheinlicher.

(1.) Das Bild von **Waterhouse** (1903) bildet die Vorlage für das Bild von Liston (1996) [und das von Joel Spector, 2006 (Titelbild des ÜH)]. Symbolisch getrennt durch den Flusslauf betrachtet Echo mit zurückgewandtem Kopf, auf einem Stein hockend, Narcissus, der ausgestreckt im Gras liegt und die Reaktionen seines Spiegelbildes beobachtet (418-424, 425 f.). Offenbar ist es ein noch unbewusster, naiver Narcissus (430 f.). Die rote Farbe seines Umhangs, die sich in Echos rosafarbenem Kleid gedämpft widerspiegelt, ist Zeichen seiner Liebesglut. Die linke Hand hält stützend den Felsrand umfasst, während die rechte Hand leicht geöffnet dem Spiegelbild zugeneigt ist.

Liston verändert die Vorlage, indem er die Personen stärker in den Vordergrund rückt und Echo (und eine Quell- oder Flussymphe mit Krug) hinter Narcissus knien lässt. Dessen Füße sind bereits von Narzissen umgeben, ein Hinweis auf die kommende Verwandlung. Der Verfall des Narcissus und seine Hinwendung an das Spiegelbild (437-440a) scheinen schon weiter fortgeschritten zu sein und bereits den ganzen Körper erfasst zu haben. Eine verhärmt und ausgezehrt wirkende Echo drückt in einer Geste des Mitleids ihre Hände an die Brust, wobei sie einen Zipfel von Narcissus Gewand in der rechten Hand umfasst hält. Das Bild nimmt bereits die Verwandlungsszene voraus, die Agonie und die Auszehrung des Narcissus (469 f.), bei der Echo teilnahmsvoll anwesend ist und so ihre Liebe zu ihm bewahrt (TB S. 61).

Joel Spector (Titelbild des ÜH, mit Pastellkreide gemalt) taucht die Szene in ein märchenhaftes, gleißendes Licht und ein intensives Blau als Hintergrund des Waldes. Das Spiegelbild scheint nicht nur Narcissus anzublicken, sondern auch den Betrachter; auf diese Weise erlebt auch dieser die Faszination des magischen Blickes und der scheinbar lebendigen Gestalt. Echo hockt unaufdringlich neben Narcissus, ihre Haare mit einem Blumenkranz geschmückt, und versucht ihn mit einer sanften Geste zu berühren, sei es aus Liebe oder um ihm zu helfen.

S. 59

(2.) Es ist eine verzweifelte Geste der Einsamkeit und Ausweglosigkeit, dass Narcissus **die Bäume**, in die Liebende bisweilen ihre Namen ritzen, anspricht und ihnen sein Liebeslied klagt (*crudelius amare, tabescere*). Als Sinnbilder von Dauerhaftigkeit und Stärke erscheinen sie ihm wie ein letzter Halt vor dem endgültigen Vergehen. Eigentlich sollte man erwarten, dass die Distanzierung, die mit dem Aufrichten des Oberkörpers (*paulum levatus*, 440) und dem Blick auf die Bäume erfolgt, Narcissus dazu verhelfen könnte, die Illusion zu durchbrechen. Doch ahnt der Leser immer noch nicht, dass die erotische Verstrickung die wahre Ursache seiner Qual ist. Die Szene bildet insofern nur ein Intermezzo, einen Aufschub, bevor er sich erneut seinem Spiegelbild zuwendet und noch einmal alles versucht, um die Illusion Wirklichkeit werden zu lassen.

(3.) Die Liebe des Narcissus ist deshalb so quälend, weil ihre Erfüllung einerseits so nahe greifbar erscheint, und doch andererseits unerfüllbar ist und bleibt.

David Spear (geb. 1974, USA) - Narcissus und Echo, 2005

Die Selbsterkenntnis des Narcissus (S. 60)

446	*Et* placet *et* video, sed quod video*que* placet*que*,	Chiasmus (Spiegelung)
	non tamen invenio; - **tantus tenet error amantem!**	Sentenz, t-Alliteration
	Quoque magis doleam, *nec nos* mare separat ingens	Polysyndeton, Pleonasmus
449	*nec* via *nec* montes *nec* clausis moenia portis.	m-Assonanz
	Exigua prohibemur aqua! **Cupit ipse teneri**:	**Paradoxie**
	nam *quotiens* liquidis porreximus oscula lymphis,	
452	*hic totiens ad me* resupino nititur ore.	Parallelismus
	Posse putas tangi; - **minimum est, quod amantibus obstat!**	Sentenz
	Quisquis es, huc exi! **Quid me**, puer unice, **fallis**,	Apostrophé
455	quove petitus abis? Certe nec forma nec aetas	
	est *mea*, quam fugias, et **amārunt** *me* quoque nymphae!	
	Spem mihi nescio quam vultu **promittis** amico,	
458	cumque *ego* porrexi *tibi* bracchia, porrigis ultro,	abbildende Wortstellung
	cum risi, adrides. Lacrimas *quoque* saepe notavi	Anapher, abbildende Wortstellung
	me lacrimante *tuas*, nutu *quoque* signa remittis	(Spiegelphänomen), Parallelismus
461	et, quantum motu **formosi suspicor oris**,	
	verba refers aures non pervenientia *nostras*!	
	Iste ego sum! Sensi, nec *me mea* fallit imago.	
464	**Uror amore *mei*, flammas moveo*que* fero*que*.**	**Paradoxie**

Noch einmal scheint Narcissus ungehemmt seiner Sehnsucht zu erliegen, bevor - für den Leser völlig überraschend - die Selbsterkenntnis aus ihm herausbricht und er sich gleichsam allen Anfeindungen gegenüber zu rechtfertigen sucht: **sensi, nec me mea fallit imago** (463).

(1.) Deutlicher als bisher weist Ovid durch die **beiden Sentenzen** auf die Liebeslehre als Kernpunkt seiner Erzählung hin. **Tantus tenet error amantem** verallgemeinert den **error** des Narcissus nach dem Motto: „Liebe macht blind!" - Man kann genauer nachfragen: *Warum eigentlich/inwiefern macht Liebe blind?* - Liebe macht insofern blind, als sie einem Menschen Hoffnungen und Illusionen vorgaukelt, die sich oft nicht erfüllen. Dies betrifft den *Partner* (Überbewertung seines Charakters/Vergötterung; Vergänglichkeit seiner Schönheit), das *Selbstbild* (das eigene Aussehen und dessen Wirkung auf andere; die Erwartung, in seinem Wesen bedingungslos akzeptiert zu werden) und *die Beziehung selbst* (Träume von ewiger Liebe und von vollendetem Glück zu Zweit).
Minimum est, quod amantibus obstat dürfte dem Satz „Liebe überwindet alle Schranken" entsprechen (vgl. Vergil: *omnia vincit amor*). Im Rausch der Liebe meint man tatsächlich, alle Hindernisse überwinden zu können und ist bereit, alles für die Liebe preiszugeben. Die allgemeine Bedeutung der Sentenz ist hier auf die Situation der Trennung durch den Wasserspiegel reduziert, aber gleichzeitig auch ins Paradoxe gesteigert (*exigua prohibemur aqua*, 450).

(2.) Der **Liebeswahn des Narcissus** entwickelt sich allmählich. Zunächst gibt er sich in naiver Weise ganz der **Faszination des Phänomens** hin, doch verändert sich seine Wahrnehmung des Spiegelbildes durch dessen außerordentliche Schönheit, die sein **erotisches Begehren** reizt. Die Versuche, das Spiegelbild zu umarmen und zu küssen, also sexuell aktiv zu werden, scheitern und müssten eigentlich zu einer **Desillusionierung** (und konkret ja auch zum Verschwimmen des Spiegelbildes) führen. Doch überwiegt bereits die **erotische Faszination**. Er verzehrt sich in Sehnsucht und Liebesqualen, die auch die umgebenden Bäume nicht zu lindern vermögen.

Allerdings löst der Aufblick zu den Bäumen einen **allmählichen Reflexionsprozess** aus, insofern er sein Schicksal mit dem anderer Liebender vergleicht (Sentenzen) und sich über die Paradoxie von Nähe und Getrenntsein Gedanken macht.

Er sucht nach Ursachen für die mangelnde Kooperation des Spiegelbildes, da es zwar *optisch* seinen Erwartungen entsprechend reagiert, nicht aber *akustisch*. Seine Zeichen (470) lassen auf Bereitschaft zur Vereinigung schließen, doch verharrt das Spiegelbild im Wasser - so wie vormals Echo im Wald - und kommt weder heraus noch spricht es mit ihm (vgl. 454). *Puer unice* ist eine zweideutige Ironie des Autors: a) du einziger Knabe (Vorwegnahme der Erkenntnis *iste ego sum*), b) du einzigartiger (~ einzigartig schöner) Knabe.

Die Selbsterkenntnis führt nicht zu einer Lösung des Problems, da seine unstillbare Sehnsucht bleibt und ihn nur um so mehr quält, je bewusster sie ist. So bleibt nur der Tod als Ausweg.

S. 60

(3.) Mit ***error*** ist sicherlich keine moralische *Verfehlung* und kein ethisches *Vergehen* gemeint, auch kein erkenntnistheoretischer *Irrtum*, sondern der **Liebeswahn**, der zu *Ungewissheit*, (Selbst-)*Täuschung* und *Verblendung* führt. Auf Narcissus bezogen führt die Paradoxie seiner Selbstliebe in eine *Situation der Ausweglosigkeit* (Aporie).

(4.) Ovid veranschaulicht hier, der Situation entsprechend, das **Spiegelphänomen**: Chiasmus in Vers 446 und Verbenspiegelung in den Versen 458 ff.: *porrexi* ↔ *porrigis*, *risi* ↔ *adrides*, *lacrimas* ↔ *me lacrimante*. Übrigens dreht Ovid nun die **Tempusspiegelung** um: Narcissus verharrt (wie vormals Echo) im Perfekt, während sein Gegenüber ihm präsentisch erscheint.

(5.) Echo war auf eine *akustische Täuschung* (ihre eigene Stimme), aber auch auf die zu ihren Erwartungen passenden Äußerungen des Narcissus hereingefallen. Auf die unerwartete Abweisung reagiert sie depressiv (Selbstzweifel). **Narcissus** dagegen fällt auf eine *optische Täuschung* herein (sein eigenes Spiegelbild), aber auch auf die zu seinen Erwartungen passenden Reaktionen. Das Spiegelbild verhält sich zwar nicht abweisend, wird aber auch nicht aktiv, woraufhin Narcissus fordernd, fast aggressiv reagiert (454 f.). Den Fehler sucht er selbstüberheblich nicht an sich selbst (455 f.), sondern am anderen. Er erleidet nun dieselbe Unsicherheit und die Qual der Nichterfüllung seiner Wünsche wie zuvor Echo.

Wie er es bei Echo getan hatte, fordert Narcissus nun sein Spiegelbild auf, aus dem Versteck herauszukommen (382 und 454). Und war zuvor die antwortende Stimme vor ihm (*Quid me fugis*, 383 f.) und er vor Echo geflohen (*ille fugit*, 390), so scheint nun das Spiegelbild vor ihm zurückzuschrecken (*quam fugias*, 456) und ihn zu täuschen (*Quid me fallis?*, 454).

(6.) Narcissus klärt gleichsam den Leser darüber auf, dass sein Problem nicht erkenntnistheoretischer Natur war und ist - *sensi* (resultatives Perfekt), ***nec me mea fallit imago*** (Präsens) - und gesteht sich selbst nun endlich seine erotische Verstrickung ein (464: Auf die *Erkenntnis* folgt das *Bekenntnis*). Diese Einsicht kommt aus der allmählichen Reflexion, beginnend mit der Ansprache an die Bäume, dem ersten Außenbezug, den er nach dem Blick in die Quelle eingeht. Eigentlich müsste man erwarten, dass Narcissus sich nun von der Faszination der Erscheinung löst, ein wenig trinkt und dann sinnend seiner Wege geht.

(7.) Die Frage dürfte eine intensive Diskussion auslösen; sie gibt den Empfindungen und Gefühlen, die sich während der Lektüre angestaut haben, Raum (auch durchaus kritische Meinungen über den Sinn einer solchen Erzählung und über das Verhalten des Narcissus).

Einzig eine Trennung könnte ja normalerweise einen Heilungsprozess anregen, und man wäre als Angehöriger oder Freund des Narcissus schon längst versucht gewesen, ihn von dort wegzuzerren und von dem unseligen Einfluss der Quelle fernzuhalten. - Frage: *Was hättet ihr getan, wenn ihr als Freund oder Freundin des Narcissus dessen Verhalten beobachtet hättet?* Der Suchtcharakter seiner Liebe verhindert jedoch eine einfache Lösung.

Aporie (S. 61)

Quid faciam? Roger anne rogem? Quid deinde rogabo?	Rhetorische Frage
Quod **cupio**, **mecum** est; **inopem me copia fecit**.	**Paradoxie**
467 O utinam a *nostro* secedere corpore possem!	Emphase, **Paradoxie**
Votum in amante novum: vellem, quod **amamus**, abesset!	v-Assonanz, **Paradoxie**
Iamque **dolor** vires adimit, **nec tempora vitae**	Hyperbaton
470 **longa meae superant primoque extinguor in aevo**."	Hyperbaton

Die wie ins Leere hinein gesprochenen, rhetorischen Fragen und die **Paradoxien**, die Narcissus nunmehr bewusst sind, zeigen seine völlige Ratlosigkeit (**Aporie**) und die Ausweglosigkeit seiner Situation. Wie Manuwald richtet bemerkt, geht dieser Narcissus „nicht wegen fehlender Einsicht ..., sondern trotz der Erkenntnis zugrunde." (S. 303).
Die unabsichtliche Selbstverfluchung des Narcissus (*ante emoriar, quam sit tibi copia nostri*, 391) wirkt sich nun aus, und auch die Prophezeiung des Tiresias (*si se non noverit*) erfüllt sich. Beinahe wünscht sich Narcissus den Tod als Erlösung von einer aussichtslosen Qual.

(1.) Die Erzählung endet in **pathetischer, melancholischer, elegischer Stimmung** (*secedere corpore, vellem abesset, nec tempora vitae longa superant, exstinguor*). Die Tragik, dass beide so unglücklich Liebende so früh dahinscheiden, löst beim Leser Wehmut und Mitleid aus. Das eigentliche Ende scheint mit dem Satz „der Tod schloss ihm die Augen, die immer noch die Schönheit ihres Herren bestaunten." gegeben. Offensichtlich ist die Verwandlung in die Narzisse (bzw. der Ersatz durch die Narzisse) ein Nachtrag, die Idee der Selbstbespiegelung im Styx eine typisch ovidische (also auch zusätzliche) Pointe. - Das Ende wird ein jeder unterschiedlich empfinden, es ist jedoch in seiner Tragik durchaus stimmig.

(2.) Narcissus stirbt, ebenso wie Echo, an innerer Auszehrung. Während bei Echo jedoch ihre Lebenskraft (und ihr Lebenssaft) ihrer Natur gemäß in die Lüfte verfliegt (397), verzehrt sich Narcissus im Liebesfeuer (Wachsgleichnis).

(3.) Der Tod des Narcissus beleuchtet (ebenso wie der Tod Echos) symptomatisch die physiologischen Auswirkungen des Liebeskummers. Er ist weder selbstverständlich noch erfolgt er zwangsläufig, da es kein Selbstmord ist. Folgende Fragen sind offen: *Wollte oder musste Narcissus sterben (Prophezeiung des Tiresias, Selbstverfluchung)? Woran genau stirbt er? Welchen Sinn hat sein Tod?* - Ovid gibt, wie er es häufig tut, keine monokausale Erklärung, sondern fügt von Anfang an eine Vielzahl von Hinweisen ein, die erst in ihrer Summe eine Plausibilität bewirken.[7] So kann man den Tod des Narcissus deuten als:

- einzige Möglichkeit, die erforderliche **Trennung** zu vollziehen (*O utinam a nostro secedere corpore possem*, 467; *vellem, quod amamus, abesset*, 468)
- **Erlösung** aus übergroßem Leid (*nec mihi mors gravis est posituro morte dolores*, 471)
- **Folge des Kräfteverfalls** und der Auszehrung, in Parallelität zu Echo (*iamque dolor vires adimit*, 469; *non illum Cereris, non illum cura quietis abstrahere inde potest*, 437; *qui sic tabuerit*, 445; *attenuatus amore*, 489)

---

7) Die Tränen des Narcissus führen zur Auflösung des Spiegelbildes, woraufhin er im Wahn, sein Spiegelbild habe ihn verlassen, nach antikem Trauergestus seine Brust mit Faustschlägen traktiert. Die *Rötung* auf der *weißen* Brust, die er im wieder klaren Wasser erblickt, reizt seine erotische Vorstellung ins Unermessliche. Er stirbt demnach in einer paradoxen erotischen Übersteigerung einen existenziellen Tod als maßlos Liebender und in die Schönheit seiner selbst untrennbar Verliebter.

S. 61

- **Folge des Wahnsinns** (*male sanus*, 474; *novitas furoris*, 350; *misero praebere alimenta furori*, 479; *per oculos perit ipse suos*, 440)
- **Dahinscheiden vor Liebe** und Sehnsucht (*spectat inexpleto mendacem lumine formam*, 449; *non tulit ulterius*, 487; *attenuatus amore*, 489; *tecto paulatim carpitur igni*, 490)
- **Verenden in Agonie** (*ille caput viridi fessum submisit in herba*, 502)
- **Sühnetod**: Schicksalhafte Erfüllung der Prophezeigung des Tiresias (*si se non noverit*, 348), der Selbstverfluchung (*ante emoriar ..*, 391) oder der Verfluchung durch den abgewiesenen Liebhaber (*sic amet ipse licet, sic non potiatur amato*, 405)

Narcissus poeticus

(4.) Von Echo bleiben die Knochen und die Stimme als kennzeichnendes Merkmal erhalten, Narcissus dagegen vergeht vollkommen. **Sein Tod bedeutet die völlige und restlose Auflösung**. Ovid betont dies deutlich: *nec corpus remanet* (493) und *nusquam corpus erat* (509). So entsteht die Narzisse (aitiologisch) nicht *aus* Narcissus, sondern als Mahnmal *an seiner Stelle* (*pro corpore*, 509). Es findet demnach keine echte Metamorphose statt, sondern eine Bedeutungsübertragung, da die Narzisse Eigenschaften des Narcissus übernimmt. Sie wächst nahe am Wasser und hält den Blütenkopf gesenkt. Ihr betäubender Duft (ein Narkotikum) erinnert an die Trance des Narcissus. Die Blume ist also nur das äußere Symbol seiner Wesenheit und Gewesenheit, Metapher eines Naturgedächtnisses, das das Andenken an Narcissus bewahrt. Im eigentlichen Sinne lebt er weiter im „Florilegium" der Metamorphosen, wo er in poetischer Form sein literarisches Echo findet.

S. 61

(2.) Sigmund Freud (1856-1939) unterschied zwischen dem primären, frühkindlichen **Narzissmus**, also dem allen Menschen angeborenen Trieb, sich selbst in den Mittelpunkt zu stellen und zu erwarten, dass alle anderen für die Erfüllung der eigenen Triebe und Wünsche zuständig seien. Wird diese Haltung im Laufe des Erwachsenwerdens nicht überwunden, so kann sie sich als sekundärer, krankhafter Narzissmus verfestigen, der sich in vielen Spielarten äußern kann (Selbstverliebtheit, Autoerotik, mangelnde Beziehungsfähigkeit etc.).

S. 62

Don Doe: Die Szene scheint Modeaufnahmen in einem Photostudio wiederzugeben. Zwei Frauen stehen vor einer Spiegelwand, wobei die linke (~ Narcissus) sich vor der Kamera im Spiegel zu berühren und zu küssen versucht. Das rot-weiße Farbenspiel und die schönen Locken, auch die Glätte und Helligkeit der Haut erinnern an die Beschreibung Ovids. Die rechte Frau (~ Echo) steht als Zuschauerin schräg hinter ihr, in ein rotes Gewand gekleidet, die Haut rot glühend (Ausdruck ihrer intensiven Gefühle), ihren Mund leicht geöffnet und die rechte Hand wie verloren (in einer Geste stummer Sehnsucht) um den linken Ellenbogen gelegt. Der Betrachter des Bildes nimmt die Position des Photographen ein („Objektiv" der Kamera) und wird durch die Perspektive fast magisch in die Situation einbezogen.

S. 62

Das Bild von **Richard Baxter** ist sehr symbolträchtig und enthält einen intensiven Ausdruck narzisstischer Selbstverlorenheit. - In einer steril toten Wüstenlandschaft (vgl. die Beschreibung der Quelle bei Ovid) liegt ein Narcissus wie gebannt am Rand eines dunklen Teiches und bespiegelt sich selbst, wobei eine Träne oder ein Tropfen eine Wellenbewegung auslöst. Eine einzelne Narzisse rechts neben Narcissus deutet die Verwandlung an. Echo verharrt im Hintergrund in Agonie, vor einem Felsen in sich zusammengesunken. Von dem fast abgestorbenen Baum hinter ihr (Symbol der abgestorbenen Beziehung und der schwindenden Lebenskraft; vgl. das Bergen ihres Gesichtes im Laub) flattert ein einsames, letztes Blatt in den Teich; - ein letzter, vergeblicher Versuch der Kontaktaufnahme?

Pyramus und Thisbe (S. 63-71)

Johann August Nahl d. J. (1752-1825) - Pyramus und Thisbe, 1788-1790

1. Zentrale Deutungs-Aspekte

Inhalt: Tragisches Ende jugendlicher Liebe, voreiliger Selbstmord
Interpretation: Wortfelder (Wortspiel), Liebe und Tod, Reden, Dramatisierung, Spannungskurve (Tempus- und Tempowechsel), Gefühlskurve
Gattung: Liebestragödie (Melodram), Liebeselegie (Paraklausithyron)
Erzählebenen (S. 12): erotodidaktisch, psychologisch, narrativ

2. Übersetzung

55 **Pyramus** und **Thisbe**, *er* der schönste der jungen Männer,
    sie bevorzugt unter allen Mädchen, die der Orient zu bieten hatte,
    bewohnten benachbarte **Häuser**, wo Semiramis einst die hohe **Stadt**
58 [Babylon] mit **Mauern** aus Tonziegeln umgeben haben soll.
    Die ersten Schritte des Kennenlernens bewirkte die Nachbarschaft,
    mit der Zeit erwuchs daraus **Liebe**. Sie hätten auch rechtmäßig geheiratet,
61 doch verboten dies die *Väter*. Was sie aber nicht verbieten konnten:
    Beide glühten gleichermaßen in Liebe zueinander, von Sehnsucht gepackt.
    Da **jeder Mitwisser fehlt**, verständigen sie sich durch Nicken und Zeichen;
64 und **je mehr das Feuer bedeckt gehalten wird, um so mehr schwelt darunter die Glut**.
    Gespalten war die gemeinsame **Trennwand** beider **Häuser** durch eine
    dünne Ritze, die einst beim Bau der Mauer entstanden war.
67 Dieser Fehler fiel über Jahrhunderte niemandem auf,
    doch **ihr Liebenden - Was spürt die Liebe nicht?** - bemerktet ihn zuerst
    und nutztet ihn als Weg zur Verständigung. Sorglos pflegten Koseworte,
70 ganz leise geflüstert, durch ihn hindurch ausgetauscht zu werden.
    Oft, sobald sie sich trafen, hier **Thisbe** und **Pyramus** dort,
    fingen sie wechselseitig den Atem ihrer Lippen auf und sprachen:
73 „Du neidische **Wand**, was stehst du **uns Liebenden** entgegen?
    Was wär schon dabei, ließest du *uns* **mit ganzem Körper vereinen**, oder dass du dich
    wenigstens - wenn das zu viel verlangt ist - für **Küsse** weiter öffnen würdest?
76 Doch wollen wir nicht undankbar sein und gestehen, dass *wir* es *dir* verdanken,
    dass unsere Worte zu den befreundeten Ohren hinübergelangen können."
    Solches sprachen sie voll Kummer von verschiedener Seite,
79 wünschten sich „Gute Nacht und leb wohl!" und gaben ein jeder
    seinem Teil **Küsse**, die nicht zum Gegenüber gelangen konnten.
    Kaum hatten der kommende Sonnenaufgang die nächtlichen Feuer verdrängt
82 und die Sonne mit ihren Strahlen den Tau von den Gräsern getrocknet,
    kamen sie an gewohnter Stelle zusammen. Mit leisem Geflüster
    beklagten sie zunächst so Vieles und beschlossen dann, **in der Stille der Nacht**
85 **die Wächter zu täuschen**, aus dem **Haus** zu entschlüpfen und, wenn sie
    hinaus gelangt seien, auch **die Häuser der Stadt** hinter sich zu lassen.
    Um sich nicht zu verpassen, wenn sie **auf den weiten Feldern** spazieren gingen,
88 vereinbaren sie, sich **beim Grabmal des Nisus** im Schatten des Baumes zu
    verstecken. Der Baum dort war ein hochgewachsener Maulbeerbaum,
    überreich an weißen Früchten und **nahe bei der kühlen Quelle**.
91 Der Plan scheint gut und das Tageslicht nur langsam zu schwinden,
    ehe die Sonne im Meer versank und die Nacht aus eben diesem emporstieg.
    Schlau schlüpft Thisbe inmitten der Dunkelheit nach Öffnen der Tür aus dem
94 Haus, **täuscht die Ihren** und **bedeckt ihr Gesicht** (mit einem Schleier).
    So gelangt sie zum **Grabmal** und saß unter dem vereinbarten Baum.
    Kühn machte sie die Liebe. - Doch schau, da kam eine Löwin,
97 ihr Maul beschmiert vom Blut eines eben getöteten Rindes,
    um ihren Durst am Wasser der nahegelegenen **Quelle** zu stillen.
    Als **das Mädchen aus Babylon**, **Thisbe**, diese von ferne im Mondlicht erblickte
100 und sich ängstlichen Fußes in eine **dunke Höhle** flüchtete,
    da verlor sie ihren Umhang, der ihr bei der Flucht vom Rücken hinabglitt.

Als die grimmige Löwin ihren Durst mit viel Wasser gestillt hatte,
103 da fand sie bei ihrer Rückkehr **in die Wälder** zufällig den bloßen Umhang
und zerfetzte den dünnen Stoff mit blutverschmiertem Maul.
<u>Später losgegangen</u> erblickte **Pyramus im tiefen Staub** die **deutlichen**
106 **Spuren** des Raubtieres und wurde blass im ganzen Gesicht.
Als er aber auch das blutig gefärbte Kleid fand, da rief er:
„So möge denn <u>eine Nacht</u> <u>zwei Liebende</u> töten.
109 Von uns beiden hätte <u>sie</u> weitaus mehr <u>ein langes Leben</u> verdient,
denn *meine* Seele ist schuld. Habe *ich* doch *dich*, du Arme, hinweggerafft,
der ich dich <u>mitten in der Nacht</u> an **einen solch furchteinflößenden Ort** kommen ließ
112 und <u>nicht früher</u> hierher kam. Zerreißt doch *meinen* Körper
und vertilgt meine verruchten Eingeweide mit wildem Biss,
o alle ihr Löwen, die ihr unter diesem **Felsen** haust!
115 Doch ist ein Feigling, wer den Tod sich nur wünscht." Er hebt **Thisbes**
Umhang auf und trägt ihn mit sich in den **Schatten** des vereinbarten **Baumes**,
und wie er Tränen darüber vergoss und **das bekannte Kleid** mit **Küssen** bedeckte,
118 rief er: „So empfange nun auch *meines* Blutes Quell!"
Und das Schwert, mit dem er gegürtet war, stieß er sich in den Unterleib,
und **nicht lange**, da zog er es **sterbend** aus der glühenden Wunde wieder heraus.
121 Wie er rücklings am Boden lag, da spritzte das Blut hoch hinaus,
nicht anders, als wenn ein <u>Rohr</u> mit beschädigtem Bleimantel
aufreißt und aus dem dünnen, zischenden Spalt das Wasser in hohem Bogen
124 herausschießt und stoßweise die Luft durchbricht.
Benetzt vom Blut erhalten die Früchte des **Baumes**
ein dunkles Aussehen und die Wurzel, die vor Blut trieft,
127 färbte die herabhängenden **Beeren** mit rötlicher Farbe.
Schau, da kehrt **sie** zurück, noch immer voll Furcht, **um den Geliebten
nicht warten zu lassen**, und sucht **den jungen Mann** mit Augen und Herz,
130 begierig, ihm zu erzählen, welcher Gefahr sie entronnen sei.
Und obwohl sie den Ort und die Gestalt des Baumes wiedererkennt,
so **stutzt sie** doch bei der Farbe der Früchte, **unsicher**, ob es der richtige sei.
133 Und während sie noch **zweifelt**, da sieht sie, wie die zuckenden Glieder
den blutigen Boden schlagen und weicht zurück. Ihr Gesicht bleicher
als Buchsbaum, erschauerte sie **einem Wasserspiegel** gleich,
136 **der erzittert, wenn ein schwacher Lufthauch über ihn hinweg streift**.
Als sie aber nach einer **Weile** ihren **Liebsten** erkennt,
da schlägt sie mit hellem Klatschen ihre Oberarme, die nichts dafür können,
139 reißt sich die Haare (vor Schmerz) und umarmt den **geliebten Körper**.
Seine Wunden füllte sie mit Tränen und vermischte mit ihnen sein Blut,
drückte **Küsse** auf das erkaltende Antlitz
142 und schrie: „**Pyramus**, welcher **Unfall** reißt *dich* von *mir* fort?
Pyramus, so antworte doch! *Deine* **herzallerliebste Thisbe** ruft *dich*
beim Namen. So hör doch und erhebe dein Gesicht, bleib nicht so liegen!"
145 Beim Namen **Thisbe** hob **Pyramus** seine **todesmüden** Augen
und schloss sie wieder, als er sie sah.
Nachdem diese aber ihr Kleid erkannt hatte und sah, dass sein Schwert nicht mehr
148 in der Scheide aus Elfenbein steckte, da sprach sie: „*Deine* Hand und *deine* **Liebe**
brachten *dir* den Tod, du Armer! Auch *meine* Hand ist stark genug zu dem
Einen, stark genug auch meine **Liebe**: Sie wird mir die Kraft zum Selbstmord geben.

151 Ich werde dir *im Tod* folgen und man wird mich die **tragischste Ursache**
und Gefährtin *deines* Todes nennen, und der du dich *von mir* nur **durch den Tod**
losreißen konntest, kannst selbst *durch den Tod* nicht von mir getrennt werden.
154 Doch darum wollen in unser beider Namen wir euch bitten,
mein Vater und seiner, o ihr Ärmsten,
dass ihr es uns nicht neidet, die so treue <u>Liebe</u> und die die <u>Todesstunde</u>
157 vereint hat, **im selben Grab** bestattet zu werden.
Du aber, *o Baum*, der du jetzt mit deinen Zweigen den beklagenswerten Leichnam
von Einem bedeckst und bald auch von Zweien bedecken wirst,
160 bewahre das Signum des Todes und trage (von nun an) immer dunkle,
der Trauer angemessene Früchte, zum Andenken an den zweifachen Selbstmord."
So sprach sie, setzte das Schwert, das noch warm war vom Blut, mit der Spitze
163 unterhalb der Brust an und stürzte sich hinein.
Ihr Wunsch aber rührte die Götter und rührte die Väter.
Denn die Frucht wird dunkel, sobald sie ausgereift ist,
166 und was vom Scheiterhaufen noch übrig blieb, das ruht nun in einer Urne.

3. Interpretation im Textverlauf

Pyramus und Thisbe ist ein ergreifender Stoff, der zur Urform des Liebesromans gehört und insofern auch gattungsgeschichtlich bedeutsam ist (vgl. Bömer S. 33) und der zu den häufigsten Bühnendarstellungen zählt (vor allem durch Shakespeares *Romeo und Julia* und den *Sommernachtstraum*). Ovid erzählt die Geschichte voll Anteilnahme und Tragik, aber auch mit verhaltener Ironie und unterschwelligem Witz. Auf diese Weise durchbricht er immer wieder die emotionale Anteilnahme, erzählt mit Herz, aber auch mit Distanz. In weiten Partien, vor allem den Reden, erinnert die Erzählung an ein Bühnen-Melodram, das allzu rührselig und pathetisch erscheint.

Dabei unterlegt Ovid dieses orientalische Liebesmärchen hellenistischen Stils [Zur Quellenlage und zu den Gattungsfragen s. Bömer S. 33 f.] mit einer komplexen Problematik. Zwei Konfliktfelder überschneiden sich: Das Verbot der *Väter* (!) und die Nachlässigkeit des Pyramus (*serius egressus*, 105; vgl. 111 f.), die so gar nicht zu seiner drängenden Sehnsucht passen will. Dazu kommen eine Vielzahl von erotodidaktischen Hinweisen und das Wortspiel mit den Begriffen *amor - mors*, *arbor - umbra* und *mora - morus*.

So kann einerseits die Erzähltechnik Ovids im Vordergrund der Interpretation stehen, doch sollten auch die emotionalen und jugendpsychologischen Motive (Liebesverbot, Selbstmord) einen breiten Raum erhalten. Die Frage nach der Erlaubtheit bzw. der Angemessenheit des Selbstmordes als Reaktion gegenüber dem Partner, aber auch gegenüber den Vätern kann einen vertiefenden ethischen Diskurs ermöglichen.

S. 63

Das antike **Fresko**, das zusammen mit einem Narcissus-Bild das Peristyl im Haus des Loreius Tiburtinus schmückte, ist vom Stil her eine eher schlichte Darstellung. An der Kombination der Motive zeigt sich die Faszination, die von solchen Stoffen bereits in der Antike ausging, und die Verbreitung, die die *Metamorphosen* schon damals fanden (Bömer S. 34).

Das Fresko zeigt Ansätze einer perspektivischen Darstellung (der Baum mit dem blutigen Gewand und die Löwin im Hintergrund) und stellt als zentrale Szene den Selbstmord der Thisbe dar, die neben dem sterbenden oder schon toten Pyramus kniet.

Der Inhalt von Pyramus und Thisbe dürfte Allgemeingut sein. Falls die Schüler ihn nicht kennen, kann das Bild zunächst offen besprochen werden und Interesse wecken für einen tragischen Stoff (zwei junge Menschen, die beide den Tod finden).

Die Liebe von Pyramus und Thisbe (S. 63-64)

55 **Pyramus** et **Thisbe**, iuvenum pulcherrimus *alter*,	Chiasmus
altera, quas Oriens habuit, **p**raelata **p**uellis,	p-Alliterarion
contiguas tenuere **domos**, ubi dicitur altam	
58 coctilibus **muris** cinxisse Semiramis **urbem**.	
Notitiam primosque gradus vicinia fecit,	
tempore crevit amor. ‖ Taedae quoque iure coīssent,	Sentenz, Metonymie
61 sed **vetuēre** patres. ‖ Quod **nón potuēre** vetare:	Chiasmus, Polyptoton, Antithese
ex aequo ←*captis* ‖ ←*ardebant*→ *mentibus*→ ambo.	
Conscius omnis abest; ‖ nutu signisque loquuntur,	
64 **quoque magis tegitur**, ‖ **tectus magis aestuat ignis**.	Sentenz, **Chiasmus**
Fissus erat tenui rima, quam duxerat olim,	
cum fieret, paries **domui** communis utrique.	
67 Id vitium nulli per saecula longa notatum	
- **quid non sentit *amor*?** - primi vidistis, *amantes*,	Parenthese/Sentenz, Apostrophé
et vocis fecistis iter, **tutae**que per illud	
70 murmure **blanditiae** minimo transire solebant.	

Die Einleitung ist knapp gehalten. Deutlich ist die Gliederung in Szenen erkennbar: *Pyramus et Thisbe* (55, Nennung der Hauptpersonen) und *fissus erat* (65, Ekphrasis). Die lakonische Kürze *sed vetuēre patres* (61) verstärkt die Schroffheit des Verbotes und lässt es unbegründet erscheinen. Die **Väter** (und nicht die Eltern!) sind es, die das Verbot erteilen und damit die Liebenden zu **Täuschung und Heimlichkeit** zwingen (*tutae blanditiae*, 69 f.).
Hauptmotive sind **das allmähliche Anwachsen der Liebe** und **die Vergeblichkeit ihrer Unterdrückung**. Durch die (erotodidaktischen) Sentenzen wird frühzeitig betont, dass Ovid die Geschichte als *Praeceptor amoris* erzählt, wobei er sowohl die Eltern (64) als auch die jugendlichen Kinder anspricht. Das Motiv **Liebe raubt den Verstand** (~ *captis mentibus*, 62) erweist sich im Kommenden als bedeutsam und als Ursache des tragischen Todes.

4 . 64

(1.) Allein schon **die Namen mit ihrem orientalischen Klang** und die vom Stil her an das Märchen erinnernde Formulierung *quas Oriens habuit* und *praelata puellis* (56), dazu die geographische Substantivierung *Oriens* versetzen den Leser in eine Phantasiewelt. Auch die Umschreibung der Stadt Babylon mit ihren Mauern aus glasierten Tonziegeln (mit Löwenemblemen; → Pergamonmuseum in Berlin) und der klangvolle Name *Semiramis* verstärken diesen Eindruck. Die heimliche Verständigung der Liebenden durch den Spalt in der Mauer ist ein zusätzliches romanhaftes Element.

(2.) Verse 61-64: Die Penthemimeres nach Satzende (61), die Parallelität von *vetuere* und *potuere* und der konsonantische Anklang von *p*atres und *p*otuere (61) verdeutlichen die Antithese von Verbot und Übertretung. Zusätzlich wird die Negation *non* als Auftaktlänge des vierten Metrums eigens betont und bewirkt so eine Gegenläufigkeit des Sprechrhythmus. Dagegen klingt der symmetrisch gebaute Vers 62 durch die vielen Spondeen und die überwiegend dunklen Vokale ruhig und getragen; er veranschaulicht die Harmonie der Liebenden. Insgesamt herrscht auffällig deutlich (meist mit Satzende) die Penthemimeres vor (Verse 60-64), was die ganze Passage - dem Inhalt entsprechend - einer Liebeselegie ähneln lässt (Simulation von Pentametern). Die Sentenz in Vers 64 mit ihrer chiastischen Wortstellung schließt diese elegische Passage ab. Mit *fissus erat* (65) erfolgt dann ein deutlicher Neuanfang.

Ein Paraklausithyron von zwei Seiten (S. 64)

	Saepe, ubi constiterant ‖ *hinc* **Thisbe**, ↔ **Pyramus** *illinc*,	Chiasmus
	inque vices fuerat captatus anhelitus oris,	
73	„Invide" dicebant „**paries**, quid **amantibus** obstas?	Apostrophé
	Quantum erat, ut sineres **toto *nos* corpore iungi**	
	aut, hoc si nimium est, vel ad **oscula danda** pateres?	
76	Nec sumus ingrati; ***tibi nos*** debere fatemur,	
	quod datus est verbis ad amicas transitus aurīs."	
	Talia ←*diversa* ←**nequiquam**→ *sede*→ locuti	abbildende Wortstellung
79	sub noctem dixēre „Vale", partique dedēre	
	oscula *quisque suae* **non pervenientia contra**.	

S. 64

(3.) Typische Elemente eines **Paraklausithyron** sind die Apostrophé der Wand (sonst der Tür) und die Vorwürfe, dass sie den Liebenden entgegenstehe (vgl. Narcissus, TB S. 60). Pyramus und Thisbe sprechen einhellig die Wand nicht nur klagend, sondern auch vorwurfsvoll an (73). Um aber die personifizierte Wand nicht zu verärgern (und dadurch ein Sich-Verschließen zu provozieren), schmeicheln sie ihr auch wieder.

(4.) Die **Sehnsucht der beiden Liebenden** - durch den Chiasmus (71) anschaulich gemacht - steigert sich immer mehr: *notitia* (59), *crevit **amor*** (60), *iure coissent* (60), *ardebant ambo* (62), ***ignis** aestuat* (64) bis hin zum Wunsch nach sexueller Vereinigung (*toto nos corpore iungi*, 74); eine längere Entwicklung wird in dieser Klimax zusammengefasst.
Das wechselseitige Aufnehmen des Atems und die gemeinsam im Plural gesprochenen Worte verdeutlichen ihre innere Verbundenheit, der die äußere Trennung (*tibi* ↔ *nos*, 76) um so schmerzhafter gegenübersteht (Doppelfunktion der Mauer: Verbindung und Trennung). Der antithetische Aufbau von Vers 78 - mit betontem *nequiquam* in der Mitte - demonstriert noch einmal die Unmöglichkeit, die Trennung zu überwinden (vorläufige Aporie).

(5.) Die Aufgabe soll die innere Anteilnahme am Geschehen verstärken. Denkbar sind ein heimlicher Durchbruch der Wand, gemeinsame Flucht, das Einspannen von Freunden etc.

Das Treffen am Grabmal des Ninus (S. 65)

	Postera nocturnos aurora removerat ignes	Metonymie oder Liebesmetapher
82	solque pruinosas radiis siccaverat herbas:	
	ad solitum coiēre locum. Tum murmure parvo	
	multa prius questi statuunt, ut **nocte silenti**	
85	**fallere custodes** *foribusque excedere* temptent,	Klimax (Verben des Verlassens)
	cumque **domo exierint**, **urbis** quoque **tecta** *relinquant*,	
	neve sit *errandum* **lato** *spatiantibus* **arvo**,	
88	conveniant **ad busta Nini** *lateant*que sub **umbra**	
	arboris. **Arbor** ibi niveis uberrima pomis	Polyptoton
	ardua **morus** erat, gelido contermina **fonti**.	ar-Assonanz
91	Pacta placent ‖ et lux tardē ‖ discedere visa	p-Alliteration
	praecipitatur aquis, ↔ et aquis nox exit ab isdem.	Chiasmus/Antithese
	Callida per tenebras versato cardine **Thisbe**	Hyperbaton
94	*egreditur fallitque* suos *adoperta*que vultum	Polysyndeton
	pervenit ad tumulum dicta*que* **sub arbore** sedit.	

Der Entschluss zum heimlichen Treffen außerhalb der Stadt - *nitimur in vetitum semper cupimusque negata* (Am. III 8, 55) - und seine Durchführung werden begleitet von symbolischen Bezügen. Auffällig sind die temporalen und lokalen Übergänge: *foribus **excedere**, domo **exire**, tecta urbis **relinquere*** und *lato arvo **errare***. Sie vermitteln pleonastisch in einer Klimax den Übergang von der geschützten **Zivilisation** zur außerhalb gelegenen **Wildnis**. Auf diese Weise wird ein unheilvoller Zusammenhang angedeutet zwischen dem aktiven Verlassen der Stadt und der passiven Verlassenheit außerhalb von ihr.

Das Verb *spatiare* (87) wirkt in diesem Umfeld deplatziert und passt eher zum poussierlichen Schlendern in der Stadt. Tagsüber, so kann man sich vorstellen, ist dies ein beliebter Treffpunkt für Spaziergänge und zum Lustwandeln. Nun aber, in der Nacht, gewinnt die Schattenseite ein Übergewicht und der Ort wird zur Todesfalle, das Grab zur Realität. Nach all dem erscheint es Wahnsinn, sich gleich außerhalb der Stadt treffen zu wollen, anstatt in einem verschwiegenen Winkel innerhalb der Mauern. Das **Moment der Täuschung** (*fallere custodes*, 85) zieht zudem ein solches Vorhaben in moralischen Misskredit. Letztlich täuschen die Liebenden nicht nur andere (ihre Eltern und die Wächter), sondern vor allem sich selbst. Dabei erweist sich gerade Thisbe als besonders schlau bzw. verschlagen (*callida*, 93 f.).

In *epischer* Manier beschreibt Ovid den Übergang von der Nacht zum Tag und beendet damit zugleich auch den *elegischen* Part (Liebesgeflüster und Paraklausithyron). Die begleitenden temporalen Vorgänge werden nicht als Prodigium, sondern als Synonym der inneren psychischen Disposition benutzt. Die stille Nacht (*nocte silenti*, 84) als Zeit für die Liebe erscheint im Tageslicht verheißungsvoll, in Wirklichkeit aber ist sie bedrohlich. Die hochepischen Verse 91-92 knüpfen an die Verse 81-82 an; sie umspannen den Verlauf eines Tages und die Phase des Planens, die kurz entschlossen beendet wird: *pacta placent* (91). *lux tardē discēdere visa* (91) lässt die Ungeduld der Liebenden nachfühlen, denen der Tag allzu langsam vergeht, und die doch schon allzu bald sterben werden. Dabei hängt ihr Tod tragischerweise mit ihrem Zeitgefühl zusammen. Die vorschnelle Ungeduld der Thisbe und die lahme Verspätung des Pyramus sind die eigentlichen Ursachen für die Katastrophe. *lux **discedit*** (91) und *nox **exit*** (92) lesen sich hier wie ominöse Todesmetaphern.

(1.) Die Schüler sollen sich anhand dieser Aufgabe, die in einer kurzen Stillephase oder als Hausaufgabe geleistet werden kann, in **die emotionale Situation** hineinversetzen und so die innere Motivation des Dramas intensiver mitverfolgen. Nun, da die Zeit des Wartens auf das „Stelldichein" beginnt, müssten bei ihr eigentlich Zweifel und Ängste ausbrechen, die bisher vom Mut der Liebe überdeckt wurden.

(2.) a) Das Plusquamperfekt (81-82) bereitet als **Hintergrundtempus** die Rückkehr zum Mauerspalt (*coiēre*, 83) vor. Nach vielem Hin und Her (*multa questi*, 84) wird der Plan im Präsens geschildert (*statuunt*, 84-88) und so in der Vorstellung schon Wirklichkeit. Die Hintergrundinformation über den Baum (*arbor ibi ... morus erat*, 89 f.) erfolgt im Imperfekt, was das Alter des Baumes betont (~ *ardua morus*). Mit *pacta placent* (91) erfolgt der Übergang zur Aktion (**Erzählvordergrund**). Diesmal werden der Sonnenuntergang und der Aufgang der Nacht nicht im Plusquamperfekt, sondern im Präsens geschildert: Die Liebenden beobachten gespannt die Tageszeit. Thisbes Weg aus dem Haus bis zum Grabmal des Ninus erfolgt im aktualisierenden Präsens (*egreditur, pervenit*) und geht über in das resultative Perfekt *sedit* (~ und saß nun, 94 f.). Damit ist der Handlungsstrang um Thisbe zunächst abgeschlossen. Das plötzliche Auftauchen der Löwin erfolgt dann wieder im Präsens (*venit ecce*, 96).
b) Bisher diente alles noch der Hinführung zur eigentlichen Erzählung. Mit *venit ecce leaena* (96 f. - neu einsetzendes Präsens) beginnt der spannende Erzählteil; von nun an nimmt das Drama seinen Lauf.

Thisbes Flucht vor der Löwin (S. 65-66)

Audacem faciebat *amor*. - ***Venit ecce*** recenti ↵	Sentenz
97 caede leaena boum spumantis oblita rictus,	
depositura sitim vicini **fontis** in unda.	
***Quam procul* ad lunae radios Babylonia Thisbe** ↵	Epitheton
100 ***vidit*** et **obscurum timido pede fugit in antrum**,	Enallagé
dumque fugit, tergo **velamina** lapsa reliquit.	
Ut lea saeva sitim multa compescuit unda,	s-Alliteration
103 *dum* **redit in silvas**, inventos *forte* sine ipsa	Parallelismus (zu 101)
ore cruentato tenues laniavit amictus.	

Thisbes Flucht und der verhängnisvolle Verlust ihres Umhangs wird in einer sachlogischen Ursachenkette recht nüchtern geschildert. Nur *obscurum antrum* (100) und *lea saeva* (102) lassen etwas von Thisbes Schrecken nachempfinden. Ihr anfänglicher Mut (96) ist schnell wieder vergangen (100). Das **Motiv der Verhüllung/Täuschung** (*obscurum in antrum*, 100, *velamina*, 101) und der **Enthüllung/Enttäuschung** (*ad lunae radios*, 99, *velamina lapsa*, 101) tritt wieder in den Vordergrund. Thisbe, die sich verhüllt aus dem Haus geschlichen hatte, muss erneut in der Verborgenheit (*obscurum antrum*) Schutz suchen! Das Epitheton *Babylonia* (99) macht darauf aufmerksam, dass sie sich hier an einem für sie fremden und gefährlichen Ort aufhält.

Dass die Löwin den Mantel zufällig gefunden habe (*forte*, 103) ist unglaubwürdig, zumal sie ja vom Wald her kommt und wieder dorthin zurückkehrt (103), Thisbe aber sicherlich in Richtung Stadt flieht. Der Umhang hat also eher eine schicksalhafte Bedeutung; sollte er ursprünglich nur den Wächter täuschen, so wird er schon bald Pyramus grausam irreführen (tragische Verstrickung).

Der voreilige Selbstmord des Pyramus (66)

Serius egressus vestigia *vidit* in *alto* ↵	v-Alliteration, Hyperbaton
106 pulvere **certa** ferae totoque expalluit ore ↵	
Pyramus. *Ut vero* vestem quoque sanguine tinctam ↵	
repperit, „*Una duos*" inquit „nox perdet **amantes**.	Antithese/**Emphase**
109 E quibus **illa** fuit longa dignissima vita,	
nostra **no**cens anima est. ***Ego te***, **miseranda**, peremi,	**no**-Alliteration, Antithese
in **loca plena metus** qui iussi **no**cte venires,	
112 **nec prior** huc veni. ***Nostrum*** divellite corpus	Pathos
et scelerata fero consumite viscera morsu,	Pathos
o quicumque sub **hac** habitatis rupe leones!	Pathos/**Emphase**, Apostrophé
115 Sed timidi est optare necem." **Velamina Thisbes** ↵	Sentenz
tollit et ad pactae secum fert **arboris umbram**,	
utque dedit **notae** lacrimas, **dedit oscula vesti**,	Anapher
118 „Accipe nunc" inquit „***nostri*** quoque sanguinis haustūs!"	**Pathos**, Apostrophé
Quōque erat accinctus, *demisit* in ilia ferrum,	Chiasmus
nec mora, ferventi **moriens** e vulnere traxit.	Wortspiel

Obwohl Pyramus zu spät kommt (**serius** *egressus*, 104) und den vermuteten Tod der Thisbe nicht selbst beobachtet hat, meint er dennoch, die Situation allein aufgrund des blutigen Tuches eindeutig beurteilen zu können; er denkt nicht daran, seine Hypothese zu überprüfen. Dass dies möglich gewesen wäre, macht Ovid mit einem zweifachen Enjambement deutlich: *in* **alto** / *pulvere* und *vestigia* **certa** (105 f.). Der Staub war an dieser Stelle so tief, dass die Spuren deutlich zu sehen waren. Mit etwas mehr Ruhe und Überlegung hätte Pyramus leicht erkennen können, dass gar kein Kampf stattgefunden hat, und er hätte Thisbes Spur bis hin zu ihrem Versteck leicht folgen können. Pyramus zieht also völlig übereilte Schlüsse und handelt kopflos, lässt sich ganz von seinen Emotionen - Schock und Trauer - leiten (vgl. **captis** *ardebant* **mentibus** *ambo*, 62).

(1.) Warum Pyramus später als Thisbe aufbricht, bleibt unklar; die Zögerlichkeit scheint aber wohl in seinem Naturell zu liegen. Darauf deutet wohl der Satzbau der Verse 105-107 hin: *Pyramus* steht verzögert und erst nach Enjambement am Ende des langen Satzes.
Seine **Selbstvorwürfe** (*nostra* **nocens** *anima est*, 110) richten sich darauf, dass er an Thisbes Tod Schuld sei (*ego te peremi*, 110), weil er diese zur falschen Zeit (*nocte*, 110) an den falschen Ort geschickt habe (*loca plena metus*, 111) und selbst zu spät gekommen sei (*nec prior veni*, 112). Eigentlich haben aber wohl beide bei dem Rendezvous zu wenig an die Gefahren der Nacht gedacht, und auch das *qui iussi* (111) betont zu einseitig die Rolle des Pyramus, da beide das Treffen freiwillig vereinbart hatten (**pacta** *placent*, 91).

(2.) Obwohl Pyramus zum Treffen selbst verspätet aufbricht, greift er beim Anblick des blutigen Umhangs überhastet zum Selbstmord als pathetischem Mittel, seiner Liebe Ausdruck zu verleihen und seinem Schuldgefühl zu entfliehen. Seine Rede ist ganz auf **Melodramatik und übertriebenes Pathos** ausgerichtet (wie in einer römischen Komödie). Folgende Mittel des Pathos lassen sich am Text verifizieren:
- **Emphatische Antithesen** (*una duos*, 108, *ego te*, 110)
- **Übersteigerter Superlativ** (*longa dignissima*, 109)
- **Emphatische Apostrophé** der toten Thisbe (*miseranda*, 110), des (fiktiven) Löwenrudels (*o ... leones*, 114, im Plural) und des blutigen Umhangs (*accipe nunc ... nostri sanguinis haustus*, 118)
- **Übersteigertes Schuldbekenntnis** *nostra nocens anima est* (110, betonte Stellung am Versanfang und Alliteration)
- **Melodramatische Elemente** wie die Tötungs-Aufforderung an die Löwen (112 f.) und das Bedecken des blutigen Kleides mit Tränen und Küssen (117)

(3.) Hier dürften die Meinungen wohl auseinandergehen. Auch die Reaktion der Thisbe ist kaum vorhersehbar. Insofern wird deutlich, dass sich die Erzählung an einer Nahtstelle befindet, die verschiedene Versionen und Motivstränge zulässt.

Die Einfärbung des Maulbeerbaumes (S. 67)

121 Ut *iacuit* resupinus **humo**, **cruor** *emicat* alte,   Chiasmus
  non aliter quam cum **vitiato** *fistula plumbo*   Vergleich
  scinditur et tenui stridente foramine longas   Lautmalerei
124 eiaculatur **aquas** atque ictibus **aera** rumpit.
  Arborei fetus **adspergine caedis** in atram
  vertuntur faciem, madefactaque **sanguine** radix
127 **purpureo** tinguit pendentia **mora colore**.

S. 67

(1.) Der **Vergleich**, der so vielen Interpreten als unpassend oder zumindest als merkwürdig erschien, weil er den Tod des Pyramus technisch-rational und distanziert beschreibt, lässt sich als Antithese zu dessen melodramatischer Rede verstehen. Das in Stößen mit dem Pulsschlag herausquellende Blut und das hohe Aufspritzen bei Beschädigung einer Arterie sind wohl medizisch korrekt, je nach Art der Verwundung (vgl. vor allem Schmitzer S. 523 f.). Auf jeden Fall bereitet der Vergleich das Verwandlungsgeschehen mit vor, indem er das hohe Aufspritzen des Blutes veranschaulicht. Dies ist allein schon deshalb nötig, weil auch der Baum zuvor (ohne jede sachlogische Notwendigkeit) als besonders hoch beschrieben wurde (*ardua morus*, 90). Insofern stellt sich tatsächlich die Frage, warum Ovid es nicht einfach bei einem Einfärben von der Wurzel her belässt (126 f.), und warum er gleich zwei unterschiedliche Ursachen für die Verfärbung der Früchte angibt (*adspergine caedis*, 125, und *madefacta sanguine radix*, 126). Möglicherweise hat er hier zwei Vorlagen zusammengefügt. Es ist Schmitzer zuzustimmen, dass nicht das Gleichnis die Höhe des Baumes plausibel macht, sondern umgekehrt die Höhe des Baumes das Gleichnis vorbereitet (S. 524).

(2.) Die Verwandlung des Maulbeerbaumes, dessen Früchte sich mit der Reife dunkelrot färben (vgl. 165: *nam color in pomo est, ubi permaturuit, ater*), bildet den Anknüpfungspunkt für die Aufnahme der Erzählung in den Kanon der *Metamorphosen*. Sie erklärt **aitiologisch** die Herkunft der Farbgebung und deren Wechsel bei den Früchten des Maulbeerbaumes.

Thisbes Reaktion auf den Tod des Pyramus (S. 67)

Ecce **metu** nondum posito, **ne fallat amantem**,	
illa *redit* iuvenem*que* oculis animo*que* **requirit**,	Zeugma
130 quantaque vitārit **narrare pericula gestit**.	abbildende Wortstellung
Utque locum et visa **cognoscit** in arbore formam,	
sic **facit incertam** pomi color: **haeret**, an haec sit.	
133 *Dum* **dubitat**, **tremebunda** *videt* pulsare cruentum	d-Alliteration, Enallagé (~ *tremens*
membra solum, *retroque pedem tulit*, oraque buxo	*videt*)
pallidiora gerens **exhorruit** aequoris instar,	Vergleich
136 quod **tremit**, exigua cum summum stringitur aura.	

S. 67

(3.) Wieder fasst Ovid in einer **Ursachenkette** die Handlung zusammen. Einerseits fürchtet Thisbe, dass sie Pyramus zu lange hat warten lassen, andererseits möchte sie noch ganz aufgeregt (vgl. den Satzbau von Vers 130) von ihrem Abenteuer erzählen. Vers 128 (*metu nondum posito*) knüpft an Vers 100 an (*timido pede fugit in antrum*). Der Passus ist darauf ausgerichtet, das Wechselbad der Gefühle, das Schwanken zwischen Gewissheit und Ungewissheit im Dunkel der Nacht und die Plötzlichkeit des jähen Erkennens eindringlich wiederzugeben. Ovid veranschaulicht all dies, indem er auf die **Rückkehr** (*redit* und *requirit*, 129) das **Zögern** (*cognoscit, facit incertam, haeret* und *dubitat*, 131-133) und dann erst das **jähe Erblicken** des Sterbenden folgen lässt (*videt*, 133), wobei Thisbe zunächst noch nicht realisiert, dass es Pyramus ist, der dort in der Agonie des Sterbens liegt. Der unerwartete Anblick löst **Schaudern und Entsetzen** bei ihr aus (135 f.) und lässt sie erbleichen (*pallidiora*, 135; vgl. 106).

Psychologisch sehr feinfühlig schildert Ovid, wie sich das Zucken der Glieder des Sterbenden auf ihre Seele überträgt (*tremebunda* → *tremit*) und sie *innerlich* erzittern und erschaudern lässt. Gerade die Feinheit der unwillkürlichen Reaktionen (*exigua aura*, 136) - darunter auch das Erblassen und das Zurückschaudern (*retro pedem tulit*, 134) - macht die Beschreibung so eindringlich. Der Vergleich beruht auf einer Analogie von Seele und See. Hier zeigt sich Ovids großartige Kunst der metaphorischen Seelenbeschreibung.

(4.) Die anfängliche **Einheit des Liebespaares** (55, 62, 71 f.) löst sich auf, als Thisbe in Vers 93 als Erste aufbricht und zum Grabmal gelangt. Vers 105 folgt Pyramus. Vers 128 kehrt Thisbe zurück. Im Folgenden führt Ovid das Schicksal der beiden Liebenden wieder zusammen: *una in urna* (vgl. Schmitzer S. 536, vor allem zur Symmetrie der Erzählung).

(5.) Die Aufgabe dient dazu, das unterschwellige **Motiv der Täuschung** bewusst zu machen und es als Ursache des tragischen Missverständnisses zu begreifen. Zunächst erfolgt eine Täuschung der Väter, indem die beiden Liebenden heimlich miteinander kommunizieren (65-70). Deutlicher wird dieser Schritt in der bewussten Täuschung der Wächter (*fallere custodes*, 85), um sich heimlich im Schatten des Baumes (*lateant sub umbra arboris*, 88 f.) und im Schutz des nächtlichen Dunkels (84) treffen zu können. Schlau öffnet Thisbe leise die Tür (93), täuscht ihre Angehörigen (*fallit suos*, 94) und verbirgt ihr Gesicht, um wohl auch an den Mauerwächtern unerkannt vorbeizukommen.
Der nach Thisbe riechende Umhang täuscht zunächst die Löwin (*inventos sine ipsa .. amictus*, 103), die ihn spielerisch zerfetzt. Der von der Löwin zurückgelassene, nun blutige Umhang täuscht wiederum Pyramus. Thisbe eilt zurück, um Pyramus nicht zu *enttäuschen*, wenn sie scheinbar nicht kommt (*ne fallit amantem*, 128), wird jedoch ihrerseits von der veränderten Farbe der Früchte getäuscht und verunsichert. Erst in dieser Zusammenstellung merkt man, wieviel „kriminelle Energie" vor allem Thisbe aufbringt, um das Treffen zu realisieren.

Thisbes Trauer um Pyramus (S. 68)

Sed postquam re**mora**ta **suos** *cognovit* **amores**,	Antonomasie
percutit indignos claro plangore lacertos	
139 *et* laniata comas amplexa*que* corpus **amatum**	Polysyndeton
vulnera supplevit lacrimis fletum*que* cruori	
miscuit *et* gelidis in vultibus **oscula figens**	
142 „**Pyrame**," clamavit, „quis *te mihi* casus ademit?	
Pyrame, responde! *Tua te* **carissima Thisbe**	Anapher, Emphase
nominat. Exaudi vultusque attolle iacentes!"	
145 Ad nomen **Thisbes oculos a morte** gravatos	
Pyramus ← e-rexit |**visā**que| re-condidit → **illā**.	abbildende Wortstellung

Das Erkennen des Pyramus (*suos cognovit amores*, 137) und die Realisierung des Unheils erfolgen verzögert (*remorata*), nachdem der erste Schock sich gelegt hat. Zunächst denkt Thisbe allerdings noch an einen Unfall: *Quis te mihi casus ademit?*, 142)
Thisbe agiert nun wieder und vollführt alle typischen Gesten des antiken Trauerritus in einem einzigen langen Satz (Verse 138-143!): Schlagen der Arme, Raufen der Haare, Umarmung des Körpers, Beweinen, Wehklage und Küsse. Wie zuvor Pyramus über ihrem zerfetzten Kleid Tränen vergossen hatte und dieses geküsst hatte (117), beweint und küsst nun auch sie den Sterbenden (140 f.), eine hochepische Szene. Der Plural *suos amores* (137) deutet die Größe ihrer Liebe an, ist aber auch doppeldeutig zu verstehen: Nun erst, als es zu spät ist, erkennt sie die Stärke ihrer Liebe.
Noch versucht sie, über die Pronomina *te mihi* (142) und *tua te* (143) eine bleibende Nähe zu suggerieren; auch versucht sie, den Sterbenden aufzurichten, doch hebt Pyramus nur noch einmal die Augen, bevor der Tod sie ihm schließt. *Visa illa* (146) ist ein ergreifender Moment, da hier die Trennung der Liebenden zum ersten Mal überwunden ist, allerdings nur für einen allzu kurzen Moment, ehe der Tod erneut eine Trennwand zwischen sie setzt (abbildende Wortstellung). Thisbes Selbstmord ist der Versuch, auch diese zu überwinden.

Die Rede der Thisbe (S. 68)

	Quae *postquam* vestemque suam **cognovit** et ense ␣	
148	*vidit* ebur vacuum, „***Tua te*** manus" inquit „**amor**que ␣	Zeugma, Apostrophé
	perdidit, **infelix**! Est *et mihi* fortis in unum,␣	Emphase
	hoc manus, est et **amor**: dabit hic in vulnera vires.	Zeugma, Parallelismus, v-Alliterat.
151	Persequar **extinctum** **leti**que miserrima dicar ␣	
	causa comesque *tui*, quique *a me* **morte** revelli ␣	Zeugma, m-Alliteration
	heu sola poteras, poteris **nec morte** revelli.	Emphase, Antithese
154	Hoc tamen amborum verbis estote rogati,	
	o **m**ultum **m**iseri **m**eus illius*que* parentes,	m-Alliteration, Apostrophé
	ut, quos **certus amor**, quos **hora novissima** iunxit,	Zeugma, Anapher, Parallelismus
157	conponi **tumulo** non invideatis eodem.	
	At tu, quae ramis, **arbor**, miserabile corpus ␣	Apostrophé
	nunc tegis *unius*, mox es tectura *duorum*,	Antithese, Polyptoton
160	signa tene caedis pullosque␣et luctibus aptos ␣	
	semper habe fetus, **gemini monimenta cruoris**."	

Tod und **Liebe**, die beiden **Grundmotive**, werden von Ovid nun zusammengeführt und ineinander zu einem paradoxen Komplex verwoben: Beide haben die Kraft, die Liebenden zu trennen - **amorque perdidit** (148 f.), **a morte revelli** (152) und **nec morte revelli** (153) -, aber auch sie zu vereinen: quos **certus amor**, quos **hora novissima iunxit** (156)!
Der Wunsch nach einem Denkmal [1], also nach bleibender äußerer Wirkung ihrer außergewöhnlichen Tat (*gemini monimenta cruoris*, 161), ist ein pathetisches Element. Insgesamt deutet Thisbe (stellvertretend für den Autor und den Leser) den Zusammenhang als tragisch: *infelix* (149), *leti miserrima causa comesque tui* (151 f.), o **multum miseri** *meus illiusque parentes* (155). Indem sie beide Elternpaare, den Ort der Tragödie und die Nachwelt in ihre Überlegungen mit einbezieht, weitet sie den Blick und bereitet den Schluss der Erzählung vor (Verwandlungsmotiv und Aitiologie).

S. 69

Pietro Bianchi illustriert die nächtliche Stimmung am Grabmal des Nisus, dessen Sarkophag (oder Kenotaph) im Hintergrund aufragt. Links ist die Quelle zu sehen; der Baum ist allerdings keine *morus nigra*. Sehr einfühlsam ist die Haltung des toten, leichenblassen Pyramus dargestellt, vor allem die wie ins Leere greifende linke Hand, vor der Thisbes Umhang liegt. Thisbes Gestik und Haltung lassen sich auf mehrere Szenen beziehen: Das Erblicken des Sterbenden (133-136), das Wiedererkennen (137) und ihre Ansprache an Pyramus (142-144). Auch ihr Selbstmord (162 f.) ist durch das Schwert angedeutet, das aus der Seite des Pyramus herausragt und vor ihrer Brust endet. Ihr Erschrecken und das Zurückschaudern sind in einer gegenläufigen Bewegung des Körpers eingefangen (Füße, Unterkörper und Oberkörper), ihre Erregung in der ausgestreckten Armhaltung und im Flattern des Tuches. - Man kann mit den Schülern überlegen, ob sie die Anordnung der Figuren anders gestalten würden (→ Pantomime) und ob das Bild den Vorstellungen entspricht, die sie beim Lesen entwickelt haben.

---

1) Der Gedanke des Monumentes ist bei Ovid häufig mit dem Tod verbunden (Hyacinthus, Adonis), ein wohl typisch römisches Empfinden, was sich auch im Epilog (als Selbst-Monument) findet. Die Natur selbst ist so ein Monument: In den verwandelten Gestalten bewahrt sie ein kollektives Gedächtnis und bringt durch den jährlichen Vegetationszyklus immer wieder die Gefühle in Erinnerung. Wann immer sich die Früchte des Maulbeerbaumes rot zu färben beginnen, werden sich die Menschen an den tragischen Liebestod der beiden jungen Menschen erinnern.

(1.) Erst der Anblick ihres verlorenen Umhangs und das offene Schwert des Pyramus machen Thisbe klar, dass die Verwundung des Pyramus kein Unfall war (*quis te mihi **casus** ademit*, 142), sondern ein Selbstmord ihretwegen (***tua te manus** .. **amorque** perdidit*, 148 f.). Nun will auch sie seinem Vorbild folgen (*persequar extinctum*, 151, *comes tui*, 152), billigt also wohl seinen voreiligen Entschluss. In erster Linie ist sie ergriffen über die Treue des Pyramus, der ihr in ihren vorgeblichen Tod gefolgt ist (148-150), doch empfindet auch sie eine gewisse Schuld an seinem Tod (*dicar **causa** leti tui*, 151 f.), da er sich *wegen* ihr umgebracht hat.
Wie Pyramus greift auch sie übereilt und ohne weiteres Nachdenken zum Mittel des Selbstmordes, um ihm so ihre Liebe zu beweisen (*est et mihi .. **amor***, 149 f.).

(2.) Die **Rede der Thisbe** ist rhetorisch stilisiert und wie die des Pyramus auf Bühneneffekte ausgerichtet. Dies verdeutlicht die Nähe der Liebenden und die Gleichheit ihrer Gefühle. Zwar spricht Thisbe nicht ganz so melodramatisch, doch immerhin noch recht pathetisch: Superlative (*tua te **carissima** Thisbe*, 143, ***miserrima** causa*, 151, *hora **novissima***, 156), **Zeugmata** (148, 150, 152 und 156), Emphase (149 f., 152 f., 155 f. und 158 f.) und Apostrophé (an *Pyramus*, 148 f., an die *Eltern*, 154 ff., und an den *Baum*, 158 ff.).
Thisbes Rede erinnert - wie übrigens auch der Mantel und das Schwert (*vestis*, *ensis*) als Requisiten - an den Selbstmord der Dido und deren einsame Rede (Aen. IV 641-665, bes. 644) und an die Reaktion ihrer Schwester Anna (Aen. IV 675-692; bes. 679, 682 und 688). Die Bedeutungszuweisung an den Baum erinnert (eine Selbst-Reminiszenz) an die zweite Rede Apollos an Daphne (TB, S. 38, 112 f.: *tu quoque perpetuos semper gere frondis honores*).

Thisbes Tod (S. 70)

Dixit et aptato pectus mucrone sub imum
incubuit ferro, quod adhuc a **caede** tepebat.
Vota tamen tetigēre deos, tetigēre parentes.   Asyndeton, Parallelismus
(165) Nam **color** in pomo est, ubi permaturuit, **ater**,
quodque rogis superest, ***una* requiescit in *urna***.   Wortspiel

Nach dem Höhepunkt lässt Ovid die Erzählung schnell und glatt auslaufen. Die Anschaulichkeit seiner Schilderung beruht unter anderem darauf, dass er immer wieder Nebenbeobachtungen einstreut (*ferro, quod adhuc a caede tepebat*), die die Phantasie des Lesers anregen. Das bei Ovid häufige Motiv „eins in zwei" oder „zwei in eins" bildet mit dem Wortspiel *una in urna* den Abschluss. Mit dem Todesmotiv endet die Erzählung in elegischer Stimmung.

Die **spätmittelalterliche Miniatur** stellt den Erzählverlauf in einer Reihe von Szenen vor Augen, wobei der Selbstmord der Thisbe im Vordergrund steht. Ihrer - nach christlicher Lehre - verbotenen Tat (~ Todsünde) stehen im Bereich der Stadt Szenen des Fleißes und der Frömmigkeit (typologisch: Spinnen, Waschen und Beten) kontrastiv gegenüber; - eine subtile Moralisierung der ovidischen Erzählung.
Der Maler verzichtet auf die Darstellung des Mauerspaltes, bildet jedoch symbolhaft die wichtigsten Elemente der Erzählung ab: Das blutige Tuch vor dem Brunnen, den Rückweg der Löwin, vorbei an Thisbes Versteck, den nächtlich dunklen Himmel und den Maulbeerbaum, der bereits in Verwandlung begriffen ist. Thisbe stützt und umarmt mit ihrer Rechten den toten Geliebten (leblose Arme und Beine) und stößt sich mit der Linken die Schwertspitze in die Brust. Zwar ist die Darstellung ihres Selbstmordes sachlich unlogisch, doch schildert sie sehr schön und für die damalige Zeit sehr einfühlsam die Verbundenheit der Liebenden und den Schmerz, der mit ihrem Schicksal und mit ihrer Tat verbunden ist.

S. 71

Aufgaben zur Gesamtinterpretation

(1.) Das Handeln der beiden Liebenden erfolgt unter einem äußeren Zwang (Verbot der Väter) und einem inneren Zwang (Liebessehnsucht). Es liegt keine vorsätzliche Schuld vor, die Katastrophe erfolgt ungewollt durch **eine Reihe von Zufällen**, die schicksalhaft zusammenkommen (tragische Verstrickung): *Verlassen der Häuser zu einer unterschiedlichen Zeit, zufälliges Auftauchen der Löwin, ungewollter Verlust des Umhangs, blutverschmiertes Maul der Löwin, zufälliges Finden des Tuches durch Pyramus, zu späte Rückkehr Thisbes.*

Der Mangel an Überlegung (Gefahren des Ortes in der Nacht) und Rücksicht (nur Pyramus ist bewaffnet und hätte Thisbe zumindest ab der Stadtmauer begleiten müssen) kann durch die Liebesverwirrung entschuldigt werden. So sind Ansätze zu einem tragischen Verständnis vorhanden: Niemand hat das Unglück gewollt oder bewusst herbeigeführt, es erfolgt schicksalhaft. Dennoch ist die Erzählung nicht im echten Sinne tragisch, da der zweifache Selbstmord nicht zwangsläufig erfolgt, sondern aus einer (pubertären) Übersteigerung der Gefühle.

(2.) Vor allem die beiden Reden haben theatralischen Charakter, aber auch die Handlungsorte (Nachbarhäuser, Treffpunkt am Grabmal) wirken kulissenhaft, da ihre Ausstattung sich auf wenige Details beschränkt. Alle anderen Orte wie die Stadt Babylon oder der Weg zum Grabmal bleiben ausgeblendet. Dazu kommt die exakte szenische Aufteilung mit deutlichen Neueinsätzen. All dies hat späteren Bühnenfassungen vorgearbeitet. Die **szenische Gliederung** lässt sich gut in einem Tafelbild zusammenfassen (vgl. Bömer S. 36, und Schmitzer S. 536), wobei die Symmetrie der Komposition auffällig ist (36 Verse Exposition und erster Akt, 37 Verse zweiter und dritter Akt, 36 Verse vierter Akt):

55-64	Exposition: Das Liebespaar **Pyramus und Thisbe** [10 Verse]	
1. Akt:	**Pyramus und Thisbe in Babylon** [26 Verse]	
65-70	Entdeckung und Nutzung des Mauerspaltes	
71-80	Paraklausithyron und Verabschiedung zur Nachtruhe	
81-90	Wiedersehen am Morgen und Verabredung zum nächtlichen Treffen	
2. Akt:	(Beginn des Hauptteiles): **Thisbe und die Löwin** [14 Verse]	
91-95	**Thisbe** kommt zum **Grabmal**	
96-101	die **Löwin** erscheint, Thisbe flieht und verliert ihren Umhang	
102-104	die **Löwin** zerfetzt den Umhang mit blutigem Maul	
3. Akt:	Rede und Tod des **Pyramus** [23 Verse]	
105-114	**Pyramus** entdeckt auf dem Weg zum Grabmal die Löwenspuren und den Umhang, hält eine melodramatische Rede (*an Thisbe und an die Löwen gerichtet*) und beschließt sich umzubringen	
115-120	Er trägt den zerfetzten Umhang zum Treffpunkt und tötet sich mit dem Schwert	
121-127	Sein hoch herausschießendes Blut (Gleichnis) färbt den Maulbeerbaum *rot*	
4. Akt:	Rede und Tod der **Thisbe** [36 Verse]	
128-136	**Thisbe** kehrt zurück, entdeckt den Leichnam, *erbleicht* (Gleichnis) und erschrickt	
137-146	Sie betrauert Pyramus, der ein letztes Mal die Augen aufschlägt und	
147-161	hält eine pathetische Rede (*an Pyramus, an die Väter und an den Baum gerichtet*)	
162-163	Thisbe tötet sich mit dem Schwert des Pyramus	
164-166	Ausklang: Der **Baum** wird zum **Monument**, beide werden in einer Urne bestattet.	

(3.) Ovid unterlegt seine Erzählung mit einem komplexen Wortspiel. In der augusteischen Zeit deutete man die Etymologie der Begriffe assoziativ. Dabei wurden der Gleichklang oder die Umkehrbarkeit eines Wortes allegorisch als Hinweis auf ihre Verwandtschaft gedeutet. Ovid kombiniert drei Begriffs-Komplexe: a) **amor** ↔ **mors**, b) **arbor** ↔ **umbra** und c) **mora** ↔ **morus**. Auf diese Weise deutet er subtile Zusammenhänge und Wirkungen an: [2]

a) Die **Liebe (*amor*)** führt zum **Tod (*mors*)**, beide sterben einen **Liebestod (*a|mor|s*)**. Dieser erfolgt unmittelbar unter dem Baum (= Beziehung von *morus* und *mors*).

b) Der **Schatten des Baumes** ist ein wichtiger Handlungshintergrund (*umbra* ↔ arbor): Er dient als Versteck beim Rendezvouz (*lateant sub **umbra arboris***, 88 f.; *dicta sub arbore sedit*, 95), Pyramus trägt Thisbes Umhang dorthin (*ad pactae secum fert **arboris umbram***, 116) und er verzögert das Wiedererkennen des Pyramus (133-137). - Außerdem hat der Schatten des Baumes metaphorische Bedeutung (der Todesschatten, der sich über die Liebe legt).

c) Der **Maulbeerbaum (*morus*)**, unter dem beide Liebenden sterben, steht im Zentrum des Geschehens; er nimmt durch seine Färbung quasi Anteil am Geschehen (legt Trauerfarbe an). **Verzögerungen (*mora*)** begleiten die Erzählung: Das langsame Vergehen des Tages (91 f.), Thisbes Warten auf Pyramus (95) und ihr verzögertes Wiedererkennen des Geliebten (137). Dagegen zieht Pyramus sein Schwert unverzüglich wieder aus der Wunde heraus (***nec mora** .. **moriens** e vulnere traxit*, 120), eine Vorbedingung für den späteren Gebrauch durch Thisbe.

Arbeitsteilige Aufgaben

(1.) Insgesamt steht eher **Thisbe** im Vordergrund, der Charakter des **Pyramus** bleibt blass. Bei ihr wird genau geschildert, wie sie geschickt die Wachen täuscht (*callida*, 93) und kühn den Plan durchführt (*audacem*, 96), während Pyramus ohne Grund einfach nur *später* und schließlich *zu spät* kommt (*serius egressus*, 105). Thisbe zeigt sich also entschlossener und „männlicher" als er. **Pyramus** kompensiert sein Zuspätkommen durch den übereilten Entschluss zum Selbstmord, den er theatralisch und jammernd - nach antiker Vorstellung „mädchenhaft" - in Szene setzt. Immerhin findet er den Mut, seinen Entschluss auch prompt auszuführen.[3]

Thisbe sorgt sich mehr um Pyramus (*ne fallat amantem*, 128), ihre Gefühle scheinen intensiver zu sein (*iuvenemque **oculis animoque** requirit*, 129). Dies zeigt sich vor allem, als sie den sterbenden Pyramus beklagt: ***tua te carissima** Thisbe* (143, vgl. 133-144). Ihre Abschiedsrede ist zwar auch von Pathos durchdrungen (als Ausdruck ihrer intensiven Gefühle), jedoch nicht selbstbezogen wie bei Pyramus (***nostra** nocens anima est, **ego te** ..*, 110-113), sondern auf Pyramus ausgerichtet (***tua te** carissima Thisbe*, 143, ***tua te manus***, 148).

(2.) Die Erzählung enthält etliche **Liebeslehren**:
- *tempore crescit amor* (vgl. 60) [~ Beziehungen brauchen Zeit.]
- *ex aequo ardebant ambo* (62) [~ Die Gefühle füreinander sollten gleich stark sein.]
- *captis ardebant mentibus* (62) [~ Liebe raubt den Verstand und macht blind.]
- *Quid non sentit amor?* (68) [~ Liebe ist feinfühlig und merkt alles.]
- *audacem faciebat amor* (96) [~ Liebe macht mutig und überwindet alle Widerstände.]
- *tua te manus amorque perdidit* (148 f.) [~ Liebe kann tragisch enden.]
- *amor .. dabit .. vires* [~ Liebe verleiht Kräfte und Flügel.]

---

2) Vgl. Schmitzer S. 534 (eine „kryptographische Kausalkette"). Wichtig ist sein Hinweis (S. 529), dass das Gleichnis vom Wasserrohrbruch nach dem Vorbild einer Lukrezstelle gestaltet ist (De rer. nat. IV 1048 ff.), wo dieser einen Vergleich zwischen Liebesschmerz und Kriegsverwundung zieht und das Wortspiel *amor* ↔ *umor* benutzt. - Ein weiteres Wortspiel beruht auf dem griechischen Namen „Pyramus" (*pyr* = Feuer): *ferventi e vulnere* (120) und *ferro, quod adhuc .. tepebat* (163)..

3) Nach Schmitzer (S. 531) trägt Pyramus das Schwert zunächst nur, um Thisbe zu beeindrucken.

(3.) a) Spannungskurve: Die <u>Vorgeschichte</u> wird rein objektiv wiedergegeben, nur das Wort *amor* lässt Interesse aufkommen. Das Tempus wechselt vom Perfekt (Erzähltempus) über das Imperfekt (*ardebant ambo*, 62, durativ) ins aktualisierende Präsens (55-64 und ebenso 65-93). Der Erzählfluss ist ausführlich und noch wenig spannend. - Mit Vers 93, dem nächtlichen <u>Aufbruch der Thisbe</u>, beginnt der eigentliche Handlungsstrang; die Verbenkette (93-95) steigert die Geschwindigkeit des Erzählverlaufs. Das Auftauchen der Löwin (*venit ecce*, 96) lässt die Spannung hochschnellen (99-104). - Das <u>Erscheinen des Pyramus</u> (*serius egressit*, 105) dämpft die Spannung zunächst, führt aber dann schnell zum Erzählverlauf zurück (*vestigia vidit ..*, 105-108). - Seine <u>melodramatische Rede</u> und sein <u>Selbstmord</u> binden durch ihre Intensität die Aufmerksamkeit des Lesers (108-120). - Der <u>Vergleich</u> mit dem Wasserrohr (121-124) und die <u>Einfärbung des Baumes</u> (125-127) lassen die Erzählspannung durch ihre Rationalität ganz abflauen (Perfekt), ehe mit der <u>Rückkehr der Thisbe</u> (*ecce .. illa redit*, 128 f.) die Intensität der Spannung und des Gefühles wieder hochschnellt (Präsens). - Thisbes ritualisierte <u>Trauer um Pyramus</u> (137-146) hält eine mittlere Spannungshöhe (Perfekt), ihre <u>emphatische Rede</u> dagegen (147-161, überwiegend im Präsens) lässt den Leser ihre Gefühle unmittelbar miterleben (Dramatik). - Der <u>Selbstmord der Thisbe</u> wird in nur zwei Versen resümiert (162 f., Perfekt) und gehört schon zum Schlussteil, der kurz und knapp die Fakten zusammenfasst und in dem undramatischen Wortspiel *una in urna* (166) endet.

b) Gefühlskurve: Gefühle sind vor allem mit Thisbes Person verbunden. Am intensivsten sind sie spürbar, als sie den sterbenden Pyramus findet und dabei erst allmählich die Tragweite des Geschehens begreift [Spannungsklimax]. Dabei steigert Ovid die Gefühle vom ersten, unwillkürlichen Erschaudern (131-136) über die rituelle Totenklage (137-141) bis hin zum gellenden Schrei des Entsetzens (142 f.) und dem drängenden Appell an Pyramus (143-144) [Gefühlsklimax]. Auch ihre Rede ist sehr emotional und bewegend.

(4.) Vor allem Vergil hat im Bereich der römischen Literatur **die Verbindung von Landschaftsschilderung und seelischem Empfinden** perfektioniert und erreicht so eine eindringliche Dichte von Stimmungen.

Die episch-mythologischen Schilderungen vom Wechsel der Tageszeiten (81 f. und 91 f.) setzen das Gleichmaß der Natur dem Ungestüm der Liebenden entgegen. Einen Kontrast bilden vor allem der Bereich der Stadt (durch Mauern geschütztes urbanes Leben in der Zivilisation) und die einsame Wildnis außerhalb der Mauern. Auch dies ist symbolisch und psychologisch zu verstehen, da die Liebenden sich mit dem Einlassen auf die Liebe und ihre Macht auf ein ungeschütztes Feld begeben, wo im metaphorischen Sinne „wilde Tiere" (ihre Triebe) auf sie warten und das Ende ihrer Kindheit und Jugend.

Eine unterschwellige Rolle spielen die vier Elemente: **Feuer** (im Namen des „**Pyr**amus" und in seiner glühenden Wunde, metaphorisch als Liebesglut), **Wasser** (im Gleichnis *exhorruit aequoris instar ..*, 135 f., und in der Bedeutung der Quelle), **Erde** (in der Weite der Flur, den Spuren im Staub, und dem Erdboden, den die zuckenden Glieder des Pyramus schlagen) und **Luft** (im Atem der Liebenden, den sie durch den Mauerspalt teilen, beim Tod des Pyramus: *longas eiaculatur **aquas** atque ictibus **aera** rumpit*, 123 f, und als Metaphorik des Erschauderns: *exigua cum summum stringitur **aura***, 136).

(2.) Schmitzer (S. 520): „Die doppelte **Rezeption durch Shakespeare** als tragisches Muster in „Romeo und Julia" und als Komödienstoff im „Sommernachtstraum" zeigt exemplarisch die möglichen Wege bei der Interpretation der Sage."

Die West Side Story (Auseinandersetzung zwischen den Jugendbanden der *Jets* = Amerikaner und der *Sharks* = Puertorikaner) kennt kein direktes Verbot, sondern nur das (moralische) Gebot der Bandenzugehörigkeit. Tony (*Jets*) stirbt, während Maria (*Sharks*) weiterlebt.

Salmacis und Hermaphroditus (S. 72-77)

1. Zentrale Deutungs-Aspekte

Inhalt: Vertauschte Geschlechterrollen; Liebesdrang und Liebeszwang
Interpretation: Intertextualität, Charakterisierung, Deutung von Gleichnissen, Elemente der Komik, Erzählstil
Gattung: Mock-Epos (Liebeskomödie)
Erzählebenen (S. 12): erotisch und erotodidaktisch, ästhetisch

2. Übersetzung

296 **Er** kam auch zu den Lykischen **Städten** und zu den ihnen benachbarten
Karern. Hier erblickte er einen **Teich mit Wasser**, **glasklar** bis hinunter
auf den Boden. Dort wachsen *kein sumpfliebendes Gras*, *kein*
299 *unergiebiges Schilfrohr* und *keine Binsen mit spitzen Halmen*:
Ganz durchsichtig ist das Wasser. Die Ränder des **Teiches** aber
sind umgeben von **erquickendem Rasen** und **immergrünen Gräsern**.
302 **Eine Nymphe** wohnt dort, doch ist sie *weder* geeignet für die **Jagd**, *noch*
pflegt sie den Bogen zu spannen, und *auch nicht* sich im Wettlauf zu messen.
Als einzige von den Najaden ist sie der schnellen Diana *nicht* bekannt.
305 Man erzählt sich, dass ihre Schwestern oft zu ihr gesagt hätten:
„**Salmacis**, nimm doch den Jagdspieß auf oder den bemalten Köcher,
und widme dich neben deiner **Muße** zur Abwechslung mal der **harten Jagd**!"
308 Weder den Jagdspieß nimmt sie in die Hand noch die bemalten Köcher
und vertauscht ihre **Muße** nicht mit der **harten Jagd**.
Statt dessen **badet sie ihre schön gestalteten Glieder in ihrer Quelle**,
311 **bürstet** oft mit dem cythorischen Kamm **ihre Haarpracht**
und überlegt beim Blick auf das **Wasser**, was ihr am besten steht.
Dann wieder **hüllt sie ihren Körper in ein durchscheinendes** Gewand
314 und **ruht auf weichen** Blättern oder **auf weichen Gräsern**,
oft auch **sammelt sie Blumen**. Auch damals **pflückte** sie gerade,
als sie den **Jungen** erblickte und den Erblickten **haben wollte**.
317 Doch näherte sie sich ihm nicht eher, auch wenn es **sie in seine Nähe drängte**, als bis
sie **sich zurechtgemacht hatte**, als bis sie **ihr Gewand von allen Seiten betrachtet
hatte**, **eine** (passende) **Miene aufgesetzt hatte** und zu Recht **als schön angesehen**
320 **werden konnte**. Dann begann sie folgende Rede: „O **Knabe**, der du mit voller
Berechtigung für einen Gott gehalten werden könntest, und ob du nun Gott oder
Sterblicher bist, Cupido sein könntest: Selig, die dich gezeugt haben (~ deine Eltern),
323 gesegnet dein Bruder und wahrlich vom Glück begünstigt deine Schwester,
falls du eine hast, und auch die Amme, die dir die Brust gegeben hat.
Doch vielmehr als alle, noch weitaus glücklicher ist die
326 - falls du denn eine **Braut** hast -, die du der **Ehe** für wert empfindest.
Falls es da eine gibt, so sei **meine Begierde** nur heimlich,
falls aber keine, so will ich es sein und so lass uns **das Bett miteinander teilen**."
329 Danach schwieg **die Nymphe**. Schamesröte überzog das Gesicht des **Knaben**
- denn er weiß noch nicht, was **Liebe** ist -, doch machte ihn die Röte noch attraktiver.
Eine solche Farbe haben die Früchte, die am Apfelbaum hängen,
332 oder Elfenbein, das (mit Purpur) gefärbt wurde, oder der Mond,

wenn er sich verfinstert und vergeblich erklingen die Trompeten.
Zu der (aufdringlichen) **Nymphe**, die ohne Unterlass wenigstens **schwesterliche**
335 **Küsse forderte** und schon **ihre Hände um seinen elfenbeinglatten Hals legen** wollte,
sprach er: „Lässt du das wohl! Oder ich flüchte und lass dich hier (allein) zurück!"
Salmacis war bestürzt und sagte: „Diesen Platz überlasse ich dir freiwillig,
338 Fremder". Und sie tat so, als ob sie weggehen wolle,
immer noch zurückschauend, und umgeben von **dichtem Gebüsch**
ließ sie sich auf ein Knie nieder und **versteckte sich**. **Jener** aber,
341 da noch **ein Knabe**, und da er sich unbeobachtet fühlte auf der leeren **Wiese**,
ging hierhin und dorthin und tauchte **in den anplätschernden Wellen**
seine Zehen und die Füße bis zum Knöchel ein. Und nicht lange,
344 da wurde er **eingelullt von der leichten Wärme des schmeichelnden Wassers**
und **legte seine weiche Kleidung von seinem zarten Körper ab**.
Da erst machte **Salmacis** Augen und **entbrannte in Begierde zu dem nackten**
347 **Körper**. Und es flackern die Augen der Nymphe, nicht anders,
als wenn die strahlend helle Sonne im klaren Rund
eines Spiegels als Gegenbild sich widerspiegelt.
350 *Kaum* noch erträgt sie das Warten, kann *kaum* noch ihre **Vorfreude** zügeln,
drängt schon danach, ihn zu umschlingen und kann sich in ihrem Liebeswahn
kaum noch beherrschen. Jener **springt** mit ausgestreckten Händen
353 mit einem Bauchklatscher **ins Wasser** und **im klaren Wasser**
einherschwimmend **schimmert er hindurch** wie eine Elfenbeinfigur
oder wie weiße Lilien, die jemand hinter klarem Glas aufgestellt hat.
356 „Ich hab ihn, jetzt gehört er mir!" rief **die Nymphe** aus, warf all ihre Kleider
von sich und **stürzt sich mitten ins Wasser**
und hält den sich Wehrenden fest und zwingt ihm **widerstrebende Küsse** ab,
359 **grapscht nach ihm und betastet seine Brust** gegen seinen Willen
und ergießt sich ringsumher von allen Seiten um den **jungen Mann**.
Ihn, der dagegen ankämpft und sich zu entziehen versucht,
362 **umschlingt sie** wie eine Schlange, die ein Adler gepackt hat und
mit sich in die Höhe reißt. Diese umschlingt im Herabhängen seinen Kopf und
seine Füße und umfasst mit ihrem Schwanz seine weit ausladenden Schwingen.
365 Oder wie Efeu hohe Baumstämme zu überwuchern pflegt,
wie ein Krake, der in der Meerestiefe einen Feind gepackt hält
und von allen Seiten seine Fangarme hervorschießen lässt.
368 **Der Nachkomme des Atlas** bleibt beharrlich und verweigert der **Nymphe**
die erhofften Freuden. Jene presste sich an ihn, hielt ihn mit ihrem ganzen
Körper weiterhin **eng umfasst** und sprach: „Du magst ruhig kämpfen, **du**
371 **Nichtsnutz**, doch entkommst du mir nicht. So mögt ihr Götter es fügen:
Kein Tag soll er von mir und soll ich von ihm getrennt sein."

3. Interpretation im Textverlauf

Salmacis und Hermaphroditus ist eine der schönsten erotischen Erzählungen Ovids in den *Metamorphosen*, erzählt mit Witz, aber auch mit Feingespür für Fragen pubertärer Scheu und jugendlicher Entwicklung.

Sowohl Salmacis als auch Hermaphroditus werden nicht als individuelle Charaktere, sondern als Prototypen einer bestimmten *Lebens*haltung und *Liebes*haltung geschildert. Insofern bilden sie Figuren, mit denen Jugendliche heute sich identifizieren oder die sie ablehnen können. Erotodidaktisch geht es um Fragen der Kontaktaufnahme und der „Eroberung", um männliches und weibliches Verhalten gegenüber dem anderen Geschlecht und speziell um die Herkunft von biologischen Zwittern (Aitiologie der Hermaphroditen).

Daneben ist die kleine Episode, Teil der Minyaden-Erzählungen, ein meisterhaftes Stück ovidischer Erzählkunst, brillant in Sprache und Stil, das durch den intertextuellen Bezug zu Homer auch einen Blick auf augusteische Dichtungskonventionen ermöglicht.

Der Einleitungstext fasst die Verse IV 274-295 zusammen. Zwei Signale an den Leser sind wichtig. Zum einen **das Alter des Hermaphroditus: Fünfzehn Jahre**, d.h. noch *vor* dem Eintrittsalter in die sexuelle Reife (dagegen sind Narcissus oder Adonis sechzehn Jahre alt und damit sexuell „volljährig"). Zum anderen die ironischen Hinweise, dass Hermaphroditus sich mit seinem verfrühten Aufbruch aus dem „Elternhaus" (***montes** deseruit patrios*, 292 f.) auf unbekanntes, potenziell gefährliches Terrain begibt (Polyptoton *ignotis, ignota*), auf dem er zudem noch umherirrt (*errare*); - ein metaphorisches Signal für seine sexuelle Unerfahrenheit und ein Vorverweis auf sein späteres sexuelles „Umherirren" als Zwitter.

Ovid ist vor allem ein Meister der kontrollierten, unauffälligen Dosierung seiner Mittel. Als ob er sich immer einschärfen würde: *ne quid nimis*, alles in Maßen! Erst dann zeigt es Wirkung, weil es nicht bewusst wird. Ein Meister also der sublimen Leserbeeinflussung.

Er hat ganz offensichtlich auch immer eine Idee, *welche* Wesenszüge einer Erzählung er *wie* ausgestalten will, *worauf* er - oft überraschend und pointiert - das Augenmerk legt. Gerade diese unerwarteten, nur scheinbar zufällig und spielerisch auftretenden Nuancen verblüffen den Leser immer wieder.

Die Nymphe Salmacis und ihr Teich (S. 72-73)

296	Ille etiam Lycias **urbes** Lyciaeque propinquos	
	Caras adit. Videt hic **stagnum lucentis ad imum**	Hyperbaton
	usque solum lymphae. *Non* illic **canna palustris**	
299	*nec* steriles ulvae *nec* acuta cuspide iunci:	Polysyndeton
	perspicuus liquor est. *Stagni* tamen ultima **vivo**	
	caespite cinguntur **semperque virentibus herbis**.	
302	**Nympha** colit, sed *nec* **venatibus** apta, *nec* arcus	Polysyndeton
	flectere quae soleat *nec* quae contendere cursu,	c-Alliteration
	solaque Naiadum celeri *non* nota Dianae.	
305	*Saepe* suas **illi** fama est dixisse sorores:	
	„**Salmaci**, *vel* iaculum *vel* pictas sume pharetras,	
	et tua **cum duris venatibus** otia misce!"	
308	*Nec* iaculum sumit *nec* pictas illa pharetras	Parallelismus (Wiederholung)
	nec sua **cum duris venatibus** otia miscet,	Polysyndeton
	sed *modo* **fonte suo formosos** perluit artus,	o-Assonanz
311	*saepe* Cytoriaco deducit pectine crines	
	et, **quid se deceat, spectatas consulit undas**.	
	Nunc **perlucenti** ←**circumdata corpus**→ **amictu**	abbildende Wortstellung
314	**mollibus** aut foliis aut **mollibus** incubat **herbis**,	Parallelismus
	saepe legit **flores**. *Et tunc* quoque *forte* legebat,	
	cum **puerum** *vidit visum*que optavit habere.	Polyptoton
317	*Nec* tamen ante adiit, etsi **properabat adire**,	Polyptoton
	quam se conposuit, ***quam*** circumspexit amictūs	Anapher
	et finxit vultum *et* meruit **formosa videri**.	Polysyndeton

In wunderbarer Manier beschreibt Ovid den ganzen Aufwand an Schönheitsputz, den eine Frau treiben kann (310-312 und 317-319), und der auch bei vornehmen Römerinnen seiner Zeit durchaus üblich war. Dabei nutzt die Nymphe ihr Wasser wie einen Spiegel (*spectatas consulit undas*, 312). Denn **Nymphe (nympha)** und **Teich (lympha)** sind zwar prinzipiell eng verbunden (wie Körper und Geist, Wesenheit und Stoff), doch liebt es Ovid, das personifizierte Wesen und die stoffliche Qualität als Aspekte gegeneinander auszuspielen.

S. 73

(1.) a) Der Teich der Salmacis
- *stagnum* (stehendes Gewässer)
- *lucentis ad imum usque solum lymphae* (ganz durchsichtig)
- *nec canna nec ulvae nec iunci* (frei von pflanzlichem Bewuchs)
- *perspicuus liquor* (klares, durchsichtiges Wasser)
- *vivo caespite* (frischer, grüner Rasen ringsum)
- → Charakter der **Nymphe**: einladend, offen zugänglich, „durchsichtig" (in ihrem Verhalten) und „unbedeckt"!

Wie bei Narcissus fehlt dem Teich die lebendige Aura (*sterilis*, 299, und *vivus*, 300, sind sublime Gegensignale), so dass nur der frische grüne Rasen ringsum - übertragen: Ihr Äußeres - eine lebendige Ausstrahlung vermittelt.

(2.) a) Auch der Teich der Salmacis ist als **metaphorisches Seelenbild** zu lesen. Die Durchsichtigkeit der Quelle ist ein Sinnbild für die unverhüllte Offenheit der Nymphe. Dieses Motiv durchzieht die Erzählung wie ein Stimmungsgrund (*lucentis lymphae*, 297 f., *perspicuus liquor* 300, *perlucenti amictu*, 313). Dem entspricht das **Wortfeld Sehen** (*videt*, 297, *vidit visumque*, 316 und *formosa videri*, 319).

Charakter der Wassernymphe Salmacis
- offen und zugänglich (396 f.), aber auch leicht durchschaubar (300)
- Außenseiterin (302-309)
- vermeidet Anstrengungen und interessiert sich nicht für die *harte* Jagd (302-309)
- liebt ihre Muße und das leichte/seichte Leben (307, 309)
- pflegt sich gerne und achtet sehr auf ihr Aussehen (310-312)
- setzt sich in aufreizender Kleidung in Positur (313 f.)
- verliebt sich schnell und ist besitzergreifend (315 f.)
- ist ganz auf ihre äußere Wirkung bedacht (317-319)
- ist unstet in ihrer Beschäftigungslosigkeit (*modo, nunc, saepe, tunc, cum*)
= Nach antikem Klischee: „typisch weiblich"

b) Im Gegensatz zu **Daphne** (und vor allem deren Vorbild **Diana**) zeichnet sich Salmacis durch ihr **Desinteresse an der Jagd** aus (Zugangsfrage: *Aus welchen Gründen entzieht sie sich überhaupt der Jagd?*). Dies hängt wohl zusammen mit ihrem Wunsch, immer adrett und schön zu erscheinen. So zieht sie die Körperpflege dem schweißtreibenden Sport vor. Die Metapher der **Jagd** steht in den *Metamorphosen* für das Ideal der Jungfräulichkeit. Salmacis ist ausdrücklich als Gegentyp gekennzeichnet und erweist sich im Laufe der Erzählung immer mehr als Prototyp der sexgierigen Nymphe (~ Nymphomanin). Im Gegensatz zur scheuen Nymphe **Echo** ist Salmacis selbstbewusst und durchtrieben.
Die Gegensatzpaare *durus* und *mollis*, ebenso *otium* und *venatus*, stammen aus der Römischen Liebeselegie, und auch das *Blumenpflücken* ist eine erotische Metapher. Ovid baut hier also einen Gegensatz auf zwischen der Liebeswelt und ihren Gegenwelten: *negotium* (~ Geschäftswelt) und *venatus* (~ Jagd und Sport).

Lucas Cranach hat mehrere Bilder dieses Typus in ähnlicher Manier gemalt, war also offenbar von dem Stoff fasziniert. Er übernimmt die ovidische Symbolik, die er allegorisch deutet (Typ der liebeshungrigen, lasziven Nymphe) und durch eigene Symbolik noch weiter ausformt. - In aufreizender Haltung und Gestik posiert Salmacis auf der tiefgrünen, mit Blumen und Kräutern versehenen Wiese neben ihrem Teich. Ihr Kopf ist auf ein tiefrotes Samtgewand gebettet (Symbol ihrer sexuellen Bereitschaft), ihre Lippen sind leicht geöffnet, ihr „Schlafzimmerblick" wendet sich dem Betrachter zu. Fein frisiert und geschmückt, mit einem ganz leichten, durchsichtigen Stoff „bekleidet", hat sie Pfeil und Bogen „an den Nagel gehängt"; die Perlhühner zu ihren Füßen und ebenso die Erdbeeren sind mittelalterliche Liebessymbole. Die Aufschrift oben links neben der Quellgrotte (*fontis nympha sacri somnum ne rumpe quiesco*) informiert den Betrachter: „(Ich bin) die Nymphe (dieser) heiligen Quelle. Unterbrich meinen Schlaf nicht. Ich ruhe mich gerade aus."

Die Rede der Salmacis (S. 73-74)

320	Tunc sic orsa loqui: „**Puer o dignissime** credi ␣	Emphase
	esse deus, *seu* tu deus es, potes esse Cupido,	Correctio, Chiasmus
	sive␣es mortalis, qui te genuēre, beati,	
323	et frater felix, et fortunata profecto,	f(o)-Alliteration, **Klimax**
	si qua tibi soror est, et quae dedit ubera nutrix.	
	Sed *longe* cunctis *longeque beatior* illa,	**Klimax**
326	*si qua tibi* sponsa␣est, si quam dignabere taeda.	Anapher, Antonomasie
	Haec tibi *sive*␣aliqua␣est, **mea sit furtiva voluptas**,	
	seu nulla␣est, **ego sim thalamumque␣ineamus eundem**."	Parallelismus

(3.) a) Die **Rede der Salmacis** ist im feierlichen **Hymnen-Stil** gehalten (direkte Ansprache, Relativstil, Superlative). Wie eine getreue Schülerin der *ars amatoria* - dem Auffinden eines geeigneten Liebesobjektes folgt die gekonnte Umwerbung - preist Salmacis in übersteigerter Manier die göttliche Schönheit des jungen Hermaphroditus Die Makarismen steigern sich (Klimax: *beati, felix, fortunata, longe cunctis longeque beatior*), bis Salmacis zum Kernpunkt kommt, ihrem eigentlichen, ganz egoistischen Anliegen (*mea sit, ego sim*, 327 f.).
b) Man kann diesen Part sehr schön als Lesevortrag einüben lassen (Partner- oder Gruppenarbeit) und anschließend vortragen lassen (auch mit verteilten Rollen: Einer liest und einer spielt vor, eventuell auch pantomimisch) [Alternative: Vertonung, auch in Übersetzung oder in freien Umformungen]. Auf jeden Fall müsste die Rede sehr schmeichelnd, mit kokettem Augenaufschlag etc. vorgetragen werden.

(4.) Die **Strategie der Nymphe** ist so leicht zu durchschauen wie das Wasser ihres Teiches. Die deutliche Schmeichelei dient der Liebeswerbung und der Vorbereitung ihres kaum verhüllten Wunsches nach Heirat und Beischlaf, den sie ja zum Schluss auch direkt ausspricht.

(5.) **Odysseus** hält seine schmeichelnde Rede, während er als Gestrandeter nackt vor Nausikaa steht. Ovid vertauscht die Situation, denn nun steht **die Nymphe** leicht bekleidet vor Hermaphroditus und beginnt ihn ebenso schlau wie Odysseus zu umschmeicheln. Während dieser die Prinzessin *aus Not* anspricht und dabei voller Scham seine Blöße zu bedecken sucht, tritt Salmacis dem Jungen *aus Gier* entgegen und lässt ihre Reize offen durchblicken. Hatte der Anblick des schönen Mädchens schon dem *polytropos* Odysseus nicht wirklich die Sprache verschlagen, so zeigt sich auch Salmacis recht redegewandt und forsch.
Im Stil eines Hymnus - der schon bei Homer parodistische Züge trägt - vergöttert sie den jungen Mann und macht ihm schöne Augen. Während jedoch Odysseus Nausikaa (züchtig) mit

der jungfräulichen Artemis vergleicht - statt mit Aphrodite! - , vergleicht Salmacis den *puer* (316) anzüglich mit dem Liebesgott selbst. Der Lobpreis der Herkunft und die Beglückwünschung der Familie sind typische Elemente des Hymnus, doch treibt Ovid auch hier die Parallele auf die Spitze, indem Salmacis es (im Gegensatz zu Odysseus) nicht bei schmeichelnden Andeutungen belässt (*si qua tibi sponsa est*, 326). Ohne Umschweife fordert sie den fünfzehnjährigen Jungen zum Beischlaf auf und lässt sich auch durch eine mögliche Verlobung nicht von ihrer Lust abhalten (*furtiva voluptas*, 337); - ein mehr als unmoralisches Angebot!

Reaktion des Hermaphroditus (S. 74)

329	**Nais** ab his tacuit. **Pueri rubor** ora notavit	Parallelismus
	- **nescit enim, quid amor** -, sed et erubuisse decebat.	Parenthese
	Hic color aprica pendentibus arbore <u>pomis</u>	Vergleich
332	aut <u>ebori</u> tincto est aut sub candore rubenti,	
	cum frustra resonant aera auxiliaria, <u>lunae</u>.	
	Poscenti nymphae sine fine sororia saltem	
335	**oscula** iamque **manus ad eburnea colla ferenti**	
	„Desinis? Aut <u>*fugio*</u> tecumque" ←ait→ „ista <u>*relinquo*</u>!"	Chiasmus

Hermaphroditus bleibt *puer*, ein noch unerfahrener junger Mann, der den eindeutigen Avancen der Nymphe nicht recht gewachsen ist und von der Liebe weder *etwas versteht* noch *etwas wissen will* (*nescit, quid amor*, 330). Das abschätzige *ista* (335), das sich sowohl auf die Örtlichkeit als auch auf die ganze, ihm unangenehme Situation beziehen kann, lässt die Schamhaftigkeit des jungen Mannes erkennen, der die Geilheit der Nymphe nicht direkt ansprechen mag. Sein Erröten, das durch die drei kurzen Vergleiche aus Natur und Kunst [1] anschaulich gemacht wird, wirkt auf die Nymphe erotisch (*erubuisse decebat*, 330) [vgl. die Farbsymbolik weiß/rot bei Narcissus]. Um so ungenierter bedrängt sie den jungen Mann nun auch körperlich [2] (334 f.), bis es diesem schließlich zu viel wird.

S. 74

(1.) Offensichtlich fühlt sich Hermaphroditus von der stürmischen Begierde der Nymphe bedrängt, zumal er von der Liebe noch nichts wissen will (330); er reagiert also - nach antiker Vorstellung - mädchenhaft scheu. Hinter dieser persönlichen Scheu steht die kulturelle, auch heute wohl immer noch überwiegend gültige Konvention, dass der Mann die Initiative ergreifen müsse (TB S. 75). - Man kann mit den Schülern diskutieren: *Wie empfindet ihr das Werbeverhalten der Nymphe? Würdet ihr es als Verhalten eines Mannes akzeptieren?* Hier deutet sich bereits die Vertauschung der Geschlechterrollen an, die Ovid in dieser Erzählung konsequent durchführt (vgl. TB S. 77, Aufg. 3).

(2.) Die Erzählung ist hier an einen offenen und damit entscheidenden Punkt gelangt. Wird die Nymphe nachgeben oder Hermaphroditus tatsächlich flüchten? Oder wird der junge Mann alsbald in die Liebe eingeführt werden? - Mögliche Diskussionsfragen zur Werbestrategie der Nymphe: *Wie würdet ihr an Stelle der Salmacis auf die Abweisung reagieren? - Gäbe es für sie andere Wege, ihr Ziel zu erreichen?*

---

1) Der Vergleich mit dem Mond (oder der Mondfinsternis) ist schwierig zu deuten, doch weist der Mond symbolisch auf die Passivität und die „Frigidität" des Hermaphroditus hin. Trotz ihrer Natur als *Wasser*nymphe ist Salmacis dagegen in der Liebe recht aktiv und feurig (~ Sonne).
2) Im Sinne der *Ars* täuscht sie dabei geschickt rein „geschwisterliche", also unverfängliche Küsse vor (vgl. Byblis, TB S. 114, Vers 539; vgl. auch TB S. 65: Eine Liebende muss lernen zu täuschen!).

B

S. 75

Die Darstellung von **Giuseppe Sogni** gehört zum späteren Verlauf und kann vor allem auf die Verse 340-351 bezogen werden, aber auch schon auf die Verse 329 f. und 334 ff.
Der Maler setzt die ovidische Vorlage recht anschaulich um (abgelegte Reisekleidung im Hintergrund, Klarheit des Wassers, umgebender Rasen) und vermeidet die Schwülstigkeit, die den bildhaften Umsetzungen dieser Szene leicht anhaftet. Es kontrastieren das schön frisierte Haar der dunkelhaarigen Nymphe und die blonde Lockenpracht des jungen Mannes, der sich mit leicht gequältem Gesichtsausdruck den Umarmungen zu entziehen sucht. Die Hilflosigkeit seiner Bemühungen zeigt sich an der Haltung der Arme, die nur unentschlossen Widerstand leisten; kaum traut er sich, die Nymphe zu berühren. Deren Arme halten ihn eng umschlungen und sie versucht, den Wegstrebenden, vor allem seinen Kopf, an sich heran zu ziehen, um ihn besser küssen zu können.

Hermaphroditus fühlt sich unbeobachtet (S. 76)

Salmacis extimuit „Loca" que „haec tibi libera trado,	Enallagé
338 hospes" ait simulat*que* gradu discedere verso,	
tum quoque respiciens, **fruticum***que* recondita **silva**	Polysyndeton
delituit flexo*que* genu summisit. *At* **ille**,	
341 *ut* **puer**, *ut* vacuis et inobservatus **in herbis**,	Anapher, in-Alliteration
húc it et hinc illúc ‖ et **in adludentibus undis**	u-i-Assonanz (chiastisch), Wortspiel
summa pedum taloque tenus vestigia tinguit.	t(i)-Alliteration (bzw. Assonanz)
344 *Nec mora*, temperie **blandarum** captus **aquarum**	
mollia de **tenero velamina corpore** ponit.	
Tum vero stupuit nudaeque cupidine formae	
347 **Salmacis** exarsit. Flagrant quoque lumina **nymphae**,	Chiasmus
non aliter quam cum puro nitidissimus orbe	Vergleich
opposita speculi referitur imagine Phoebus.	
350 *Vix*que moram patitur, **vix iam sua gaudia** differt,	Anapher, Emphase, Parallelismus
iam cupit amplecti, *iam* se male continet **amens**.	Anapher, Assonanz

In typischer Weise stellt Ovid jeweils einen der beiden Protagonisten in den Vordergrund („Scheinwerfertechnik"), so dass sich die Erzählung in einem Reiz-Reaktions-Schema entfaltet. Da Salmacis auf direktem Wege nicht zum Zuge kommt, bedient sie sich erneut einer List und täuscht ihren freiwilligen Weggang vor (*libera trado*, 337, in Enallagé).
huc it et hinc illuc gibt das Auf-und-ab-Gehen des Hermaphroditus wieder. - Das Attribut *libera* weist auf das **Motiv der Freiwilligkeit** hin (**Gegenmotiv: Liebeszwang**, Vergewaltigung). - Erneut erweist sich Hermaphroditus als naiv (*ut puer*, 341), da er keinen Argwohn gegenüber der Nymphe hegt und ganz unbeschwert die Annehmlichkeit und die Schönheit des Ortes genießt. In dem klangvollen Wortspiel von Vers 342 wird jedoch deutlich, dass die Nymphe als *lympha* immer noch anwesend ist und seine Füße mit ihrem Wasser umspielt. Da das *mollia velamina* (345) keine direkte Erzählfunktion hat, ist es wieder metaphorisch zu lesen. Nicht nur sein Umhang, sondern Hermaphroditus selbst mit seinem zarten Körperbau (*de tenero corpore*, 345) ist weichlich und damit eher feminin.
In einer Verbenkette schildert Ovid in Klimax die beim Anblick des nackten Knaben aufflammende Begierde der Salmacis: *stupuit, cupidine exarsit* und *flagrant lumina* (346-347), [eingeschobener Vergleich (348-349)], *vix patitur, vix gaudia differt, iam cupit, iam se male continet amens* (350 f.). Ihre Begierde steigert sich bis zum Liebeswahn (**amans = amens** ist ein Topos der Römischen Liebeselegie), so dass sie sich nicht mehr beherrschen kann.

113

Salmacis bedrängt Hermaphroditus (S. 76 f.)

	Ille cavis velox adplauso corpore palmis	
353	desilit **in latices** alternaque bracchia ducens	**Enallagé**
	in liquidis translucet **aquis**, ut eburnea si quis ⌐	Vergleich, Hyperbaton
	<u>signa</u> tegat **claro** vel candida <u>lilia</u> **vitro**.	Hyperbaton
356	„Vicimus et meus est!" exclamat **nais** et ómni ⌐	
	veste procul iacta **mediis** inmittitur **undis**	
	pugnantem*que* tenet **luctantia*que*⌣oscula carpit**	Polysyndeton, **Enallagé**
359	**subiectat***que* **manus** invita*que* **pectora tangit**	**Enallagé**
	et **nunc** hac iuveni, **nunc** circumfunditur *illac*.	Anapher

Selbst in ernsthaften Momenten vergisst Ovid nie den Kontrast und die Möglichkeit, seine Erzählung durch witzige oder karikierende Vorstellungen aufzulockern. Dies geschieht hier durch die Schilderung, wie der junge Mann ins Wasser springt, nachdem er sich - wie im Freibad - schnell vorher nass gemacht hat (*cavis velox adplauso corpore palmis*, 352) [3] und im Kraulstil (*alterna bracchia ducens*, 353) erst einmal eine Bahn schwimmt.[4]

S. 76

(1.) Aus den *sororia oscula* (334 f.) sind nun *luctantia oscula* geworden (358); Salmacis wird also sexuell aktiv. Ovid kommt es hier auf die **Steigerung ihrer Begierde** an, die sich - wie schon in den Versen 346-351 - in einer Verben-Klimax vollzieht: *tenet, oscula carpit, subiectat manus, pectora tangit, circumfunditur* (358 ff.).[5]

(2.) Der **erste Vergleich** (Sonnenstrahlen, die im Spiegel reflektieren) ist eigentlich paradox, setzt er doch das Element des Feuers (vgl. *exarsit, flagrant lumina*, 347) dem des Wassers gegenüber, das den Lebensraum und das Element der Najade bildet. Solche Paradoxien finden sich bei Ovid häufig.

Der **zweite Vergleich** (Elfenbeinfigürchen und weiße Lilien hinter Glas) strahlt eine hohe Artifizienz aus (Künstlichkeit, Arrangement). *eburnea signa* und *candida lilia* erinnern an die weiße Hautfarbe des Hermaphroditus (*eburnea colla*, 335), das durchsichtige Glas (*claro vitro*) an den Teich der Salmacis. Ziel des Vergleiches ist der Gegensatz zwischen natürlicher Darbietung und künstlicher Zurschaustellung, vor allem aber die Wirkung des Anblicks auf die Nymphe.

Laurie Lipton (geb. in New York, lebt in London) - Hermaphrodit, 1988

---

3) Vielleicht ist mit *adplauso corpore desilit* (352 f.) auch ein Bauchklatscher gemeint?
4) Übrigens ist das Wortfeld „Wasser" breit vertreten: *stagnum* (297), *perspicuus liquor* (300), *fons* (310), *undae* (342, 357), *aquae* (344, 354), *latices* (353) und *aequor* (366) [vgl. *Lykische Bauern*].
5) *Vix iam sua gaudia differt* (350) ist ein Selbstzitat Ovids (Intertextualität) und soll den Leser an die Begierde des Zeus-Stieres beim Anblick der Europa erinnern (TB S. 40; vgl Met. II 862 f.: *Gaudet amans et, dum veniat sperata voluptas, / oscula dat manibus. Vix iam, vix cetera differt*). Salmacis wird auf diese Weise als männlich-machtvoll handelnd und als besitzergreifend charakterisiert.

Der Ringkampf zwischen Salmacis und Hermaphroditus (S. 77)

Denique nitentem contra elabique volentem	
362 inplicat ut serpens, quam regia sustinet ales	Vergleich
sublimemque rapit. Pendens caput illa pedesque	
adligat et cauda spatiantes inplicat alas;	
365 utve solent hederae longos intexere truncos,	Vergleich
utque sub aequoribus deprēnsum polypus hostem	Vergleich, Anapher
continet ex omni dimissis parte flagellis.	
368 Perstat **Atlantiades** sperataque gaudia nymphae	Antonomasie
denegat. **Illa** premit commissaque corpore toto	
sicut inhaerebat, „Pugnes licet, **inprobe**", dixit,	
371 „non tamen effugies. Ita, dī, iubeatis, et **istum**	Antithese
nulla dies *a me nec me* deducat **ab isto**."	Chiasmus

Wunderbar veranschaulicht Ovid das Sträuben und Sich-Winden des Hermaphroditus (361 und 369 f.) und die fast tierische, unerbittliche Gewalt, mit der die Nymphe ihn festhält und umklammert. Doch scheint sich Hermaphroditus endlich auf seine männlichen Anteile besonnen zu haben und handelt entschlossener (*nitentem contra elabique volentem*, 361, *perstat*, 368, *denegat*, 369). So wird er jetzt mit dem Adler des Zeus verglichen (*regia ales*, 362), wobei das hochepische Bild nicht recht zu passen scheint, denn nicht er hat die Schlange/Nymphe gepackt, sondern umgekehrt. So gibt es keine „Lösung" mehr und das Beharren des Hermaphroditus (*perstat, denegat*, 368 f.) führt unweigerlich in die Verwandlung.

(1.) Die entscheidende Zugangsfrage ist, warum sich **der Wunsch der „Nymphomanin"** nicht so erfüllt, wie sie sich das sicherlich gewünscht hätte (vgl. Bömer S. 132: „nicht als glückhafte Verewigung der Liebe"). Denn nun ist sie zwar ein Leben lang mit Hermaphroditus verbunden, kann jedoch keine Beziehung mehr zu ihm entwickeln und keine Sexualität mit ihm ausüben. Offensichtlich sind beide durch die Verwandlung bestraft, und zumindest Hermaphroditus reagiert verärgert, indem er auch andere auf gleiche Weise schädigen will.

(2.) Offensichtlich ist die Verwandlung in gewisser Weise als **Konsequenz eines falschen Liebesverhaltens** zu verstehen. Mit Gewalt versucht Salmacis das zu erlangen, was der junge Mann ihr nur freiwillig geben könnte. Dabei geht es Ovid nicht um den moralischen Aspekt (Laszivität der Nymphe), sondern um den existenziellen und psychologischen Aspekt: Die allzugroße *Anhänglichkeit* und der übermächtige *Zwang* der Liebe versperrt ihr selbst die Möglichkeit, eine freie und „humane" Beziehung aufzunehmen. Eine solche benötigt Freiheit und Zeit und drückt sich im spielerischen Umgang aus (~ Flirt, lat. *ludus*; vgl. 342).

(3.) In ihrem aggressiven Werbungsverhalten zeigt sich Salmacis eindeutig als *männlich*, während Hermaphroditus sich eher *weiblich*-zurückhaltend gibt. Es liegt also ein **Rollentausch der Geschlechter** vor. Genauer gesagt sind beide ihrem Wesen nach *männlich und weiblich zugleich*, nämlich dem Geschlecht nach (Salmacis *feminin* und Hermaphroditus *maskulin*), und vom seelischen Empfinden und sexuellen Verhalten her (Salmacis *maskulin* und Hermaphroditus *feminin*). Der entscheidende Punkt, an dem sich **die männliche Dominanz der Nymphe** zeigt, ist der Übergang von Vers 315 zu 316. Der Leser erwartet zunächst, dass die Nymphe beim Blumenpflücken erblickt und bedrängt wird (so das typische Erzählmuster von **Proserpina, Syrinx** u. a.). In diesem Fall aber ist es die Nymphe selbst, die den Jungen **erblickt** und ihn sogleich **haben will**, also die Rolle der sexuell Aktiven übernimmt.

Mögliches Tafelbild zur Charakterisierung:

Salmacis	Hermaphroditus
	- irrt mit 15 Jahren auf unbekanntem Gebiet umher
- **kein Interesse an der Jagd** (305-309)	
- **schmückt und pflegt sich** (310-314)	
- **sammelt gerne Blumen** (315)	
- *lasziv, lüstern* (327 f.)	- *puer* (316), **schamhaft** (Erröten, 329 f.),
	- **unerfahren in der Liebe** (330: *nescit, quid amor*)
	- **wird schnell rot / helle Hautfarbe** (329-333)
- *fordernd, aggressiv* (334 f.)	- **verschreckt, zaghaft** (336)
- verschlagen, hinterlistig (338-340)	- *puer*, naiv und gutgläubig (341 ff.)
	- **zarter Körperbau, weich** (345: *mollia velamina*)
- *lüstern, leicht erregbar* (346-351)	- schöne Gestalt (355: *clarus, candidus*)
- *energisch zupackend* (356-360)	- *Atlantiades* (368) ~ besinnt sich auf seine männliche
- bereit zu **Gewaltanwendung** (369 ff.)	Stärke, wehrt sich aber nicht entschlossen genug
= Zeigt zuerst (bis Vers 319) typisch **weibliches** Verhalten, dann aber rein **männliches** Verhalten!	= Zeigt überwiegend **weibliches** Verhalten! (Nur kurz machen sich **männliche** Eigenschaften bemerkbar) = **semivir**!

S. 77

(4.) Jupiter bedient sich gegenüber Europa ohne Gewissensbisse einer List und einer täuschenden Verkleidung (er gibt sich den Anschein von Sanftheit, handelt aber kompromisslos). Auch **Salmacis** täuscht Hermaphroditus ohne Skrupel (sie sieht aus wie eine Frau, handelt aber wie ein Mann). Beide versuchen die Schönheit als Lockmittel einzusetzen, was aber bei Hermaphroditus nicht funktioniert, weil dieser dafür noch keinen Sinn hat.

(5.) a) Die Verwandlung bewirkt - wie in vielen anderen Fällen - den Ausgleich einer körperlich-seelischen Spannung, in diesem Fall den **Ausgleich der männlich-weiblichen Anteile bei beiden**. In paradoxer Verschmelzung (wie beim Pfropfen von Obstbäumen) werden sie zu **einem** Wesen mit **einem** Gesicht und **einer** Gestalt: *nec duo sunt, sed forma duplex,* **nec femina** *dici /* **nec puer** *ut possit, neutrumque et utrumque videtur* (378 f.). Die Verwandlung erfolgt auf den Wunsch der Nymphe hin, die ihre Niederlage (vgl. *vicimus et meus est*, 356) nicht eingestehen will und sich eine dauerhafte Verbindung wünscht.
b) Die Verwandlung ist **keine moralische Strafe** - etwa für die ungehemmte Triebhaftigkeit oder die unpassende Aggressivität der Nymphe! -, sondern die (existenzielle) Konsequenz und die Manifestation einer Haltung, die sich bei beiden verfestigt hat. **Hermaphroditus** empfindet die Verwandlung zwar als unverdiente Strafe, über die er erbost ist, sie liegt aber in der Konsequenz seines geschlechtlichen Verhaltens. Schon vor der Verwandlung war er ein *semivir*, ein halber Mann (nicht nur im pubertären Sinne, sondern auch im Sinne seiner mangelnden Liebesfähigkeit oder Liebesbereitschaft). Für **Salmacis** mag die Verwandlung eine Belohnung ihrer sexuellen Bemühungen bedeuten, sie demonstriert ihr aber auch am eigenen Leibe die - wohl unerwünschte - Konsequenz ihrer übergroßen Anhänglichkeit (Ironie).

(6.) Unter **aitiologischem Aspekt** dient die Erzählung dazu, die Wirkung der kleinasiatischen Quelle zu erklären. Dabei ist die ursprünglich kastrierende, zur Homosexualität oder Impotenz führende Wirkung des „warmen" Wassers (vgl. Bömer 103 f.) von Ovid umgedeutet worden in Richtung auf die Verschmelzung der Geschlechter (Androgynität). Wie Harzer schreibt, sind „Figurennamen in den Metamorphosen .. oft von programmatischer Bedeutung" und werden „im Verlauf einer Episode zu einem Gattungsnamen" (S. 9).

(7.) Der Text der Rockgruppe passt kaum zur Fassung Ovids, die doch deutlich differenzierter und hintergründiger ist. Sicherlich ist die Erzählung vom Weichei und der Nymphomanin keine einfache, schöne Liebeserzählung!

Ergänzende Literaturhinweise (vgl. TB S. 173)
- **Eggers, Thorsten**: Die Darstellung von Naturgottheiten bei Ovid und früheren Dichtern; Schöningh 1984
- **Harzer, Friedmann**: Nec duo sunt sed forma duplex - Salmacis und Hermaphroditus ... im Lektüreunterricht der 10. Jahrgangsstufe; DASIU 4/2004, 6-31 [mit Tafelbildern]
- **Segal, Charles Paul**: Landscape in Ovids Metamorphoses - a Study in the Transformations of a Literary Symbol", Wiesbaden 1969 (Hermes Einzelschriften 23)

Perseus und Andromeda (S. 78-81)

1. Zentrale Deutungs-Aspekte

Inhalt: Rettung und Befreiung einer Jungfrau (Drachenkampf, Heldenmut)
Interpretation: Erzählhaltung und Erzählstil, szenische Gliederung
Gattung: Heldenepos oder (Mock)-Epos
Erzählebenen (S. 12): erotisch-ästhetisch, narrativ

Richard Lack (geb. 1928, USA) - Perseus und Andromeda, 1968

2. Übersetzung

672 Als **der Nachkomme des Abas diese** erblickte, die Arme gefesselt
an die harten Felsen - und wenn nicht eine leichte Brise ihre Haare
bewegt hätte und ihren Augen heiße Tränen entströmt wären,
675 so hätte er sie für ein **Marmorbild** gehalten -, **verliebt er sich unmerklich**
und stutzt und hätte beinahe vergessen, seine Flügel in der Luft
zu schwingen, **hingerissen** von dem **Anblick ihrer Schönheit**.
678 Als er gelandet war, sagte er: „O, die du nicht solche Ketten verdienst,
sondern mit denen **Liebende sich miteinander voll Sehnsucht verbinden**,
nenne mir doch bitte den Namen dieses Landes und den deinen
681 und warum du Fesseln trägst!" Zunächst schweigt **jene** und als **junges Mädchen** wagt sie nicht, **den Mann** anzusprechen und hätte ihr Gesicht
schamvoll mit den Händen bedeckt, wäre sie nicht angebunden gewesen.
684 Doch wenigstens konnte sie ihre Augen mit den aufsteigenden Tränen füllen.

706 Schau, **wie ein Schiff**, das in schneller Fahrt mit dem Schiffsschnabel
das Wasser durchpflügt, angetrieben von den schwitzenden Armen junger Männer,
so teilte das Untier die Wogen mit dem Ansturm seiner Brust und war
709 (nur noch) so weit von den Klippen entfernt wie eine **balearische Schleuder**
das Wurfblei mitten durch die Luft wegschießen kann.
Da stieß sich **der junge Mann** plötzlich mit den Beinen vom Boden ab
712 und stieg steil in die Wolken auf. Als auf der Meeresoberfläche der Schatten
des **Mannes** sichtbar wurde, da schnappte das Untier nach dem erblickten Schatten.

735 Geschrei und Applaus erfüllten den Strand und die erhabenen Sitze
der Götter. Voll Freude begrüßen den Schwiegersohn
und den Helfer des Hauses und preisen ihn als Retter
738 Cassiope und Cepheus, der Vater. Entbunden von den Ketten
schreitet **die Jungfrau** einher, Belohnung und Anlass der Heldentat.
Er selbst wusch seine siegreichen Hände im Meerwasser ab.

3. Interpretation im Textverlauf

Nur die Verwandlung der Korallen durch das am Strand abgelegte Medusenhaupt (→ Bild von Vasari, TB S. 81) bildet die Anknüpfung an die Metamorphosen-Thematik. In erster Linie geht es Ovid um die Liebesthematik, die hier in ironisch-witzigem Stil präsentiert wird. Der lockere Erzählstil erinnert an den Duktus der *Ars amatoria*, deren Lehren hier anhand eines mythologischen Exempels demonstriert werden. Perseus beherrscht die Kunst der *inventio* (Auffindung eines Mädchens, Buch I), die locker-witzige Ansprache (Flirten, Buch II) und die Kunst, die Auserwählte mit allen Mitteln an sich zu binden (Buch III). Er ist also ein wahrer Liebesheld, die Tötung des Seemonsters erfolgt quasi nur nebenbei. Allerdings erscheint die Heldentat des Perseus wenig edel, nutzt er doch die Notlage der Eltern und des Mädchens skrupellos aus.

S. 78

Das berühmte Bild von **Piero di Cosimo** dient zunächst nur dazu, Neugier zu erwecken und einen Vorstellungsrahmen für die Übersetzung zu schaffen. Die Darstellung umfasst in einem Panoramablick die gesamte Erzählfolge. Perseus fliegt durch die Lüfte und tötet das Untier, während die Zuschauer (auf der linken Bildseite) untätig und entsetzt verharren. Andromeda selbst wendet sich voll Schrecken vom Anblick des Monsters ab, aber auch die Eltern (links unten) und die Dienerinnen (bzw. ihre Mutter), die allesamt orientalische Gewänder tragen, verhüllen voll Schrecken wie bei einer Totenklage ihre Gesichter. Die Versteinerung der Korallen wird in der Bildmitte gezeigt, während rechts bereits der Hochzeitszug einherzieht mit den jubelnden Zuschauern, den dankbaren Eltern und einer erleichterten Andromeda.

Perseus erblickt Andromeda (S. 78-79)

672	*Quam simul* ad duras religatam bracchia cautes	Hyperbaton
	vidit **Abantiades** - nisi quod levis aura capillos	Antonomasie, Parenthese
	moverat et tepido manabant lumina fletu,	
675	**marmoreum** ratus esset **opus** -, **trahit** inscius **ignes**	i-Alliteration
	et stupet et visae correptus imagine formae	Polysyndeton
	paene suas quatere est oblitus in aere pennas.	Hyperbaton
678	Ut stetit, „O", dixit, „non istis digna catenis,	Emphase
	sed quibus inter se cupidi iunguntur amantes,	
	pande requirenti nomen terrae*que* tuum*que*,	t-Alliteration, Polysyndeton
681	et cur vincla geras!" Primo silet illa, nec audet	
	appellare **virum** ↔ **virgo** manibusque *modestos*	vi-Alliteration, Antithese, Enallagé
	celasset vultus, si non religata fuisset.	
684	Lumina - quod potuit - lacrimis inplevit obortis.	Parenthese

Zwei junge Menschen begegnen sich unter ungewöhnlichen Umständen. Das Verhalten des Perseus, das vom Erblicken schnell zum Begehren übergeht, wird durch eine Verbenkette in Klimax veranschaulicht: *vidit* (673), *trahit ignes* (675), *stupet* (676), **correptus imagine formae** (676) [vgl. Apollo, Narcissus, Salmacis]. Er verhält sich locker und ungeniert.
Das Verhalten der Andromeda dagegen ist sowohl von der instinktiven Reaktion (Scham) als auch von den gesellschaftlichen und moralischen Konventionen geprägt (*nec audet appellare virum virgo*, 681 f., mit antithetischer Betonung).
Perseus fliegt im Hochgefühl seiner neuen Waffen und seiner bisherigen Taten - darauf weist die epische Antonomasie *Abantiades* hin - wie ein Tourist, der fremde Länder erkundet, durch die Lüfte. Eigentlich befindet er sich auf dem Rückweg vom Atlasgebirge (Marokko) zur Insel Seriphos, wo er mit seiner Mutter Danae lebt. Er fliegt also einen Umweg, die gesamte nördliche Mittelmeerküste entlang bis nach Äthiopien.
Seine Rede an die unbekannte Andromeda (*illa*, 681) ist eine Mischung aus episch-erhabener Form (O-Apostrophe, *pande requirenti*) und erotischem Inhalt (~ *catenae amoris*). Um den Schülern die Diskrepanz einer solchen Stelle begreiflich zu machen, kann man sie fragen, ob Perseus auch anders hätte reagieren (und sprechen) können, oder man kann Vorschläge zu einer Ansprache sammeln, bevor man die Rede des Perseus liest (nach *ut stetit .. dixit*, 678).

. 78

Aus der Luft gesehen erscheint ihm Andromeda, die nackt an den Felsen gekettet ist, **wie ein Marmorbildnis**. Die sexuellen Konnotationen, die mit dem Anblick des nackten Mädchens verbunden sind, deutet Ovid durch einige Selbstzitate an (Intertextualität): *nisi quod levis aura capillos moverat* (673 f.) erinnert an die fliehende **Daphne** (*levis inpulsos retro dabat aura capillos*, I 529), Vers 676 an den verliebten **Narcissus** (*visae correptus imagine formae*, III 416), *marmoreum ratus esset opus* (675) ebenfalls an Narcissus (*formatum marmore signum*, III 419) und *suas quatere in aere pennas* (677) an den Sturz des **Ikarus** (*nudos quatit ille lacertos*). Fast wäre er vor Erstaunen - wie dieser - vom Himmel gefallen, so dass *ut stetit* beinahe ironisch klingt (~ als er endlich sicheren Boden unter den Füßen hatte).

Das Herannahen des Monsters (S. 79)

706	*Ecce* velut <u>navis</u> praefixo concita rostro ␣ sulcat aquas, iuvenum sudantibus acta lacertis, sic **fera** dimotis inpulsu pectoris undis	Vergleich
709	tantum␣aberat scopulis, quantum <u>Balearica</u> torto ␣ <u>funda</u> potest plumbo medii transmittere caeli, *cum subito* **iuvenis** pedibus tellure repulsa	Vergleich
712	arduus in nubes abiit. Ut in aequore summo umbra **viri** visa␣est, ↔ visa **fera** saevit in umbra.	vi-Alliteration, Chiasmus

Der Schiffsvergleich illustriert das machtvolle und eindrucksvolle Herannahen des Monsters und lässt zugleich dessen Größe erahnen. Wie ein Schiff pflügt es zielstrebig durch die Wellen. *Ecce* und *cum subito* (cum inversum) markieren in typisch ovidischer Erzähltechnik die (räumlichen und zeitlichen) Erzählschritte. *Ecce* leitet gleichsam eine Blickwendung ein, während das *cum inversum* bei Ovid häufig dazu dient, die „Katastrophé", den Wendepunkt eines tragischen Geschehens zu markieren (vgl. den Sturz des 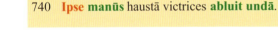Ikarus).
Perseus ist nun *iuvenis* (vgl. *virum*, 682, und *viri* 713) und entspricht damit im Alter der *virgo* Andromeda. Der Kampf zwischen ihm und dem Seemonster wird von Ovid sehr intensiv und durch die Vergleiche sehr anschaulich geschildert.[1]

Applaus nach dem Finale (S. 80)

735	Litora **cum plausu clamor** superasque deorum ␣ inplevēre domos. Gaudent generum*que* salutant auxilium*que* domus servatorem*que* fatentur	g-Alliteration Polysyndeton, Klimax
738	Cassiope Cepheusque pater. Resoluta catenis **incedit virgo**, pretiumque␣et causa **laboris**.	c-Alliteration Zeugma
740	**Ipse manūs** haustā victrices **abluit undā**.	Enallagé

S. 80

(1.) Wieder treibt Ovid ein sublimes Spiel mit den Gattungen, indem er hoch-epische Form und banale Handlung ineinander übergehen lässt. Der Applaus der Zuschauer lässt die ganze Szene **wie eine Bühnenaufführung** wirken, bei der scheinbar selbst die Götter von oben zuschauen. Nur kurz, ohne jedes Gefühl, wird die Befreiung erwähnt: *resoluta catenis* (738).
Dem überschwänglichen Dank der Eltern, die erst zum Schluss genannt werden, folgt das Einherschreiten der Jungfrau (*incedit virgo*, 739), die - wie Ovid lakonisch bemerkt - in eigener Person den Siegespreis darstellt (*labor* hier in der Bedeutung: Heldentat). Ganz unpassend folgt die banale Handlung des Händewaschens. Anstatt der jungen Frau ritterlich Beistand zu leisten, kümmert sich Perseus lieber um seine Lieblingswaffe, das Medusenhaupt, das er zum Trocknen auf den Strand legt.

(2.) Auf diese Weise ironisiert Ovid die Erzählung und schafft einen **lockeren Erzählton**, der zu den erotischen Untertönen passt und fast wie eine Karikatur der Gattung wirkt. Der Held erweist sich - einmal mehr bei Ovid - als Antiheld. Dies zeigt sich bereits bei der Erpressung der Eltern, die in der Notsituation kaum eine Wahl haben, es wird umso deutlicher, nimmt man die „Preisverleihung" mit hinzu. Nach einem Opfer an Jupiter, Merkur und Minerva

---

[1] Der hochepische Vergleich mit dem Kampf zwischen *Adler* und *Schlange* (s. Überleitungstext) erinnert an Salmacis (TB S. 77 und LK S. 115).

empfängt Perseus Andromeda nicht aus der Hand ihrer Eltern, sondern *protinus Andromedan et tanti praemia facti / indotata rapit* (Unverzüglich reißt er Andromeda und die Belohnung für solch eine Tat ohne Mitgift an sich, 757 f.). Während die Kampfszene also in epischer Manier geschildert wird und allen Topoi der Heldensage entspricht (vgl. Cadmus), unterlegt Ovid seine Erzählung mit einem kontradiktischen Unterton, der dem Leser eine ironische Sicht auf solche Topoi nahelegt.

(3.) Andromeda erscheint von Anfang an als unmündig: Sie gehorcht klaglos und fraglos ihren Eltern, die sie dem Ungeheuer aussetzen, gibt sich züchtig-verschämt dem fremden Mann gegenüber und lässt sich ohne Widerstand als Siegestrophäe überreichen. In all dem zeigt sie sich wenig emanzipiert; ihre Darstellung folgt klischeehaften Vorstellungen vom Wesen und von der Rolle der Frau, die freilich von Ovid eher karikierend vorgeführt werden.

Pierre Mignard zeigt die Szene unmittelbar nach der Rettung. Das Untier liegt getötet am Ufer, das nasse Medusenhaupt davor. Cepheus küsst die noch blutige Hand des Retters, während Cassiope diesen dankbar umarmt. Staunen und Jubel mischen sich im Hintergrund. Unbefleckt von den Folgen des Kampfes, steht Perseus entspannt da und fordert bereits mit deutlicher Gestik seinen Lohn ein. Andromedas Geste der rechten Hand kann eigentlich nur als Abwehr gedeutet werden. Zwei kleine Amoretten unterstützen Perseus und zeigen, dass Mignard neben der Charakterisierung des Perseus als Antiheld auch die erotischen Untertöne der Erzählung wahrgenommen hat. Statt der üblichen Flügelschuhe (siehe die

Antikes Mosaik aus Zeugma (Türkei) - Perseus, Andromeda und das Ungeheuer Ketos

beiden anderen Bilder), einem Geschenk Merkurs, ist Perseus hier das Flügelpferd Pegasus zugeordnet, das aus dem Blut der Medusa entsprang und eigentlich Bellerophon gehörte.

Giorgio Vasari zeigt eine märchenhafte Küstenlandschaft, den Blick auf Phönizien. Dargestellt ist ebenfalls die Schluss-Szene, wobei die Befreiung Andromedas, die sich immer noch schamvoll abwendet, mit der Versteinerung der Koralle, also der eigentlichen Metamorphose, verknüpft ist. Die Nymphen bestaunen die neuen Meeresbewohner.
Perseus ist mit allen Insignien ausgestattet: Sein Reitpferd *Pegasus* (s.o.), das Sichelschwert *Harpe*, das *Medusenhaupt* und sein glänzender *Schild*, den er wie einen Spiegel benutzt hatte, um Medusa zu töten. Er trägt neben den *Flügelschuhen* (Talaria) auch noch einen *Flügelhelm* (Petasus), der eigentlich Hermes zugeordnet ist. Die ganze Szene hat etwas Verspieltes und Märchenhaftes, sieht man vom grässlichen Medusenhaupt ab und von der Bergung des Untiers, das im Hintergrund mit einer Seilwinde an Land gezogen wird.

Die Aufgabe kann gut in einem Kurzreferat von einem Schüler übernommen werden. Wer die Sagentradition noch vertiefen möchte, kann zusätzlich die Verbindung zu den Sternbildern der Griechen aufgreifen (Andromeda-Nebel, Kassiopeia).

Théodore Chassériau (1819-1856)
- Andromeda wird von den Nereiden an den Felsen gekettet, 1840

Zum Aufbau der Bücher V-VI (Seite 82)

Bestimmend für beide Bücher sind
a) Die **Hybristhematik**: Aufstand der **Giganten**, Verwandlung des **Lyncus** in einen *Luchs* ‖ *Versteinerung* der **Niobe**, Verwandlung der **Lykischen Bauern** in *Frösche*
b) Die **erotische Thematik** (*Gewalt* gegenüber weiblichen Gestalten): **Pyreneus** versucht die Musen zu *vergewaltigen*, **Pluto** *raubt* Proserpina, **Alpheus** *verfolgt* Arethusa ‖ Philomela wird von **Tereus** *vergewaltigt und gequält*, Orithyia wird von **Boreas** *entführt*
c) Die **poetisch/poetologische Thematik** (Wettstreit): die Göttin **Athene** auf dem Musenberg Helikon, der *episch-dichterische* Wettstreit zwischen **Musen und Pieriden** ‖ der *künstlerische* Wettstreit zwischen **Arachne und Athene** (Webkunst ~ Dichtung), der *musikalische* Wettstreit zwischen **Apollo**, Lyra, **und Marsyas**, Flöte (~ Epos und Elegie).

Buch V: Zunächst wird der Heldenzyklus um **Perseus** mit der Versteinerung des Phineus in **Phönizien** abgeschossen, ehe ein geographischer Wechsel nach **Griechenland** erfolgt. Der Aufstand der Giganten als urepisches Thema wird von **Calliope** (Muse des Epos!) mit einem Hymnus auf Ceres beantwortet, der von **sexuellen Gewalttaten männlicher Götter** handelt. Die Bestrafung des Frevlers **Lyncus** und der **Pieriden** (Hybrismotiv) leitet zu Buch VI über.
Buch VI: Zentrales Thema ist die **Hybris Sterblicher gegenüber Göttern**. Während die Hybris zunimmt und die Taten immer grausamer werden (Klimax), verändern sich die Strafen von überzogener Grausamkeit bis hin zu gerechter Sanktion (Antiklimax).

Pluto und Proserpina (S. 83-85)

1. Zentrale Deutungs-Aspekte

Inhalt: Entführung eines jungen Mädchens durch den Totengott
Interpretation: *locus amoenus*, Symbolisierung, Tempus- und Tempowechsel
Gattung: Epos (mit elegischen Untertönen)
Erzählebenen (S. 12): narrativ, psychologisch

2. Übersetzung

385 Nicht weit von der Stadt Henna befindet sich ein **tiefer See**
namens Pergus. (Selbst) der Caystros hört nicht mehr
Schwanengesänge auf seinen gleitenden Wogen.
388 Ein **Wald**, der die ganze Seite umfasst und mit seinem **Laub** wie
mit einem Segel die Sonnenstrahlen fernhält, umkränzt das Wasser.
Kühle bewirken seine Zweige, der **feuchte Boden** lässt **purpurfarbene Blumen**
391 wachsen, **es herrscht ewiger Frühling**. Während **Proserpina** in diesem Hain
spielt und Veilchen und weiße Lilien pflückt,
und während sie **in mädchenhafter Versunkenheit** ihre Körbchen und ihr
394 Gewand füllt und ihre Altersgenossinnen im Sammeln zu übertreffen sucht,
wurde sie fast gleichzeitig erblickt und ausgewählt und geraubt von **Dis**;
so sehr drängte (diesen) die Liebe. Erschreckt schrie **die Göttin** mit trauriger
397 Stimme nach ihrer Mutter und ihren Begleiterinnen - öfters jedoch nach ihrer
Mutter -, und wie ihr Gewand vom oberen Saum her zerriss,
da fielen die gesammelten Blüten aus der entgleitenden Tunica.
400 Und so groß war ihre **mädchenhafte Unschuld**,
dass auch dieser Verlust ihren **jungfräulichen Schmerz** erweckte.

3. Interpretation im Textverlauf

In gekonnter Manier erzählt Ovid selbst eine Nebenepisode wie die von der Entführung der Proserpina. Dabei kommt es ihm ganz darauf an, ein psychologisches und geschlechtsspezifisches Spannungsfeld auszureizen: Die Unschuld und Naivität des jungen Mädchens gegenüber der übermächtigen, gefühllosen Rohheit, zu der die Liebe den schon an sich gefühllosen Gott der Unterwelt treibt. Seine chthonische Sexualität entlarvt sich als reine Gier, und so hält er sich nicht eine Sekunde mit Strategien der Werbung oder mit romantischen Gefühlen auf, sondern erreicht kühl und mit strategischer Direktheit sein Ziel.

Um die Rohheit des Unterweltsgottes - weit entfernt von jeglicher *Ars amatoria* - zu demonstrieren, arbeitet Ovid mit dem Kontrast von idyllischer Eingangsszene und Plötzlichkeit des gewaltsamen Einbruches. Außerdem wird die Rohheit des Vorganges nicht nur an Proserpina selbst gezeigt, sondern auch an der Reaktion ihrer Begleiterinnen, vor allem der Nymphe Cyane, die sich mutig, aber vergeblich dem Gewaltakt entgegenstellt. Man kann sicherlich darüber streiten, ob Ovid nicht indirekt (und seiner Zeit entsprechend) männliche Gewalt verherrlicht oder zumindest toleriert, doch scheint mir gerade an solchen Stellen eine für die Antike außergewöhnliche Sensibilität und eine ganz ungewöhnliche Erzählperspektive vorzuliegen, nämlich die aus der Sicht des Opfers bzw. der ohnmächtigen Zuschauer.

Natürlich reizt Ovid vor allem die erzähltechnische Dramatik des Stoffes, die sich eben gerade aus dem Gegensatz von mädchenhafter Naivität und stygischer Rüdität ergibt. Doch lassen die Rezeptionen in der Malerei auch eine moralische Wertung sichtbar werden: Die Sexualität wird entlarvt als eine triebhafte Kraft, die aus den Tiefen des Unbewussten (~ der Unterwelt) aufsteigt und ohne Rücksicht auf Verluste und mit Gewalt den ihr eigenen Drang nach Erfüllung durchsetzt.

S. 83

Das Bild von **Alessandro Allori** ist ein Meisterwerk der beginnenden Neuzeit, ein gefühlvolles, aber auch rätselhaftes, allegorisches Bild. Man kann es als Einstieg in die Erzählung nutzen, wobei man die Schüler dann nur beschreiben und Einzelheiten entdecken lassen sollte. Auf diese Weise wird bereits eine Vorerwartung auf die Erzählung geweckt und wesentliche Motive werden erkennbar (Entführung, Blumenpflücken, Kreis der Mädchen).

Eine weite Phantasielandschaft breitet sich vor den Augen des Betrachters aus (Farbperspektive), eine Schäferidylle (Hirte mit Rindern, Schafherde im Tal hinter den Mädchen). Im Vordergrund hält ein kräftiger, dunkelhäutiger Mann mit Bart (Pluto) ein junges, hellhäutiges Mädchen (Proserpina) gepackt und trägt sie in einer schwungvollen Bewegung gegen ihren Widerstand fort. Sein Wagen mit dem Pferdegespann ist ganz im Vordergrund sichtbar (allerdings scheint Pluto eher vom Wagen herabzuspringen als Proserpina hinaufzuziehen).

Die schwarzen Rosse sind eine Metapher für das dunkle, wilde Gemüt des Unterweltsgottes (vgl. den Seelenwagen bei Plato), und auch die Satyre, denen der Unterweltsgott ähnelt (Hautfarbe und muskulöser Oberkörper) weisen auf dessen Geilheit und Triebbestimmtheit hin.

Oben links ist ein ländlicher Rundtempel sichtbar, vor dem ein Paar im Gras liegt (Venus und Cupido), ein Hinweis auf die Vorgeschichte (s. Einleitungstext). Unten links steht in einem Flusslauf eine Nymphe, die einen zerrissenen Blumenkranz in der Hand hält (Cyane, s. Fortführungstext, TB S. 84). In der unteren Bildmitte betrachtet ein Hirte einen Reigen von Mädchen, die jenseits des Flusslaufes auf einer Wiese tanzen und spielen (vgl. Eurydike vor ihrer Hochzeit). Ausgelassen pflücken sie Blumen, mit denen sie sich bekränzen (~ Symbol der Ewigkeit und des „ewigen Frühlings"). Scheinbar haben sie von der gewaltsamen Verschleppung einer ihrer Gespielinnen nichts mitbekommen. Ein Stier hinter dem linken Mädchen könnte an Europa erinnern, die in ähnlicher Situation entführt wird, der Hirte mit der Kuh an Argus, der die verwandelte Io bewacht.

Pluto entführt Proserpina (S. 83-84)

385	Haud procul Hennaeis **lacus est** a moenibus **altae**,	Hyperbaton
	nomine Pergus, **aquae**. Non illo plura Caystros ⏑	Litotes
	carmina cygnorum *labentibus* audit *in undis*.	c-Alliteration
388	**Silva coronat aquas** cingens latus omne suisque ⏑	
	frondibus *ut velo* Phoebeos submovet ictus.	Vergleich, Metonymie
	Frigora dant *rami*, Tyrios *humus umida* **flores**;	Chiasmus
391	**perpetuum ver** est. Quo *dum* Proserpina luco ⏑	lu-Alliteration
	ludit et *aut* **violas** *aut* candida **lilia** carpit,	Pleonasmus
	dumque **puellari studio** calathos*que* sinum*que* ⏑⏑	Parallelismus, Polysyndeton
394	inplet et aequales certat superare legendo,	
	paene simul visa̮est dilecta*que* rapta*que* **Diti**: ⏑⏑	Polysyndeton, Klimax
	usque̮adeo̮est properatus amor. **Dea** territa maesto ⏑⏑	Sentenz, Hyperbaton
397	*et* matrem̮*et* comites - sed matrem saepius - ore ⏑	Polysyndeton, Parenthese
	clamat, et ut summa vestem laniārat ab ora,	Hyperbaton (abbildende Wortst.)
	collecti flores tunicis cecidēre remissis.	i-Assonanz
400	**Tantaque simplicitas puerilibus adfuit annis**:	Sentenz
	haec quoque **virgineum** movit iactura dolorem.	Hyperbaton, Enallagé

In geschickter Erzähltechnik lässt Ovid ein melancholisches Bild wie den Ton einer Ouvertüre vorausklingen: Den sprichwörtlichen Schwanengesang als elegischen Anklang.[1] Verstärkt wird dieses Motiv der Klage durch die Atmosphäre der Kühle und Kälte, der den Pergus-See umgibt (*Phoebeos submovet ictus, frigora*, 389 f., als metaphysischer Hinweis auf den Tod). Der Reichtum an purpurroten Blumen (*Tyrios flores*, 390)[2], deren Farbe sich mit den weißen Blumen mischt (*candida lilia* als Metaphern jungfräulicher Reinheit), verstärkt das Element des Idyllischen und evoziert so eine gemischte, teils heitere, teils traurige Stimmung.

Es scheint, als wolle Proserpina das heitere Spiel des **Blumensammelns** (391b-394) noch möglichst lange auskosten (Anaphern, Pleonasmus, Polysyndeton), und doch liegt im Versfluss bereits eine Spur von Unruhe und Finalität (Anapher des *dum*), die den plötzlichen Umschlag, das Zuschlagen des Gottes wie aus heiterem Himmel (*paene simul ...*, 395), fast vorausahnen lässt.[3] Plutos Gefühle oder Gedanken werden völlig ausgeblendet - auch dies eine Technik indirekter Charakterisierung und ein Hinweis auf dessen Gefühlskälte! -, während Proserpinas noch kindliche Unschuld (*puellari studio*, 393) doppelt hervorgehoben wird durch den noch engen Bezug zur Mutter (397) und durch den paradoxen Hinweis, dass der Verlust der Blumen ihr ebensoviel Kummer bereitet wie die Entführung selbst (401).[4]

---

1) Vgl. die Metamorphose des Cygnus (Met. II 367 ff.). - Der Schwanengesang ist der letzte, meist traurig-elegische Gesang eines Dichters vor seinem Tod (~ Klagegesang).
2) Wohl Mohnblumen im Frühjahr, die assoziativ mit Schlaf und Tod verknüpft sind.
3) Wie selbstvergessen spielt Proserpina auf der Wiese des Lebens, ihre Gefährtinnen und ihre Umwelt nur beiläufig wahrnehmend, und ist doch bereits vom Schicksal als Opfer auserwählt. Die Szene gehört zum Subtilsten, was ovidische Dichtung zu bieten hat, und zeigt ihre Genialität gerade in der leisen Verhaltenheit der Untertöne (eine Folge von Diminuendo und Crescendo).
4) Das Abpflücken der Blumen präfiguriert in symbolischer Deutung die Entjungferung als Gewaltakt („Deflorierung", angedeutet in der Umschreibung *virgineum .. dolorem*, 401), aber auch den Verlust der jugendlichen Unbeschwertheit. - Die Frühlingsblumen stehen metaphorisch auch für die Kürze der Lebenszeit (vgl. besonders Venus und Adonis, Met X 519-524, 609-623, 717-739).

S. 84

Jan van Huysum stellt die Landschaft nicht als Kulisse vor Augen (vgl. Allori), sondern konzentriert die Aussage seines Bildes auf die Reaktion der jungen Mädchen (furchtsames Zurückweichen, Entsetzen und flehentlicher Appell) und den Abschiedsschmerz der Proserpina, die mit verzweifelter Gestik nach den Gespielinnen ihrer Jugend zurückdrängt.[5]

Der Wagen des Pluto ist von dunklem, stygischem Nebel umhüllt. Kleine Eroten unterstützen ihn bei der Entführung, während die Nymphe Cyane (im Vordergrund) anklagend den Finger hebt und vorwurfsvoll zu argumentieren scheint.

S. 85

(1.) Perpetuum ver erinnert an den friedlichen und harmonischen Zustand im Goldenen Zeitalter (Met. I 107, TB S. 24; - Intertextualität). Das heitere Spiel Proserpinas im milden Frühjahr kontrastiert zur Kälte des Ortes (*frigora*, 390), was die Gefühllosigkeit der Entführung bereits anklingen lässt (eine sublime, psychologisch dichte Verwebungstechnik).

(2.) Es scheinen der jugendliche Reiz und die noch unbewusste Schönheit der Jugend zu sein, die Proserpina aus dem Kreise ihrer Gespielinnen hervorheben, aber auch ihre göttliche Abstammung. Im Vergleich zu **Daphne** liegt bei ihr keine prinzipielle Ablehnung gegen den Kontakt mit Männern oder gegen die Ehe vor, doch steht sie der Kindheit noch näher und ist in ihrer Naivität innerlich noch nicht reif für die Ehe (betonter Bezug zur Mutter). Auch sie ist - wie Pluto - ein Opfer des Amor, der sie ohne Gewissensbisse der Übermacht des Gottes preisgibt und sie den Ambitionen seiner Mutter Venus opfert.

(3.) In erster Linie ist es **die Übermacht Amors** über alle anderen Mächte und Gewalten, die diese Erzählung beispielhaft demonstriert. Gerade die Paradoxie, dass der sonst so kühle und gefühllose Gott der Unterwelt durch den Liebespfeil zu einem ungeduldigen Triebtäter wird (*properatus amor*) erweist die unbezwingbare Macht Amors (~ *omnia vincit Amor*).

David Spear (geb. 1974, USA) - The return of Persephone, 2003

(4.) Wird am Anfang der *locus amoenus* - oder eher: *semi-amoenus* - ausführlich beschrieben (6½ Verse), so verlagert sich der Blick mitten im Vers - eine Technik der umschlagenden Dramatisierung - auf das unschuldige Spiel Proserpinas (*Quo dum Proserpina luco ludit ..*, 391 f.). Die Polyptota *aut violas aut candida lilia* und *calathosque sinumque inplet* [6] und

---

5) Symbolisch drückt dies die psychische Regression in die Kindheit aus als ein unbewusstes Mittel, den notwendigen Übergang in die Erwachsenenwelt (als Verlust der Jugend und der Unschuld) hinauszuzögern.
6) Symbolisch ist damit der Versuch angedeutet, die Lebensfülle zu pflücken und zu bewahren (vgl. Met. X 85: *aetatis* **breve ver** *et primos* **carpere flores**).

die Anapher des *dum* (391 und 393) verzögern den schon drohenden Moment der hereinbrechenden Gewalt (3½ Verse), die sich rasend schnell in einer **Aktionsklimax** vollzieht. Innerhalb nur eines Verses läuft das dramatische Geschehen ab: *paene simul visa est dilectaque raptaque* (395). Ein **Tempus-** (vom Präsens ins resultative Perfekt!) **und Tempowechsel** (von der heiteren Ruhe zu simultaner Aktion), wie er für ovidische Dichtkunst typisch ist. Hinzu kommen die Verschleifungen in den Versen 395 f., die die übergangslose Abfolge der Handlungen und die Zielstrebigkeit des Entführers nachahmen.

Die folgenden Verse (396-401) beschreiben distanzierter, aus entfernterer, objektiver Perspektive (Parenthese und Sentenz) die Reaktion der jungen Göttin (Schrecken, Trauer und Verlustschmerz).

(5.) Ovid erzählt die Szene mit verhaltener, aber spürbarer Sympathie für das junge Mädchen, dessen Situation einfühlsam dargestellt wird (allwissender Erzähler, der auch das Innenleben der Figuren kennt). Durch die oben geschilderte Tempostruktur und die einseitige Konzentration auf Proserpina (Plutos Gefühle, Gedanken oder Absichten werden mit keinem Wort erwähnt) wird Pluto indirekt als gefühllos und roh gebrandmarkt. Stellvertretend für die Gefühle von Autor und Leser steht die Nymphe Cyane, in deren Rolle und Haltung man schon beim Lesen gerne geschlüpft wäre. Ihre brutale Missachtung und fast symbolische Zerstörung (mitten in sie hinein trifft das Szepter des Pluto) manifestiert diesen Eindruck.

Die Maler arbeiten mit farblichen und vor allem mit kompositorischen Kontrasten (Gegenläufigkeit der Figuren). Hinzu kommen dramatische Elemente (Armhaltungen, Ausdruck der Gesichter) und Elemente heftiger Bewegung (z.B. im Wehen der Kleidung oder im Aufbäumen der Pferde spürbar). *Alessandro Allori* stellt die Szene allegorisch in einen weiteren Deutungsraum, während *Jan van Huysum* an der genauen Ausmalung der emotionalen Reaktionen interessiert ist. *Richard Lack* schildert vor allem die düstere Grausamkeit und den Schrecken der Entführung, aber auch die körperliche Gewalt und Übermacht des Gottes.

Richard Lack stellt die Szene der Entführung vor einen dunklen Hintergrund. Die brodelnden Dämpfe der Unterwelt, aus der die Rosse hervorzubrechen scheinen, passen zur düsteren, wolkenverhangenen Atmosphäre. Mann und Mädchen: Pluto als nackter, muskulöser Krieger, das Gesicht durch den Helm maskiert, packt mit entschlossener Geste die zu Boden gestürzte Proserpina. Der Abwehrversuch des jungen Mädchens, das wohl schon um die Ausweglosigkeit der Gegenwehr weiß, erscheint zaghaft. Ihr gelbes Kleid kontrastiert mit dem Braun der Umgebung. Die Rosse unterstreichen die feurige, unbezwingbare Liebesglut des Gottes und bringen Bewegung in die sonst eher statische, isolierte Szene.

Das **Titelbild des Lehrerkommentares** ist eine äußerst dynamische Darstellung. Die rasende Schnelligkeit der feurigen Rosse wird durch die Frontalperspektive noch betont. Dichter, schwarzer Rauch und Feuerzungen (Vulkane der Insel Sizilien) hüllen die Szene in ein schauriges Licht. Hilflos erliegt Proserpina der Gewalt des Gottes, vom jähen Ansturm nach hinten geworfen. Nur ihr linker Arm hebt sich flehentlich, aber ungerichtet in die Lüfte. Ihre Körperhaltung spiegelt sich in der der Nymphe Cyane, die dem Geschehen eher hilflos Einhalt zu gebieten versucht. - Erstaunlich oft wird die Szene der Entführung der Proserpina in der Kunst nicht nur der Klassik, sondern auch unserer Zeit dargestellt. Offenbar ein Indiz für die Eindringlichkeit, die die wenigen Verse Ovids vermitteln.

Lektürehinweis:
In den Fasti findet sich eine zweite Version der Erzählung (IV 574-620).

Niobe (S. 86-91)

1. Zentrale Deutungs-Aspekte

Inhalt: Menschliche Hybris und ihre grausame Bestrafung (Götterzorn)
Interpretation: Charakterisierung und Leserlenkung, Hybris, antike Religion
Gattung: Epos (Tragödie)
Erzählebenen (S. 12): anthropologisch-religiös, narrativ, existenziell, psychologisch

2. Übersetzung

165 Siehe, dort kommt **Niobe** mit einer **großen Schar von Begleitern**,
spektakulär in ihrer phrygischen, **golddurchwirkten Kleidung**,
und - soweit ihr **Zorn** dies zulässt - schön anzusehen, ihr geschmücktes
168 **Haupt** schüttelnd und die **Haare**, die über beide Schultern herabwallen.
Sie blieb stehen, und wie sie sich **hocherhobenen Hauptes mit stolzem Blick**
umschaute, sprach sie: „Was ist das für ein Schwachsinn, **sichtbaren Göttern** welche
171 vom bloßen Hörensagen vorzuziehen? Denn warum wird **Latona** auf so vielen
Altären verehrt, aber *meiner* **Göttlichkeit** der Weihrauch immer noch vorenthalten?
Ich bin die **Tochter des Tantalus**, der als einziger den Tischen der Götter nahe sein
174 durfte. *Meine* Mutter ist die Schwester der Plejaden, und der gewaltige Atlas,
der die Himmelsachse auf seinen Schultern trägt, ist mein Vorfahr.

193 **Ich habe Glück**, wer sollte das leugnen, und **glücklich werde ich bleiben**,
auch das *ohne Zweifel*. Durch den **Überfluss** bin *ich abgesichert*.
Über die Wechselfälle des Schicksals bin ich **erhaben**: Mag es mir
196 auch vieles entreißen, so wird *mir* doch noch weitaus mehr bleiben.
Meine **Besitztümer** haben mich schon aller Furcht enthoben. Selbst wenn
dem Volk *meiner* Kinder irgendetwas genommen werden könnte,
199 so werde ich doch nicht - ausgeplündert - auf die Anzahl von Zweien beschränkt,
wie **Latona** sie hat. Was unterscheidet *die* denn schon von einer Kinderlosen?
Geht nun, genug, fort von hier, Schluss mit dem Opfer, und nehmt den Lorbeer
202 aus dem Haar!" Sie legen (die Kränze) ab und verlassen das unfertige Opfer,
und soweit es noch geht verehren sie die Gottheit mit leisem Gemurmel.
Entrüstet war **die Göttin** und sprach hoch auf dem Gipfel des Cynthos
205 mit folgenden Worten ihre *beiden* Kinder an:
„Schaut *mich* an, *eure* **Mutter**, die stolz ist auf *eure* Geburt
und keiner Göttin außer Juno hintansteht:
208 Ich zweifele ja schon, ob ich eine Göttin bin, und wenn *ihr* mir nicht helft, o meine
Kinder, werde ich von meinen schon seit Jahrhunderten verehrten Altären verdrängt."

267 Die Unheilskunde, das Klagegeschrei des Volkes und die Tränen der Ihren
trugen die Botschaft des so plötzlichen Verderbens bis zur **Mutter**,
die sich wunderte, dass die Götter solches vermöchten, und **die erzürnt war**,
270 dass sie solches **gewagt** hatten und dass sie dazu *das Recht* haben sollten.
Denn der Vater **Amphion** hatte mit dem Schwert seine Brust durchbohrt
und so sterbend zugleich das Lebenslicht und den Schmerz ausgelöscht.
273 Ach! Wie sehr unterschied sich *diese* **Niobe** von *jener* **Niobe**,
die gerade noch das Volk vom Altar der **Latona** vertrieben hatte und - **ihren Kopf**

in den Nacken gelegt - mitten durch die Stadt **einherstolziert** war,
276 verhasst bei den Ihren, doch jetzt bemitleidenswert selbst für einen Feind!
Auf die erkalteten Leiber wirft sie sich und verteilt wahllos
Abschiedsküsse bei all ihren Söhnen.
279 Von dort erhob sie ihre blaugeschlagenen Arme zum Himmel und sprach:
„Weide dich, **du grausame**, an *meinem* Schmerz, **Latona**,
weide dich daran und sättige *deine* Brust mit *meinem* Schmerz,
282 wo doch ein Teil *von mir* daliegt und *ich* siebenfach zu Grabe getragen
werde. Frohlocke und triumphiere, meine siegreiche Feindin!
Doch **wieso siegreich**? *Mir* bleiben im Elend noch mehr Kinder
285 als *dir* im Glück: Selbst nach so viel Verlusten **übertreffe ich dich**!
Kaum hatte sie gesprochen, da erklang die Sehne eines gespannten Bogens,
worüber alle sich entsetzten, nur **Niobe** nicht:
288 **Sie** aber ist **selbst im Unglück noch trotzig**. - Es standen *die Schwestern*
in schwarzen Gewändern und mit offenen Haaren vor ihren aufgebahrten Brüdern.
Eine von ihnen versuchte gerade einen Pfeil aus den Eingeweiden zu ziehen,
291 da sank sie sterbend nieder und bettete ihr Haupt auf die Leiche ihres Bruders.
Eine andere, die **die arme Mutter** zu trösten versuchte,
verstummte plötzlich, krümmte sich ohne sichtbare Verwundung
294 und presste die Lippen aufeinander, bis der Lebenshauch entwichen war.
Eine bricht zusammen, als sie vergeblich zu fliehen versucht, *eine andere* stürzt
nieder auf ihre Schwester. *Eine weitere* versteckt sich, und *noch eine* sah man zittern.
297 Als sechs schon tot da lagen und diverse Wunden erlitten hatten,
blieb *die Letzte* noch übrig. Diese bedeckte die **Mutter** mit dem ganzen Körper
und mit ihrem ganzen Kleid und schrie: „Lass mir *die eine, die Jüngste*!
300 Von so Vielen verlange ich nur *die Kleinste*, nur *die eine*!"
Noch während sie bittet, stirbt diejenige, um die sie bittet. Verlassen saß sie da
unter den toten Söhnen, den Töchtern, dem Mann,
301 und erstarrte im Schmerz. Kein **Haar** bewegt der Wind,
das **Gesicht** ist *blutleer* und *blass*, die **Augen** verharren reglos
über *traurigen* **Wangen**, nichts Lebendiges ist mehr an dem **Bild**.
304 Und selbst **im Innern die Zunge** erstarrt mit *verhärtetem* **Gaumen**
und *das Blut in den Adern* ist nicht mehr imstande zu fließen.
Der **Hals** kann sich nicht mehr drehen, die **Arme** keine Bewegung ausführen
307 und auch der **Fuß** kann nicht mehr gehen; selbst die **Eingeweide** sind *versteinert*.
Dennoch weint sie, und umweht von einem Wirbelsturm
ist sie in ihre Heimat entrissen worden. Dort steht sie fest auf Bergesspitze
310 und zerfließt, und **Tränen** entströmen auch heute noch dem **Marmor**.

3. Interpretation im Textverlauf

Mit dem Stichwort *felicissima matrum* (Einführungstext) gibt Ovid dem Leser das Hauptthema der Erzählung an: Den Zusammenhang von Glück und Mutterschaft, ein in der Antike gesellschaftlich wichtiges Thema. Ein weiterer Hinweis ist das einleitende Verdikt: *si non sibi visa fuisset*, das an Narcissus erinnert (*si se non noverit*) und auf diese Weise das narzisstische Element in der Selbstinszenierung Niobes betont (vgl. den unbeugsamen Hochmut, *dura superbia*, bei Narcissus). Ihre Charakterisierung erfolgt in gekonnter Manier gleich zu Anfang in einer theaterhaften Szene, ein wahrhaft pompöser Auftritt.

Niobes Auftritt (S. 86)

165 *Ecce* venit *comitum* ←**Niobe celeberrima**→ *turba*,	abbildende Wortstellung
vestibus intexto Phrygiis **spectabilis** auro,	Hyperbaton, i-Assonanz
et, quantum ira sinit, ‖ **formosa** movensque decoro	(Parenthese), o-Assonanz, Reim
168 cum **capite** inmissos umerum per utrumque **capillos**.	Hyperbaton, c-/u(m)-Alliteration
Constitit, utque **oculos** circumtulit alta **superbos**,	Hyperbaton/Enallagé
„Quis furor auditos" inquit „**praeponere** visis	
171 caelestes? Aut cur colitur **Latona** per aras,	c-Alliteration
numen adhuc sine ture *meúm* est? *Mihi* Tantalus auctor,	Hyperbaton/Emphase, (Chiasmus)
cui licuit *soli* superorum tangere mensas.	Emphase
174 Pleiadum soror est genetrix *mea*, **maximus** Atlas	Asyndeton, Parallelismus
est avus, aetherium qui fert cervicibus axem.	Hyperbaton

Äußeres Gefolge (*comitum celeberrima turba*, 165), **Kleidung** (166), **Aussehen** (*decoro cum capite*, 167 f.) und **Haltung** (Körpersprache: *movens ... capillos*, 167 f., *constitit* und *oculos circumtulit alta superbos*, 169) verraten viel über das Wesen eines Menschen, so auch hier über Niobe. Ovid zelebriert geradezu eine barocke Charakterstudie des „Hochmuts", dessen wichtigstes Merkmal - *nomen est omen* - vor allem die erhobene Kopfhaltung ist.
Allein schon ihre phrygische Kleidung, die sie bewusst trägt (*vestibus Phrygiis*, 166), kennzeichnet Niobe als exzentrisch und als eitel (*intexto auro* ~ Streben nach Glanz und Ruhm).
Klanglich wird ihr Auftreten durch Alliterationen und Assonanzen intoniert (*cum capite .. capillos / constitit; umerum per utrum..*, 168 f.) und durch die Reimklänge: *auro* ↔ *decoro* (166 f.) und *inmissos .. capillos* (168). Der intuitive Eindruck wird durch das abschließende *superbos* (in Enallagé) bestätigt. Wie eine Operndiva tritt sie auf der Bühne auf, wobei der Kopfputz mit den beidseitig herabhängenden Haaren an die archaische Haartracht griechischer Koren erinnert. Die vielen Hyperbata (s. oben) geben die Gestelztheit ihrer Gestik und Sprache wieder.[1]
Die anklagenden rhetorischen Fragen, mit denen sie ohne jeden Gruß die Frauen konfrontiert, verstärken diesen Eindruck der Arroganz, der sich im Gebrauch der Pronomina *meum*, *mihi* und *mea* verbalisiert.
Ovid setzt fast alle **Mittel direkter und indirekter Charakterisierung** ein [vgl. ÜH], um durch den Hochmut Niobes einen Kontrast zu ihrer späteren Erniedrigung zu schaffen (**Leserlenkung**).[2] Diesem Ziel dient auch die betont naive Frömmigkeit des Volkes (*tacito venerantur murmure numen*, 203). Die Menge ihrer Begleiter (*comitum .. celeberrima turba*, 165) steht ihrer späteren Einsamkeit antithetisch gegenüber.
Ihre Rede wechselt von der Anklage zum Selbsthymnus (Relativstil, Personal- und Possessivpronomina), wie wir ihn von Apollo her bereits kennen (TB S. 34). Dass ihre Verwandtschaft, die sie so stolz aufzählt, aus lauter „Verbrechern" besteht (Tantalus und Atlas, ein Bruder des Prometheus), ist Ironie des Erzählers: Am Schicksal der von ihr Genannten hätte sie eigentlich die Konsequenzen der Hybris erkennen können. Ihr fehlt neben der Selbstbescheidung also auch die Einsicht oder die Weisheit. Allerdings legt die Ahnenreihe nahe, dass ihre Hybris auch „genetisch" bedingt ist.

---
1) Vergleichbar ist ihr Auftreten mit dem der personifizierten „Tragödie" in Am. III 1, 11-16 und 31 f.: *Hactenus et movit pictis innixa cothurnis / densum caesarie terque quaterque caput*. (So sprach sie, richtete sich auf den bunten Stelzschuhen hoch auf und schüttelte drei- viermal ihr von dichten Locken umgebenes Haupt.)
2) Ebenso kontrastiert *movens capillos* (167 f.) zu *nullos movet aura capillos* (303).

Niobes Auftreten wirkt herrisch und ungeduldig. Ihr Zorn (nach antiker Lehre einer der bestimmenden Affekte - vgl. Seneca, *De ira* - und ein episches Grundmotiv), der aus dem Gefühl der Zurückweisung und der mangelnden Achtung resultiert (*praeponere*, 170), macht sie hässlich (*formosa, quantum ira sinit*, 167). Mit großem Gefolge und im vollen Ornat (*spectabilis auro, decoro capite*) tritt sie königlich-erhaben auf und möchte auch so gewürdigt werden. Hochmütig (*superbos*, 169, in Enallagé) und überheblich (*alta*, 169) erscheint sie. Ihre Gestik unterstreicht diesen bestimmenden Wesenszug: Das arrogante Schütteln der lang herabfallenden Haare, die nicht verhüllt sind, wie es dem Ritus des Opfers entspräche. Offensichtlich hat sie vom Treiben der Frauen gehört und sich eilends aufgemacht, um dem Einhalt zu gebieten. Ihre schamlose Selbstanpreisung (*meum, mihi, mea*) und die unbillige und ungerechte Abwertung ihrer „Konkurrentin" passen zu diesem Eindruck.

Niobes Hybris (S. 87)

193	**Sum felix** - quis enim neget hoc? - **felix**que manebo	Parenthese (rhetor. Frage), Anapher
	- hoc quoque quis dubitet? **Tutam me copia fecit**.	Parenthese (rhetor. Frage)
	Maior sum quam cui possit **Fortuna** nocere:	[spondeischer Vers]
196	multaque ut eripiat, multo *mihi* plura relinquet.	Parallelismus, Polyptoton
	Excessēre metum *mea* iam **bona**. Fingite demi ⌐	m-Alliteration
	huic aliquid populo natorum posse **meorum**,	Metapher, po-Alliteration
199	non tamen ad numerum redigar spoliata **duorum**,	Reim
	Latonae *turbam*. Qua quantum distat ab **orba**?	Ironie, qua-Alliteration
	Ite, satis, properate, sacri est, laurumque capillis ⌐	Asyndeton, sa-Alliteration
202	ponite!" Deponunt et **sacra infecta** relinquunt,	
	quodque licet, tacito venerantur murmure numen.	

Im Verlauf ihrer Rede wird Niobes Selbstbezogenheit immer deutlicher. *Tutam me copia fecit* (194) erinnert an die paradoxe Erkenntnis des **Narcissus** *inopem me copia fecit* (III 466), die dieser erst kurz vor seinem Tod vollzog.[3] Trotz ihres Mutterstolzes liegen ihr ihre Kinder nicht eigentlich am Herzen [4], sie dienen nur ihrer Selbstbestätigung. Dies zeigt sich später auch darin, wie leichtfertig sie bereit ist, einen Teil oder sogar alle ihre Kinder für ihren Machtkampf zu opfern. Die Metapher *populus natorum* (198) steht dem abschätzigen *Latonae turbam* (200) gegenüber. Dies zeigt, worauf sie ihre Sicherheit gründet: Ein ganzes Volk kann nicht ausgelöscht werden. Allerdings wird das verächtliche: *qua quantum distat ab orba* (200) später in tragischer Ironie auf sie selbst zurückfallen (*orba resedit exanimes* ..., 301 f.). Der Schluss ihrer Rede (201 f.) ist genauso abgehackt und unvermittelt wie der Anfang und zeigt das erneute Aufflammen ihres Zornes. Mit herrischem Ton teilt Niobe Befehle aus. Die prompte Reaktion ihrer Untergebenen lässt erkennen, wieviel Angst sie vor ihrer hochmütigen Königin haben.

(1.) Niobe wird äußerst negativ geschildert (Leserlenkung). Ihren **Charakter** kann man in einem Tafelbild erfassen:

---

3) Es ist immer wieder erstaunlich, wie eng Ovid solche Erzählungen über mehrere Bücher hinweg durch Intertextualität miteinander verknüpft und den Leser dadurch immer wieder auffordert, alle möglichen Spielarten eines Motives zu durchdenken. - Die Hybris des Narcissus ist allerdings eher auf die Unnahbarkeit seiner Schönheit gegründet als auf ein Machtgefühl wie bei Niobe, die niemand Höheren neben sich duldet (*maior sum*, 195).

4) Das *huic .. populo natorum* (198) klingt fast distanziert.

> **Charakter der Königin Niobe**
>
> - *comitum* **celeberrima** *turba* (mit großer Begleiterschar → dominantes Auftreten)
> - *vestibus auro intexto* **spectabilis** (kostbare Kleidung → Geltungssucht)
> - ***formosa**, quantum ira sinit* (schön, aber auch von Zorn entstellt)
> - *decoro capite* (Kopfschmuck .. einer Königin .. tragend)
> - *movens inmissos capillos* (schüttelt ihre langen Haare → Arroganz)
> - **alta, superbus** (überheblich und hochmütig)
> - *meum, mihi, mea* (egozentrisch, ichbezogen)
>
> = Niobe erscheint affektiert und herrisch. Sie ist egozentrisch und hochmütig.

Ihre Sicherheit gründet sie auf die **Menge ihrer Besitztümer** (*copia*, 194, und *bona*, 197), weil sie glaubt, dass ihr selbst durch Schicksalsschläge nie alles auf einmal genommen werden kann (*maior sum, quam cui possit Fortuna nocere*, 195, im potentialen Konjunktiv, *fingite demi*, 197, ~ Irrealis).

Die große **Menge ihrer Kinder** rechnet sie mit zu diesen Besitztümern (*mea bona → populo natorum .. meorum*). In der Vielzahl erscheinen ihr diese wie ein ganzes Volk (Metapher), von dem zwar Einzelne sterben könnten, aber nicht alle zugleich.

S. 87

(2.) Niobe orientiert sich nur am *äußeren*, schicksalhaften und **zufälligen Glück** (*fortuna* und *copia*), für das ein Mensch Dankbarkeit empfinden sollte.[5] In ihrem Stolz vergisst sie, dass man das **Lebensglück** (*felicitas* als *inneres* **Glücksempfinden**) und die **Sicherheit** (~ *tutum*) nur in der *seelischen* Zufriedenheit und Ausgeglichenheit finden kann (vgl. die Philosophie der Stoa und des Epikureismus).

(3.) Die Demut und Bescheidenheit des Menschen gegenüber der Welt der *superi*, der über ihm stehenden und mit höherer Macht ausgestatteten *caelestes*, gehört zur Grundlage **antiker Religion und Moral**. Das hochmütige Prahlen Niobes mit äußeren Gütern, die der Mensch nur der Willkür des Schicksals oder des Zufalls verdankt, galt nach antiker Vorstellung als Hybris par excellence, die eine Reaktion der Götter geradezu herausfordert (sprichwörtlicher Götterneid).

> **Latona bittet ihre Kinder um Hilfe (S. 87)**
>
> | | | |
> |---|---|---|
> | 204 | Indignata **dea** est **summoque in vertice Cynthi** | |
> | | talibus est dictis *gemina* cum prole locuta: | |
> | | „En *ego vestra* parens, **vobis** animosa creatis | Emphase |
> | 207 | et nisi Iunoni nulli cessura dearum: | i-Assonanz |
> | | an dea sim dubitor perque omnia saecula cultis ⌣ | |
> | | arceor, o nati, nisi **vos** succurritis, aris." | Hyperbaton, Emphase |

Der Passus ist geprägt von epischem Kolorit und epischer Sprachhöhe und erinnert an homerische Verse (Intertextualität). Latona eignet von Natur her die Erhabenheit (*summo in vertice Cynthi* als symbolischer Hinweis), die Niobe durch äußere Mittel und durch ihr Auftreten zu erreichen sucht. Dennoch spricht Latona ihre Kinder sehr eindringlich an.

---

5) So betet man z.B. im Judentum: „Der Herr hats gegeben, der Herr hats genommen; gelobt sei der Name des Herren!", um sich bewusst zu bleiben, dass ein Mensch kein Anrecht auf die Dauerhaftigkeit solcher Güter hat (vgl. insgesamt das Buch Hiob im AT).

Abraham Bloemaert stellt das Grauen der Vernichtung mit den der Malerei eigenen Mitteln dar. Eine düstere, gewitterhafte Stimmung liegt über der Landschaft, fast wie ein Weltuntergang. Im Vordergrund liegen die Leichen der Söhne, im Tode vereint. Pfeile ragen aus ihren Körpern und nur das rote Tuch zeugt noch vom erloschenen Leben. Apollo und Diana verschießen ihre Pfeile wie aus einem Wolkenloch (links von Diana ist - etwas blasser - Apollo zu sehen, der gerade einen weiteren Pfeil aus seinem Köcher zieht). Die Tötung der Töchter, die teils noch mit dramatischer Gestik zu fliehen versuchen, nimmt ihren unerbittlichen Lauf.
Über den Leichen ihrer Kinder steht Niobe mit flehentlich erhobenen Armen, als ob sie das Schicksal noch abwehren könnte. Ihre Augen blicken zu Apollo und Diana, die ganz auf die Durchführung der Bestrafung konzentriert sind.

<u>Die Abschlachtung der Söhne (S. 88 f.)</u>

(1.) Die Szene wird von Ovid mit besonderer Eindringlichkeit und Detailliertheit erzählt und vermittelt sehr anschaulich **die gnadenlose Grausamkeit der Himmlischen**. Tragische Ironie - die simultane Tötung von Phaedimus und Tantalus beim Ringkampf oder der Tod des Ilioneus an einem "Streifschuss" - verstärkt den Eindruck, dass die erzürnten Götter kein Mitleid kennen; dabei resultiert ihre Härte aus der maßlosen Hybris der Niobe.
Dass die unschuldigen Kinder als Mittel zur Bestrafung missbraucht werden, weckt dagegen das Mitleid des Lesers. Die Absicht der brutalen Schilderung liegt wohl darin, Mitleid auch für Niobe als Mutter hervorzurufen und eine fast zwingende Notwendigkeit zur Umkehr zu suggerieren. Nach dem Prinzip der Kontrastierung schlägt dieses Mitleid um so mehr in Unverständnis um angesichts der starren Haltung Niobes.

(2.) Nichts anderes als **Demut und Reue** darf der Leser von Niobe im Folgenden erwarten. Alles andere wäre so unmenschlich, dass man kaum noch Verständnis dafür aufbringen könnte. Ist sie bereit, umzukehren, so kann der Hass und der Unmut des Lesers in Mitleid für die Leidgeprüfte umschlagen (vgl. *nunc miseranda vel hosti*, 276). Die Chance zur *Wandlung* geht also der *Verwandlung* voraus, die erst dann zwangsläufig eintritt, wenn diese Chance vertan wird.

Die scheinbare Wandlung der Niobe (S. 89)

267	**Fama** mali populi*que* **dolor lacrimae***que* suorum	Polysyndeton, **Klimax**, Chiasmus
	tam *subitae* **matrem** certam fecēre *ruinae*,	Hyperbaton
	mirantem **potuisse**, ‖ irascentem*que, quod* **ausi**	**Klimax**, Lautmalerei (Staunen)
270	hoc **essent superi**, ‖ *quod* **tántum iuris habérent**.	Anapher, Parallelismus
	Nam pater Amphion ferro per pectus adacto	
	finierat moriens pariter cum luce dolorem.	Zeugma
273	Heu! Quantum **haec Niobe ↔ Niobe** distabat *ab illa*,	Emphase, Chiasmus, Lautmalerei
	quae *modo* Latois populum submoverat aris	(des Klagegeschreis)
	et mediam tulerat gressus resupina per urbem	Hyperbaton
276	**invidiosa suis,** *at nunc* **miseranda vel hosti**!	Paradoxie (Sentenz?)

Hier liegt ein Wandlungspunkt in der Erzählung, denn noch könnte Niobe - auch im Interesse ihrer Kinder und ihres Volkes - das Allerschlimmste vermeiden und wenigstens ihre Töchter retten. Es braucht lange Zeit, bis Niobe das Ausmaß der Katastrophe begreift: Das Lauffeuer der Gerüchte (*fama mali*), die im Volk (*populi dolor*) und schließlich auch im Palast ein lautes Klagegeschrei auslösen (*lacrimae suorum*), schließlich der Selbstmord ihres Mannes, von dem wie in einem Nachtrag im Plusquamperfekt berichtet wird (*finierat*, 272).

Dass Niobe als Letzte bemerkt, was passiert, kennzeichnet an sich schon ihre Isolation und ist ein weiterer Hinweis auf ihre Selbstbezogenheit. Bömer (S. 81) macht darauf aufmerksam, dass der schleppende, zähflüssige Satzbau der Verse 269 f. „das ungläubige Zur-Kenntnisnehmen, den störrischen Trotz und den inneren Widerstand der Niobe" wiedergibt (Spondeen, Partizipien, Synaloephe in der Penthemimeres, Verschiebung der Satzkonstruktion vom AcI zu einem Kausalsatz).

Hinzu kommt der durch die Elision gleichsam abgewürgte Gedanke *potuiss(e)* .. <*superos*>: Noch ehe der Gedanke überhaupt zu Ende gedacht ist, löst er schon Niobes Zorn aus! *que quod* (269) lässt sich dagegen als Lautmalerei ihres ungläubigen Stammelns lesen. Dazu passt das Enjambement *aus(i)_|(h)oc* (mit erneuter Verschleifung) und die Anapher des *quod*. Der Selbstmord des Amphion wirkt wie die nachträgliche Notiz eines schon weiter zurückliegenden Geschehens (*finierat*, 272) und verstärkt das Elend der Katastrophe (*ruina*, 268). *modo .. nunc* (274-276) betont die Plötzlichkeit des Sturzes.

Quantum haec Niobe Niobe *distababt ab illa* (273) greift den Wortlaut des Verses 200 wieder auf: *Qua quantum distat ab orba?* - Ein Beleg für Ovids sorgfältige Kompositionstechnik! Niobes Hybris schlägt durch den Gleichklang der Worte nun auf sie selbst zurück (Ironie).

Die ungebrochene Hybris (S. 89)

Corporibus gelidis incumbit et ordine nullo ␣	
oscula dispensat natos suprema per **omnes**.	
279 A quibus ad caelum liventia bracchia tollens	
„Pascere, **crudelis**, **nostro**, **Latona**, dolore,	Emphase
pascere"␣ait, „satiaque **meo tua** pectora luctu,	Anapher, Antithese
282 *dum* **pars nostra** iacet et *dum* per **funera septem** ␣	Anapher, Emphase
efferor. Exsulta **victrix**que␣**inimica** triumpha!	Pleonasmus, Chiasmus
Cur autem victrix? **Miserae mihi** ↔ plura supersunt,	Rhetor. Frage/Correctio, Antithese
285 quam ↔ *tibi felici*: post **tot** quoque **funera** vinco!"	**Chiasmus**, Paradoxie

In den ersten drei Versen kann der Leser noch nicht erkennen, wie Niobe reagieren wird; die rituelle Klage und Trauer, die in *liventia bracchia* (279) nur angedeutet wird, erfolgt zu selbstverständlich. Doch geht Niobes Verlustschmerz wiederum sehr schnell in Anklage und Zorn über (*a quibus ad caelum*, 279).[6] Allzuschnell auch relativiert Niobe ihren Verlust (*pars nostra iacet*, 282).

Erneut wählt sie die Konfrontation (*meo tua*) und erhebt sich allein schon durch den Pluralis majestatis über Latona: **nostro** dolore - **meo/tua** pectora/luctu - pars **nostra** (280-282). Fast scheint es, als gäbe sie sich geschlagen (*Exsulta victrixque .. triumpha!*, 283), doch weckt der Gedanke, ihre Feindin könne über sie triumphieren, erst Recht ihren unbändigen Trotz (*Cur autem victrix?*, 284 f.), so dass sie mit der Paradoxie *post tot quoque funera vinco* (Präsens: ~ ich bleibe siegreich) ihren Pyrrhussieg über die verhasste Feindin (*inimica*, 283) herausschreit. Der Leser kann gar nicht anders, als Strafe für solch unglaubliche Hybris einzufordern.

Offensichtlich liegt die Erzählstrategie in diesem Passus darin, den Leser zwischen Erleichterung über die Einsicht Niobes (Chance zur Umkehr, 277-279) und Entsetzen über ihre andauernde und noch verstärkte Hybris (284 f.) schwanken zu lassen. Auf diese Weise lenkt Ovid unbemerkt das Urteil des Lesers und verständigt sich indirekt mit ihm über die Bewertung des Geschehens (Leserlenkung als rezeptionsästhetisches Spiel).

---

6) Man vergleiche demgegenüber die ausgiebige Klage der Thisbe (TB S. 68).

Die Abschlachtung der Töchter (S. 90)

	Dixerat, et sonuit contento nervus ab arcu,	
	qui **praeter Nioben unam** conterruit **omnes**:	Antithese
288	**illa malo est audax**. Stabant cum vestibus atris	
	ante toros fratrum demisso crine **sorores**.	
	E quibus **una** trahens haerentia viscera tela	
291	inposito fratri moribunda relanguit ore,	
	altera solari **miseram** conata **parentem**	
	conticuit subito duplicataque vulnere caeco est	
294	oraque compressit, nisi postquam spiritus ibat.	
	Haec frustra fugiens collabitur, **illa** sorori	Parallelismus, f-Alliteration
	inmoritur; *latet* **haec**, ↔ **illam** *trepidare* videres.	**Chiasmus**
297	*Sexque datis* leto diversa*que* vulnera *passis*	Polysyndeton
	ultima restabat, quam ***toto corpore*** mater,	
	tota veste tegens „**Unam** *minimam*que relinque!	Anapher, Emphase
300	**De multis** *minimam* **posco**" clamavit „**et unam**."	Antiklimax, **Chiasmus**

Die Strafe erfolgt schnell (*dixerat, et*), konsequent und gnadenlos. Auch die allerletzte Chance, das böse Omen der tönenden Sehne, missachtet Niobe, im Gegensatz zu allen anderen. Erneut scheint sie erst dann einzulenken, als es fast zu spät ist: *ultima restabat, quam* **toto** *corpore mater,* **tota** *veste tegens* ... (298 f.) und setzt sich scheinbar **ganz** für ihr Kind ein; doch wird der Leser erneut in seiner Hoffnung getäuscht, denn das paradox erscheinende *posco* in Vers 300 zeigt, dass sich an ihrer Haltung nichts geändert hat. Ihre trotzige Isolation im Unglück (*malo est* **audax**, 288) und ihre Gefühllosigkeit setzen bereits hier den Ansatzpunkt für die Metamorphose. - Mögliche Frage an die Schüler: *Wenn Niobe ihr Verhalten nicht ändert, worin könnte sie dann verwandelt werden?*

Die Reaktionen der Schwestern auf den Tod ihrer Brüder und die variierenden Todesarten (*diversa vulnera*, 297) werden nicht - wie bei den Söhnen - durch die Abfolge der Namen, sondern durch anonyme Pronomina und Pronominaladjektive gegenübergestellt. Dabei verdichtet sich die Tragik bis zur *ultima <filia>* (298), die zudem noch die Kleinste bzw. die Jüngste ist (*minima*, 299 und 300); eine dramatisierende Klimax.

Johann König (1586 -1642)
- Tod der Niobiden

Tobias Verhaecht (1561-1631)
- Tod der Niobiden

Die Verwandlung der Niobe (S. 90)

	Dumque rogat, pro qua rogat, occidit. ‖ <u>**Orba**</u> **resedit** ␣	Paradoxie, o-Alliteration
	exanimes inter **n**atos **n**atas*que* virum*que*	**n**a-Alliteration, Polysyndeton
303	**deriguit**que **malis**. **Nullos** <u>movet</u> aura **capillos**,	
	in **vultu** color e**s**t **s**ine **s**anguine, **lumina** maesti**s** ␣	**s**-Alliteration, Hyperbaton
	stant **inmota** genis, nihil est in imagine vivum.	
306	Ipsa quoque ␣*interius* cum *duro* **lingua** palato ␣	
	congelat et **venae desistunt posse** <u>moveri</u>.	
	Nec flecti cervix nec bracchia reddere <u>motus</u>	Polysyndeton
309	**nec pes ire potest**; ‖ *intra* quoque **viscera** *saxum* ␣est.	
	<u>Flet</u> tamen et *validi* ←circumdata→ turbine venti ␣␣	abbildende Wortstellung
	in patriam rapta ␣est. Ibi **fixa** cacumine montis ␣	
312	<u>liquitur</u>, et **l**acri**m**as etia**m** nunc **m**ar**m**ora **m**anant.	**l**-/**m**(**a**)-Alliteration, (Lautmalerei)

Mit einer banalen Paradoxie beendet Ovid die grausige Aufzählung des zweiten Gemetzels: *dumque rogat, pro qua rogat, occidit* (301). Das durch Voranstellung betonte *exanimes* (302), das sich der Wortstellung nach auch auf Niobe beziehen lässt (~ Enallagé), und das Polysyndeton *inter natos natasque virumque* verdeutlichen den Verlust, den Niobe erlitten hat: Von so Vielen, von all dem Reichtum und scheinbaren Glück, ist nichts mehr übrig.

*deriguitque **malis*** (303)[7] markiert den Beginn der Verwandlung als Prozess der Erstarrung (→ *rigor*).[8]

Die einzelnen Schritte der Verwandlung demonstrieren symptomatisch und in psychosomatischer Metaphorik die Veränderungen durch den unsäglichen Verlustschmerz, den Verfall ins Nichts. Blutleer und wie tot, ohne innere Regung, sitzt Niobe inmitten der Toten. Als ob die Kälte der Einsamkeit und des Todes immer tiefer in sie eindringen würde, erstarrt allmählich auch ihr Inneres (Schema: Verwandlung von außen nach innen), bis alle somatischen, sensitiven und psychischen „Regungen" erloschen sind. So gilt Niobe bis heute als Sinnbild von Trauer und Erstarrung.

S. 91

(1.) Ovid erzählt so, als ob er in ständigem Austausch mit dem Leser stünde. Ein wichtiger **Leitfaden der Erzählung** ist die Erwartung (des Erzählers und auch des Lesers), dass Niobe aus ihrer Verhärtung irgendwann einmal herausfinden müsse. Zweimal setzt der Erzähler zu einer möglichen Korrektur an (vgl. Vers 273):
a) Nach dem Tod ihrer Söhne scheint Niobe zu kapitulieren, doch verharrt allein schon ihre Sprache in Kategorien von Sieg und Niederlage (*Exsulta **victrix**que inimica **triumpha***, 283).
b) Als nur noch die letzte Tochter lebt, scheint Niobe einzulenken, doch vereitelt die fordernde Art der Bitte jeglichen Kompromiss (*de multis minimam **posco***, 300).
So bleibt sich Niobe erstaunlich treu und der Leser kann nur fassungslos und kopfschüttelnd das Ausmaß ihrer Hybris zur Kenntnis nehmen.

(2.) Die **Verwandlung der Niobe** [Vgl. die Leitfragen, TB S. 36, Aufg. 4] ist weniger als Strafe denn als existenzielle Konsequenz zu begreifen; sie wird keineswegs von den Göttern gefordert oder initiiert, sondern sie ergibt sich psychosomatisch aus der *Unbeugsamkeit* ihrer

---

[7] Der Plural **malis** (303) überbietet noch einmal Vers 288: *illa **malo** est audax*.
[8] Die Terminologie der Verwandlung erfolgt bei Ovid meist typologisch. Zum entsprechenden Wortfeld gehören hier: *re-sedit, de-riguit, nullos **movet**, stant in-**mota**, de-sistunt posse **moveri**, nec flecti nec reddere **motus** nec ire potest* → ***fixa*** (Verbenkette in Klimax).

Haltung. Die Verwandlung ist in diesem Fall nur Manifestation, das Sichtbarwerden eines inneren Zustandes, der nur deshalb zur Verwandlung führt, weil die vorher noch mögliche Umkehr eben nicht erfolgt ist (In den *Metamorphosen* stellt dies quasi ein Naturgesetz dar.). Mit **venae desistunt posse moveri** (307) ist der Verwandlungsprozess (Versteinerung) eigentlich abgeschlossen.⁹ Doch fasst Ovid in den Versen 308 f. die Symptome noch einmal zusammen, diesmal jedoch in einer gedanklichen Richtung von oben nach unten (*cervix* → *brachia* → *pes*). Durch das Passiv **nec flecti** *cervix ...* **potest** (308 f.) scheint es nun jedoch, als könne aus dem erstarrten Inneren heraus keine Bewegung mehr entstehen und als wäre keine „Äußerung" mehr möglich. Niobe kann nun weder agieren noch reagieren.

Psychosomatisch lässt sich die Versteinerung als ein Selbstschutz begreifen, der die Seele durch Verdrängung vor der Unerträglichkeit eines übergroßen Schmerzes bewahrt. Sie ist nur das Symptom, der sichtbare Ausdruck eines innerseelischen Vorganges: Des Verlustes der Lebendigkeit, des Gefühles und der Herzenswärme, aller inneren und äußeren „Regungen". Die mirakulösen Tränen des Steines stellen deshalb keine echte „Rührung" dar, sondern sind als Mahnmal zu sehen; Niobe ist zum Grabmonument ihrer eigenen Familie geworden.

(3.) [Erzählperspektiven, TB S. 52] Der Niobe-Stoff, der in der Antike weit verbreitet war, hat tragische Qualität und diente - nach der Theorie des Aristoteles - der Reinigung der Seele (gr. Katharsis) durch die Stärke der Affekte. Ovid nimmt auch hier die Rolle des auktorialen Erzählers ein und lenkt das Urteil des Lesers mit verschiedenen Mitteln. Dazu gehören:
a) Der arrogante und herrische Tonfall ihrer Reden [direkte Charakterisierung]
b) Die eingeschüchterte Reaktion der Thebanerinnen (202 f.) [indirekte Charakterisierung]
c) Die genaue Schilderung des zweifachen Gemetzels [Erweckung von Mitleid]
d) Niobes Reaktion auf die Unglücksbotschaft (276-270) [Trotz gegenüber den Göttern]
e) Auktorialer Kommentar (273-276) [scheinbare Veränderung Niobes]
f) Erneute Verstockung Niobes (287) [Rückfall in ihre alte Ignoranz]
g) Auktorialer Kommentar (288: *illa malo est audax*) [Urteil des Erzählers]
Eine Moral im strengen Sinne enthält Niobe - wie so viele Erzählungen Ovids - nicht. Die Moral liegt allenfalls in der Konsequenz des Verhaltens, doch bleibt es dem Leser selbst überlassen, ein Urteil zu fällen. Dabei charakterisiert Ovid immer differenziert. So empfindet der Leser nicht nur Abscheu oder Wut gegenüber Niobe, sondern auch Mitleid. Da Niobe jedoch selbst im Unglück unbeugsam bleibt, schlägt das aufkommende Mitleid (Verse 273-276) schnell in Verärgerung um und weicht der Forderung nach Strafe.

Auch wenn das Bild im theatralischen Stil des Klassizismus gehalten ist (vgl. TB S. 93), so eignet es sich doch besonders, um die tragische Kernstelle *unam minimamque relinque* (299) zu veranschaulichen. Die Töchter werden - tragische Ironie - während der Begräbnisfeier getötet, die man sich auf einem Gräberfeld außerhalb der Stadtmauern vorstellen kann. Die Tochter, die von Niobe schützend umarmt wird, mag diejenige sein, die - in echt römischer *pietas* - ihre Mutter zu trösten versuchte (292 f.). Der Pfeil liegt - ein unrealistisches Detail - auf ihrem Unterschenkel auf. Der untere Teil einer silberfarbenen Statue des Apollo mit dem Jagdbogen deutet die numinose Präsenz des *deus arquitenens* an; doch schenkt der Gott der flehentlichen Bitte der linken Tochter kein Gehör (Pfeil im Nacken). - Der Tempel im Hintergrund deutet die Verletzung der *religio* an, die den Auslöser für das Unheil bildete. Niobe selbst ist zwar noch königlich gekleidet, doch ist ihr Blick bereits von Tränen verschleiert, was auf den Schluss der Erzählung verweist: *.. liquitur, et lacrimas .. marmora manant* (312).

---

9) Vgl. umgekehrt Pygmalion, TB S. 126: *saliunt temptatae pollice* **venae** (289) als Zeichen dafür, dass die Statue nun tatsächlich lebendig ist.

Latona und die Lykischen Bauern (S. 92-95)

1. Zentrale Deutungs-Aspekte
Inhalt: Unmenschliches Verhalten und berechtigter Götterzorn
Interpretation: Szenische Gliederung, Wortfelder, Stilmittel, Veranschaulichung
Gattung: Burleske
Erzählebenen (S. 12): anthropologisch, sensualistisch

2. Übersetzung

339 Und schon war **die Göttin**, **erschöpft von der langen Anstrengung**, im Gebiet des
chimärenreichen Lykiens (angekommen), als **drückende Hitze** die Fluren verbrannte.
Von der **sengenden Sonnenglut** war sie durstig geworden und ihre Kinder
342 hatten die **milch**spendenden Brüste gierig **leergetrunken**.
Da erblickte sie tief unten im Tal einen mittelgroßen **See**.
Bauern sammelten dort buschige Weidenruten,
345 Binsen und sumpfliebendes Schilfrohr.
Sie trat heran, die **Titanentochter**, und sank schwer auf ein Knie zu Boden,
um **das kühle Nass** (mit der Hand) zu schöpfen und zu trinken.
348 Die **Bauernschar** verbietet es. Da sprach die **Göttin** die **Hindernden** an:
„Warum verbietet ihr (mir) das **Wasser**? Die Benutzung des **Wassers** steht allen frei.
Die Natur hat ja auch nicht die Sonne oder die Luft oder die **Bäche**
351 zu jemandes Eigentum gemacht: Ich befinde mich hier an einem öffentlichen Platz!
Dennoch bitte ich euch flehentlich, dass ihr (mir) Wasser gebt. Ich wollte hier
nicht meine **Glieder waschen** und meinen **erschöpften Körper**, sondern
354 (nur) meinen **Durst stillen**. Mein Mund ist schon zu trocken zum Sprechen
und **meine Kehle brennt**, und kaum noch kommt ein Laut aus ihr heraus.
Ein **Schluck Wasser** wird für mich **Nektar** sein und mein Leben werde ich euch
357 damit verdanken; Leben werdet ihr **im Wasser** gegeben haben!
Auch mögen euch diese (beiden) bewegen, die ihre Ärmchen aus meinem
Gewandbausch hervorstrecken." Und zufällig streckten ihre Kinder die Arme aus.
360 Wen hätten die höflichen Worte der **Göttin** nicht zu bewegen vermocht?
Die aber beharren darauf, die **Bittende** abzuwehren, und fügen noch obendrein
Drohungen, wenn sie nicht sofort abhaue, und Schmähungen hinzu.
363 Und noch nicht genug: Mit Händen und Füßen trübten sie
den **See** selbst und wühlten aus der Tiefe des **Gewässers** den weichen
Schlamm durch böswilliges Hin-und-her-Springen auf.
366 Zorn verdrängte den Durst; denn die **Tochter des Coeus** erniedrigt sich nicht mehr
gegenüber solch **Unwürdigen** und erträgt es auch nicht, noch weiterhin,
demütigende Worte zu sprechen. Sie richtete ihre Handflächen zu den Sternen
369 und sprach: „Auf ewig sollt ihr in diesem **Tümpel** leben!"
Der Wunsch der **Göttin** geschieht. Es gefällt ihnen, **unter Wasser** zu sein
und bald **den ganzen Körper** im tieferen Teil des **Sumpfes** unterzutauchen, dann
372 wieder den **Kopf** hervorzustrecken, bald auf der **Wasseroberfläche** zu schwimmen,
oft sich am Uferrand des **Tümpels** hinzuhocken und immer wieder
in den kalten See zurückzuspringen. Aber auch jetzt noch üben sie
375 ihre Schandmäuler mit Zankereien, und nachdem alle Scham vergangen ist
versuchen sie, obwohl **unter Wasser**, **unter Wasser** noch zu lästern.

378 Ihre Stimme ist auch schon rau und die aufgeblasenen **Hälse** schwellen an
und gerade das Geschimpfe weitet ihre offenstehenden **Mäuler**.
Ihre **Rücken** gehen in den **Kopf** über, die **Hälse** scheinen herausgenommen,
ihr **Rückgrat** ist grün, der **Bauch**, der größte Teil des Körpers, glänzt weiß,
381 und in dem schlammigen **Strudel** hüpfen die neu entstandenen **Frösche**.

3. Interpretation im Textverlauf

Die *Lykischen Bauern* eignen sich fast idealtypisch als Einstiegserzählung. Zwar ist die Erzählung selbst nur eine Randepisode und auch nicht sonderlich spannend, doch nutzt Ovid den Stoff, um sein artistisches Können voll auszuspielen. So lassen sich wesentliche Merkmale seiner **Dichttechnik** gut demonstrieren: Veranschaulichung bis hin zur Lautmalerei, szenische Gliederung, Variation der Wortfelder, direkte und indirekte Charakterisierung, Ironie als Erzählhaltung, Leserlenkung etc. Die Metamorphose selbst ist zudem sehr anschaulich geschildert und leicht zu interpretieren. Darüber hinaus bietet die Erzählung gerade jüngeren Schülern ein überschaubares Lesepensum und vielfältige Reize zu kreativer Bearbeitung.

„Spiel mir das Lied vom Tod" (S. 92)

339 Iamque **Chimaeriferae**, cum **sol gravis ureret arva**,	r-Assonanz (+ dunkle Vokale)
finibus in Lyciae longo **dea fessa labore**	Reim, Hyperbaton
sidereo siccata sitim collegit ab aestu,	si-Alliteration als **Lautmalerei**
342 uberaque ebiberant avidi lactantia nati.	a-i-Assonanz, Hyperbaton

Mit wenigen Versen gelingt es Ovid, eine Eingangsstimmung zu erzielen, die an die typische Wüstenszene in einem Western erinnert [1]: *sol gravis - in finibus Chimeriferae Lyciae - longo labore - dea fessa - sidereo ab aestu - siccata - sitim collegit - avidi nati - ubera lactantia ebiberant* ... Ein Stakkato von gleichbleibenden Eindrücken, das durch die teils dunklen, teils schrillen Assonanzen und die Lautmalerei der flirrenden Hitze (*sidereo siccata sitim*) an Spannung gewinnt. Zudem erzeugen die vielen Hyperbata (*Chimeriferae .. Lyciae, longo .. labore, sidereo .. ab aestu, ubera .. lactantia, avidi .. nati*) einen dissipativen Eindruck und lassen dadurch die Einzelheiten schärfer hervortreten. Für die Göttin und für ihre beiden gerade geborenen Kinder wird die Situation auf der Flucht allmählich lebensbedrohlich.

Die scheinbare Rettung (S. 92)

Forte **lacum mediocris aquae** prospexit in imis	
vallibus; **agrestes** illic fruticosa legebant	Antonomasie
345 vimina cum iuncis gratamque paludibus ulvam.	
Accessit positoque genu **Titania** terram	t-Alliteration, **Antonomasie**
pressit, ut hāurīret ‖ **gelidos** pōtūra **liquores**.	Reim, **Lautmalerei**
348 **Rustica turba** vetat; ←**dea** sic adfata→ **vetantīs**:	**Antonomasie**; a-t-Assonanz, abbildende Wortstellung

forte .. prospexit leitet den Umschlag ein, die Aussicht auf Rettung. Eine ländliche Idylle löst das Bild der hitzeflimmernden Wüste ab. Wie in eine Oase steigt Latona in das Tal mit dem See hinab und hat dabei die Bauern mit ihrer friedlichen Tätigkeit vor Augen. In dieser Passage geht es vor allem um den sich anbahnenden Konflikt, den Ovid durch die Antonomasien

---

1) Vgl. meinen Beitrag „Römische Dichtung im Plastik-Zeitalter" (s. S. 14, Anmkg. 6).

präfiguriert: **agrestes** und **rustica turba** (~ eine pöbelhafte Menge) stehen der **Titania** und **dea**, der erhabenen Göttin, gegenüber. Typisch für Ovid ist der scharfe Szenenschnitt und überhaupt der szenische Aufbau seiner Erzählungen. Typisch auch, dass Latona gerade in einer Phase der Erniedrigung mit dem Patronymikon *Titania* (später: *filia Coei*) bezeichnet wird. Subtil deutet Ovid auf diese Weise an, dass hinter der armseligen Gestalt der erschöpften Latona weitaus mehr steckt, und dass die Bauern durchaus die machtvolle Ausstrahlung der Göttin hätten bemerken können.

Vers 346 f. schildert mit bemerkenswerter Präzision und filmischer Anschaulichkeit die Art, wie die Göttin sich dem Wasser nähert.² Das schwerfällige Niedersinken Latonas wird durch t-Alliteration und die durch Anfangsstellung betonten Prädikate (*accessit, pressit*; - auch als Lautmalerei des keuchend ausgestoßenen Atems) zusätzlich verdeutlicht.

Dagegen lässt das daktylisch kurze *gelidos pōtūra liquores* (347) die Erleichterung über das lebensrettende und erquickende kühle Nass ahnen, wobei die Beweglichkeit des Wassers (*gelidos .. liquores* als Lautmalerei des Plätscherns) mit den langsamen Bewegungen der Göttin (*haūrīrēt .. pōtūra*) kontrastiert. - Überraschend erfolgt nach dieser genrehaften Schilderung die kurze, wortlose Abfuhr der Bauern, dunkel und hart im Klangbild: *rustica turba vetat*. Kurz und knapp treibt Ovid das Geschehen voran.

Bittrede der Latona (S. 92 und 94)

„Quid prohibetis **aquis**? Usus communis **aquarum** est.
Nec **solem** proprium natura *nec* aera fecit — Polysyndeton
351 *nec* **tenues undas**: ad publica munera veni.
Quae tamen, ut detis, **supplex peto**. Non *ego* nostros
abluere hic **artus lassataque membra** parabam,
354 sed **relevare sitim**. Caret os **umore** loquentis
et **fauces arent** ‖ vixque est via vocis in illis. — v(i)-Alliteration, **Lautmalerei**
Haustus aquae mihi **nectar** erit, ‖ vitámque fatebor
357 accepisse simul: ‖ vitám dederitis **in unda**! — Anapher (Parallelismus)
Hi quoque vos moveant, qui nostro *bracchia tendunt* — Hyperbaton
parva sinu"! - Et casu *tendebant bracchia* nati. — Chiasmus

Im Hintergrund der Erzählung nimmt der Leser unterschwellig den Widerstreit der Elemente **Feuer** (*sol gravis* etc.) und **Wasser** wahr, die bis hinein in den seelischen Zwiespalt zwischen heißem Zorn und kühler Beherrschung das Geschehen bestimmen. Der Bereich der Natur verbindet sich auf diese Weise mit dem Bereich des Seelischen (vergilische Dichttechnik).

Genial gibt Ovid das heisere Krächzen aus trockener Kehle lautmalerisch wieder: *vixque est via vocis* (zweifache v-Alliteration und Aphärese als Ausdruck des schwerfälligen Sprechens). Ein solcher Vers sollte unbedingt entsprechend gelesen werden.

Spätestens bei dem Stichwort **nectar** - Göttertrank! - hätten die Bauern hellhörig werden müssen, doch gehört neben der Sprachlosigkeit (vgl. Maier, S. 94 f.) auch die mangelnde Aufmerksamkeit zu ihrem Wesen, das durch die spätere Verwandlung offensichtlich wird.

---

2) Es lohnt sich, die Schüler selbst den Vorgang (pantomimisch) genau darstellen oder erklären zu lassen: *Wie kniet sich die Göttin nach der Beschreibung Ovids zum Trinken hin? - Posito genu* (Singular!) in Kombination mit dem Prädikat *terram pressit* (~ sie drückt die Erde ein) beschreibt, wie Latona, die ja ihre beiden Kinder noch auf dem Arm hält, sich ohne Zuhilfenahme der Hände schwerfällig und erschöpft auf *ein* Knie niedersinken lässt. Zum Vergleich kann man überlegen, wie sie sich sonst zum Trinken hätte niederlassen können, z.B. indem sie zunächst ihre Kinder ablegt.

(1.) Die **Spannung der Erzählung** lebt vom Umschlag der Gefühle. Irrt Latona zu Beginn halb verdurstet durch ein unwirtliches Gebiet (339-342), so lässt der Anblick des Sees und der arbeitenden Bauern unvermittelt Hoffnung aufkommen (343-345). Schnell eilt Latona heran, um endlich trinken zu können (346-347), doch erfolgt erneut ein jäher Umschlag durch das Verbot der Bauern (348), das die Göttin zu Verhandlungen zwingt (348 ff.).

(2.) Die **Rede der Latona** ist scheinbar recht einfach und direkt gehalten, und doch spiegelt sie eine innere Entwicklung wieder, die für den Fortgang des Geschehens - die aufkommende Wut als Triebkraft - entscheidend ist. Nach der ärgerlichen, fast anklagenden *Frage* (349) folgt eine juristisch-rationale *Argumentation* (350 f.). Als Latona jedoch merkt, dass die Bauern keiner Argumentation zugänglich sind, geht sie zu einer *Beschwichtigung* über (352-354 als *captatio benevolentiae*). Sie ist sogar bereit, sich zu erniedrigen (*supplex peto*), indem sie flehentlich auf ihren elenden Zustand hinweist (354 f. als *emotionaler Appell*) und ihre „Zuhörer" sogar vorwegnehmend als Lebensretter preist (356 f.). Wie in einer billigen Schmierenkomödie muss sie sogar noch ihre beiden Neugeborenen vorzeigen, ein letzter, verzweifelter Appell an die Menschlichkeit, die Gefühle, ja, die Urinstinkte der Bauern.

(3.) Die Diskussion sollte schnell deutlich machen, dass Latona in einer solchen Notsituation auch ohne Zustimmung der Bauern das **Recht auf einen Schluck Wasser** hätte, und dass das Verhalten der Bauern in jedem Fall unmenschlich und asozial ist. Die Göttin argumentiert mit dem Naturrecht, das über dem sozialen Besitzrecht steht.[3]

Das Bild von **Blondel** verdeutlicht die Rede der Latona und die Konfrontation zwischen Göttin und Bauern, ohne allzuviel vom Text vorwegzunehmen. Es lässt sich jedoch eher nach Vers 369 in den Unterricht integrieren, da es wohl vor allem ebendiesen Vers bildhaft umsetzt: *stagno in isto* erfordert geradezu den ausgestreckten Zeigefinger. Blondel hat wohl vor allem das Umschlagen der Situation vor Augen gehabt, als die Bauern beginnen, das Wasser mit Händen und Füßen aufzuwühlen. Durch den Frosch ist die Verwandlung bereits angedeutet.

Francesco Trevisani (1656-1746) - Latona und die Frösche

---

3) Maier (S. 98, Anmkg. 11) verweist mit Römisch auf Cicero, De off. I 52, eine Stelle, die in der Tat wie eine Vorlage für Ovids Deutung erscheint (Zusammenhang von Menschlichkeit und Sprache).

Die Verfluchung der Bauern (S. 94)

360	Quem non blanda <u>deae</u> potuissent verba movere?	Rhetorische Frage
	Hi tamen orantem **p**erstant **p**rohibere minasque,	p-Alliteration
	ni procul abscedat, conviciaque⁀insuper addunt.	
363	Nec satis est: ipsós etiam pedibus*que* manu*que* ⁀	Emphase, Polysyndeton
	túrbāvére **lacús** ‖ īmó*que*⁀ē **gúrgite** ‖ móllem ⁀	u-o-Assonanz
	húc | illúc ‖ limúm ‖ saltú ‖ movēre <u>maligno</u>.	Lautmalerei, m-Alliteration, Enallagé
366	Distulit **ira** sitim; neque⁀enim iam **filia Coei**	Antonomasie (Patronymikon)
	supplicat **indignis** nec dicere sustinet ultra ⁀	chiastischer Satzbau (366b-368a)
	verba minora **dea** ‖ tollensque⁀ad sidera palmas	
369	„aeternum **stagno**", dixit, „vivatis in isto!"	

Die rhetorische Frage *Quem non .. potuissent verba movere?* gibt dem Gefühl des Lesers Raum. Ihrem rein kollektiven Verhalten entsprechend werden die Bauern nur als *hi* und als *indigni* bezeichnet, während Latona als *dea* und als *filia Coei* zu ihrer Würde zurückfindet.
Perstant (361, als Signalwort der Verfestigung eines Verhaltens) bildet den Punkt, an dem sich bereits andeutet, dass die Verwandlung zwangsläufig geschehen muss. Das unmenschliche Gebaren der Bauern geht denn auch unmittelbar in das tierische Verhalten von Fröschen über, so dass der Wunsch der Göttin (369) keine Zäsur mehr darstellt, sondern nur noch einen Vorgang besiegelt, der schon längst begonnen hat. Der emphatische Auftakt *ipsós etiam* und das Polysyndeton *pedibusque manuque* (363) lassen erkennen, dass die *rustica turba* sich mit Begeisterung und mit vollem Einsatz ans Werk macht.
Das boshafte Verhalten der Bauern wird in den Versen 363-365 brillant veranschaulicht. Diese Verse sollten unbedingt metrisch analysiert und gelesen werden, um die Raffinesse der Darstellung nachempfinden zu lassen. <u>Vers 364</u> ist überwiegend spondeisch und enthält einen deutlichen Einschnitt durch die Penthemimeres und die darauf folgenden langen Vokale der kurzen Silben (*..cús* \| *ī-mó-qu⁀ē*). Durch die Elision und die vielen dunklen Vokale in Verbindung mit dem rollenden *gurgite* wirkt der zweite Versteil noch schwerfälliger als der erste und gibt auf diese Weise sehr anschaulich das tiefe Bücken und das Hineinwühlen in den Schlamm am Boden des Tümpels wieder. Es entsteht ein Moment des Innehaltens, bevor die Bauern sich wieder aufrichten und den Schlamm mit den Händen verteilen. Die ú-ó-Assonanz geht der ú-i-Assonanz in Vers 365 voraus, bildet jedoch ein gemeinsames Klangbild. *lacūs* steht nur hier im Plural und erhält dadurch ein langes ū (statt *lacum*). *mollem* gehört durch Enjambement, durch Hyperbaton (*mollem .. limum*) und durch *l-m-o*-Assonanz (*mollem .. movere maligno*) schon eher zum folgenden Vers.
<u>Vers 365</u> ist einzigartig in der gesamten Dichtung. An ihm lässt sich die perfekte Dichttechnik Ovids besonders eindrucksvoll demonstrieren („Dichtung" als Verdichtung von Sprache und als Erweiterung von Sprache durch assoziative Bedeutungsfülle): Metrik, Versbau, Klanggebung und Stilmittel verbinden sich hier zu einer fast plastischen Wirkung. Inhaltlich wird erzählt, wie die Bauern mit ihren Füßen im Tümpel hin und her springen und dabei möglichst viel Schlamm aufwühlen. Veranschaulicht wird dies zunächst durch die Metrik: Der Vers ist (bis auf das fünfte Metrum) rein spondeisch und wirkt dadurch langsam und schwerfällig. Eine Besonderheit des Versbaus sind die vier kurzsilbigen Worte (*húc il\|lúc li\|múm sal\|tú*) mit sehr seltener dreifacher Zäsur (*húc illúc\| limúm \| saltú \|*..), die die abgehackten Sprünge nachbildet. Dass dieser Versbau nicht zufällig ist, zeigt die Klangfolge, die das Auf- und ab-Springen der Bauern veranschaulicht: Auf den dunklen/tiefen Vokal **u** (jeweils auf der betonten Anfangslänge des Metrums, davon drei Mal mit naturlangem Vokal) folgt zwei

Mal ein helles/hohes i, das in *maligno* noch einmal nachklingt. Durch die Zäsuren jeweils nach dem tiefen Vokal entsteht zusätzlich der Eindruck eines kurzen Innehaltens nach jedem Sprung, wie es für Frösche typisch ist. Mit ***movēre maligno*** klingt der Vers dann wieder ruhig aus; - anschaulicher kann Sprache nicht sein!

Die Geste der Latona - *tollens ad sidera palmas* (369) - ändert nichts am Zustand, sondern bewirkt, dass Verhalten und Aufenthaltsort der Bauern dauerhaft angeglichen werden. Die etwas merkwürdige Formulierung aus der Rede der Latona: **vitam dederitis in unda** (357) bewahrheitet sich jetzt im Leben der Bauern: **aeternum stagno vivatis in isto** (369) und wirkt nachträglich wie eine Prophezeiung.

Die Verwandlung in Frösche (S. 94-95)

	Eveniunt optata **deae**: **iuvat esse sub undis**	
	et *modo* tota **cava** submergere **membra paludē**,	
372	nunc proferre **caput**, **summo** modo **gurgite** nare,	Anapher/Parallelismus
	saepe super ripam **stagni** consistere, *saepe*	s-Alliteration, Anapher
	in gelidos resilire **lacus**. Sed *nunc quoque* turpes	l(i)-Assonanz
375	litibus exercent **linguas** pulsoque pudore,	li- und pu-Alliteration, (Reim)
	quamvis sint **sub aqua**, ↔ **sub aqua** maledicere temptant.	Chiasmus, **Lautmalerei**
	Vox quoque iam rauca est inflataque **colla** tumescunt	Polysyndeton
378	ipsaque dilatant patulos ←convicia→ **rictūs**.	abbildende Wortstellung
	Terga caput tangunt, **colla** intercepta videntur,	Asyndeton
	spina viret, **venter**, pars maxima corporis, albet,	Parallelismus, Asyndeton
381	**limoso**que **novae** saliunt **in gurgite** **ranae**.	Hyperbaton

Fast übergangslos erfolgt die Verwandlung, wobei sich das Verhalten der Bauern (370-376) allmählich auf ihren Körperbau auswirkt: Es verändert sich die **Stimme** (*vox rauca est*, 377), der **Hals** (*inflata colla tumescunt*, 377), der **Mund** (*convicia dilatant patulos rictus*, 378), der **Körperbau** (*colla intercepta*, 379; *venter, pars maxima*, 380) und schließlich die **Farbe** des Rückens (*spina viret*, 380) und des Bauches (*venter albet*, 380). Fast unmerklich sind die Bauern allmählich zu neuen Fröschen geworden (*ranae*, 381, in betonter Endstellung).

Entscheidend für die Verwandlung ist das schon vorher fehlende menschliche Wesen und Verhalten der Bauern, die *pulso pudore* (375) völlig ungeniert ihren Trieben folgen. So entspricht die Verwandlung dem Wesen und dem Verhalten der Bauern. Ovid setzt etliche Signale einer metaphorischen Deutung. Ihrem Charakter nach sind die Frösche (und waren die Lykischen Bauern) emotionslos-kühl (*gelidos*, 374), frech (*turpes .. exercent linguas*, 374 f., in Enallagé), schamlos (*pulso pudore*, 375), rau (*vox rauca*, 377) und arrogant (*inflata colla*, 377). Der schlammige Tümpel (*limoso .. in gurgite*, 381) passt insofern genau zu ihrem Wesen. Was ihnen jedoch vor allem fehlt, ist die Sprache bzw. die Kommunikationsfähigkeit. Während die Göttin zweimal in direkter Rede erscheint, hören wir von den Bauern - bis auf das abgehackte *turba vetat* (348), das indirekte *minasque „ni procul abscedat"* (361 f.) und die wiederholten *convicia* (362, 378; vgl. *maledicere*, 376) - nichts.

Einer der berühmtesten Verse Ovids ist das *quamvis sint sub aqua, sub aqua maledicere temptant* (376) als Lautmalerei des Froschquakens. An solchen Stellen wird deutlich, dass Übersetzung immer ein Verlust von Gehalt und von Ausdruck ist.

Die Aufgaben auf den Seiten 94 und 95 lassen sich gut arbeitsteilig in Gruppen bearbeiten (vor allem Aufgabe 1 und 3 auf Seite 94 und Aufgabe 1 und 2 auf Seite 95).

S. 94

(1.) Die Bezeichnungen für die Personen werden von Ovid sehr sorgfältig gewählt, der *variatio* wegen und zur Unterstützung der Charakterisierung.

Die Bauern werden nur im Plural genannt (~ ihnen fehlt die Individualität und damit ein wichtiges Stück Menschsein) und meist mit abwertenden Begriffen bezeichnet (~ ein pöbelhafter Haufen). Ihre Charakterisierung und ihre Entwicklung verlaufen deszendent (vgl. Römisch, S. 13). **Latona** ist grundsätzlich *dea*; nur zu Beginn und zum Ende ihrer Begegnung mit den aggressiven *agrestes* erscheint sie als Titanentochter (*Titania*, 346, und *filia Coei*, 366). Trotz ihrer unterwürfigen Haltung und trotz der Demütigung durch die Bauern bleibt sie ihrem Wesen nach, was sie war und ist: eine hoheitsvolle, erhabene Göttin.

(2.) a) Es gibt drei Punkte, an denen jeder antike Mensch die Epiphanie eines Gottes bemerkt und entsprechend reagiert hätte: a) Das machtvolle Auftreten Latonas (*Titania terram pressit*), ihre hoheitsvolle, fast epische Sprechweise (*quae tamen, ut detis, supplex peto; relevare sitim; vitamque fatebor accepisse simul ..*), die an homerische Zeiten erinnert, und c) ihr Versprecher *haustus aquae mihi nectar erit* (als Hinweis auf

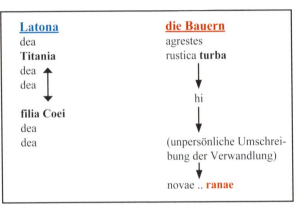

das für sie übliche Getränk). Ovid erzählt also - bis in die Sprache und die Sprechweise seiner Figuren hinein - sehr subtil und feinsinnig.

b) Die Bauern sind jedoch so pöbelhaft und dumm, dass sie solch feine Hinweise gar nicht bemerken. Ihnen fehlt neben der Scham (*pulso pudore*, 375) die Bereitschaft auf Fremde einzugehen (antike Gastfreundschaft, gr. *Xenophilia*) und die Fähigkeit zur Kommunikation.

(3.) Ovid nutzt alle Mittel, um eine möglichst große Anschaulichkeit und Bildhaftigkeit seiner Erzählungen zu erreichen. Dies unterstützt die Phantasie des Lesers, der die Erzählung auf diese Weise nicht nur abstrakt-gedanklich, sondern auch konkret-sinnlich aufnimmt. Zu Versbau und Metrik ist oben schon einiges gesagt worden; hier noch drei weitere Beispiele:

- „*Aeternum stagno*" | *dixit* | „*vivatis in isto*" (369) untermalt **das selbstbewusste Diktum der Göttin**, deren Wunsch Befehl ist. Die Autorität ihres Sprechens wird durch Spondeen und durch die dunklen Vokale (*aeternum stāgnō*) lautmalerisch veranschaulicht. Allerdings wechselt ihr Tonfall im zweiten Teil des Verses zum hellen, hier auch schrillen *i* hin (~ Ausdruck ihrer Wut). *stagno* und *isto* bilden einen Reim, wobei *dixit* (zwischen Pent- und Hephthemimeres) die Mittelzäsur einnimmt. Das endbetonte *isto* klingt demonstrativ verächtlich. Insgesamt trägt die kurze, präzise Formulierung ihres Befehles zu dessen Eindringlichkeit bei.

- Auch **die Verbreiterung der Münder** zum typischen Froschmaul *ipsaque dīlātant* | *patulōs* | *convīcia* | *rictūs* (378) wird anschaulich umgesetzt durch den Rhythmus von daktylischen und spondeischen Metren und durch die Verschränkung von *dīlātant .. convīcia* und *patulōs .. rictūs* (jeweils mit Vokalassonanzen). Auf diese Weise stehen die *convicia* in abbildender Wortstellung zwischen dem weit geöffneten Maul.

- die Veranschaulichung der **Wegnahme des Halses** durch Elision: *colla_intercepta videntur* (379) ist da für Ovid schon fast eine Selbstverständlichkeit.

Auch wenn manche Deutung vielleicht zu weit geht, so ist es jedoch wichtig, dass die Schüler selbst allmählich lernen, solche Feinheiten der Schilderung zu erkennen und die ihnen zugrunde liegenden technischen Mittel begreifen.

Die **Kombination verschiedener Anschauungsfelder** (vgl. Aufg. 2, S. 95) und unterschiedlicher Sinneseindrücke ist - nach Erkenntnissen der Psychologie - für die Stimulierung der Phantasie und damit für die Anschaulichkeit einer Erzählung entscheidend.

Zu Beginn der Erzählung dominiert das Wortfeld **Hitze bzw. Durst** (Verse 339-342). Die Aufzählung der Pflanzen, die die Bauern ernten (*vimina, iunci* und *ulvae*) vermittelt den Eindruck einer üppigen Naturidylle; dies wird durch das Attribut *fruticosa* noch unterstützt.

Typisch für Ovid werden jedoch schon hier feine Untertöne einer Missstimmung gesetzt: *mediocris aquae* scheint zunächst die Größe des Sees anzugeben, kann jedoch auch dessen Bedeutung meinen (~ mittelmäßig, unbedeutend); *gratam paludibus* wertet das Wasser des Tümpels ab und weist schon jetzt auf den Schlamm hin, den die Bauern später aufwirbeln.

An solchen Stellen wird deutlich, dass Ovid psychologisch erzählt, also die subtile, innere Wirkung einer Schilderung immer mit bedenkt. So kommt es ihm weniger auf eine objektiv genaue Beschreibung des Sees an - *lacum mediocris aquae prospexit in imis vallibus* vermittelt tatsächlich nur eine vage Vorstellung! -, sondern der See verändert je nach subjektiver Wirkung seine Qualität. Eigentlich ist es ein Tümpel (*stagnum, palus*), doch erscheint dessen Wasser der Göttin in ihrem Durst als *gelidos liquores* und als *nectar*. Den Bauern in ihrer Froschnatur dagegen macht es Spaß, im schlammigen Sumpf herumzuwühlen (*limoso in gurgite*, 381). Dadurch dass Ovid die Äußerlichkeit eines Ortes meist nur mit wenigen Stichworten beschreibt, dafür jedoch dessen subjektive Wirkung variiert, überlässt er es dem Leser, eine genaue Vorstellung zu entwickeln. Unter anderem besteht darin der Reiz seiner Erzählungen: Die Phantasie wird gerade genug angeregt, jedoch nicht eingeschränkt.

Folgende <u>**Sinneseindrücke**</u> sind ineinander verwoben:
- **Berührung:** *genu* Titania terram *pressit, ut* **hauriret** *gelidos liquores,* **abluere artus***, haustus aquae,* ***pedibus*que manu*que turbavere lacus,* **mollem** *limum movere,* **terga caput** *tangunt, limoso in gurgite*
- **Anblick:** *forte lacum* **prospexit**, **colla** *intercepta* **videntur**
- **Farben:** *spina* **viret**, **venter** *albet*
- **Gerüche:** —
- **Töne:** *dea sic* **adfata**, *vixque est via* **vocis**, **minas conviciaque**, *nec* **dicere** *sustinet ultra*, **dixit**, *litibus exercent* **linguas**, **maledicere** *temptant,* **vox** *rauca est*
- **Bewegungen:** **accessit** *Titania,* **tendebant bracchia** *nati, huc illuc* **saltu, tollens** *ad sidera* **palmas**; **submergere** *membra palude,* **proferre caput**, *summo gurgite* **nare**, *super ripam* **consistere** + *in lacus* **resilire**; **colla tumescunt** + **dilatant** *convicia* **rictus**; *saliunt ranae*

Das Bild von **Johann Georg Platzer** gibt sehr anschaulich die verschiedenen Übergangsstadien der Verwandlung in synchroner Darstellung wieder. Im Gegensatz zu Ovid (*iuvat esse sub undis*) interpretiert Platzer die Verwandlung als eher negativ für die Bauern und thematisiert deren emotionale Reaktionen, von Überraschung und Abwehr bis hin zu Verzweiflung. Auf diese Weise kann das Bild dazu anregen, über den Strafaspekt der Verwandlung nachzudenken (vgl. Aufg. 3-5, S. 95). - Man kann auch einzelne Textstellen zuordnen lassen und auf diese Weise das Gelesene noch einmal wiederholen und festigen.

(1.) Eine **Gliederung der Erzählung** ist durch die klare Szenenaufteilung leicht zu erstellen. Das Einsetzen einer neuen Szene wird von Ovid oft durch Adverbien (wie *iamque, forte*), durch den Wechsel der Handlungsträger (*rustica turba, hi tamen*) oder durch neu einsetzende Aktionen (*accessit .., distulit ira .., eveniunt ..*) markiert. Insgesamt ist die Handlungsfolge einfach (linear), enthält jedoch dramatische Elemente (Steigerung des Konfliktes, zunehmende Spannung und Lösung der Spannung durch die Verwandlung).

S. 95

- **Einleitung** (1-4): Umherirren der Göttin in Lykien - Gefahr des Verdurstens
- **Überleitung** (5-9): Der See als erhoffte Rettung - das Herannahen der Göttin
- **Konflikt** (10-21): Verbot der Bauern und Rede der Göttin
- Kommentar des Erzählers (22): Emotionale Wirkung der Rede
- **Verschärfung des Konfliktes** (23-27): Erneutes Verbot, Beschimpfungen und boshaftes Verhalten der Bauern
- **Reaktion der Göttin** (28-31): Zorn und Verfluchung der Bauern
- **Übergang in die Verwandlung** (32-42): froschartiges Verhalten und körperliche Verwandlung der Bauern
- **Ausklang** (43): Abschließender Blick auf den Teich mit den neuen Fröschen

S. 95

(2.) In den Textkästen oben sind die **Bezeichnungen für Wasser** hervorgehoben. Nach dem anfänglichen Wortfeld „**Hitze und Durst**" (vgl. auch *fauces arent*, 355) beherrscht das **Wortfeld „Wasser"** die gesamte Erzählung. Dabei differenziert Ovid zwischen:
- Wasser als **Stoff**: *aqua, umor*,
- Wasser als **trinkbare Flüssigkeit**: *aqua, lactantia* (~ *lac, lactis*), *liquor, nectar*,
- die Art der **geographischen Erscheinung**: *lacus, stagnum, palus*, und
- die Art der **Bewegtheit**: *unda, gurges*.

An dieser Stelle lässt sich das Wortfeld Wasser gut differenzieren und anschaulich lernen (Wortschatz, TB S. 162). Dabei sollte man die genaue Bedeutung der einzelnen Begriffe klären: *liquor* = klare Flüssigkeit (→ Likör), *umor* = die Feuchte (→ Humus); *stagnum* = stehendes Gewässer; *lacus* = Wasseransammlung in einer Vertiefung (→ Lache, Lagune).

(3.) **Auslöser** der **Verwandlung** ist der auktoriale Wunsch Latonas (als Verfluchung bzw. als Bestätigung eines bereits vorhandenen Zustandes). Ihr **Beginn** liegt in Vers 370 als direkte Umsetzung von Latonas Wunsch, ihr Ende in Vers 381 mit dem abschließenden Blick auf den See mit den neuen Fröschen. Der **Verlauf** der Verwandlung scheint sich über einige Minuten zu erstrecken; er beginnt mit dem froschartigen Verhalten als Eingewöhnung in den neuen Lebensraum (370b-374a). Die **körperliche Verwandlung** erfolgt zunächst an Kehle, Mund und Hals (376-378), ausgelöst durch die weitergeführten Verbalinjurien (374-376). Erst danach verändert sich der gesamte Körper (*tergum, spina, venter*).
Verwandelt wird nur der äußere Körper, Wesen und Verhalten der Bauern bleiben. Auf diese Weise wird ein Ausgleich geschaffen zwischen äußerer Gestalt und innerem Wesen.

(4.) Auslöser der Verwandlung ist - wie bei den Propoetiden (X 241: *utque **pudor** cessit*) der Verlust der Scham als ein wesentliches Humanum. Dass die Bauern ungehemmt ihre Triebe ausleben, macht sie nach antiker Anthropologie zu Tieren. Insofern ist ihre Verwandlung gerechtfertigt, sie erfolgt wesenskonform und damit passend.

(5.) Die **Verwandlung** ist zwar von Latona her **als Strafe** gedacht, doch trifft diese die Bauern nicht besonders hart, da sie nur eine bleibende Verfestigung ihres Verhaltens bedeutet, wobei sie noch nicht einmal den Lebensraum wechseln müssen (sie befinden sich sozusagen „in ihrem Element"). Man vergleiche dagegen den Frevel der Kerasten, bei denen Venus bewusst die Verwandlung wählt, da sie sie als eine mittelschwere Strafe (*versae **poena** figurae*, X 234) zwischen Verbannung und Tod ansieht.

Ergänzende Literaturhinweise

- **Maier, Friedrich**: Kommentar zu „Irritamenta animi"; Reihe Antike und Gegenwart, Buchners 2002, 90-106
- **Römisch, Egon**: Metamorphosen Ovids im Unterricht, F.H.Kerle-Verlag, Heidelberg1976, 9-20

Zum Aufbau der Bücher VII-VIII (Seite 96)

Wieder sind es eine Vielzahl von Motiven, die Ovid in diesen beiden Büchern verschränkt. Der Stimmung nach sind es überwiegend tragische Erzählungen, vor allem **Liebestragödien** wie Cephalus und Procris, aber auch Medea und Jason, Scylla und Minos und Theseus und Ariadne. Häufig spielt das **Hybrismotiv** eine wichtige Rolle, vor allem bei Erysichthon, aber auch bei Daedalus und Ikarus. Die Drachenkrieger in Colchis und der Gründungsmythos der Myrmidonen erinnern an Cadmus (Buch III).
Einen Kontrast zu Erysichthon setzt Ovid mit der Erzählung von Philemon und Baucis, die ihrer Thematik nach in den *Metamorphosen* singulär ist.
Ein neuer Aspekt in Buch VIII sind Erzählungen, bei denen es um eine **Vater-Kind-Problematik** geht: Der *Vater-Tochter*-Konflikt bei Nisus und Scylla und der *Vater-Sohn*-Konflikt bei Daedalus und Ikarus. Scylla und Ikarus behandeln das **Flugmotiv** (bzw. die tatsächliche und die nur scheinbare Verwandlung in einen Vogel).
Das **Labyrinth** bildet ein zentrales **poetisches Symbol**, das für das Verständnis des Gesamtwerkes entscheidend wichtig ist (Technik der fließenden Übergänge und der Verschachtelung, Unmöglichkeit, den Aufbau des Werkes zu durchdringen und sich in ihm zu orientieren).

Daedalus und Ikarus (S. 97-107)

1. Zentrale Deutungs-Aspekte

Inhalt: Flug in die Freiheit, tragischer Übermut und jugendlicher Tod
Interpretation: Schuldproblematik (Vater-Sohn-Konflikt), Intertextualität
Gattung: Epos (tragisch)
Erzählebenen (S. 12): anthropologisch, psychologisch, artifiziell

2. Übersetzung

183 Mittlerweile fühlte sich **Daedalus**, voll **Hass** auf Kreta und sein
langes Exil und voll **Sehnsucht** nach seiner Heimat,
vom Meer eingeschlossen. „Mag er die Erde und das Wasser versperren",
186 sprach er, „der Himmel steht doch sicher offen; dann gehen wir dort her!
Er mag ja alles besitzen, nicht besitzt die Lüfte der Minos."
Sprachs und vertieft sich in **die unbekannte Technik**
189 und **erneuert die Natur**. Denn Federn legt er in einer Reihe aus,
beginnend mit den kleinsten, wobei eine kürzere einer langen folgt,
so dass sie **wie an einem Hügel gewachsen** scheinen. **Genauso steigt** *einst* [Syrinx]
192 **die ländliche Flöte mit ihren ungleichen Halmen allmählich an.**
Dann verbindet er die mittleren mit einem Faden und die Federkiele mit Wachs
und versieht die so verbundenen mit einer leichten Krümmung,
195 um die Flügel **echter Vögel** nachzubilden. Der **Junge Ikarus** stand dabei
und mal versuchte er - ohne zu ahnen, dass er da mit etwas *für ihn* Lebensgefährlichem umging - mit strahlendem Gesicht die Flaumfedern zu fangen,
198 die ein leichter Luftzug aufgewirbelt hatte, mal knetete er das gelbe Wachs
mit seinem Daumen und störte mit seinem Spiel das **Wunderwerk**
seines **Vaters**. Nachdem die letzte Hand ans Werk gelegt worden war,
201 brachte der **Schöpfer** *eigenhändig seinen* Körper zu den beiden Flügeln

ins Gleichgewicht und hing in der bewegten Luft.
Er **instruierte** auch seinen **Sohn** und sprach: „**Ich ermahne dich**, **Ikarus**, dass du
204 auf mittlerer Höhe fliegst, damit das Wasser deine Flügel nicht, wenn du zu tief
kommst, beschwert, und die Sonne sie nicht, wenn du zu hoch kommst, verbrennt.
Halte dich zwischen beidem! Und **schaue bloß nicht** auf den Bootes
207 oder die Helice oder auf das gezückte Schwert des Orion!
Folge meiner Führung auf deinem Weg!" Gleichzeitig trägt er die **Flugvorschriften** vor und passt den Schultern **die unbekannten Flügel** an.
210 Zwischen den Vorbereitungen und den **Ermahnungen** wurden **die greisenhaften
Wangen** feucht und es zitterten **die väterlichen Hände**. Er gab seinem **Sohn**
Küsse, die er nicht wiederholen sollte, und von den Schwingen getragen
213 fliegt er voran und fürchtet um seinen **Begleiter** wie ein Vogel, der seine
noch junge Brut vom hohen Nest herab in die Lüfte gelockt hat.
Er ermahnt ihn zu folgen und lehrt ihn **die verdammte Technik**,
216 bewegt selbst seine Flügel und schaut hinter sich auf die Flügel seines **Sohnes**.
Die erblickte jemand, während er mit zitternder Angel Fische fing,
oder ein Hirte, auf seinen Stab, ein Bauer, auf seinen Pflug gestützt,
219 und erstaunte, und da sie den Aether durchfliegen können,
hielt er sie für Götter. Und schon lag zur Linken die der Juno geweihte
Insel Samos - Delos und Paros lagen schon hinter ihnen -,
222 zur Rechten Lebinthos und die honigreiche Insel Calymnos,
als **der Junge kühn** begann, Freude am Flug zu entwickeln,
seinen **Führer** verließ und **gezogen vom Himmelsdrang**
225 höher/zu hoch stieg. Die Nähe der verzehrenden Sonne
weicht das duftende Wachs auf, die Bindung der Federn.
Schon war das Wachs verdampft: Jener schüttelt die nackten Arme,
228 doch ohne das „Ruderwerk" hält die Luft ihn nicht mehr
und sein Mund, der noch nach dem **Vater** schreit, wird vom himmelblauen
Wasser verschluckt, das seinen Namen von ihm übernahm.
231 Doch der unglückliche **Vater**, schon **nicht mehr Vater**, rief: „**Ikarus!**"
„**Ikarus!**" rief er, „wo bist du? Wo in aller Welt soll ich dich suchen?"
„**Ikarus!**" rief er noch lange. Da erblickte er die Federn auf dem Wasser,
234 **verfluchte seine Künste** und barg den Körper im Grab,
und die Insel erhielt ihren Namen nach dem Begrabenen.

3. Deutung und Bedeutung dieses Mythos

Der Mythos vom Aufstieg und Sturz des Ikarus (eigentlich der von der geflügelten Flucht des Daedalus) gehört zu den Mythen, die das Abendland grundlegend geprägt haben und die bis heute ungebrochen die Phantasie der Menschen anregen. Der Rezeption nach ist Ikarus der König der Mythologie; ein Blick auf eine Suchmaschine unter dem Stichwort „Ikarus" (vor allem: „Icarus") zeigt dies sofort. Angefangen von der pompejanischen Wandmalerei bis hin zur digitalen Kunst des 21. Jh. war und ist dieser Mythos weltweit ungemein lebendig und wirkungsmächtig. Er ist „die humanistische Metapher schlechthin" (Maier 2, Lehrerkommentar S. 34). Gerade der Mythos von Ikarus besitzt archetypischen Charakter und damit Symboltiefe. Er entspricht einer Sehnsucht des Menschen, die sich in Flug-Träumen ebenso äußert wie in den Erzählungen und Mythen vieler Völker und in den Bildern der Kunst.
Die Fachwelt verdankt Friedrich Maier die wichtigsten Interpretationen zu diesem Stoff, vor allem was die Vielfalt der **Motive** angeht, die damit verbunden sind:

- Der **Menschheitstraum vom Fliegen**: *audaci coepit gaudere volatu* (als Sehnsucht nach Weite, Freiheit und Unbeschwertheit und als Symbol für den geistigen Höhenflug, das Überschauen der Welt) [Psychologie]
- Der **Freiheitsdrang** des Menschen: *longum perosus exsilium* [Politik]
- Der dem Menschen eigene **Erfindergeist**: *ignotas animum dimittit in artes* [Anthropologie]
- Die ambivalente Stellung des Menschen zwischen **Natur und Technik**: *naturam novat* [Anthropologie, Theologie]
- Die **Ambivalenz der Technik** selber:
  a) **Faszination der Technik**: *mirabile opus* [Kulturlehre]
  b) **Grenzen und Gefahren der Technik**: *medio ut limite curras, moneo* [Kulturlehre]
- **Menschlicher Leichtsinn**: *ignarus sua se tractare pericla* [Psychologie]
- **Menschliche Hybris** und ihre Bestrafung: *caelum certe patet; credidit esse deos* [Moral-Theologie]
- Der **Vater-Sohn-Konflikt** und die pubertäre Loslösung von der Autorität der Eltern: *deseruit ducem* [Pädagogik und Jugendpsychologie]
- **Verantwortung** und Scheitern: *me duce carpe viam*! [Psychologie, Theologie]

Natürlich entfaltet Ovid nicht alle diese Motive, doch legt er eine Reihe subtil wirkender Hinweise an (s. die Textbelege oben), aus denen sich verschiedene Rezeptionsstränge entfalten. Neben der **Ambivalenz der Technik** und dem **Traum vom Fliegen** (speziell unter dem Freiheitsmotiv) halte ich den **Vater-Sohn-Konflikt** und die **pubertäre Suche nach Selbstständigkeit** für die wichtigsten Motive. Daneben bietet diese Erzählung die Chance, existenzielle und psychologische Einsichten zu gewinnen und das antike Weltbild (der Selbstbescheidung) dem modernen Weltbild (des prometheischen Selbstbewusstseins) gegenüberzustellen.

Das digital erstellte Bild von **Steve Hidook** führt sehr jugendnah in die Erzählung ein. Wie ein Schiffbrüchiger treibt Ikarus auf den Trümmern des Fluggerätes ohnmächtig auf den Wellen, die Hände wie im Schlaf entspannt. Nur die erloschenen Augen, die verdrehte Körperhaltung und das Meeresblau seiner Kleidung deuten auf seinen Tod hin. Während am Horizont die Sonne untergeht und die letzten Federn zum Wasser hin niedertrudeln, treibt der Leichnam des Ikarus auf den brandenden Wogen, eine Momentaufnahme des Scheiterns. Von hier aus kann zurückgefragt werden: *Wie ist es zum Tod des Ikarus gekommen? Und wer hat Schuld an dieser Tragödie, dem allzu frühen, vermeidbaren Tod eines Jugendlichen?*

Kurt Wenner (geb. 1958, USA, lebt in Italien) - **Dädalus und Ikarus** (Teil eines Deckengemäldes im Stil des Manierismus)

4. Interpretation im Textverlauf

Dädalus auf Kreta (S. 98)

183	**Daedalus** interea Creten longumque **perosus** exsilium **tactus**que loci natalis **amore**	Hyperbaton/Enjambement
	clausus erat pelago. „**Terras** licet" inquit „et **undas**	Klimax
186	obstruat: at **c**aelum **c**erte patet; **i**bimus **i**llac!	Antithese, c-/i-Alliteration, Emphase
	Omnia possideat, ↔ non possidet *aera* **Minos**."	Chiasmus und Antithese

Die Motivation des Daedalus zur Flucht aus dem Exil steht am Anfang der Erzählung. Kein rationaler Grund, sondern zwei antithetische emotionale Gründe sind es, die ihn dazu bewegen: **Hass** auf das Exil (bzw. das Gefühl des Eingeschlossenseins: *clausus erat*) und **Liebe** zur Heimat. Das Selbstbewusstsein des *faber celeberrimus* zeigt sich in der Entschiedenheit seiner Rede (Alliterationen, Antithesen), die man als Selbstaufforderung oder als Mitteilung an Ikarus deuten kann. Die Gegenüberstellung von Konjunktiv und Indikativ (*licet obstruat* und *possideat* gegenüber *patet* und *non possidet*) und das wie selbstverständlich klingende *ibimus illac* (188) charakterisieren Daedalus als Techniker, der sich aufgrund seiner Erfindungsgabe alles zutraut. Tatsächlich macht es ihm keine Schwierigkeiten, ein entsprechendes Fluggerät zu konstruieren; seine Erfindung funktioniert problemlos.

Der Bau der Flügel (S. 98)

	Dixit et **ignotas** animum dimittit **in** **artes**	Hyperbaton
189	**naturam**que **novat**. Nam ponit in ordine pennas	p-Alliteration
	a minima coeptas, longam breviore sequenti,	Asyndeton
	ut clivo crevisse putes: sic rustica quondam	c-Alliteration, Vergleich
192	fistula disparibus paulatim surgit avenis.	
	Tum lino medias et ceris alligat imas	
	atque ita conpositas parvo curvamine flectit,	
195	ut veras imitetur aves. **Puer Icarus** una	
	stabat et - **ignarus** *sua se* **tractare pericla** -	Parenthese
	ore renidenti modo, quas vaga moverat aura,	
198	captabat plumas, flavam modo pollice ceram	
	mollibat lusuque suo **mirabile patris**	Hyperbaton + Enjambement
	impediebat **opus**.	

Die Kernbegriffe **natura** und **ars** weisen auf den Widerstreit zwischen Natur und Technik hin (das lateinische *ars* entspricht hier dem griechischen *techne*, der Fertigungskunst). Das erklärte Kunstideal der Antike war es, die Natur möglichst perfekt zu imitieren; wie selbstverständlich orientiert sich Daedalus deshalb an den Vögeln als natürlichen Vorbildern, um ein *mirabile opus*, ein Wunderwerk, nachzubilden, das eigentlich die Natur erfunden und perfektioniert hat. Die Korrektur *verás aves* betont, dass Menschen halt keine wirklichen Vögel werden können; ihre Flügel oder Flugmaschinen bleiben immer (störanfällige) Konstrukte.
naturam novat (189) bedeutet, dass die Nutzung der Maschine den von Natur her begrenzten Lebensraum, die Verhaltensweisen und die Fähigkeiten des Menschen verändert. Prinzipiell beginnt hier das, was man in der Neuzeit die technische Revolution nennt, die zur natürlichen Evolution in Konkurrenz tritt und sich verselbstständigt.

Sachlich und schlicht werden die einzelnen Arbeitsschritte beim Bau der Flügel über sechs Verse hinweg beschrieben. Die Anordnung der Federn bereitet allerdings einige Verständnis-Probleme. Dass eine kürzere Feder jeweils einer längeren folgt (*longam breviore sequenti*, 190), widerspricht der vorausgehenden Beschreibung, wonach Daedalus die Federn ihrer Größe nach in einer Reihe auslegt (*ponit in ordine pennas, a minima coeptas*, 189 f.). Vielleicht beschreibt Ovid hier die Überlappung der Federn neben- und übereinander (= Dichte des Federkleides) oder die kleineren Schwungfedern am unteren Flügelrand (= Aerodynamik) im Unterschied zu den Tragfedern. Es könnte also die Anordnung der Federn in der Breite und in der Tiefe gemeint sein. Auf jeden Fall vermittelt Ovids Darstellung die Kompliziertheit des Apparates und die vielen nötigen Arbeitsschritte.

Erst mit Vers 195 kommt Ikarus ins Spiel; bei den Plänen des Vaters hatte er bisher noch keine Rolle gespielt. Das betont vorangesetzte *puer* charakterisiert ihn dem Alter nach (noch ein Junge), weist aber auch schon auf sein unbedarftes Verhalten in der Werkstatt des Vaters hin. Überhaupt liegt das Schwergewicht von Ovids Erzählung auf der Charakterisierung der beiden Protagonisten. Schon dass Ikarus nur dabeisteht (*una stabat*, 195 f.), aber auch sein kindliches Lächeln (*ore renidenti*, 197), vor allem aber das spielerische Fangen der Federn (*captabat* als *imperfectum de conatu*) und das Kneten des Wachses zeigen, dass Ikarus noch keineswegs ein junger Mann ist, sondern eindeutig ein Kind. Statt bei der Arbeit zu helfen, stört er nur, und man kann sich die häufigen Ermahnungen des genervten Vaters lebhaft ausmalen.

Doch ist das Handeln des Ikarus nicht nur zweckfremdes Spiel. Indem er mit Federn und Wachs, den Materialien der Flügel, handgreiflich umgeht, lernt er deren Eigenschaften kennen und hätte eigentlich „begreifen" müssen, in welcher Weise sie die Funktion der Flügel begrenzen; hätte Ikarus Metallflügel gehabt, so hätten diese den Höhenflug unbeschadet überstanden. Das Tragische an Ovids Erzählung liegt darin, dass Ikarus die Materialien zwar berührt und ausprobiert, dass er jedoch ihre Eigenschaften (die Schwerelosig-

Stanislav Plutenko (geb. 1961, Russland) - Ikarus, 2004

keit der Federn und die Weichheit des Wachses) nicht in Relation zu setzen vermag zu ihrer Funktion innerhalb der Gesamtkonstruktion. Die Gefahren des Fluges, die mit der Überlastung des Fluggerätes zusammenhängen (bzw. dessen begrenzter Funktion), erkennt er in seinem kindlichen Übermut nicht. Dafür fehlt ihm die Rationalität des Erwachsenen.

Mit der Parenthese *ignarus sua se tractare pericla* (196) eröffnet Ovid den Blick auf das **Grundproblem jeder technischen Erfindung**, das bei natürlichen „Konstrukten" (Pflanzen oder Lebewesen) so nicht vorkommt. Immer sind es „Materialfehler", „Überlastung" oder „menschliches Versagen", die für die Katastrophen der Technik verantwortlich sind. Der Mythos bietet hier Grundeinsichten in die Bedingungen menschlicher Lebensweise; darin liegt u.a. sein pädagogischer und humanistischer Wert. Der Mensch als „Mängelwesen" braucht die Technik, um in der Natur zu überleben - „Not macht erfinderisch"! -, und doch bedroht die *technische Revolution* immer die *biologische Evolution* und die *humane Sozialisation* (vgl. dazu vor allem Maier 1, S. 17-21 und S. 40-41).[1]

Am schwerwiegendsten kam diese Frage wohl bei den Erfindern und Konstrukteuren des Atomzeitalters zu Tage. Ihre Erfindung zeigt idealtypisch die Ambivalenz jeder Technik, denn deren Anwendung schwankt zwischen der Nutzung als Atomkraft und dem Missbrauch als Atombombe. Bei dieser Erfindung ging es vielleicht das erste Mal in der gesamten Menschheitsgeschichte nicht nur um die Frage der Machbarkeit, sondern der ethischen Vertretbarkeit, also des Erlaubtseins. Die Ambivalenz der Technik liegt immer in ihrer Nutzung, mithin in der Verantwortung des Menschen. Dies zeigt sich idealtypisch am Flug des Ikarus.[2]

S. 98

(1.) Die **Gründe des Daedalus zur Flucht** aus dem Exil sind rein emotionaler Natur; sie verstärken sich antithetisch: a) *Hass* auf das Exil aus dem Gefühl des Eingesperrtseins heraus (*clausus erat*), also Freiheitsdrang, und b) *Liebe* zu seinem Geburtsort Athen, also Sehnsucht nach seiner Heimat. - Der unüberbrückbare Konflikt zwischen ihm und seinem „Gastgeber" Minos wird durch die extreme Gegenüberstellung *Daedalus* ↔ *Minos* augenfällig.

(2.) Daedalus ist kein Künstler, sondern Techniker; er baut die Flügel **nach dem Vorbild der Natur** als Nachbildung einer Vorlage (*ut veras imitetur aves*, 195). Die Technik des Fliegens (*artes* hier im ursprünglichen Sinn des Herstellungswissens und -Könnens) ist dem Menschen unbekannt (*ignotas artes*); er muss das von der Natur entwickelte Prinzip (Leichtbau, Auftrieb, Aerodynamik) erst rational verstehen, um es für sich neu zu entdecken. Dabei kann er sogar die Natur übertreffen, indem er deren Vorlagen technisch noch verbessert.

Mit Hilfe technischer Konstrukte erweitert der Mensch seine eigenen Fähigkeiten und seinen Lebensraum und verändert und erneuert insofern auch die Natur (*naturam novat*). Freilich wird das Fliegen für ihn immer eine Fortbewegung sein und bleiben, nie wird er es erleben können wie ein Vogel mit dessen voller, sensitiver Empfindung.

(3.) Ikarus dürfte seinem Verhalten nach **etwa 8 bis 12 Jahre alt** sein (*puer*). Ovid lässt seine Reaktion auf die Fluchtpläne des Vaters völlig offen, ja, wir wissen noch nicht einmal, ob Daedalus ihn überhaupt über den Zweck des Flügelbaus informiert hat. Prinzipiell dürfte Ikarus an einem Wechsel seines Wohnortes nicht interessiert sein (Verlust von Freunden und gewohnter Umgebung), die Flucht ist also nicht *sein* Anliegen.

(4.) Siehe weiter unten (S. 154).

---

1) Es ließe sich konkret fragen und diskutieren, welche Grenzen eigentlich der technischen Erfindungsgabe des Menschen gesetzt sind, vielmehr, ob es überhaupt solche Grenzen gibt. Konkret: *Gibt es eine Grenze der Geschwindigkeit, der Höhe oder Tiefe oder der Temperatur in der technischen Machbarkeit?* Wenn überhaupt, so liegen die Grenzen in der natürlichen Begrenztheit der „Schöpfung", also den Natur*konstanten* (z.B. die Lichtgeschwindigkeit von 300.000 km/sec., der absolute Nullpunkt der Temperatur bei - 273°C oder die momentane maximale Ausdehnung eines seit dem Urknall expandierenden Kosmos). Sind hier der technischen Umsetzung in der Tat konkrete Grenzen vorgegeben, so ließe sich noch schärfer fragen: *Gibt es etwas, das der Mensch aus eigener Einsicht besser nicht entdecken oder technisch realisieren sollte* (riesige Staudammprojekte, Gewinnung von Kernenergie durch Kernfusion, vollständige Entschlüsselung des menschlichen Genoms durch Gentechnik, analog: die vollständige Analyse der menschlichen Psyche etc.)?

2) Der Untergang der Titanic (1912) ist ein weiteres Grundsymbol für das Scheitern der Technik und der mit ihr verbundenen Erwartungen. Interessanterweise enthält das Projekt „Titanic" bereits dem Namen nach den Hybrisaspekt, erinnert es doch an die Gigantomachie des griechischen Mythos. Aus dem Rückblick lässt sich an der Katastrophe deutlich erkennen, wie naiver Leichtsinn und die Überschätzung der technischen Möglichkeiten fast zwangsläufig zum Scheitern führen.

Das An- und Ausprobieren der Flügel (S. 98-99)

‖ Postquam manus ultima coeptis	
201 inposita est, **geminas opifex** libravit **in alas**	Hyperbaton
ipse suum corpus motaque pependit in aura.	
Instruit et **natum** „Medio" que „**ut limite curras**,	
204 Icare," ait „**moneo, ne**, *si demissior* ibis,	
unda gravet pennas, *si celsior*, **ignis** adurat.	Parallelismus, Asyndeton
Inter utrumque vola! Nec te spectare Booten	
207 aut Helicen **iubeo** strictumque Orionis ensem:	
me duce carpe viam!" ‖ **P**ariter **p**raecepta volandi	p-Alliteration
tradit et **ignotas** umeris accomodat **alas**.	Hyperbaton
210 Inter opus **monitus**que genae **maduēre seniles**,	Enallagé
et **patriae tremuēre** manus.	Enallagé

Die Handlung schreitet schnell voran, was man an den Neueinsätzen mitten im Vers ablesen kann (*postquam* .., 200, *pariter* .., 208). Die einmalige Erzähltechnik Ovids zeigt sich auch in dieser Passage. Sie steckt voll hintergründiger Darstellung. Dies muss den Schülern vermittelt werden. Entscheidend ist vor allem die Art, wie Daedalus mit seinem Sohn spricht.

Erstens sind seine Erklärungen zu kompliziert und zu langatmig, dazu rein rational, geprägt von der Einsicht des Erwachsenen; sie erreichen Ikarus zwangsläufig nicht. Zweitens sind seine **Instruktionen** gehäuft von Verboten und Imperativen, also durchweg autoritär (*moneo, ut .., ne .. | vola! | nec te .. iubeo | me duce carpe viam! | praecepta tradit | monitus*). Dass der junge Ikarus bei diesem Schwall von Ermahnungen (*monitūs*, 210) seine Ohren auf Durchzug stellt, dürfte zu erwarten sein.

Noch fataler ist die übereilte Gehetztheit, die den Vorgang des An- und Ausprobierens der Flügel begleitet. Man überliest fast automatisch die Rücksichtslosigkeit des Daedalus gegenüber seinem doch noch minderjährigen Sohn, wenn man sich den Vorgang nicht explizit bewusst macht. Erst bei genauerem Nachdenken verwundert es, dass Daedalus das Fluggerät ausprobiert (*libravit in alas **ipse suum** corpus*, 201 f., wohl in der Werkstatt) und sich mit der Bedienung der Flügel vertraut macht, während er seinen Sohn ohne jegliche Praxis nach einer rein theoretischen Einweisung auf den Weg schickt (*instruit et natum*, 203). Zudem vermittelt er die Flugvorschriften gleichzeitig mit dem Anprobieren der Flügel (*pariter* praecepta volandi ***tradit*** et ignotas ***accomodat*** alas, 208 f.); der junge Ikarus hört also wahrscheinlich nur mit halbem Ohr hin. Die ganze Vorgehensweise ließe sich vergleichen mit einem Vater, der seinem zehnjährigen Sohn die Bedienung eines Rennwagens erklärt, während dieser das erste Mal darin sitzen darf und die Sicherheitsgurte angelegt bekommt, und der ihm dann noch einige Tips für die Kurven gibt, bevor er ihn ohne Führerschein alleine auf die Piste schickt.[3]

(1.) Daedalus probiert selber die Flügel aus und macht sich mit deren Umgang vertraut, während Ikarus nur staunend zusehen kann. - *mota pependit in aura* (202) ist aus seiner kindlichen Sicht formuliert und erinnert an *quas vaga moverat aura* (197).

---

3) Die interpretatorischen Fragen, die sich aus der Schilderung Ovids ergeben, und die auffälligen Brüche in der Charakterisierung des Daedalus *und* des Ikarus (siehe weiter unten) haben mich dazu gebracht, den **Vater-Sohn-Konflikt** als ein wesentliches Erzählmoment zu begreifen (Der Vater-Sohn-Konflikt im Zeitraffer, Angaben im TB S. 173; veröffentlicht auch auf der Verlagshomepage). Der Vergleich mit der früheren Fassung der *Ars* zeigt deutlich, dass Ovid gerade dieses Motiv, nämlich den Umgang zwischen Vater und Sohn, bei der Neufassung verändert hat.

S. 99

(2.) Ikarus muss nach einer rein theoretischen Belehrung den Flug wagen, ohne dass er vorher Gelegenheit hatte, die Benutzung der Flügel einzuüben. Der Vater scheint nicht zu bemerken, dass seine vielen Ermahnungen (*monitus*, 210) als **Instruktion** für den Gebrauch einer so gefährlichen Erfindung kaum taugen dürften, und dass sein noch minderjähriger Sohn die vielen Flugvorschriften kaum gleichzeitig aufnehmen kann. Dazu kommt, dass Daedalus all dies sagt, während er Ikarus die Flügel anlegt (*pariter* **praecepta** *tradit et .. umeris* **accomodat** *alas*, 208 f.; *inter opus monitusque*, 211) und dieser dadurch abgelenkt ist. Grund für diese mangelnde Sensibilität des Daedalus ist wohl die innere Hetze, die ihn zur Flucht drängt (vgl. 1-5), vielleicht auch die Furcht vor Entdeckung in letzter Sekunde.

(3.) Vers 209 (*ignotas .. in alas*) greift wie ein Echo Vers 201 auf (*geminas .. in alas*); die sublime Verknüpfung ist ein Hinweis an den Leser: Während Daedalus als *opifex* (~ versierter Techniker) gekonnt die Flügel benutzt (201), sind diese für Ikarus immer noch *ignotae alae*, obwohl er bei ihrer Herstellung anwesend war. Der auktoriale Hinweis ***ignotas*** erinnert den Leser also an die Unmündigkeit des ***ignarus Icarus*** (*puer ignarus*, 195).

S. 98

(4.) Daedalus und Ikarus werden nacheinander eingeführt (Scheinwerfertechnik) und sowohl direkt als auch indirekt charakterisiert. Das folgende Tafelbild kann im Laufe der Lektüre ergänzt werden (TB S. 101, Aufg. 4):

DAEDALUS	**IKARUS**
- *faber celeberrimus* (*ponit, alligat, flectit*)	
- hochmütig und selbstsicher bis überheblich (*naturam novat, ibimus illac*)	**puer Icarus**
	- *una stabat* (übernimmt keine Aufgaben)
	- *ignarus* (unwissend)
	- *ore renidenti .. captabat plumas, mollibat ceram* → **lusu** *suo impediebat opus*
- **opifex** (Macher, Schöpfer)	= verspieltes, unmündiges Kind (8-12 Jahre)
- autoritärer Vater, erteilt Instruktionen und Vorschriften: **me duce** *carpe viam*!	
Psychologischer Bruch!	
- *genae maduere* **seniles** *et patriae tremuere manus* = wirkt plötzlich um Jahre gealtert (~ senil)	

Auffällig ist der psychologische Bruch. Wie im ***Zeitraffer*** erscheint Daedalus plötzlich gealtert (*seniles*, Enallagé); aus dem eben noch so selbstsicheren *opifex* ist ein ängstlich zitternder Greis geworden. Dieser Bruch ist so überdeutlich, dass nach seiner Funktion im Erzählverlauf gefragt werden muss (dazu weiter unten). Man beachte, dass das Wort *opifex* nur an zwei Stellen in den Metamorphosen erscheint, also eine besondere Bedeutung einnimmt. Neben Daedalus wird nur noch der Weltenschöpfer so bezeichnet (*ille opifex rerum*, I 79; TB S. 22).

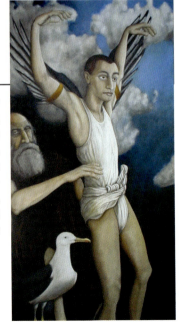

Aone T. Postma (Niederlande)
- Ikarus probiert seine Flügel

Das Bild von **Joseph-Marie Vien** fasst alle Stationen des ersten Teiles symbolisch zusammen: Den Bau der Flügel (Federn und Wachstopf links unten), das kindliche Spiel des Ikarus (Federn in seiner Hand) und das Anprobieren der Flügel. Die Rötung der Wangen zeigt die kindliche Begeisterung des Ikarus und seine Aufregung vor dem Flug, der ausgestreckte Finger scheint das *ibimus illac* aufzugreifen. Daedalus wirkt wie ein reifer Mann (um die 55 Jahre), während Ikarus noch sehr kindlich erscheint. Die Szenerie spielt nicht in der Werkstatt, sondern an einer Steilküste und weist damit auf den bevorstehenden Flug hin.

Der Flug (S. 99-100)

Dedit oscula **nato**	Hyperbaton + Enjambement
non iterum repetenda *suo* pennisque levatus ⌐	
213 ante volat **comiti**que timet, velut ales, ab alto ◄	Assonanz, Vergleich, Hyperbaton
quae teneram prolem produxit in aera nido, ◄	pro-Alliteration, Reim
hortatur*que* sequi **damnosas***que* **erudit artes**	Polysyndeton
216 *et* movet ipse suas *et* **nati** respicit alas.	
Hos aliquis, tremula dum captat harundine pisces,	
aut pastor baculo stivave innixus arator	
219 vidit et obstipuit, quique **aethera carpere** possent,	
credidit esse deos. Et iam Iunonia laeva ⌐	Enjambement
parte **Samos** - fuerant **Delos***que* **Paros***que* relictae -	Polysyndeton
222 dextra **Lebinthos** erat fecunda*que* melle **Calymne**,	Assonanz (weicher Ausklang)

Die spannendste Stelle ist der Abflug selbst, bei dem alles auf dem Spiel steht und bei dem sich die Tauglichkeit der Maschine das erste Mal im Freilandversuch erweisen muss. *pennis levatus* (212) übergeht die vielen Fragen des Lesers: *Wie gelangen die beiden unbeobachtet aus der Werkstatt zur Abflugstelle? Von wo aus erfolgt der Abflug? Wie fühlt sich Ikarus vor dem Start und was sagt er zu seinem Vater?* ... Gerade durch diese Auslassungen - eine spezielle Erzähltechnik Ovids - wird ein Anreiz für die Phantasie des Lesers geschaffen.[4]

Zur Rücknahme als Erzähler tritt immer wieder die feine, äußerst subtile Psychologisierung. Der Begriff *levatus* (statt: *assurgere, avolare, aera carpere* etc.) drückt als PPP eher den momentanen Zustand (~ schon oben in der Luft) als die Bewegung des Abfluges aus. Zugleich deutet *levatus* auch darauf hin, dass der Start leichter funktioniert als gedacht.

Weil Daedalus seinen Sohn die Flügel nicht vorher in Ruhe hat ausprobieren lassen, muss er nun während des Fluges, wo er nicht mehr eingreifen und korrigieren kann, um dessen Umgang mit dem ungewohnten Fluggerät fürchten (*timet comiti*, 213). Fatal ist letzten Endes auch, dass er selbst - getreu seiner selbstgewählten Rolle als *dux* - voranfliegt (*ante volat*, 213), anstatt seinen Sohn vor sich her fliegen zu lassen und sich dessen Flugtempo anzupassen. Auf diese Weise hätte er jedenfalls den Höhenflug des Ikarus rechtzeitig bemerken und eingreifen können (vergleiche die Begleitvorschriften beim Führerschein ab 17).

So umgibt den Abflug eine einheilsschwangere Atmosphäre (*oscula .. **non repetenda**, comiti timet, **teneram** prolem, ab alto .. nido*). Die Spannung liegt nicht im Ausgang des Fluges, sondern in der Psychologisierung, d.h. der Entwicklung eines inneren, emotionalen Dramas.

Mit Vers 217 erfolgt ein „Bildschnitt", ein „Perspektiven-Wechsel" (Maier 1, S. 25), der bis Vers 222 geht, bevor mit dem dramatischen *cum inversum* (223) der Sturz des Ikarus ein-

---

4) Man muss sich an solchen Stellen klar machen, welche Möglichkeiten Ovid auslässt: Wie spannend hätte er die Gefühle des Ikarus vor, während und nach dem Abflug, seine angestrengte Aufmerksamkeit und seine Begeisterung literarisch umsetzen können!

geleitet wird. Hatte der Leser den Abflug aus der Perspektive eines (seitlichen?) Beobachters wahrgenommen, so erfolgt nun ein Blick vom Erdboden in den Himmel hinauf.

Der Blick des *Anglers*, des *Hirten* und des *Bauern* beschreibt die naive, bukolische Sichtweise der Vorzeit, die die fliegenden Gestalten für Götter hält, weil ihrem Begriffsvermögen nach niemand sonst sich am „Himmel" aufhalten könne.[5] So verweist der Begriff *aethera* auf das Hybris-Motiv, auf das Eindringen des Menschen in einen Bereich, der ihm nicht zusteht.

Dem *Angler*, dem *Hirten* und dem *Bauern* ist gemeinsam, dass sie Zeit haben, dass ihr Leben in Ruhe und in einer gewissen Gemächlichkeit und Gleichförmigkeit abläuft. So ist *baculo stivave innixus* (218) nicht nur bukolisches Kolorit, sondern - durch den Gegensatz zu *levatus* (~ Leichtsinn) - auch ein moralischer Kontrast, der den geistesgeschichtlichen Umbruch des Abendlandes präfiguriert.[6]

Das nach der Zäsur betonte *et iám* (220) reißt den Leser aus der bukolischen Betrachtung heraus und holt die in der Zwischenzeit enteilten Reisenden wieder ein. Es erfolgt ein erneuter Blickwechsel, diesmal aus der Vogelperspektive über die Weite des Meeres hinweg. Die Aufzählung der von oben sichtbaren Inseln gibt einen Eindruck von der Länge der bisherigen Flugstrecke: Eine Flugleistung von ca. 200 km. Scheinbar, so denkt sich der Leser, geht alles gut; das *mirabile opus* hält, was es versprach.

Diesen Eindruck verstärkt Ovid noch, um die Peripetie in die Katastrophe, möglichst drastisch zu gestalten. Der Gleichklang der fremden, griechischen Endungen (**Samos**, **Delos**, **Paros** und **Lebinthos**) lässt das Gleichmaß des Flügelschwingens anklingen und wirkt fast einschläfernd. Honigsüß und glatt, fast kitschig klingt das beruhigende Bild lautmalerisch aus: *fecundaque melle Calymne* (222).

Vladimir Kush (geb. 1965, Russland, lebt auf Hawaii) - Ikarus

S. 100

Das Bild ist ein sehr schönes Beispiel eines vom 16. bis zum 18. Jh. häufigen Darstellungstypus. Am bekanntesten ist wohl die „Landschaft mit dem Sturz des Ikarus" von Pieter Bruegel d. Ä. (1525-1569, interpretiert bei Maier 1, S. 27-31). Noch mehr als bei Bruegel erlebt der Betrachter beim **Bild von Gysels** die Weite des Luftraumes und der Landschaft. Im Vordergrund steht auch hier der Kontrast von normalem Leben, von Alltagsverrichtungen gegenüber dem Flug und dem Sturz, der all dies sprengt und durchbricht: Der Normalsterbliche verlässt die heimische Scholle und die vorgezeichneten Wege nicht! Inmitten einer Kultur- und Naturidylle vollzieht sich der Absturz des Ikarus, nur von einigen wenigen, zufälligen Beobachtern bemerkt: Bauer und Schäfer (links unten) und Angler (in der unteren Bildmitte). Das Gleichmaß des Lebens wird zwar durch den Sturz tangiert, aber nicht wesentlich berührt.

---

5) Nach der antiken Kosmologie und Elementelehre liegen die *aethera* (221) als feinstofflicher Luftraum noch über dem *caelum* bzw. den *aera* (vgl. 186 f., 202 und 214; vgl. auch engl. *scy* und *heaven*).

6) Der Fortschrittsdrang der Technik durchbricht das zyklische Weltbild der Antike (und des Christentums), das Gleichmaß der Natur wird durch den hektischen Vorwärtsdrang der „Neuzeit" gestört.

(1.) Das **Gleichnis vom Auszug der „flügge" gewordenen Jungvögel** und deren erstem, todesmutigen Absprung in die Lüfte, ist genial gewählt. Die Altvögel locken im Frühjahr ihre Brut zum Jungfernflug in die Luft (~ *hortatur sequi*, 215) und flattern dabei aufgeregt um sie herum (~ *movet ipse suas et nati respicit alas*, 216), während die Jungvögel zaudernd auf den umliegenden Ästen hocken und immer wieder mit dem Körper wippen, als müssten sie den letzten Mut für den entscheidenden Schritt erst sammeln. In zwei Zeilen gelingt es Ovid, beides anschaulich vor Augen zu stellen: a) Die *Furcht* der erfahrenen Altvögel (dass ihren Jungen etwas passieren könnte) und b) die zauderliche *Angst* der „Grünschnäbel" (vor dem Loslassen und dem Sturz in das haltlose Element). *ab alto| ..nido* steht vorausweisend für die prinzipielle Gefahr des Absturzes (vgl.: *altius egit iter*, 225), aber auch für die Geborgenheit des Nestes, das die Vögel verlassen müssen, um selbstständig zu werden; ein Bild für die pubertäre Situation Jugendlicher.

(2.) „**Warum fürchtet Daedalus wohl?**", fragt Friedrich Maier (Auxilia 2, S. 18) und beantwortet die Frage mit der „bangen Ahnung" des Vaters (subjektiv) und der „Skepsis" des Erfinders gegenüber falschem Gebrauch seiner Erfindung (objektiv). Seine „bange Ahnung" resultiert aus der bisherigen Verdrängung der für seinen Sohn bestehenden Gefahr aufgrund seines eigenen Wunsches nach Flucht.

Doch steckt auch ein Stück Lebenserfahrung in der Furcht des Daedalus. Er, der Erwachsene, weiß, dass es nur ein kleiner Sprung ist von der *audacia* zur *hybris*. Nur der Mensch kennt die Möglichkeit des Scheiterns. Ein Vogel kann abstürzen (aus Schwäche, aus Erschöpfung), kann sich im rasendschnellen Flug verkalkuliert haben (meist geschieht das im Kontakt mit Autos oder Flugzeugen, deren unnatürliche Geschwindigkeit er nicht korrekt erfassen kann), kann am Unvorhersehbaren scheitern (das Fenster des entspiegelten Glases, das er nicht bemerkt), er kann jedoch nie absichtlich und willentlich danebenfliegen, sich übersteigen oder überschätzen. Nur der Mensch kann dies: In der „Freiheit seines Triebes, seines Willens liegt die Möglichkeit des Scheiterns" (Maier 1, S. 19).

(3.) In diesem Sinne ahnt Daedalus wohl, dass seine Erfindung keineswegs nur Ausweg und Rettung bedeutet, sondern dass sie allzuleicht Schaden (*damnum*) verursachen kann (Motiv: **Ambivalenz und Fluch der Technik**; vgl. später: *devovit suas artes*, 234).

Absturz und Ende (S. 101)

cum **puer audaci** coepit gaudere volatu	Enallagé
deseruit*que* **duc**em **cael***ique* **cup**idine tractus	d-/c-Alliteration, Polysyndeton
225 altius egit iter. ‖ Rapidi vicinia solis	i-Assonanz (**Lautmalerei**)
mollit odoratas, pennarum **vincula**, ceras.	Hyperbaton
Tabuerant cerae: *nudos* quatit ille *lacertos*,	Tempussprung, Hyperbaton
228 remigioque carens non ullas percipit auras	
oraque caeruleā patrium clamantia *nomen*	o/a-Assonanz (**Lautmalerei**)
excipiuntur aquā, quae *nomen* traxit ab illo.	
231 At **pater infelix**, nec iam pater, „**Icare**," dixit,	Correctio (chiastische Antithese)
„**Icare**," dixit „ubi es? Qua te regione requiram?"	Anapher
„**Icare**" dicebat. Pennas *aspexit* in undis	
234 **devovit***que* **suas artes** corpus*que* sepulcro	Polysyndeton
condidit, *et* tellus a nomine dicta sepulti.	

Die Ereignisse des Absturzes werden in einer Ursachenkette, die vom Aktiv ins Passiv führt, quasi rekonstruiert (225-230): *altius **egit** iter → vicinia solis **mollit** ceras → nudos **quatit** ille*

lacertos → *ora clamantia **excipiuntur** aquā*. Dabei gibt die i-Assonanz der Verse 224-226 lautmalerisch das Sirren der Sonnenglut wieder. Auch der Schlussteil, der sehr kurz gehalten ist, enthält eine Verbenkette: *aspexit* → *devovit* → *condidit* → *tellus dicta <est>*.
Neben dem Himmelsdrang (*cupido caeli*, 224, als Sehnsucht nach dem Licht und der Höhe) ist es der **Freiheitsrausch**, der zum Absturz des Ikarus führt. Ovid deutet dies feinsinnig durch die Bemerkungen *deseruit **ducem*** (224, entgegen der Anweisung des Vaters: *me duce carpe viam*!) und *pennarum **vincula*** (226) an.
Wie schnell sich der Absturz ereignet, machen die beiden **Tempuswechsel** (hier auch Tempowechsel) deutlich [vgl. ÜH]: ***tabuerant** cerae* (~ da war das Wachs auch schon geschmolzen) und *quae nomen **traxit** ab illo* (resultativ: das ihm den Namen entzogen hat ... und ihn nun trägt). Dagegen ist der Moment des Absackens, des Überganges in den Sturz, wie in einer **Zeitlupenszene** verlangsamt (227 f.), ehe Ikarus auch schon ins Wasser eintaucht (*ora caerulea .. excipiuntur aqua*, 229 f.). - Ein überaus plastisches Spiel mit den Tempora!
Im himmelblauen Wasser (*caerulea aqua*, 229) spiegelt sich ironischerweise die Farbe des Himmels für den ihm entgegenstürzenden Ikarus. Sein langgezogener Hilfeschrei wird lautmalerisch durch die a/o-Assonanz der Verse 229 f. nachgeahmt.
Tragische Ironie des Erzählers begleitet die Reaktion des Daedalus auf den Verlust seines Sohnes: *pater infelix, **nec iam pater*** (232). Seine stundenlange Suche wird durch die Wiederholung des Rufes „*Icare!*" angedeutet (3 x), wobei der Tempuswechsel von *dixit* zu *dicebat* (233, duratives Imperfekt) einen resignierenden Ausklang bewirkt.
Statt einer Verwandlung geschieht - ähnlich wie bei Narcissus oder Adonis - die Verewigung durch ein Mahnmal, das an den Tod des Ikarus erinnert: die Insel Ikaria (Aitiologie!).

S. 101

(1.) Die Frage, **warum Ikarus abstürzt**, führt in den Kern der Erzählung und lenkt die Interpretation auf das Problem der Verantwortung und damit auf die **Schuldfrage**. Nach Friedrich Maier will Daedalus „seinen Sohn an seiner Erfindung und der dadurch möglichen Rettung teilhaben lassen; er will Ikarus mitretten." (ebda., S. 17). Wovor aber, so muss man dann fragen, soll Ikarus gerettet werden, der doch kaum noch Erinnerungen an Athen haben dürfte, und dem es im Exil angesichts der privilegierten Stellung des Vaters durchaus gut gegangen sein dürfte. Also weder Hass auf Kreta noch Sehnsucht nach der alten Heimat (183 f.) können *seine* Motive für den Flug gewesen sein. Im Gegenteil: Der Vater begeht gerade darin einen Fehler, dass er seine eigene Motivation für die Flucht auch auf Ikarus überträgt und dass ihm gar nicht in den Sinn kommt, diesen nach etwaigen eigenen Wünschen zu fragen.
Nach Maier weiß Ikarus nicht „um den eigentlichen, vom Vater gemeinten Sinn des Fliegens" (ebda., S. 20). Was aber ist der „eigentliche" ***Sinn*** des Fliegens? Der Vater unternimmt das Wagnis des Fluges nur eines ***Zweckes***, eines eng begrenzten Zieles wegen. Für Ikarus dagegen gewinnt das Fliegen Sinn, einfach weil es ihm Freude macht und ihn sich selbst und seine Fähigkeiten in ungeahnter Weise erleben lässt. Für ihn ist der Flug ein faszinierendes Spiel wie das Haschen nach den Federn, eine Erweiterung seiner Möglichkeiten, die er begeistert und rauschhaft nützt. Nach Überwindung der anfänglichen Angst erlebt er den Flug als reine Ekstase, während er für Daedalus eine Notwendigkeit darstellt, die dieser rational plant und kühl kalkulierend durchführt. Von der Heißblütigkeit seines Sohnes und dessen Entdeckerdrang ahnt er nichts. Ovids Erklärung *caeli cupidine tractus* (224), der Himmelsdrang, wird zur anthropologischen Chiffre. Er umschreibt metaphorisch die pubertären Sehnsüchte aller Jugendlichen zu allen Zeiten, einmal ganz groß rauszukommen, etwas Einmaliges zu wagen und darin sich selbst zu entdecken und zu verwirklichen.
Eigentlich ist aber auch der rational kalkulierende Daedalus in einem tieferen Sinne getrieben, denn er verkennt die emotionalen Grundlagen seines Handelns (Hass und Sehnsucht, die unterdrückten Hoffnungen auf ein befreiteres Leben), so dass er die bange Ahnung des

Scheiterns verdrängt und die fatale Wirkungslosigkeit seiner rationalen Anweisungen nicht erkennt. So ist die Schuldfrage äußerst komplex und in der Deutung sehr umstritten. Die Antwort hängt unmittelbar mit dem **Alter des Ikarus** zusammen.

a) Ikarus war noch **zu jung**, seine Tat kann nicht als bewusster Akt gewertet werden. In diesem Fall trägt Daedalus die volle Verantwortung und hat die alleinige Schuld am Tod seines noch unmündigen Sohnes.

b) Ikarus war bereits **alt genug**, um eine Teilschuld (Missachtung der klaren Anweisungen) oder sogar die volle Verantwortung für seine Tat zu übernehmen. Dädalus kann in diesem Fall eher einer moralischen Schuld bezichtigt werden, da er seinen Sohn zum Leichtsinn verleitet hat oder ihn nicht genügend auf den Flug vorbereitet hat.

c) Verknüpfung mit der „Vorgeschichte" (236-259): Der Tod des Ikarus erfolgt als schicksalhafte Sühne für den Mordversuch des Daedalus an seinem Neffen Perdix. Ikarus ist in diesem Fall das unschuldige, tragische Opfer einer höheren Gerechtigkeit. (Maier 2, S.195).

Die Frage ist also, ob Ikarus als „naives, unmündiges, außerhalb jeglicher Verantwortung stehendes Kind" gelten kann, oder als „junger Mensch, der mit dem eigenen Willen sich für seine Lust und gegen das Gebot des Vaters entscheidet" (Maier 2, S. 197; vgl. S. 196-199).[7]

(2.) Niemand wird wohl heute mehr Unfälle im Rennsport oder im Freizeitsport (abgestürzte Fallschirmspringer) oder Katastrophen wie den Absturz der Raumfähre Challenger („Herausforderer", 1986) als Strafe der Götter empfinden oder deuten. Doch wagt sich der Mensch in all diesen Fällen an die Grenzen der Technik (**Hybris**) und nimmt das Risiko und damit das Scheitern billigend in Kauf. Die moralisierende Mahnung des Vaters: *medio .. ut limite curras moneo* (203 f.) - signifikanterweise ohne ein ergänzendes *te*! - erinnert an die *mediocritas*-Lehre, die zur Grundweisheit der Antike zählt. Ovid setzt mehrere Signale im Text, um den Leser immer wieder an den Gegensatz von Hybris und Bescheidung zu erinnern: *caelum certe patet* (186), *inter utrumque vola* (206), *damnosas artes* (215), *credidit esse deos* (220), *altius egit* (225) und *devovit suas artes* (234).

(3.) Man kann die **Szenenfolge**, den **Tempuswechsel** und die **Erzählspannung** in einem Tafelbild erfassen (der Spannungspegel wird durch auf- oder absteigende Pfeile symbolisiert):

1-5	*Ausgangssituation*: Gefangenschaft des **Daedalus** und dessen Plan zur Flucht	Imperfekt (durativ) Präsens → Futur	→
6-13a	Bau der Flügel	Präsens	↗
13b-18a	Verhalten des **Ikarus** in der Werkstatt	Imperfekt (durativ)	
18b-27	Instruktionen des **Daedalus** an Ikarus	Perfekt → Präsens (Imperative)	
28-30a	Sorge des **Daedalus** vor dem Abflug	Perfekt	↗
30b-31a	Beginn des Fluges	**Präsens**	↑
31b-32	*Vogelgleichnis*	*Perfekt (!)*	↗
33-34	**Daedalus** kontrolliert den Flug des Ikarus	**Präsens**	
35-38a	**Bildschnitt**: Blick von der Erde hinauf	Perfekt	
38b-40	**Zeitschnitt**: Blick von oben auf die Flugstrecke	Plusqupf → Imperfekt	→
41-48	Aufstieg des **Ikarus**,	*Perfekt*	↑
	Verlust der Flügel und	**Präsens** → Plusqupf. (resultativ)	
	Aufprall auf die Wasseroberfläche	**Präsens** → *Perfekt* (resultativ)	↗
49-51a	Rufe des **Daedalus**	Perfekt → Imperfekt (durativ)	↗
51b-53	*Abschluss*: Begräbnis des **Ikarus**,	Perfekt	→

---

7) Die Frage lässt sich m. E. nur anhand der Entwicklung der Charaktere und durch den Vergleich zur Erstfassung in der *Ars amatoria* lösen (siehe dazu weiter unten; vgl. die Aufgaben im TB S. 101 f.).

S. 101

Das ansonsten zügige Erzähltempo wird nur an einigen Stellen verlangsamt: Der Bau der Flügel (7-13), die Ermahnungen des Vaters vor dem Abflug (21-26) und die Rufe des Vaters (49-51). Erzähltechnisch wird die Spannung durch das Vogelgleichnis unterbrochen (31 f.) und durch die beiden Bildschnitte herabgesenkt (35-40). Mehrere Zeitsprünge (meist durch Tempuswechsel) raffen den zeitlichen Ablauf der Erzählung: *ante* **volat** → *prolem* **produxit** *in aera* (213-214), *mollit ceras* → **tabuerant** *cerae* (226 f.), *non ullas* **percipit** *auras* → *oraque .. excipiuntur aqua, „Icare"* **dixit** → *„Icare"* **dicebat** (231-233).

Vor dem rasanten Sturz finden wir eine Art **Zeitlupenaufnahme** (227 f.), die in der Fassung der *Ars* noch weitaus deutlicher zu beobachten ist. Aufgrund der asyndetischen Aufzählung der Vorgänge läuft die ganze Szene des Sturzes (43-48) wie im **Zeitraffer** vor den Augen des Lesers ab; die Ereignisse überschlagen sich gleichsam.

David Spear (geb. 1974, USA)
- Sturz des Ikarus, 2001

S. 101

(4.) Entscheidend für die Deutung der gesamten Erzählung ist die **Charakterisierung** der Erzählfiguren, aus der nicht nur deren Wesen und Verhalten, sondern auch ihr Alter abgelesen werden kann. Das Tafelbild von oben (S. 154) lässt sich wie folgt ergänzen:

DAEDALUS	**IKARUS**
- **timet** *comiti*	- *comes*
	- *natus*
	- *ut* **tenera proles** (wie ein Jungvogel), *ab alto nido*
Bildschnitt/Zeitsprung:	↕ **Psychologischer Bruch!**
- *hos aliquis vidit et obstipuit*	
- *et iam dextra Lebinthos erat*	
	- *cum* **puer audaci** *coepit gaudere volatu deseruitque ducem*
	- *caelique* **cupidine tactus**
- *pater infelix*	- *altius egit iter*
- *nec iam* **pater**!	

Dem Bruch in der Charakterisierung des Daedalus entspricht ein Bruch in der Charakterisierung des Ikarus (vgl. vor allem Friedrich Maier), der sich nun wie ein pubertierender Jugendlicher zu einem Ego-Trip hinreissen lässt. Sowohl Daedalus als auch Ikarus erscheinen wie im

Zeitraffer plötzlich gealtert, was ihr verändertes Verhalten erst plausibel macht. Entscheidend ist dabei die Antinomie: Indem der autoritäre und übermächtige Vater seinen Einfluss verliert (zeitlich intensiviert durch die Zäsur des Fluges, bei dem er seinem Sohn den „Machtapparat" wohl oder übel anvertrauen muss), gewinnt Ikarus den Freiraum zur Selbstentfaltung und den Mut, sich von seinem Vater zu lösen (*deseruit ducem* in einem metaphorischen Sinne). Beides spiegelt den natürlichen Vorgang, dass die Kinder irgendwann ihre Eltern „überflügeln" und das sichere „Nest", in dem sie aufgewachsen sind, verlassen müssen. Ovids Erzählung ist also auch (neben vielem anderen) eine pädagogische Lehrfabel mit unausgesprochener Moral.

(5.) Die in diesem Mythos angesprochenen Motive, die man anhand von Zentralbegriffen und anhand von einzelnen, metaphorisch chiffrierten Bemerkungen bestimmen kann, sind oben aufgelistet (S. 149). Sie können in einem Tafelbild erfasst werden. - Es dürfte nicht schwer sein, gemeinsam mit den Schülern „Ikarus-Taten" heutiger Jugendlicher zu finden; deshalb nur einige Beispiele: Bungee-Jumping, S-Bahn-Surfen, illegale Autorennen auf den Ringautobahnen in Frankreich (dabei müssen die Fahrer konstant über 200 km Tachostand einhalten und gefährden auf diese Weise ihr eigenes Leben und das ihrer Mitmenschen), der Absturz in Alkohol und Drogen etc.

(4.) Im Internet finden sich sowohl zu **Daedalus** (Dédale etc.) als auch zu **Ikarus** (Icaré, Icaro, Icaru) unzählige Rezeptionsbeispiele (vor allem Bilder, aber auch Produkte und Firmen, die assoziativ nach einer der beiden Figuren benannt sind).

Interessant ist es jeweils zu überlegen, welche Assoziationen hinter der Benennung des Produktes liegen könnten (von der Ikarus-Flugschule bis zur Ikarus-Krücke, vom Daedalus-Fahrrad bis zum futuristischen Auto und zum Raumschiff Dädalus).

Anke Blome (Jgst. 11), 2002

Vergleich zur Fassung in der *Ars amatoria*

(1.) In der *Ars amatoria* dient der Mythos als Sinnbild für die Flüchtigkeit der Liebe; er leitet den zweiten Teil der Liebeslehren ein, bei dem es darum geht, wie man ein Mädchen an sich binden kann (*arte mea capta est, arte tenenda mea est*, II 12).

Die Abweichungen beider Fassungen sind signifikant und es kommt darauf an, den Kernpunkt und möglicherweise auch die Gründe für die Differenz beider Fassungen aufzudecken. Damit die Schüler dies besser leisten können, sind die entscheidenden Stellen rot markiert.

- **Hybris-Motiv:** Das Hybrishafte des Vorhabens wird deutlich abgemildert, indem Daedalus von vornherein als alter Mann erscheint oder sich zwecks *captatio benevolentiae* als solcher ausgibt: *si non vis puero parcere, parce seni* (II 30). Durch die Grausamkeit des Minos erscheint der Fluchtversuch stärker als Verzweiflungstat. - Die Überlegungen des Daedalus (*caelo temptabimus ire*, 37) sind weitaus vorsichtiger formuliert und werden durch eine voraneilende Abbitte gemildert (*da veniam coepto, Iuppiter alte*, 38). - Dem *credidit esse deos*, das in den *Metamorphosen* auch etwas vom Empfinden der Fliegenden anklingen lässt, steht das ehrfürchtige Staunen entgegen: *Quis crederet umquam / aerias hominem carpere posse vias?* (43 f.).

S. 102

- **Beweggrund zur Flucht:** Von vornherein dient die Flucht erklärtermaßen einem doppelten Ziel, nämlich sowohl Daedalus eine Bestattung in heimatlicher Erde zu ermöglichen (*in patria .. da mihi posse mori*, 26-28), als auch dem jungen Ikarus eine Rückkehr zu seiner angestammten Heimat (*da reditum puero*, 29; vgl. auch *nostrae fugae*, 36).
- **Verhältnis zwischen Vater und Sohn:** Erst nach dem Bau der Flügel bekommt Ikarus das Werk (*labor novae artis*, 48) zu sehen. Daedalus erklärt ihm den Zweck des Gerätes (~ *his carinis patria est adeunda, Minos nobis hac ope effugiendus*, 51 f.). Die Einweisung des Knaben (*monstrat moveri*, 65) erfolgt gründlich und ohne Druck (keine Imperative), wobei Daedalus im Plural spricht. Freundlich besorgt und im positiven Sinne väterlich klingt *me duce tutus* eris (58) gegenüber *me duce carpe viam*! Ja, das hier zu einer Metapher verkürzte Vogelgleichnis (*ut sua mater aves*, 66) nennt sein Verhalten sogar mütterlich.
- **Die Reihenfolge des Anlegens der Flügel:** Wir finden hier die „natürliche" Reihenfolge, nämlich dass Daedalus zuerst seinem Sohn die Flügel anlegt und dann erst sich selbst (*inde sibi factas umeris accomodat alas*, 67). Dabei hat selbst er als Erfinder Mühe, mit dem neuen Gerät umzugehen und ist entsprechend ängstlich (*timide corpora librat*, 68).
- **Das Alter der Protagonisten:** Daedalus bleibt unverändert *pater* (*patriae genae*, 70, statt *genae seniles*); es liegt also kein Bruch in der Charakterisierung und kein Zeitsprung vor! Auch die Entwicklung des Ikarus, der zuvor nicht genauer charakterisiert war, geschieht kontinuierlich. Ist der Vater beim Abflug der ängstlichere (*timide*, 68), so legt Ikarus bald die Furcht ab (*posito timore*, 75) und fliegt kühner (*audaci fortius arte volat*, 76). Offenbar kommt er als Jugendlicher besser mit dem neuen Gerät zurecht und fliegt seinem Vater davon (*altius egit iter deseruitque patrem*, 84; vgl.: *deseruitque ducem*). Vers 83 (*incautis nimium temerarius annis*) gibt dem Leser einen direkten Hinweis auf das Alter des Ikarus. Dessen Tollkühnheit passt aber nur zu einem *iuvenis*, d.h. einem pubertierenden Jugendlichen bzw. einem jungen Mann (16-18 Jahre).
- **Rücksichtnahme des Daedalus:** Da beide gleichzeitig losfliegen (*hinc data sunt miserae corpora bina fugae*, 72), bedeutet das *nati respicit alas* (73) eher einen seitlichen Blick. Vor allem bremst Daedalus seinen eigenen Flug aus Rücksicht auf den wohl anfangs langsameren und schwächeren Ikarus ab (*cursus sustinet usque suos*, 74).
- **Der Sturz:** Der Moment kurz vor dem Absturz ist wie in Zeitlupe gedehnt, so dass sich dem Leser die haltlose Angst und die aufkommende Panik des Ikarus vermitteln. An seinem Schrei erkennt man, wie sehr er noch auf seinen Vater fixiert ist: „*pater, o pater!*" (91).

Nimmt man diese signifikanten Unterschiede ernst (Bömer unterstellt Ovid eine eher lustlose Überarbeitung), so scheint mir der entscheidende Punkt zu sein, dass Daedalus in beiden Fassungen eine völlig andere Vaterfigur darstellt. Von daher halte ich den **Vater-Sohn-Konflikt** für das Motiv, das die Art der Veränderungen bei der Neugestaltung am besten erklärt. Ovid gelingt auf diese Weise eine plausible Motivierung für die Wahnsinns-tat des Ikarus, die nun als Selbstbefreiung (Loslösung von der übermächtigen Vater-Imago) und als Weg der Selbsterfahrung (pubertäre Sehnsucht nach dem Außergewöhnlichen) erscheint.

Wes Hempel (geb. 1953, USA)
- **Authority problem, 2002**

(2.) In den *Metamorphosen* steht Daedalus im Vordergrund der Darstellung. In der *Ars* dagegen erscheinen beide als Partner, die gemeinsam agieren, wobei zwar der Vater den Ton angibt (*me duce*), jedoch rücksichtsvoll, aufmerksam und liebevoll mit seinem Sohn umgeht.

Ikarus ist als wagemutiger Himmelsstürmer ein Vorbild und ein Held, als Abstürzender und allzu früh Sterbender ein Mahnmal des Scheiterns. Zwischen diesen beiden Polen bewegt sich auch die Rezeption dieses Mythos: zwischen dem Höhenflug der Begeisterung und der kühlen Ernüchterung der zu späten Einsicht. Vielfach wird das innere Erlebnis des Ikarus thematisiert und die epochale Bedeutung seiner Tat, die im Nachhinein zum Monument stilisiert wird. Man kann die Rezeptionsbeispiele so besprechen, dass zunächst jeder Schüler sich eine Äußerung heraussucht, die er als besonders treffend oder ansprechend empfindet. So zeigt sich, ob die Schülerinnen und Schüler eher der Sehnsucht des Ikarus folgen oder ob sie seine Tat als Wahnsinn verdammen.

Jeramy Turner (1997): Die gequälte Kreatur erscheint häufig in den Bildern der unorthodoxen amerikanischen Künstlerin. In diesem Fall ist man geneigt, einen Pleitegeier zu assoziieren, der über den Straßenschluchten New Yorks und über der Wallstreet dahinfliegt. Ikarus klammert sich in seiner Furcht vor dem Sturz (~ Börsencrash) an den Vogel, die Sonne als Symbol des Aufstieges (vgl. Aktienkurse) in seinem Rücken.

Antun Mates (1987): Auch im Bild des kroatischen Malers ist mit der Figur des Ikarus das Scheitern verbunden. Ein glühend roter, im Sturz schon zum Skelett mutierender Ikarus erinnert an den Absturz eines ganzen Volkes im Jugoslawienkrieg. Seine großen Flügel werfen einen Todesschatten auf die nächtlichen Straßen von Zagreb, die menschenleer unter Ikarus liegen; nur die beleuchtete Straßenbahn erinnert an das Alltagsleben.

Jeramy Turner (2000): Eine bitter-böse Persiflage rückt einen Ikarus ins Scheinwerferlicht (der Weltöffentlichkeit?), der alle Vögel vom Himmel schießt (eine Anspielung wohl auf das „schießwütige" oder „kriegslüsterne" Verhalten der amerikanischen Nation). Hinter ihm liegt verbrannte Erde, eine brennende Stadt. Ikarus ist - selbst ohne Flügel und allzu erdenbehaftet - in der für die Bilder von Turner typischen Karikatur einer Menschengestalt dargestellt. Mit unbewegter, mitleidloser Miene macht er weiter mit seinem grausamen Spiel.

Siegfried Zademack (1985) - Ikarus im Alter
Siegfried Zademack hat sich wiederholt mit der Ikarus-Thematik auseinandergesetzt, jedoch steht das Scheitern des Fluges im Vordergrund seiner existenziellen Bilder.

Unter einem Torbogen steht auf nacktem Beton ein gewöhnliches Standklo. Im Hintergrund - noch im Aufgehen - ein heller, irisierender Vollmond in dunkler, sternloser Nacht, dahinter eine weite Landschaft mit vereinzelten Bäumen im letzten Abendlicht. Inmitten dieser kahlen Szenerie ein alternder Ikarus, dessen Körper noch kräftig und sehnig ist, dessen Haupt jedoch schon fast kahl ist, die restlichen Haare ergraut. Von den Flügeln behindert und vielleicht auch zu Boden gezogen, rutscht er vom Klosett herab, auf das er sich wohl gerade setzen wollte, die Unterhose schon herabgezogen und die Klorolle in der Hand. Mit der linken Hand klammert er sich an den Griff des Flügels, mit der Rechten stemmt er sich, Halt suchend, auf den Boden der Kloschüssel (sprichwörtlich: ein „Griff ins Klo"), wobei ihm die Papierrolle entgleitet. Banalität umgibt diesen „Absturz" des Ikarus, der - wie im Mythos - unbemerkt vor sich geht: Das alltägliche Missgeschick eines alten Mannes, der strauchelt und die Balance verliert; - ein seniler Ikarus, auf sich selbst gestellt, mit gefurchter Stirn.

Noch immer ist er gebunden - wie viele Jahre schon, so fragt man sich - an seine inzwischen vom Rost zerfressenen und verbogenen Flügel, die ihm nur mehr eine Behinderung sind und ihn selbst bei so banalen Tätigkeiten wie dem täglichen Stuhlgang zu Fall bringen. Wie ein abgestorbenes, totes Organ hängen diese Flügel ihm im Nacken, gefährlich spitz die Zacken und Bruchränder, ein nutzloses Anhängsel. Solche Flügel taugen nicht mehr zum Fliegen!

Doch haben sie in den Bildern von Zademack noch nie dafür getaugt. Sie sind Symbole eines zerstörten und vergessenen, eines entschwundenen und verbrauchten Traumes. Ein Traum, der nicht - wie im Mythos - sich realisiert, dann aber im jähen Absturz und Erwachen scheitert, sondern ein Traum, der über die Jahre hinweg, mit der Zeit, unmerklich marode wird, löchrig und ausgefasert, verbogen und zerrüttet. So dass die Frage sich aufdrängt, ob denn der Plan als gescheitert anzusehen ist, ob das Ziel noch aufrechterhalten werden kann, oder ob nicht Ernüchterung an der Tagesordnung ist, Eingeständnis von Scheitern und Verlust.

Was fehlt, so könnte man als Erstes fragen, in diesem ernüchternden, provozierenden, ja, fast makabren Bild? Es fehlt jegliche Aufbruchsstimmung, jegliche Spannung und Abenteuerlust, jegliche Euphorie oder auch nur Hoffnung. Was bleibt, ist der leere Traum, der Ikarus noch anhängt, von dem er nicht loskommt: Einmal doch wenigstens den Absprung zu wagen und die Weite des Lebens zu ermessen. So ist der düstere Abendhimmel auch eine Seelenlandschaft, die den grell beleuchteten Ikarus umgibt. Nicht der Mond, Symbol aller nächtlichen Träume, aller abgewendeten und nur wiedergespiegelten Illusionen, ist es, der ihn beleuchtet. Schon gar nicht die Sonne, zu der er doch - der Sage nach - fliegen wollte. Nein, wie mit einem frontalen Scheinwerfer angestrahlt, muss Ikarus sein Missgeschick auf einer Bühnenlandschaft preisgeben, dem Spott des Betrachters ausgeliefert wie Christus am Kreuz (eine andere Art von „Absturz" und von verlorenem Traum, den Zademack öfters gemalt hat).

Und noch ein anderes Zitat fällt ins Auge. Der Kopf des alternden Ikarus ist der des Leonardo da Vinci nach seinem Selbstportrait. Genialer Renaissance-Mensch, Techniker und Tüftler, Maler und Graphiker, Erfinder von komplizierten Geräten und Flugapparaten. Der Mond spiegelt sich wieder auf seiner hell-runden Glatze. In *seinem* Kopf leben all die Träume und Sehnsüchte, sitzt der geniale Verstand, der aus dem Traum heraus Großartiges ersinnt.

In der Person Leonardos verbinden und verdichten sich in wohl einzigartiger Weise der Maler, der Künstler und der technische Visionär. Leonardo ist ein neuzeitlicher Dädalus und Ikarus zugleich, und auch ein Vorbild Siegfried Zademacks, so steht zu vermuten. Künstler im Sinne des Artisten und des Technikers, des Handwerkers und des Illusionisten, des Tüftlers und des Darstellenden. Was bleibt vom Traum des Ikarus, vom Traum des Leonardo, vom Traum der Neuzeit, sich aus eigener Kraft und Genialität über alles Irdische zu erheben, frei von Bindungen und allzu engen Anschauungen, in grenzenloser Weite alles zu versuchen, alles zu wagen?

Ein depressives oder ein realistisches Bild, eine Korrektur, ein Eingeständnis oder ein böses Erwachen aus einem langen Traum? Hier überlässt uns Zademack den eigenen Gefühlen, kontrastiert uns mit Ikarus/Leonardo und fragt nach unserer eigenen Sehnsucht. So ist das Bild vom alternden Ikarus keine Beschreibung, sondern eher ein Apell.

Siegfried Zademack (1988) - Ikarus vor dem Start

Auch „Ikarus vor dem Start" zeigt keinen frohgemuten, aufgeregten, den Flug herbeisehnenden Jungen, sondern einen nachdenklichen, grüblerischen, in sich gekehrten jungen Mann. Da steht er am Rande eines Schornsteines wie ein Selbstmörder am Abgrund. Sein Fluggerät ist verheddert und zerfleddert, verknotet und verrostet, ganz im Kontrast zu seinem jugendlich-glatten Körper. Der Schattenwurf des Hauses, auf dessen Dachrand er blancierend steht, ließe ihn ins Dunkle springen, nicht in Richtung auf das Meer, sondern auf die Platten unter ihm.

Doch viel zu niedrig ist die Absprunghöhe, als dass er überhaupt springen könnte. So hat man das Gefühl, als könne er ewig so in der Schwebe verharren.

Die Verschnürung, die er in der linken Hand als Seil umfasst, gibt weder Halt noch Sicherheit, wie es bei einem Bergsteiger der Fall wäre. So starrt Ikarus eher ratlos auf den „gordischen Knoten" der Flügel-„Konstruktion", den er nicht zu entwirren vermag. Nichts Organisches, nichts Kunstvolles haftet ihnen an; sie sind kaputtes Gerät, fluguntauglich. Ihren Zweck erfüllen diese Flügel nicht und so lassen sie die ganze Szenerie in Sinnlosigkeit erstarren.

Was sagt dieses Bild eines inneren Schwebezustandes symbolisch aus? Zum einen wohl das Ungenügen an der Technik, die der Mensch nicht durchschaut und beherrscht, auf die er sich nicht verlassen kann und die ihn nicht trägt. Unzureichendes Hilfsmittel seiner Selbstfindung und seiner Lebensgestaltung. Es ist aber auch die fehlende Perspektive, das Bekümmerte einer Generation, die sich aus der Umklammerung solcher Technik nicht mehr zu lösen weiß. Das Verhängnis der Schwerkraft, die Zademack auch sonst immer wieder metaphorisch beschreibt, zieht den Menschen nach unten. Der Fall und der Sturz ist „nicht Sache eines Augenblicks, sondern eher eine dauernde existenzielle Erfahrung, ein lebenslanges, schicksalhaftes Scheitern." (So eine Interpretation auf der Homepage des Künstlers).

Siegfried Zademack (geb. 1952, Bremen) - Der kranke Ikarus, 1995
(Deckengemälde im Bremer Rot-Kreuz-Krankenhaus)

S. 107

Angerer der Ältere - Kosmischer Ikarus

Auch Angerer d. Ä. hat sich immer wieder mit der Ikarus-Thematik beschäftigt und diesen Mythos als ein Lebensbild verstanden. Es sind surreale, kosmische Bilder von visionärer Kraft, in denen Ikarus sich über die Grenzen des Irdischen hinaus erhebt, und doch wieder eingeholt wird von der Anziehungskraft der Erde oder sich verstrickt in der grenzenlosen Weite des Kosmos. - Im oberen Bild hat ein Ikarus mit Federkrone und Flügelschuhen seine breiten Schwingen weit ausgestreckt, als wolle er einen Anlauf nehmen in die Unendlichkeit des Sternenhimmels. Doch zäh kleben Fäden an ihm wie aus einem brodelnden Pechsumpf (vgl. *ne unda gravet pennas*) und hemmen seinen Aufschwung. So schaut er mit ernsthaft-angestrengtem Gesichtsausdruck nach vorne.

Im unteren Bild zappelt ein jugendlicher Ikarus in einem Netz, in dem sich seine übergroßen Flügel verfangen haben. Ihre Spitzen ragen an den Seiten heraus. Licht bricht von oben herab in die Dunkelheit, als ob es ihn zurückgeschmettert habe. Die weite Decke des Himmels ist mit einem Gitternetz überzogen, wie man es aus physikalischen Bildern eines Raum-Zeit-Kontinuums kennt. So ist Ikarus gefangen in Raum und Zeit, sein kosmischer Flug, das Sich-Erheben über alle Welt hinaus, der Drang in die Weite des Kosmos, endet in der Verstrickung.

Titel

Angerer der Ältere - Ikarus (Titelbild)

Das Titelbild des Buches zeigt im Gegensatz zu den beiden oben besprochenen Bildern den gelungenen Aufstieg eines Ikarus, der die Grenzen seiner Welt durchstößt und in strahlendem, glutroten Licht nach oben strebt, die linke Hand des Herzens siegesgewiss ausgestreckt, einen Lorbeerkranz als Zeichen seines Ruhmes vor sich ausstreckend. Sein Körper wird vom überirdischen Licht in ein bronzefarbenes Licht getaucht und lässt ihn wie eine Götterstatue erscheinen. Unter ihm bleiben die kalten, menschenleeren Gestirne zurück. Ikarus ist hier zum Symbol einer transzendenten Befreiung des Menschen geworden.

Resümee: Der Ikarus-Mythos zählt zu den vielseitigsten und modernsten Mythen des Abendlandes. Er ist Teil der abendländischen Geistesgeschichte und ein Grundsymbol menschlichen Strebens. In psychologischer Deutung symbolisiert sein Aufstieg zur Sonne die Bewusstwerdung des Menschen, den geistigen Höhenflug, der jedoch immer an Grenzen stößt. Die Erkenntnis des Menschen ist immer begrenzt, er muss lernen, die ihm gesteckten Grenzen seiner Existenz einzuhalten. Das allzu helle Bewusstsein stört die Mechanik des Unbewussten. So stellt das Eintauchen in die Tiefe der See, in das Unbewusste der Seele (bei Orpheus: in das Schattenreich) die notwendige Korrektur dar.

Friedrich Maier: „So schauen wir in diesem kleinen Mythos ... die ganze heute Wirklichkeit gewordene Doppelwertigkeit des Phänomens der Technik gleichsam in nuce: ihren Sinn und Unsinn, ihre Größe und Gefahr, ihr Glück und Unglück, ihren Segen und Fluch, ihre Faszination und Dämonie, ihre Möglichkeit, den Menschen zu erhöhen, gottähnlich zu machen, und ihn zum Frevler, Gottverlorenen werden zu lassen. Unter dieser Spannung steht der Mensch ..; gerade der Heranwachsende lernt, sie nur allmächlich zu ertragen." (Maier 1, S. 21)

Ergänzende Literaturhinweise

- **Maier, Friedrich (1)**: Ovid - Daedalus und Ikarus, Auxilia Bd. 2, Buchners-Verlag ² 1989, 5-46
- **Maier, Friedrich (2)**: Ikarus - ein Symbol für Träume des Menschen, in: Lateinunterricht zwischen Tradition und Fortschritt, Bd. 3, S. 194-216; Buchners-Verlag, Bamberg 1985
- **Maier, Friedrich (3)**: Europa - Ikarus - Orpheus, Reihe: Antike und Gegenwart, Buchners-Verlag 1998 (Textband und Lehrerkommentar)
- **Tsitsiou-Chelidoni, Chrysanthe**: Ovid Metamorphosen Buch VIII - Narrative Technik und literarischer Kontext, Peter-Lang-Verlag, Frankfurt am Main 2003, bes. 117-181
- **Weglage, Matthias**: Bilder vom Sturz - der Ikarus-Mythos in der zeitgenössischen Lyrik, AU 2/94, 50-67

Erysichthon (S. 108-111)

1. Zentrale Deutungs-Aspekte
Inhalt: Maßlose Gier des Menschen, Hybris und Götterstrafe
Interpretation: Deutung einer Allegorie (Personifikation), Paradoxien, Gerundium
Gattung: Allegorie
Erzählebenen (S. 12): anthropologisch, psychologisch, sensualistisch

2. Übersetzung

777 Alle Schwesterdryaden waren geschockt über diesen Verlust für sie selbst
und für die Wälder. Sie gingen in schwarzen Gewändern voll Trauer
zu **Ceres** und baten um eine Bestrafung des **Erysichthon**.
780 Die Prächtige stimmte ihnen zu und mit einer Bewegung ihres Kopfes
ließ sie die mit Ähren reich beladenen Äcker wogen
und dachte nach über eine möglichst „erbärmliche" Art von Strafe - falls jener
783 aufgrund seiner Taten überhaupt noch bei irgendwem Erbarmen fände -,
dass er von schrecklichem Hunger gepeinigt werde. Weil sie selbst aber
als Göttin diesen nicht aufsuchen konnte - denn das Schicksal verbietet es,
786 dass **Ceres** und **der Hunger** zusammentreffen -, so sprach sie eine der
ländlichen Bergnymphen (Oreaden) mit den folgenden Worten an:
„Es gibt da **einen Ort am äußersten Rand des eisigen Skythien**,
789 **ein trostloses, unfruchtbares Fleckchen Erde**, ohne Früchte und ohne Bäume.
Die lähmende **Kälte** wohnen dort und **die Leichenblässe**, **das Zittern**
und der kärgliche **Hunger**. Befiehl diesem, er soll sich in der
792 **verbrecherischen Brust des Frevlers** einnisten! Keine Fülle soll ihn
bezwingen können und er soll selbst meine Kräfte im Wettstreit übertreffen!
Und damit der weite Weg dich nicht schreckt, nimm meinen Wagen
795 und nimm die Schlangen, die du mit den Zügeln durch die Luft lenken kannst."
Und sie überließ ihn ihr. Jene fuhr mit dem Wagen durch die Lüfte
und gelangte nach **Skythien** und ließ die Schlangen auf dem Gipfel
798 eines schroffen Bergmassives anhalten, genannt **Kaukasus**.
Den gesuchten **Hunger** erblickte sie auf einem **steinigen Acker**,
wie er mit seinen **Zähnen** und seinen **Klauen** die **spärlichen Grashalme** ausrupfte.
801 *Struppig* war sein **Haar**, *hohl und leer* seine **Augen**, *blass* sein **Gesicht**,
die **Lippen** ganz *eingefallen* und *grau*, der **Rachen** *rau von fauligem Belag*,
gespannt die **Haut**, durch die hindurch man die **Eingeweide** sehen konnte.
804 *mager* stachen die **Knochen** hervor unter dem *verkrümmten* **Becken**,
statt des **Bauches** war da nur der Platz für den Bauch, so dass man glauben könnte,
der **Brustraum** hinge herab und würde nur noch vom **Rückgrat** gehalten.
807 Auszehrung hatte die **Gelenke** anschwellen lassen und die **Kniescheiben** größer
erscheinen lassen, und die **Fußgelenke** stachen wie unförmige Buckel hervor.

823 Noch umgab friedlicher Schlaf mit sanften Schwingen den **Erysichthon**:
Da verlangt jener Speisen unter dem Einfluss eines Traumes und macht
leere Kaubewegungen und reibt seine Zähne aneinander ab und
826 hält seine getäuschte Kehle mit eingebildeter Speise in Arbeit
und schluckt vergeblich statt einem Festmahl nur dünne Luft hinunter.
Als aber die Ruhe des Schlafes dahin war, da raste die Fressgier in ihm

829 und verteilte sich über den gierigen **Schlund** und alle **Gedärme** hinweg.
Und nicht lange, da fordert er all das, was das **Meer** und das **Land** und was
die **Luft** hervorbringt und klagt vor vollen Tischen über Hunger, und selbst
832 bei einem epulenten Mahl fragt er nach mehr, und was ganzen Städten
gereicht hätte, ja selbst für ein Volk genug gewesen wäre, reicht dem einen
nicht, und er will immer mehr, je mehr er in seinen **Bauch** hinabschlingt.
835 Und wie das <u>Meer</u> die Flüsse der ganzen Erde aufnimmt, und dennoch nicht
vom Wasser überquillt und noch die entferntesten Flüsse in sich aufnimmt,
und wie das raffende **Feuer** keine Nahrung verschmäht und
838 unzählige Balken einäschert und, je mehr Nahrung man ihm liefert,
immer noch mehr Nahrung sucht und in der Menge noch gefräßiger ist,
so nimmt der Mund des **gottlosen Erysichthon** alle Speisen in sich auf
841 und verlangt gleichzeitig nach mehr. Jedes Essen ist in ihm Anlass
zum Essen und immer findet sich ein Hohlraum zum Nachschlingen.

875 Nachdem aber jene **verderbliche Sucht** alle Nahrung aufgebraucht hatte
und so der **schweren Erkrankung** immer neue Nahrung geliefert hatte,
begann jener seine eigenen Glieder mit zerfleischendem Biss zu verschlingen
878 und **der Unglückliche** ernährte seinen Körper, indem er ihn verzehrte.

S. 108

Jeramy Tuner: Das drastische Bild der amerikanischen Künstlerin (vgl. TB S. 105, 107 und 111) ist eine Allegorie der Gier, die der literarischen Allegorie der Fames bei Ovid entspricht. Die ästhetische Abscheu, die das Bild hervorruft, die schreckliche Verzerrung des Menschlichen, die Disproportionalität von Körper und Gliedmaßen, all dies ist gewollt und sollte als Aussage mit gelesen werden. So wie mittelalterliche Maler die Todsünden in schrecklichen Allegorien darstellten, ist auch ein solches Bild Ausdruck eines existenziellen Fehlverhaltens, einer extremen Deformation des Humanen. Das Bild hält uns einen Spiegel vor Augen, indem es das Wesen der Gier, die wir alle in uns tragen, entlarvt.

Was ist abgebildet? Ein fetter, monströser Mann kniet oder schwimmt inmitten einer riesigen, fast die ganze Welt überdeckenden Ölfläche. Seine Arme und Beine sind merkwürdig verkürzt und verkrümmt, der Hinterleib in einer fetalen Hockstellung abgebildet. Der riesige, vorgewölbte Bauch und die Fettwölbung im Nacken lassen die ganze Gestalt unförmig, fast tierisch erscheinen (vgl. bei den Lykischen Bauern: *inflataque colla tumescunt; terga caput tangunt, colla intercepta videntur, .. venter, pars maxima corporis, albet*; 377-381). Unter dem unbehaarten Schädel lauert ein gieriger Blick, die Finger strecken sich tastend nach dem rohen Stück Fleisch und dem Knochen aus, die auf der Ölfläche treiben, ein blutiger Rest an Essbarem, das sich verschlingen lässt.

Am Horizont sieht man brennende Feuer, die die ganze Szene in eine Weltuntergangsstimmung tauchen. Mag das Bild auch ursprünglich eine Anspielung auf den unstillbaren Hunger der Großmächte nach Erdöl sein - eine moderne Imperialismus-Kritik, die so sicher nicht jeder teilen wird -, so kann es doch als Allegorie der Raffgier schlechthin verstanden werden.

3. Interpretation im Textverlauf

Allegorien sind faszinierend, weil in ihnen ein Phänomen bildhaft begreiflich wird. Ovids Phantasie und seine Charakterisierungskunst wird gerade dabei besonders deutlich.

Außerdem lässt sich an Erysichthon einiges über das Wesen antiker *religio* ablesen. In diesem Fall ist es nicht mehr bloß Hybris, sondern ein direkter Frevel, der zur Bestrafung führt, wobei die Göttin (Ceres) den Naturkräften (Nymphen, Fames) befiehlt.

Der Plan zur Bestrafung des Erysichthon (S. 108-109)

777	Attonitae dryades damno nemorum*que* suo*que*,	d-Alliteration, Polysyndeton
	omnes germanae, **Cererem** cum vestibus atris	Hyperbaton
	maerentes adeunt poenam*que* **Erysichthonis** orant.	
780	Adnuit his capitisque sui pulcherrima motu	
	concussit gravidis oneratos messibus agros,	s-Assonanz (Lautmalerei?)
	moliturque **genus poenae miserabile**, si non	Correctio
783	ille suis esset **nulli miserabilis** actis:	
	pestifera lacerare **Fame**. Quae quatinus ipsi	
	non adeunda deae est - neque enim **Cererem**que **Famem**que	Parenthese, Polysyndeton
786	fata coire sinunt - , montani numinis *unam*	Hyperbaton
	talibus ← *agrestem* ←conpellat→ *oreada* → dictis:	(*versus aureus*)

Ein Kernmotiv zu Beginn der Erzählung ist das der *pietas*. Das *nefas* des Erysichthon (Hybris-Motiv) wird als Begründung für die Härte der Strafe mit allen Mitteln herausgestellt. Erysichthon verdient kein Mitleid: *nulli miserabilis* (783; vgl. **Niobe**; anders **Actaeon**). Erysichthons Frevel liegt zunächst darin, dass er die Eiche überhaupt fällen will, da es sich um einen heiligen Baum handelt, der mit Bändern geschmückt und mit Votivtafeln behängt war. Dass aus dem verwundeten Baum unter Stöhnen Blut hervorquillt, weist auf die Verletzung der Dryade hin, die in ihm wohnt bzw. mit ihm identisch ist. Erysichthons Handeln ist also im ursprünglichen Sinne *ne-fas*, ein „unaussprechliches/unsägliches" Vergehen. Dazu kommt das Verbrechen der Tötung eines Unschuldigen im Affekt (Totschlag).[1]

Hervorgehoben wird das Ausmaß des Frevels durch die Reaktion der Nymphen (*dryades .. omnes germanae*, 777 f.), die in ihrer Sanftheit wie vom Donner erschüttert sind (*attonitae*, 777) und mit instinktiver, stiller Trauer reagieren (*maerentes*, 779).

Ceres als Göttin der Fülle straft - ihrem Wesen und ihrer Einflusssphäre gemäß - durch Mangel. Sie, die normalerweise den Hunger aller Menschen stillt, lässt Erysichthon die Konsequenz seiner maßlosen Gier am eigenen Leib erleiden (Ironie).

Der Wohnort der Fames (S. 109)

	„*Est locus* extremis ←**Scythiae glacialis**→ *in oris*,	abbildende Wortstellung
789	**triste solum, sterilis**, *sine fruge, sine* arbore tellus.	Asyndeton
	Frigus iners | illic habitant | **Pallorque Tremorque**	Polysyndeton
	et iēiūna **Famēs**. | Ea se in praecordia condat	
792	**sacrilegi** scelerata, iube! Nec copia rerum	s-Alliteration
	vincat eam superetque meas certamine vires!	vi-Alliteration
	Neve viae spatium te terreat, *accipe* currus,	te-Alliteration
795	*accipe*, quos frenis alte moderere dracones."	Anapher (Emphase)
	Et *dedit*. Illa *dato* subvecta per aera curru	Hyperbaton, *Polyptoton*
	devenit in **Scythiam** rigidique cacumine montis	
798	- **Caucason** appellant - serpentum colla levavit	Parenthese
	quaesitamque **Famem** lapidoso vidit in agro	
	unguibus et **raras** vellentem **dentibus** herbas.	Hyperbaton

---

[1] Welche Raserei Erysichthon gepackt hält, wird durch Vergilreminiszenzen verdeutlicht: Die Furie **Allekto** bei **Turnus** (Aen. VII 445 ff., vor allem 458 ff.); vgl. insgesamt Bömer.

est locus ist ein typischer Allgemeinplatz zur Einleitung einer neuen Szenerie. Fast einhämmernd wirkt die stakkatohafte, asyndetische Folge in Vers 789. Die Endstellung von *Fames* nach einer Aufzählung diverser Begleitübel verstärkt deren Schrecknis. Geschickt nutzt Ovid zusätzlich Metrik und Versbau, um die *iēiūna Famēs* (ein fast lautmalerisches Geheule) hervorzuheben. *Tremorque* verfließt durch Enjambement (und gleichzeitige Elision: *Tremórqu(e)‿ét*) mit dem nächsten Vers. All dies bewirkt eine erhöhte Spannung der Aussprache: |Pallórque Tremór|qu‿ét jējūna Famés| (– | – ‿‿ | – ×‿ | – – | – ‿‿ | –).
Insgesamt ergibt sich das Bild einer eisig-kalten und öden, erschreckenden Landschaft. Bevor jedoch der Hunger selbst näher charakterisiert wird, folgt die Erteilung des schroffen Befehles: ~ *ea se in praecordia* **scelerata sacrilegi** *condat* (791 f.). Noch einmal wird das Extreme des Verbrechens durch die Alliteration der Synonyme *sacrilegi scelerata* betont, eine zischend gesprochene zornige Anweisung. Eine Reihe von Wortspielen (Alliteration: *vincat .. vires, te terreat* und Polyptoton: *dedit .. dato*) hebt diese Passage sprachlich hervor und verleiht der Rede der Ceres episches Kolorit.

S. 109

Die Aufgabe soll die Schüler auf die ovidische Fassung gespannt machen (Motivation) und ihnen durch den Vergleich mit ihren Ideen den Einfallsreichtum und die Phantasie dieses Dichters demonstrieren. - Ergänzt werden kann die Aufgabe dadurch, dass die Schüler die Personifikation des Hungers in Anschluss an die Lektüre in ein Bild oder eine Bildcollage übertragen und dabei eigene Ideen mit einbringen (TB S. 111, kreative Aufg. Nr. 2).

Gestalt und Aussehen der Fames (S. 110)

801 *Hirtus* erat **crinis**, *cava* **lumina**, *pallor* in **ore**, *labra‿incana situ, scabrae rubigine* **fauces**, *dura* **cutis**, per quam spectari **viscera** possent.	Asyndeton
804 **Ossa** sub incurvis exstabant arida lumbis, **ventris** erat *pro ventre* locus, pendere **putares**‿ **pectus** et a **spinae** tantummodo crate teneri.	Paradoxie, *Polýptoton*, p-Alliteration
807 Auxerat **articulos** macies **genuum**que tumebat‿ **orbis** et inmodico prodibant tubere **tali**.	a-Alliteration t-Alliteration

Ovids beschreibt zunächst den **Wohnort** und damit die **Ursachen des Hungers** (788-798: Dürre, Mangel, Unfruchtbarkeit des Bodens etc.). Das Verhalten der Fames - die sowohl den Hunger *bewirkt* als auch selbst „Hunger" *ist* - erscheint hier paradoxerweise als normales Verhalten: **unguibus** *et raras vellentem* **dentibus** *herbas* (800). Ein eindringliches Bild der erbärmlichen Haltung von Menschen, die Hunger leiden und noch den letzten Rest mit fast klauenartigen Fingern abrupfen.
„Von Kopf bis Fuß" werden dann **die äußere Gestalt der Fames** und deren **besondere Merkmale** erfasst. Die Beschreibung ist physiologisch exakt - fast medizinisch - und evoziert auch bei heutigen Menschen konkrete Erfahrungsbilder (~ Biafra-Kinder etc.; von den bald sieben Milliarden Menschen dieser Erde hungern auch heute noch ca. ein Drittel!).
cava lumina (801) ist eine von Ovid geprägte Junktur (vgl. dt. „Augenhöhlen") und beschreibt das Totenkopf-ähnliche Aussehen von Hungernden. Typisches Merkmal der Hungerkrankheit sind die gespannte, dünne Haut (*dura cutis ..* , 803), die hervorstechenden Rippen und Knochen (*ossa exstabant*, 804), der eingefallene (oder auch der aufgeblähte) Bauch (Hungerödem als Folge von Eiweißmangel) und die dick erscheinenden Knie- und Fußgelenke (807 f.). Typisch für Ovid ist das paradoxe Sprachspiel *ventris erat pro ventre locus* (805).

Auswirkungen der Fames auf Erysichthon (S. 110)

823	Lenis adhuc somnus placidis **Erysichthona** pennis	p-Alliteration, Metapher
	mulcebat: petit ille dapes **sub imagine somni**	
	*ora*que vana movet *dentem*que *in dente* fatigat	*Polyptoton*, Polysyndeton
826	exercet*que* cibo delusum **guttur** inani	
	pro*que* epulis tenues nequiquam devorat **auras**.	
	Ut vero est expulsa quies, **furit ardor edendi**	
829	perque avidas **fauces** inmensaque **viscera** regnat.	
	Nec mora, *quod* **pontus**, *quod* **terra**, *quod* educat **aer**	Anapher, Klimax
	poscit et adpositis *queritur* ieiunia mensis	**Paradoxie**
832	in*que* epulis epulas *quaerit*, *quod*que *urbibus* esse	*Polyptoton*, **Paradoxie**, Polysyndeton
	*quod*que satis poterat **populo**, non sufficit **uni**	Klimax, Antithese, **Paradoxie**
	*plus*que *cupit*, quo *plura* suam demittit in **alvum**.	**Paradoxie**, *Polyptoton*

Wie geschickt Ovid die Allegorie literarisch verdichtet, zeigt sich in der Steigerung: *locus* (**Herkunft und Wohnsitz**, 788-800), *corpus* (**Gestalt**, 801-808) und *vires* (**Auswirkungen** des Hungers, 823-846 und 875-878).

Wird die Wirkung des Hungers (*ardor edendi*, 828; *vis mali*, 875) zunächst noch durch die *vires* eines anderen Gottes, des Somnus, abgeschwächt, so entfaltet sie sich ungebremst nach dem Erwachen. In immer schärferen **Paradoxien** arbeitet Ovid die Wirkung und das verderbliche Wesen des Hungers heraus (*pestifera Fames*, 784). Das Ganze wird schließlich in einer Schlussparadoxie par excellence enden, der Selbstverschlingung des Erysichthon (878, s.u.). Verschiedene <u>Wortfelder</u> machen diese Passage sehr eindringlich:

- **Speisen:** *dapes* (824), *cibus* (826), *epulae* (827), *epulis epulas* (832)
- **Gieriges Verhalten:** *petit* (824), *exercet guttur* (826), *furit ardor edendi* (828), *avidas fauces* (829), **poscit** (831), *quaerit* (832), *non sufficit* (833), **plus cupit** (834)
- **Das Verschlingen:** *dentem in dente fatigat* (825), *devorat* (827), *demittit in alvum* (834)

Die Unersättlichkeit und das Ende des Erysichthon (S. 111)

835	Utque *fretum* recipit de tota *flumina* terra	Vergleich
	nec satiatur *aquis* peregrinosque ebibit *amnes*,	**Paradoxie**
	utque *rapax ignis* non umquam alimenta recusat	
838	innumerasque trabes cremat et, quo copia maior	
	est data, plura petit turbaque voracior ipsa est:	**Paradoxie**
	Sic epulas omnes **Erysichthonis** ora **profani**	
841	accipiunt poscuntque simul. *Cibus* omnis in illo	**Paradoxie**
	causa *cibi* est semperque locus fit inanis edendo.	**Paradoxie**, *Polyptoton*
875	**Vis** tamen illa **mali** postquam consumpserat omnem	
	materiam dederatque **gravi** nova pabula **morbo**,	
	ipse suos **artus** lacero divellere morsu	
878	coepit et **infelix** minuendo **corpus** alebat.	**Paradoxie!**

Auf die Paradoxien der Menge (*einer* vertilgt so viel wie sonst nur *viele*) folgen materielle Paradoxien, die anhand von Naturbeispielen verdeutlicht werden (**Wasser** und **Feuer** als Gegenkräfte: *fretum*, 835 f., und *rapax ignis*, 837 ff.). Angedeutet wurde dieser Vergleich bereits in Vers 830 (*pontus, terra, aer*). Der Hunger und die Gier, die dieser auslöst, steigern sich in kosmische Dimensionen und erhalten dadurch metaphorische, ja, fast metaphysische Bedeutung. Letzlich ist es die Gier des Menschen, seine generelle Konsumhaltung (*consumpserat omnem materiam*, 875 f.), die auf eine Vertilgung aller Ressourcen hinausläuft und in der Selbstzerfleischung endet. Ein paradoxes, aber überaus eindringliches Schlussbild.

S. 111

Auch das zweite Bild von **Jeramy Turner** ist kulturkritisch zu lesen. Fette Kröten (als Sinnbild der Gier und ihrer hässlichen Erscheinung) hocken auf Bergen von Geld und Gold, schon selbst ganz in Gold erstarrt. Ihre langen Finger umklammern besitzergreifend die Münzen. Das Bild ist eine Metapher für die Haltung der heutigen Menschheit, ihr Besitzstreben (vgl. das Eiserne Zeitalter), das eigentlich Ekel auslösen müsste, nämlich „Selbstekel".

S. 111

(1.) Ovid beschreibt zunächst die **Herkunft** (*glacialis, extremis in oris*, 788) und den **Wohnort des Hungers** (*locus*: 788-800), dann seine **körperlichen Merkmale** und sein **Aussehen** (*corpus*: 801-807), zuletzt die unseligen **Auswirkungen**, die er verursacht (*vires*: 823-878). Die Angaben können in einem Tafelbild gesammelt und gedeutet werden.

Die Fames (eine Allegorie des Hungers)

locus (Herkunft und Wohnort)	corpus et forma (Aussehen)	vires (Auswirkungen)
- *Scythia* **glacialis** (~ gefühllos)	- *crinis hirtus, cava lumina, pallor in ore* (Abgezehrtheit)	- *furit* **ardor edendi** (Fressgier)
- *extremis in oris*	- *dura cutis* (gespannte Haut)	- *inque epulis epulas quaerit* (Unersättlichkeit)
- *triste solum* (**sterilis tellus**)	- *ossa exstant* (dürre Rippen)	- *semper plura cupit* (~ Haben-Mentalität, Besitzgier)
- *sine fruge, sine arbore*	- *pro ventre locus* (Hungerbauch)	- ***consumit omnem materiam***
- *illic habitant* **Frigus** *et* **Pallor** *et* **Tremor** *et* **ieiuna Fames**	- *pectus pendere* .. (Abmagerung zum Skelett)	(~ Verbrauch aller Ressourcen)
→ *lapidoso in agro* **unguibus** *et* **dentibus** *raras herbas vellit!*	- *genuum orbis* (geschwollene Knie- und Fußgelenke)	- *infelix minuendo corpus alet* (~ Abbau und Verfall)

→ Alle Gaben der Ceres (~ Mutter Natur) sind vernichtet, die Welt wird zu einem öden „Skythien"!
→ *Ein metaphorisches Bild für die unstillbare Gier des Menschen und deren Auswirkungen auf die Natur und den Menschen selbst!*

(2.) *infelix* steht als Signalwort am Schluss der Erzählung (vgl. Daedalus als *pater infelix, nec iam pater*). Man kann genauer nachfragen, warum eigentlich Erysichthon unglücklich ist, wo er doch alles bekommt, was er in seiner Gier fordert. Neben der prinzipiellen Unstillbarkeit seiner Gier (metaphorisch: seiner Sehnsucht nach „Erfüllung") ist es wohl auch das Bewusstsein, eine öde, sterile Welt um sich herum zu hinterlassen (*triste solum, sterilis,* 789), eine entartete und geschändete Natur, in der von der göttlichen Fülle der Ceres, den Gaben der Natur, nichts mehr übrigbleibt. So hat Ovids Erysichthon auch eine theologische und metaphysische Moral, die aber unausgesprochen bleibt, und die antikem Denken so noch nicht zugänglich war (vgl. Erich Fromm, Haben oder Sein, dtv).

(3.) Dass Erysichthon nicht davor zurückschreckt, selbst seine eigene Tochter mehrfach zu verkaufen, zeigt, dass ihm in seiner Gier tatsächlich nichts mehr heilig ist, und so ist er auch in einem existenziell-religiösen Sinne *infelix* (sinnentleert) und lebt als Sklave seiner Triebe. Sein Frevel, der aus Gier entstand, wird durch Gier gesühnt. Insofern hat die **Strafe** keinerlei tragischen Charakter, sondern erfolgt als Konsequenz seines Verhaltens.

Zum Aufbau der Bücher IX-X (Seite 112)

Mit den Büchern IX und X beginnt das Thema der **Verewigung** (Apotheose des Herkules, Tod des Hyacinthus und des Adonis und die Erinnerung an sie im Monument), das bis zum Epilog hin bestimmend bleiben wird. Vor allem das zehnte Buch, der Trauergesang des **Orpheus**, behandelt das Thema des allzufrühen Sterbens (Eurydike, Cyparissus und Hyacinthus, Adonis) und der Möglichkeit des Weiterlebens.
Bestimmend bleibt aber auch weiterhin das Liebesthema, hier speziell Erzählungen um **verbotene Liebe** (*Inzest*: Byblis und Caunus, Myrrha und Cinyras; *gleichgeschlechtliche Liebe*: Iphis und Ianthe, Jupiter und Ganymed, Apollo und Cyparissus bzw. Hyacinthus) und um **tragische Liebe von Göttern zu Sterblichen** (Apollo und Cyparissus und Hyacinthus, Venus und Adonis). Dagegen klingt das Thema Gewalt in der Liebe mit Nessus und Deianira aus. Poetologisch ist vor allem das zehnte Buch besonders wichtig, vor allem **Orpheus** und **Pygmalion**. Die Entstehung der Gattungen **Epigramm**, **Elegie** und **Liebeselegie** werden in einer mythologischen Rekonstruktion aitiologisch erklärt.[1]

Byblis und Caunus (S. 113-116)

1. Zentrale Deutungs-Aspekte

Inhalt: Verbotene Geschwisterliebe, Selbstzweifel und Selbsttäuschung
Interpretation: Antiker Schriftverkehr, Rhetorik und Argumentation, Symbolik
Gattung: Liebestragödie (Elegie)
Erzählebenen (S. 12): psychologisch, erotodidaktisch, artifiziell

2. Übersetzung

518 Seitlich richtete sie sich auf, gestützt auf den linken Ellenbogen, und sprach:
„Soll er es doch wissen! Ich will ihm meine **unselige Liebe** bekennen!
Weh *mir*! Wohin entgleite ich da? Welches **Feuer** hat *meine* Seele erfasst?"

521 Und mit zitternder Hand verfasst sie sorgfältig ausgedachte Worte.
In der Rechten hält sie das **Eisen**, in der Linken die leere **Wachstafel**.
Sie beginnt und hält inne, schreibt und tilgt die Zeilen wieder,

524 notiert und löscht aus, ändert ab, missbilligt und ist zufrieden,
legt abwechselnd die aufgenommene **Tafel** hin und die abgelegte wieder auf.
Sie weiß nicht, was sie will, und was ihr gerade noch gut schien zu tun,

527 behagt ihr schon nicht mehr. **Kühnheit und Scham** mischen sich in ihrem Gesicht.
Hatte sie „Schwester" geschrieben, schien es ihr besser, „Schwester" auszulöschen
und die folgenden Worte in das wieder geglättete Wachs einzuritzen:

530 „Das Glück, das sie selbst nicht haben kann außer durch dich, wünscht dir **eine, die dich liebt**. Ich schäme mich, ach, **ich schäme mich so, meinen Namen zu verraten**!
Und wenn du fragst, was ich begehre, da wünschte ich am liebsten, dass mein Fall

533 **anonym** behandelt werden könnte, und ich nicht eher als **Byblis** erkannt würde,
bevor mir nicht die Erfüllung meiner **sehnsüchtigen Wünsche** zugesichert wurde.
Das hätte dir ja auch ein Hinweis auf mein **verwundetes Herz** sein können:

536 Mein **Erröten** und meine **Magerkeit**, mein **Gesichtsausdruck**, meine oft **feuchten Augen** und mein grundloses, **leidvolles Aufseufzen**,

---
1) Siehe dazu meinen Aufsatz „Stumm vor Schmerz ist die Lyra ..." (Angaben im TB S. 173).

die häufigen **Umarmungen** und meine **Küsse**, bei denen man - falls du es vielleicht
539 bemerkt hast - spüren konnte, dass sie nicht die einer Schwester waren.
Ich selbst aber, obwohl ich **im Herzen eine schwere Wunde** trug,
und trotz des **brennenden Liebesschmerzes** in mir, habe alles getan
542 - die Götter seien meine Zeugen! -, um endlich wieder zu gesunden.
Lange habe **ich Unglückliche** darum gekämpft, den **verletzenden Waffen Cupidos** zu entgehen, und ich habe mehr Hartes ertragen, als man es
545 von einem Mädchen erwarten würde. Ich muss zugeben, dass ich besiegt
worden bin, und muss mit ängstlichem Flehen deine Hilfe erbitten.
Du allein kannst mich retten, ***du allein*** kannst mich **Liebende** verderben:
548 So wähle, was du tun willst! Keine Feindin bittet dich darum,
sondern eine, die, obwohl sie dir schon so eng verbunden ist, sich wünscht,
dir noch enger verbunden zu sein und ein verwandteres Band zu knüpfen.
551 Um **Rechte** sollen sich die alten Männer kümmern und nachforschen,
was erlaubt und was **Recht** und was **Unrecht** sei, sollen die **Gesetze** prüfen
und bewahren; **verwegene Liebe** steht ***unserem*** Alter zu!
554 Wir wissen noch nicht, **was erlaubt ist**, und glauben, dass alles
erlaubt sei, und folgen dem Beispiel der großen Götter.
Weder hindern ***uns*** ein **strenger Vater** noch die **Rücksicht auf unseren Ruf**
557 noch die **Furcht**, sofern es überhaupt einen Grund zur Furcht gibt!
Süße Heimlichkeiten können wir unter dem Deckmantel von Geschwistern begehen.
Ich habe die Freiheit, ***mit dir*** meine **geheimsten Gedanken** zu besprechen,
560 schließlich **umarmen und küssen** wir uns ja in aller Öffentlichkeit.
Es ist doch nicht viel, was noch fehlt! Erbarme dich, da ich dir meine **Liebe** gestehe,
und sie nicht gestanden hätte, wenn mich nicht **äußerste Leidenschaft** triebe.
563 Lass nicht zu, dass du als Grund (meines Todes) auf ***meinem Grabstein*** genannt wirst!"
Während sie all solches vergeblich aufschrieb, blieb kein Platz mehr auf der
vollen Tafel und die letzte Zeile hing schon am Rand.
566 Sofort besiegelt sie **ihr Verbrechen** mit dem Aufdruck ihres Ringes,
den sie mit Tränen benetzt hatte, da ihrer Zunge die Feuchtigkeit fehlte,
rief **voll Scham** einen aus der Schar ***ihrer*** Diener herbei, umschmeichelte
569 den Ängstlichen und sprach: „Bring dies, mein Teuerster, unserem ..."
und fügte erst nach längerer Zeit hinzu ... „Bruder".
Als sie sie überreichen wollte, da fiel die **Tafel**, den Händen entglitten, zu Boden.
572 Zwar schreckte sie das Omen, doch schickte sie (den Brief) dennoch ab.

649 Zu Ende waren die Wälder, als **du** ermattet von der Verfolgung
zu Boden sinkst, **Byblis**, und mit ausgebreiteten **Haaren** auf der **harten Erde**
daliegst und deinen **Mund** auf das **welke Laub** presst.
652 Oft versuchen die kleinasiatischen Nymphen mit ihren **zarten Armen**
sie aufzurichten, oft redeten sie ihr gut zu, **sich von ihrem Liebeskummer heilen zu lassen** und versuchen, ihr taubes Gemüt zu trösten.
655 Stumm liegt sie da und hält mit ihren **Nägeln das frische Gras** umklammert,
die **Byblis**, und benetzt den **Rasen** mit einem **Bach von Tränen**.

3. Interpretation im Textverlauf

Byblis plant einen Brief an Caunus (S. 113)

518	In latus erigitur cubitoque innixa sinistro	Hyperbaton
	„Viderit; **insanos**" inquit „fateamur **amores**!	
	Ei *mihi*! Quo labor? Quem mens mea concipit **ignem**?"	Emphase, qu-/me-Alliteration
521	et meditata manu conponit verba trementi.	m-Alliteration
	Dextra tenet **ferrum**, vacuam tenet altera **ceram**.	Parallelismus, Metapher
	Incipit *et* dubitat, scribit damnat*que* **tabellas**,	Polysyndeton, Antithesenkette
524	*et* notat *et* delet, mutat, culpat*que* probat*que*	Parallelismus (Verse 523/524)
	in*que* vicem sumptas **ponit** ↔ **positas***que* resumit.	Chiasmus, *Polyptoton*
	Quid velit, ignorat, quicquid factura videtur,	Parallelismus
527	displicet. In vultu est **audacia mixta pudori**.	Paradoxie
	Scripta „**soror**" fuerat, visum est *delere* „**sororem**"	Metapher, *Polyptoton*
	verbaque correctis incidere talia ceris:	c-Assonanz

insanos amores ist das Stichwort für das **Zentralmotiv** der Erzählung: **unheilvolle und unheilbare Liebe**. Ovid beschreibt eine krankhafte Entartung der Liebe, und zwar von ihren Wurzeln her. Der Leser verfolgt praktisch den Entstehungsprozess einer Tat, die erst dann in der Außenwelt passiert, nachdem sie sich innerlich schon längst ereignet hat. Der Abfassung des Briefes gehen mehrere Stufen der Entscheidungsfindung voraus: **Unbewusste Gefühle**, die noch nicht registriert werden → **nächtliche Träume**, die immer mehr in **Tagträume** übergehen (Wunschphantasien) → das innere **Abwägen des Verstandes** → die **Überwindung moralischer und natürlicher Hemmungen** → ein *innerer Monolog*, der in den äußeren *Dialog* (Brief) einmündet.

Das Nachforschen nach den Ursachen einer Tat und die Beachtung der psycholologischen Realität als einer Form von „Wirklichkeit" stammen aus dem griechischen Drama (vor allem Euripides); sie bilden die Urform der Psychologie. Der Leser verfolgt zwei Dramen, deren Tragik sich wechselseitig bedingt; dem äußeren, familiären Drama geht eben jenes innere Drama voraus, das sich allein in der Psyche der Byblis abspielt (dagegen nehmen bei Iphis die Mutter und bei Myrrha die alte Amme Teil am Entscheidungsprozess).

(1.) Die Darstellung Ovids will vor allem die innere Unruhe (*manu trementi*, 521) und das **Schwanken der Byblis**, den **inneren Schwebezustand** der Unentschlossenheit vermitteln.

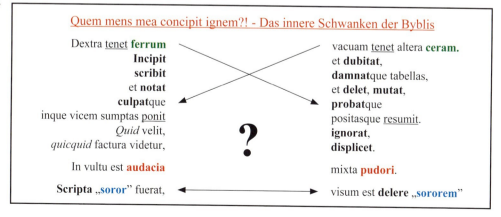

audacia und *pudor* bezeichnen die inneren Gegenkräfte der Liebe (Enthemmung und Hemmung). Zwischen ihnen spielt sich der dramatische innere Entscheidungskampf ab. Zunächst überwiegt die Scham, und doch verrät Byblis recht bald ihren Namen und entscheidet sich dafür, ihre Liebe offen zu gestehen (*insanos fateamur amores*, 519, *fatentis amores*, 561).

Der Brief - Anrede an den Bruder (S. 113-114)

530	„Quam, nisi *tu* dederis, non est habitura salutem,	Zeugma
	hanc *tibi* mittit amans. **Pudet, a, pudet edere nomen**!	Anapher, Emphase
	Et si, quid cupiam, quaeris, **sine nomine** vellem	
533	posset agi mea causa meo, **nec cognita Byblis**	Metapher (Gerichtssprache)
	ante forem, quam spes **votorum** certa fuisset.	
	Esse quidem **laesi** poterat *tibi* **pectoris index**	
536	*et* color *et* macies *et* vultūs *et* umida saepe	Polysyndeton, Klimax
	lumina nec causa **suspiria** mota patenti	
	et crebri amplexus *et* quae, si forte notāsti,	Polysyndeton
539	oscula sentiri **non** esse **sororia** possent.	

Der Brief der Byblis ist kein spontanes Produkt, kein Ergebnis naiver Vorgehensweise, kein solipsistisches Medium der Reflektion, sondern ein sorgfältig komponiertes Mittel der Agitation. Er ist im Ton und im Stil abgewogen und folgt einem berechnenden Kalkül (*meditata verba*, 521); entsprechend beginnt Byblis mit rhetorischem Pathos und Pomp. Ihren Namen „Byblis" (gr.: ~ Buch) benutzt sie für ein Wortspiel (*edere nomen* und *sine nomine*, 531 f.), verhüllt und enthüllt ihre Identität zugleich: *nec cognita „Byblis"* (533).
Die Verwendung der Personalpronomina dient - wie so häufig bei Ovid - der **Konstruktion eines Psychogramms**. Byblis wechselt von der *Anrede* (2. Person Sg.: Verse 530-539) zur *Selbstdarstellung* (1. Person Sg.: Verse 540-546), zum *Appell* (2. Person Sg.: Verse 547-550) und schließlich zum *Versuch der Solidarisierung* (1. Person Pl.: Verse 551-560).
laesi pectoris (535) bezeichnet das Einstiegsthema. Fast stereotyp zählt sie alle **Symptome der Liebeskrankheit** auf (vgl. *Ars amatoria* und *Amores*) und tadelt ihren Bruder für seinen Mangel an Sensibilität (*esse .. poterat tibi index*, 535, und *si forte notāsti*, 538), der sie erst zum Offenbarungseid zwingt. Ihre kaum verhüllten Annäherungsversuche erinnern an das Verhalten der Salmacis, besonders die *oscula non sororia* (539; vgl.: *poscenti nymphae sine fine sororia saltem oscula*, TB S. 74, 334 f.)

Der Brief - vergeblicher Kampf gegen die Liebe (S. 114)

	Ipsa tamen, *quamvis* animo **grave vulnus** habebam,	**Metapher**
	quamvis intus erat **furor igneus**, omnia feci	Anapher, **Metapher**
542	- sunt **mihi** di testes! -, ut tandem *sanior* essem,	Parenthese
	pugnavique diu **violenta Cupidinis arma**	**Metapher**
	effugere infelix et plus, quam ferre puellam	
545	posse putes, *ego dura* tuli. Superata fateri	p(u)-Alliteration
	cogor opemque *tuam* timidis exposcere **votis**.	t-Alliteration
	Tu servare potes, *tu perdere* solus amantem:	Anapher, Antithese
548	elige, utrum facias! Non hoc inimica **precatur**,	
	sed quae, cum *tibi* sit **iunctissima**, **iunctior** esse	Paradoxie, Polyptoton
	expetit et **vinclo** *tecum* **propiore ligari**.	**Metapher**

Die **Liebesmetaphorik** beherrscht diesen Teil des Briefes, der sich wieder in rhetorischen Spielereien ergeht (pathetische Alliterationen, Sprachspiel *iunctissima iunctior*, 549) und dadurch die Unmittelbarkeit des Gefühles zerstört.² Ovid stilisiert den Brief der Byblis wohl mit Absicht so, denn später wird sie selbst die ungenügende Wirkung des **Briefes** gegenüber einer direkten Begegnung beklagen. Alles rhetorische Pathos bringt in der Liebe nichts, wo es einzig und allein auf die Gefühle ankommt; so ein erstes *praeceptum amoris* dieser Erzählung. In dem Hinweis *plus, quam ferre puellam posse putes* (544 f.) spielt Byblis mit dem antiken Vorurteil, Frauen seien schwächer als Männer, und setzt es zu ihren Gunsten ein.

Der Brief - Entschuldigungsmechanismen (S. 114-115)

551	**Iura** senes nōrint *et*, **quid liceat**que nefas*que* ␣	Pleonasmus
	fas*que* sit, inquirant **legum**que␣**examina** servent;	Polysyndeton
	conveniens **Venus** est annis **temeraria** *nostris*!	
554	**Quid liceat**, nescimus adhuc *et* **cuncta licere** ␣	Antithese/Paradoxie
	credimus et sequimur **magnorum**␣**exempla deorum**.	Chiasmus
	Nec **nos** *aut* **durus pater** *aut* **reverentia famae**	Polysyndeton
557	*aut* **timor** impediet, tantum sit causa timendi!	Antithese, Polyptoton
	Dulcia fraterno sub nomine **furta** tegemus.	Hyperbaton
	Est *mihi* libertas *tecum* secreta loquendi,	
560	et **damus amplexūs** et **iungimus oscula** coram.	
	Quantum␣est, quod desit? Miserēre *fatentis* **amores**,	Rhetorische Frage
	et non *fassurae*, nisi cogeret **ultimus ardor**,	*Polyptoton*
563	neve merēre *meo* **subscribi** causa **sepulcro**!"	me-Alliteration

Auf die Liebesmetaphorik folgt die **juristische Sprache**, schließlich die **Sprache der Römischen Liebeselegie**.³ Der Brief endet **elegisch** mit der Bitte um Mitleid (*miserere fatentis amores*, 561) und mit dem Bild des **Grab-Epigramms** (*meo subscribi sepulcro*, 563), eine erneute poetologische Anspielung auf den „Schrift-Charakter" der Byblis.

(2.) Es ist ein *ultimus ardor* (562), ein unüberwindlicher **Zwang zur Liebe**, der hier fast metaphysischen Charakter annimmt, und der keinerlei Freiheit der Entscheidung mehr zulässt (vgl. das Stichwort: *est mihi libertas*, 559). Insofern ist Byblis auch nicht zu helfen (*ut tandem sanior essem*, 542); eine Erfahrung, die man immer wieder bei Menschen machen kann, die ganz der Liebe verfallen sind (*superata fateri cogor*, 545 f.).

Die **Liebeskrankheit** äußert sich zunächst in der körperlichen Reaktion (536-539): Häufiges Erröten (*color*), Appetitlosigkeit (*macies*), Veränderung der Mimik (*vultūs*), häufiges Weinen (*umida saepe lumina*), unwillkürliches Aufseufzen (*nec causa suspiria mota*). Ihr folgt die erotisch geprägte Sehnsucht nach Nähe (*crebri amplexus, oscula non sororia*).

Das Schreiben führt allerdings zu einer Klärung und Verarbeitung der Gefühle, denn im weiteren Verlauf vermag Byblis recht genau ihren heillosen Zustand zu beschreiben (540-546): *grave vulnus, furor igneus*. Mit Vers 551 geht der akute Zustand in eine dauerhafte Infektion über: *Venus temeraria* (553) und *dulcia furta* (558).

---

2) Im übertragenen, poetologischen Sinne entspricht genau dies, die Mitteilung und Erfahrung aus zweiter Hand, dem Wesen eines „Buches" (Byblis).
3) Ein typologisches Motiv der Römischen Liebeselegie ist die Auseinandersetzung zwischen der Jugend (mit ihrer Forderung nach freier Liebe) und den moralisierenden Alten (vgl. Catull, c. 5).

(3.) Thema dieses Abschnittes ist **der Verpflichtungscharakter der Moral** (*quid liceat*, 551 und 554) gegenüber der freien Selbstbestimmung (*cuncta licere*, 554, *libertas*, 559). Ihren *inneren Konflikt* (zwischen Befolgung und Missachtung der Moral) stilisiert Byblis zu einem *ethischen Konflikt*, der so gar nicht vorhanden ist, da ihr das Recht und die Gesetze eine eindeutige Vorgabe geben.⁴

Rhetorisch geschickt konstruiert sie eine Kausalkette: *nescimus* → *credimus* → *sequimur* (554 f.), um Plausibilität vorzutäuschen. Der rhetorische Trick liegt darin, dass sie den extremen Schritt *nescimus* → *sequimur* [~ Weil wir von den Gesetzen nichts wissen, folgen wir einfach unserem Handlungsimpuls.] in zwei kleinere Zwischenschritte aufteilt: a) *nescimus* → *credimus* [~ Weil wir die Gesetze nicht kennen, glauben wir, dass unser Handeln erlaubt ist.], und b) *credimus* → *sequimur* [~ Weil wir glauben, dass unser Handeln erlaubt ist, verhalten wir uns auch so.]. Auf diese Weise wird die Amoralität der Konsequenz verdeckt. Denn wenn jemand nicht weiß, ob sein Handeln gegen ein Gesetz verstößt (*quid liceat*, **nescimus**, 554), so folgt daraus eben nicht die Erlaubnis zum Handeln (*cuncta licere credimus*, 554 f.), sondern umgekehrt die Pflicht zur Unterlassung (nach dem Prinzip: Unwissenheit schützt vor Strafe nicht!). Man hat hier eine hervorragende Gelegenheit, mit Schülern über Grundfragen von Moral und Ethik zu diskutieren: *Kann Unwissenheit Strafe nach sich ziehen? - Ist das erlaubt, was nicht verboten ist? - Ist in der Liebe alles erlaubt?*

Byblis argumentiert zwar geschickt, aber dennoch vergeblich! Ihre **<u>Argumente</u>** lassen sich wie folgt auflisten und so besser diskutieren:
- In der Jugend liebt man ungestümer (*Venus temeraria*) und fragt nicht sofort nach Regeln.
- Jugendliche können noch gar nicht alle Gesetze und Regeln kennen; ihnen fehlt die Erfahrung des Alters (*iura senes norint; quid liceat, nescimus adhuc*).
- Überhaupt ist es das Vorrecht der Jugend, in der Liebe eine eigene Moral zu finden (*quid liceatque nefasque fasque sit*).
- Die Götter sind die Vorbilder der Menschen; auch sie kennen und praktizieren die Inzucht (*magnorum exempla deorum*).
- Der Vater/die Familie würde ein Verhältnis tolerieren (*nec nos **durus** pater impediet*).
- Unter dem Deckmantel geschwisterlichen Verhaltens kann ihre Liebe heimlich erfolgen; sie brauchen also keine Angst zu haben (*nec reverentia **famae** aut timor*).
- Die ablehnende Haltung ihres Bruders beruht nur auf Angst (*tantum sit causa timendi*).

Wie begründet sind diese Argumente? Die Behauptung *quid liceat, nescimus adhuc* widerlegt sich schon in sich selbst, da Byblis ja ganz offensichtlich um das Verbotene ihres Tuns weiß; sonst würde sie nicht darüber debattieren. Außerdem ergibt sich aus dem *nescimus* die Pflicht zur Information und nicht das Recht zur Willkür.

Tatsächlich mag es ein Vorrecht der Jugend sein und eine Aufgabe der sozialen Identitätsfindung, eigene Umgangsformen in der Liebe zu entdecken und zu entwickeln. Dennoch leitet sich daraus nicht ab, dass alles erlaubt ist; ansonsten dürfte die Jugend in jedem Bereich der Moral und der Ethik zunächst experimentieren, ohne schuldfähig zu sein.

Die Argumentation der Byblis entlarvt sich also als reiner Entschuldigungsmechanismus. Auch das Herbeizitieren der Götter als Vorbilder (*magnorum exempla deorum*) ist nur rhetorisches Pathos, da das Verhalten einzelner Götter nicht verallgemeinerbar ist, und da die Götter „jenseits von Gut und Böse" stehen und menschlicher Moral nicht unterliegen.

Was die Aufforderung angeht, ihre Liebe heimlich zu pflegen, so erweist gerade dies die Ichbezogenheit der Byblis, die keinerlei Rücksicht nimmt auf das Ansehen ihres Bruders.

---

4) Inzest ist auch in Deutschland gesetzlich verboten; vgl. den viel diskutierten Fall der beiden Geschwister aus Leipzig, 2005.

Da Byblis nicht nachweisen kann, dass ihr Verhalten ethisch zulässig ist, versucht sie von vornherein die Wirkung der (geltenden) Moral abzuwehren: a) den **Einfluss der Eltern** (*durus pater*, 556), b) die **Macht des Gewissens** (~ Selbstwertgefühl) bzw. der kollektiven Zensur (*reverentia famae*, 556) und c) die **Furcht vor Konflikten** (*timor*, 557). Ovid argumentiert an solchen Stellen philosophisch korrekt und rhetorisch geschickt und beweist auch darin seine Fähigkeiten als *orator perfectus*.

Offensichtlich erkennt Byblis selbst die Vergeblichkeit ihrer Scheinargumentation, denn sie schwächt ihren ursprünglichen Wunsch nach einer Heirat mit dem Bruder (*vinclo .. propiore ligari*, 550) ab und gibt sich mit einem heimlichen Verhältnis unter dem Deckmantel geschwisterlicher Liebe zufrieden (*furta*, 558, und *secreta*, 559). Der Ausbau der bereits vorhandenen geschwisterlichen Kontakte erscheint ihr als Ausweg aus ihrem inneren Dilemma.

Die Frage, wie der Bruder darauf reagieren soll (oder überhaupt reagieren kann: von Verständnis bis hin zu schroffer Ablehnung) ist ein hervorragender Diskussionsanstoß.

Das Abschicken des Briefes (S. 115)

	Talia *nequiquam* perarantem plena reliquit ⌐	p-Alliteration
	cera manum, summusque **in margine** versus adhaesit.	
566	*Protinus* inpressa signat **sua crimina** gemma,	s-Alliteration
	quam tinxit lacrimis - linguam defecerat umor -,	l-Alliteration, Parenthese
	deque *suis* unum famulis **pudibunda** vocavit	
569	et pavidum blandita „fer has, fidissime, **nostro**" ⌐	
	dixit et adiecit longo post tempore „*fratri*".	abbildende Wortstellung
	Cum daret, elapsae manibus cecidere **tabellae**.	
572	**Omine** turbata ̠est, ‖ misit tamen. ...	Antithese (Chiasmus)

Fatalerweise stand als letztes Wort *sepulcrum* am Ende des Briefes und - wie wir jetzt erfahren - zugleich am äußersten Rand der Tafel. Dies bildet an sich schon ein böses Omen, da es in magischer Vorstellung die „Endlichkeit" nicht nur des Schreibens, sondern auch des Schreibers heraufbeschwört.[5] Das Hinfallen der Tafel (571 f.) bildet ein weiteres, direktes Zeichen für die Hinfälligkeit ihrer Intentionen und für den nahenden Tod.

Als auktorialer Erzähler fügt Ovid eine Wertung hinzu; Byblis agiert moralisch verwerflich (*sua crimina*, 566). Dabei scheint ihre Scham gegenüber der Kühnheit nun wieder die Oberhand zu gewinnen (*pudibunda*, 568).

Die psychologische Dichte der Erzählung zeigt sich an der feinsinnigen Schilderung, wie Byblis den Brief ihrem treuesten Diener übergibt und sich ihre eigene Zaghaftigkeit und Scham (*pudibunda*, 568) auf den *famulus* zu übertragen scheint (*pavidum*, 569). Sprachlich wunderbar veranschaulicht Ovid all die Hoffnungen, die in dem Brief liegen: Der Superlativ *fidissime* (569) lässt erahnen, dass Byblis immer noch auf die Verheimlichung ihrer Gefühle hofft, der Plural *nostro* dagegen (569), dass sie die Vereinigung schon herbeisehnt.

Das Hyperbaton *nostro | .. fratri* (569 f.) vermittelt dem Leser sehr eindringlich das letzte, fast überlange Zögern vor der Aushändigung des Briefes und vor der Titulierung des Adressaten als „Bruder" (statt als Geliebtem!). Byblis weiß, dass mit der Übergabe ein endgültiger Schritt getan ist, mit dem sie sich voll und ganz der Reaktion ihres Bruders ausliefert. Dass sie dabei das böse Omen verdrängt, erweist sich im Nachhinein als schrecklicher Fehler.

---

[5] Poetologische Symbolik begleitet den Erzählstrang. Byblis schreibt zu viel (*perarantem*, **plena** *cera*, 564 f.). Dies entspricht später ihrem Zerfließen in einem unaufhörlichen (elegischen) Tränenstrom.

S. 115

(1.) Die Gefühle dürften gemischt sein. Zwar kann man den inneren Konflikt der Byblis durchaus nachvollziehen, weniger jedoch ihren Versuch der Realisierung. Bei heutigen Schülern wirken moralische Hemmungen nicht mehr so stark wie früher, dafür haben sie oft ein sehr waches Gespür für die existenzielle Tragfähigkeit einer Position.

(2.) Da **Caunus** Byblis seinerseits nicht erotisch oder sexuell liebt, kann er kaum anders reagieren als geschockt. Dennoch verwundert sein maßloser Zorn, der den Konflikt erst unlösbar macht und zum tragischen Scheitern mit beiträgt. Denkbar wäre immerhin gewesen, dass er zunächst mit Byblis spricht oder professionelle Hilfe sucht (Priester als Psychologen etc.).[6]

(3.) *Attonitus subita iuvenis Maeandrius* **ira** */ proicit acceptas* **lecta sibi parte** *tabellas* (574 f.) - Geschockt warf der Enkel des Maeander in jähem Zorn den empfangenen Brief, den er erst zum Teil gelesen hatte, zu Boden. - Es ist eine interessante Frage, **bis wohin Caunus gelesen haben könnte**. - *Ab wann wird er seine Schwester als Adressatin erkannt haben? Oder, genauer gefragt: Ab wann wird er ihr eigentliches Anliegen realisiert haben?*
Byblis gibt ihren Namen zwar schon in Vers 533 preis, doch könnte ihr Anliegen (*spes votorum*, 534) sich bis Vers 539 auch auf einen Anderen beziehen. So wäre ein Abbruch etwa nach <u>Vers 539</u> denkbar. Erst dann dürfte Caunus ein Licht aufgehen, so dass er das bisherige Verhalten seiner Schwester ihm gegenüber plötzlich mit anderen Augen sieht.
Auch nach <u>Vers 548</u> (*elige, utrum facias*) wäre ein Abbruch denkbar, falls Caunus sich tatsächlich so früh für ein ablehnendes Verhalten entschieden hätte.

(4.) Ein **Omen** war ein gutes oder böses Vorzeichen, ein Wink der Götter, die die Menschen auf kommende Ereignisse aufmerksam machen. Generell waren die Römer sehr abergläubisch und beachteten solche Zeichen, z. B. ein Stolpern als Hinweis auf kommendes Unglück. Das Herunterfallen der Schreibtafel bei der Übergabe wurde so empfunden, als ob eine göttliche Macht (*numen*) versucht hätte, die Übergabe zu verhindern, um das aus dem Brief resultierende Unheil noch abzuwehren. Dass Byblis trotz dieses Zeichens den Brief absendet, ist nach antiker Vorstellung unbedacht und überheblich (Hybris).

(5.) Byblis schreibt im Liegen, wobei sie die Tafel (*vacuam ceram*, 522, oder *tabellae*, 523, als Diminutiv zu *tabulae*, Tafeln) in der linken Hand hält und den Stilus in der rechten (*dextra tenet ferrum*, 522). Geschrieben wurde, indem man die Wachsfläche mit dem Stilus einritzte (*incidere*, 529); Verbesserungen oder Änderungen wurden vorgenommen, indem man mit der stumpfen Seite des Stilus das Wachs wieder glättete (*delere*, 528) und erneut darüberschrieb (*corrigere*, 529). Ungewöhnlich ist wohl, dass Byblis die Tafel (oft auch mehrere Tafeln, *tabellae*, die wie Klapptafeln mit einer Schnur verbunden waren) bis zum äußersten Rand vollschreibt. Es fehlt denn auch eine abschließende Grußformel (*Vale!*).
Mit einem Siegelring konnte die Tafel gekennzeichnet werden (*inpressa signat gemma*, 566; ~ Absender), auf der Wachsfläche selbst oder mit einem Wachssiegel auf der Verschnürung. Offensichtlich wurde die Oberfläche des Siegelsteines vorher (mit der Zunge) angefeuchtet (*tinxit lacrimis - linguam defecerat umor*, 567), damit das Wachs nicht in dem eingeritzten Motiv an der Gemme festklebte. Der verschnürte Brief wurde dann von einem Boten überbracht und oft mit einer Antwort zurückgeschickt, so dass der Absender seine Schreibtafel zurückerhielt.

---

[6] Die Figur des Caunus und seine überaus kritische Reaktion (Zerschmettern der Tafel) lassen sich auch poetologisch deuten, nämlich als Chiffre für das literarische Publikum (Adressaten), dessen nicht zu beeinflussender Kritik sich ein jeder Autor, der sein Werk - wie Byblis - „publiziert", aussetzen muss.

Die Verwandlung der Byblis (S. 116)

649	Deficiunt silvae, cum **tu** lassata sequendo ⌣	
	concidis et **dura** positis **tellure capillis**,	**Apostrophe**
	Bybli, iaces **frondes**que *tuo* premis **ore caducas**.	**Apostrophe**
652	Saepe ⌣ etiam nymphae **teneris** Lelegeides **ulnis** ⌣	
	tollere conantur, saepe, ⌣ **ut medeatur amori**,	**Anapher**
	praecipiunt surdaeque ⌣ adhibent **solacia** menti.	
655	Muta iacet **virides**que suis tenet **unguibus herbas** ⌣	
	Byblis et umectat **lacrimarum gramina rivo**.	**Metapher**

Das Ende der Byblis folgt einem Typus, den wir bereits bei Echo fanden (vgl. LK S. 80, Aufg. 3). Das Heraustreten aus dem Wald - wieder eine der für Ovid typischen, banalen Erzählmitteilungen, die erst in symbolischer, ja, fast tiefenpsychologischer Deutung ihren Sinn erhalten - nimmt Byblis alle Deckung und zwingt sie, den Tatsachen ins Auge zu sehen. Ihr äußerlicher und innerlicher Verfall vollzieht sich schnell und fast übergangslos. Sie sinkt nieder, ihr offenes Haar breitet sich auf dem Erdboden aus, sie presst ihr Gesicht auf das verrottende Laub, wobei *caducas* (651) metaphorisch schon auf ihre eigene Hinfälligkeit und ihren nahenden Tod hinweist. Wie Blätter sind all ihre Hoffnungen verwelkt, und so deutet Ovid mit diesem **elegischen Bild** auch die seelische Befindlichkeit der Byblis an, ihr inneres Gefühl der Abgestorbenheit. Die Apostrophe (649-651) macht deutlich, wie sehr Ovid als Erzähler sich (zusammen mit dem Leser) in die Situation der Byblis hineinversetzt.

Die **Nymphen** erscheinen bei Ovid immer wieder als mitleidvolle Naturwesen, sozusagen als Personifikation der mütterlichen Eigenschaften der Erde. Es ist ein wunderbares und sehr feinsinniges Bild, wie sie vergeblich versuchen, die daniederliegende Byblis *mit ihren eigenen schwachen Armen* aufzurichten oder, wohl eher, sie *an ihren schon kraftlosen Armen* hochzuziehen (der Bezug von *teneris ulnis*, 653, bleibt offen). Dieses sehr gefühlsintensive Bild erinnert an Elephanten, die ihre sterbenden Artgenossen aufzurichten versuchen, oder an Situationen, in denen Menschen Kranken oder Sterbenden beistehen.

Die Frage ist, warum all der gutgemeinte Trost (*solacia*, 654) und die Ermunterungen der Nymphen (*ut medeatur amori, praecipiunt*, 653 f.) die Liebeskranke nicht zu heilen vermögen. Sie, die zuvor (als Personifikation der Verschriftlichung) zu viele Worte geschrieben hatte, bleibt nun stumm (*surdae menti*, 654, und *muta iacet*, 655) und krallt sich verzweifelt in die Vegetation (*viridesque suis tenet unguibus herbas*, 655). Schüler werden solche Beschreibungen zunächst als merkwürdig empfinden, doch kommt es darauf an, die psychologische Symbolik und Symptomatik eines solchen Verhaltens zu verstehen. Die Natur bietet in ihrer Schönheit und Unvergänglichkeit (ihrem immer neuen Ergrünen: *virides herbas*) dem Menschen zwar einen Trost und eine Heimat, doch vermag sie seinen Seelenschmerz nicht zu teilen und ihn deshalb nicht wirklich zu heilen. Da die Natur ihrem Wesen nach unpersönlich ist, kennt sie weder den Wert des Einzelnen noch die unstillbare Sehnsucht, die nur der Mensch empfindet.

(1.) Obwohl Ovid **das Verhalten der Byblis** kritisch beurteilt - so eröffnet er die Erzählung mit dem Memento: *Byblis in exemplo est, ut ament concessa puellae*! (454: Byblis ist ein Beispiel dafür, dass junge Mädchen nur Erlaubtes lieben sollen!) -, schildert er ihren Tod und ihre Verwandlung mit Rücksichtnahme und Mitgefühl. Gerade diese Partie ist besonders einfühlsam, so wie die gesamte Erzählung psychologisch dicht und stimmig geschrieben ist.

S. 116

(2.) Ähnlich wie bei Echo lässt äußerstes Leid keine Lösung mehr zu und so stellt **die Verwandlung** (eigentlich das Sich-Auflösen und Vergehen) einen letzten Ausweg dar in einer Situation, wo der Betroffene nicht mehr weiterleben kann. Byblis zerfließt buchstäblich in Tränen und löst sich vollständig auf. Sie geht wieder ein in den Kreislauf der Natur, so wie Laub verrottet (*frondes caducas*, 651) und zu neuem Grün wird (*virides herbas*, 655). Dass sie ihr Gesicht in das welke Laub auf dem Boden presst (*iaces frondesque tuo **premis** ore caducas*, 651), ist ein Sinnbild ihres Verfalls, der sie den Tod herbeiwünschen lässt. Als nie versiegende Quelle wird sie zu einem Natur-Denkmal (*monumentum*) menschlicher Seelenqual.

(3.) Vordergründig ist Byblis ein **Beispiel** für die negativen Konsequenzen des Inzests. Aus moralischen Gründen und zum Schutz vor Erbkrankheiten ist dieser tatsächlich in den meisten Staaten verboten. Ovid geht es jedoch so gut wie nie um die äußere Moral des Verhaltens (Legalität), sondern er versucht die existenziellen und seelischen Konsequenzen eines Verhaltens auszuloten. Im Hintergrund der Erzählung steht demnach eher die Frage, wie Liebeskummer und Liebesleid geheilt werden können (*ut medeatur amori*, 653).[7]
Eine weitere **Liebeslehre**, die sich eng mit Motiven der *Ars* verbindet, ist die Frage, wie man seine Liebe richtig vorträgt (angemessenes und erfolgreiches Werbeverhalten). So überlegt Byblis vor ihrem Tode, wie sie ihrem Bruder ihre Liebe erfolgreicher hätte gestehen können.

(4.) Ovid schildert die Symptomatik eines Menschen, der an der Unerfüllbarkeit seiner Liebe scheitert. Dass dies immer wieder Frauengestalten sind, hängt damit zusammen, dass man ihnen in der Antike eine intensivere Gefühlssteuerung zuschrieb, wohingegen der Mann seinem Geschlecht nach verpflichtet war, seine Gefühle rational zu überwinden und zu steuern.
Ein entscheidender Zug der Erzählung ist die allmähliche Überwältigung der Byblis durch die **Macht des Eros**, die schleichende Entwicklung der Liebeskrankheit, die der Betroffenen erst dann zu Bewusstsein kommt, als es schon zu spät ist. Insofern ist ihr Verhalten von schuldloser Schuld geprägt und damit tragisch. Auch die Auswegslosigkeit und die Dramatik der Zerstörung (ihr Bruder flieht ins Ausland und auch sie verlässt ihre Heimat und ihre Familie) haben tragischen Charakter.

S. 116

Das Bild veranschaulicht die Verwandlung der Byblis. Die ganze Körperhaltung drückt ihre Hinfälligkeit und Depression aus, die ineinander verschlungenen Hände sind Ausdruck ihres inneren Kampfes. Die gebeugten Schultern und lang herabhängenden Arme lassen die Kraftlosigkeit und seelische Ermattung nachempfinden, in der Byblis sich kaum noch zu erheben vermag (*teneris .. ulnis / tollere conantur*, 652 f.). Felsen und grüne Vegetation sind auch hier Sinnbilder der gefühlsmäßigen Depression und der Regression in die Natur.
Ihr Blick spiegelt sich - wie bei Narcissus - in dem Tränensee, der von ihr ausgeht.

Ergänzende Literaturhinweise
- **Classen, C. Joachim**: Liebeskummer - Eine Ovidinterpretation, A.u.A. 27 (1981), 163-178
- **Janan, Micaela**: The Labyrinth and the Mirror - incest and influence in Metamorphoses; Arethusa 24 (1991), 239-255
- **Jenkins, Thomas E.**: The Writing in (and of) Ovid's Byblis Episode; Harvard Studies in Classical Philology 100 (2000), 439-451
- **Nagle, Betty Rose**: Byblis and Myrrha. Two Incest Narratives in the Metamorphoses; CJ 78 (1983), 301-315
- **Raval, Shilpa**: A lover's discourse - Byblis in Metamorphoses 9; Arethusa 34 (2001), 285-311
- **Tränkle, Herrmann**: Elegisches in Ovids Metamorphosen; Hermes 91 (1963), S. 459-476

---

7) Damit ist ein Thema leitmotivisch angesprochen, das vor allem im zehnten Buch im Zentrum stehen wird (Trauer des Apollo beim Tod von Cyparissus und Hyacinthus und Trauer der Venus beim Tod des Adonis). Auch das Inzestmotiv wird dort erneut thematisiert (Cinyras und Myrrha).

Opheus und Eurydike (S. 117-127)

1. Zentrale Deutungs-Aspekte

Inhalt: Liebe und Tod als Gegenmächte, Macht der Musik
Interpretation: Rhetorik und Argumentation, Intertextualität (Vergil), Symbolik
Gattung: Epos (tragisch)
Erzählebenen (S. 12): psychologisch, anthropologisch, artifiziell

---

Properz, Elegien II 27, 11-16

*Solus amans novit, quando periturus et a qua
  morte, neque hic Boreae flabra neque arma timet.
Iam licet et Stygia sedeat sub harundine remex,
  cernat et infernae tristia vela ratis:
si modo clamantis revocaverit aura puellae,
  concessum nulla lege redibit iter.*

Nur der Liebende weiß, wann und wie er sterben wird, fürchtet weder das Brausen des Nordwindes noch den Krieg. Selbst wenn er schon als Ruderer beim Schilf des Styx sitzt und die düsteren Segel des Nachens der Unterwelt sieht: Sobald nur ein Hauch von der Stimme der Geliebten ihn zurückruft, wandert er auf dem Weg, den kein Gesetz erlaubt, zurück.

---

2. Übersetzung

    Von dort geht **Hymnenaeus** weg und fliegt, gehüllt in einen gelben Mantel,
    durch den unermesslichen Aether zur Küste Thrakiens und
3 wird von der **Stimme des Orpheus** umsonst (herbei)gerufen.
    Zwar war er (bei der Hochzeit) anwesend, aber er brachte *keine* **festlichen Worte**, *keine* **fröhlichen Gesichter** und *kein* **glückverheißendes Omen**.
6 Auch die Fackel, die er hielt, zischte nur und brachte die Augen
    durch ihren Qualm zum Tränen und ließ sich durch keine Bewegung entflammen.
    Der Ausgang war noch schlimmer als das Vorzeichen. Denn als **die junge Braut**,
9 begleitet von der Schar der Najaden, durch die Wiesen umherschweifte,
    da starb sie, vom Biss einer Schlange an der Ferse getroffen.
    Nachdem **der thrakische Sänger** sie ausreichend in der Oberwelt beweint
12 hatte, da wagte er es, um nicht auch die Unterwelt unversucht zu lassen,
    durch das taenarische Tor zum **Styx** hinabzusteigen.
    Durch die leichten Völker der Totengeister hindurch suchte er
15 **Persephone** auf und den **Herren der Schatten**, der **diese lieblose Welt**
    regiert. Zum Gesang schlug er die Saiten (der Lyra) und sprach:
    „O ihr **Gottheiten** der unter der Erde gelegenen Welt,
18 in die wir (alle) zurückfallen, die wir sterblich geschaffen sind;
    falls es erlaubt ist und ihr zulasst, dass ich ohne Umschweife und Ausflüchte
    die Wahrheit sage: Nicht bin ich hier hinabgestiegen, um den **düsteren Tartarus**
21 zu besichtigen, und auch nicht, um die drei schlangenbesetzten Hälse
    des **medusischen Monsters** an die Kette zu legen.
    Anlass meines Kommens ist meine **Gattin**, in die eine Viper, als sie getreten wurde,
24 ihr Gift ausgeschüttet hat und ihr **die noch wachsenden Jahre** genommen hat.
    Ertragen wollte ich es und kann wirklich behaupten, dass *ich* es versucht habe,
    doch **Amor hat gesiegt**. Dieser Gott ist in der Oberwelt wohl bekannt,

27 ob es auch hier so ist, bezweifele ich. Aber ich vermute, dass es auch hier so ist,
und wenn das Gerücht von der ehemaligen Entführung nicht gelogen ist,
dann hat auch euch **Amor** verbunden. Bei diesem **Ort voller Grauen**,
30 bei diesem **riesigen Hohlraum** und bei der **Stille dieses öden Reiches**
bitte *ich* euch, dass ihr das vorausgeeilte Schicksal Eurydikes zurückspult!
Alles verdanken wir *euch* und **nach einer kleinen Weile**
33 kommen wir **früher oder später** eilenden Laufes zu diesem *einen* Sitz.
Hierhin streben wir *alle*, dies ist **unsere letzte Bleibe**, und *ihr*
habt **die längste Herrschaft** über das Menschengeschlecht inne.
36 Auch **diese** wird, wenn sie **gereift die ihr zustehenden Jahre** gelebt hat,
unter *eurer* Hoheit stehen. Nur **als Leihgabe** fordern wir den Gebrauch.
Sollte aber **das Schicksal** eine Begnadigung meiner **Gattin** verweigern, so will
39 auch *ich* gewiss nicht zurückkehren: Dann erfreut euch am Tod von uns *zweien*!"
Ihn, der solches sprach und die Saiten zu seinen Worten erklingen ließ,
beweinten **die blutlosen Schatten**. Und auch Tantalus versuchte nicht mehr,
42 das zurückweichende Wasser zu fassen, das Rad des Ixion stand still,
nicht hackten die Vögel weiter die Leber aus, die Beliden ließen ihre
Krüge ruhen, und du, Sisyphus, bliebst auf deinem Felsen sitzen.
45 Damals sollen zum ersten Mal die Eumeniden geweint haben, betroffen
vom Gesang. Und auch **die königliche Gattin** konnte die Bitte
nicht länger verweigern, und auch nicht **er, der die Unterwelt regiert**,
48 und sie rufen Eurydike herbei. Sie hielt sich unter den neuen Schatten auf
und ging schleppenden Schrittes aufgrund ihrer Wunde.
Sie empfing **der thrakische Held** zusammen mit dem Gesetz,
51 **seine Augen nicht rückwärts zu wenden**, bis er die **Schlucht des Avernus**
verlassen habe; sonst würde die Gabe zunichte.
Sie nehmen den **ansteigenden Pfad** durch die **stumme Stille**,
54 **steil** und **finster**, von **dichtem Nebel** verhüllt.
Und nicht mehr fern waren sie vom Rand der Oberwelt,
da **wendete dieser aus Angst, sie könne zurückbleiben**, und **aus Sehnsucht**
57 nach ihrem Anblick **voll Liebe die Augen**, und sofort **glitt jene zurück**.
Und wie er seine Arme ausstreckte in dem Bemühen, gehalten zu werden und
sie festzuhalten, da ergriff **der Unglückliche** nichts als entweichende Luft.
60 Und zum zweiten Mal sterbend kam von *seiner* **Gattin** keinerlei Klage
- Was hätte sie denn auch beklagen sollen, außer dass sie geliebt worden war? -
und ein letztes „Leb wohl!", was jener kaum noch vernehmen konnte,
63 sprach sie und wurde wieder dorthin zurückgezogen.

S. 117

Die **antike Wandmalerei** entfaltet eine theaterhafte Kulisse, ein heiteres Naturidyll, in dem Orpheus inmitten einer Menagerie wilder Tiere in ruhiger Haltung sitzt und zur Lyra singt (mit der rechten Hand schlägt er mit dem Plektron die Saiten). Links und rechts wird die Szene eingerahmt von zwei wie Bühnenbilder wirkenden Ausschnitten, Zier- und Lustgärten reicher Römer, geschmückt mit Volieren und kleinen Tempelchen. Auf diese Weise stehen sich städtische Naturidylle (Garten) und wilde Naturlandschaft (Afrika oder die Berge Thrakiens) gegenüber. Orpheus als Heros der Zivilisation thront inmitten der Tiere, seinen Umhang locker geschürzt, die phrygische Mütze auf dem Kopf, die Füße in römischen Sandalen. Ein Löwenpaar liegt links und rechts von ihm und lauscht besänftigt, während ihre Beutetiere, Steinbock (?), Hase und Wildschwein, zu seinen Füßen innehalten.

3. Deutung und Bedeutung dieses Mythos

Omnia vincit amor heißt es bei Vergil (Ecl. X 69). *Besiegt aber die Liebe auch den Tod? Steht jedem Menschen ein Lebensrecht zu? Gibt es ein Anrecht auf das Erleben von Glück?*
Im Mythos von Orpheus und Eurydike verdichtet Ovid solche Grundfragen menschlicher Existenz. Am Tage ihrer Hochzeit wird die junge Eurydike von einer Schlange in die Ferse gebissen und stirbt, ohne noch das Glück der Gemeinsamkeit erfahren zu haben. Orpheus, der berühmteste Sänger der Antike, ist vor Schmerz untröstlich und wagt schließlich das Äußerste, um seine Liebe und sein Glück zu retten. Er geht in die Unterwelt und setzt seine göttliche Kunst ein, um Eurydike aus dem Tod zu befreien. Er, bei dessen Gesang alle Tiere und selbst Flüsse stillstanden und wie gebannt waren, glaubt an die Macht der Liebe und der Kunst.
Der Mythos von Orpheus und Eurydike verdichtet die Frage nach der **Endgültigkeit**, vor allem aber die nach der **Gerechtigkeit des Todes**. Der Tod: Gerecht darin, dass alle Menschen sterben, zutiefst ungerecht jedoch darin, dass ein jeder unterschiedlich lange lebt!
Wie aber steht es mit der Endgültigkeit des Todes? Ist gegen die Liebe schon kein Kraut gewachsen (vgl. [Apollo und Daphne](#), Met. I 523: *Ei mihi, quod nullis amor est sanabilis herbis*), so gegen den Tod erst recht nicht ([Hyacinthus](#), Met X 189: *nil prosunt artes: erat inmedicabile vulnus*). Und so ist die Frage, ob nicht die Kunst, konkret die Dichtung, den Tod besiegen und Dauerhaftigkeit verleihen kann.

Orpheus und Eurydike zählt zu den bedeutendsten Stoffen des Abendlandes; doch stellt die **existenzielle Tiefe** und Komplexität dieses Mythos die schulische Interpretation vor besondere Herausforderungen. Dafür vermittelt dieser Mythos nicht nur Einsichten in die antike **Religion** (Umgang mit dem Tod, Unterweltsvorstellungen), sondern auch ein plastisches Beispiel antiker **Rhetorik** (Disposition und Strategie einer Rede, Argumentation). Nicht zuletzt lassen sich im Vergleich mit Vergil **intertextuelle Bezüge** herausarbeiten.

Folgende [Motive](#) entfaltet Ovid in seiner Fassung:
- **Das Anrecht des Menschen auf Leben**: *crescentes abstulit annos* (24), *cum **iustus** matura peregerit **annos*** (36)
- **Die Kürze der Lebenszeit gegenüber der Ewigkeit des Todes**: *humani generis **longissima** regna tenetis* (35)
- **Der plötzliche Einbruch des Todes**: *occidit in talum serpentis dente recepto* (10)
- **Die Unumkehrbarkeit des Todes**: *properata **retexite** fata* (31)
- **Trauerarbeit und Verarbeitung von Todeserlebnissen**: *posse **pati** volui* (25)
- **Maß und Unmaß der Trauer**: *quam **satis** .. deflevit* (11 f.)
- **Die Macht der Liebe**: *vicit Amor* (26), *flexit amans oculos* (57)
- **Die Macht der Musik und des Gesangs**: *exsangues flebant animae ..., victarum carmine .. Eumenidum* (41-48)

4. Interpretation im Textverlauf

Eine unheilsschwangere Stimmung liegt über dem Eingangsbild, das von der Wirklichkeit alsbald eingeholt wird: Eurydike stirbt am Tage ihrer Hochzeit beim frohen Tanz über die Wiesen, wie man das *vagatur* (9) übersetzen kann.
[Hymen/Hymenaeus](#), der latinisierte Hochzeitsgott, wurde mit dem Ruf „O Hymen, hymenaie!" begrüßt, also mit seinem eigenen Namen angerufen: *voce vocatur* (3). Bei der Hochzeit wurde die Braut feierlich unter Gesängen dem Bräutigam zugeführt, wobei Hochzeitsfackeln das Aufflammen der Liebe symbolisierten. Es wurden feierliche Reden gehalten (*verba sollemnia*, 4) und glückliche Omina eingeholt (*felix omen*, 5).

Hochzeit und Tod der Eurydike (S. 118)

	Inde per inmensum croceo velatus amictu	Hyperbaton
	aethera digreditur Ciconumque **Hymenaeus** ad oras	
3	tendit et *Orphea* ←nequiquam→ *voce* vocatur.	Polyptoton, abbildende Wortst.
	Adfuit ille quidem, sed *nec* **sollemnia verba**	
	nec **laetos vultus** *nec* **felix** attulit **omen**.	Trikolon, Polysyndeton
6	Fax quoque, quam tenuit, lacrimoso stridula fumo	
	usque fuit nullosque invenit motibus ignes.	
	Exitus auspicio gravior. Nam **nupta** per herbas	Hyperbaton
9	dum **nova** naiadum turba comitata vagatur,	n-Alliteration
	occidit in talum serpentis dente recepto.	

Die dreifache Verneinung *nec .. nec .. nec* betont den Gegensatz zu der üblichen Fröhlichkeit einer Hochzeit. Die spondeische Metrik von Vers 3 malt das plötzliche Stocken im Herbeiflug des Hymenaeus nach. Das zwischen *Orphea .. voce* eingeschobene ***nequiquam*** (3) weckt beim Leser eine Ahnung vom unheilvollen Ausgang der Erzählung.

Entscheidend ist die symbolische Bedeutung, die dem **Tanz der Nymphen** (8 f.) und dem **Tod durch Schlangenbiss** (10) innewohnt. Hier liegt keine Realbeschreibung vor - als solche wäre die Szene an dieser Stelle entbehrlich -, sondern eine existenzielle Vertiefung. Der Tanz der jungvermählten Eurydike auf der „Wiese des Lebens" im Kreise ihrer Gespielinnen ist ein Bild für die unbeschwerte Lebensfreude der Jugend. Die Schönheit der eben erst aufblühenden jungen Frau steht in tiefem Gegensatz zur dunklen Kälte und Starre des Todes. Dass es eine im Gras lauernde Schlange war, durch deren Biss sie stirbt, ist ein Bild für die Plötzlichkeit und „Hinterhältigkeit" des Todes, der einem Menschen unbemerkt auflauert.[1] Sie trifft Eurydike an der Ferse, einer Schwachstelle, unbemerkt von hinten und raubt ihr dadurch die Möglichkeit, auf ihrem Lebensweg voranzuschreiten. Das Bild des in die Fülle des Lebens plötzlich einbrechenden Todes ist also vorherrschend.

S. 118

Sehr einfühlsam beschreibt das Bild von **Ary Scheffer** den Verlustschmerz des Todes, das bleiche Niedersinken, die Haltlosigkeit und die ohnmächtige Erschlaffung der Glieder. Orpheus hat seine Lyra, die nun nutzlos ist, fallengelassen. *„Was ist die instinktive Reaktion des Menschen auf den Tod?"*, so könnte man bei der Darstellung des Orpheus fragen, und man kann seine Körperhaltung als Ausdruck seiner inneren Empfindungen deuten: **a)** er sinkt ebenfalls zu Boden (~ ist in seiner Lebenskraft und in seiner Standhaftigkeit erschüttert), **b)** er versucht das Schwindende zu halten und das Entgleitende aufzurichten (Umarmung und Stützung), **c)** er verschließt die Augen vor dem Unausweichlichen, er kann und will den Tod zunächst nicht wahrnehmen und wahrhaben.

Eurydike liegt tot im festlichen Gewand, geschmückt als junge Braut. Tragische Ironie ist der als Schlange stilisierte Armreif, den sie am linken Arm, also auf der unbewussten Seite, trägt (~ die den Menschen immer begleitende Ahnung des Todes?). Links gleitet die unheilvolle Schlange ins Dunkel davon. Der seelischen Stimmung der Trauer entspricht die Stimmung der Natur: Ein bleicher, fahler Sonnenuntergang inmitten der Schatten des Waldes.

Ähnlich wie Ovids Text ist dieses Bild symbolisch zu lesen und ist Ausdruck einer tiefen existenziellen Erfahrung.

---

1) Die Schlange, die in Erdhöhlen lebt und zwischen der Unter- und der Oberwelt wechselt, ist ein archetypisches Symbol für das Unbewusste, aber auch für den Tod; vgl. etwa die Schlange im Paradies.

(1.) Der Übergang vom 9. zum 10. Buch erfolgt antithetisch: Der glücklichen Hochzeit von Iphis und Ianthe steht die **Todeshochzeit** von Orpheus und Eurydike gegenüber. Offensichtlich kommt keine Feststimmung auf (4-5) und die Fackeln wollen trotz aller Bemühungen nicht brennen; ihr Qualm reizt die Augen der Hochzeitsgesellschaft (6-7). In der Antike wurden solche Vorgänge in magischer Symbolik gedeutet: Die kaum entflammbare Fackel (als Symbol der Liebesglut) galt als schlechtes Vorzeichen für die Entwicklung der Ehe. Doch ahnt wohl keiner der Gäste, dass das böse Omen, das Ausgehen der Fackel, noch Schlimmeres verheißt (*exitus* auspicio gravior, 8), nämlich den **Tod** der Braut ausgerechnet am Hochzeitstag (*exitus* in metaphorischer Bedeutung, die Fackel als Lebenslicht).

(2.) Dass die jungen Liebenden keine Chance hatten, ihre Liebe wenigstens für kurze Zeit zu erleben und zu genießen, ist besonders tragisch. Gerade im glücklichsten Moment ihres Lebens muss Eurydike sterben und verliert Orpheus seine Braut.

Der Unterweltsgang des Orpheus (S. 119)

Quam **satis** ad superas postquam **Rhodopeius** auras	Hyperbaton/Enjambement
12 **deflevit vates**, ne non temptaret et umbras,	Antonomasie
ad **Styga** Taenaria est ausus descendere porta	
perque leves populos simulacraque functa sepulcro	
15 **Persephonen** adiit **inamoena**que **regna** tenentem	
umbrarum dominum. Pulsisque ad carmina nervis	Antonomasie

Die konfuse Satzstellung von Vers 11 f. mag die Erschütterung des Orpheus, seine Unfähigkeit zu einem klaren Gedanken veranschaulichen. Der Begriff **vates** (12) entstammt der religiösen Sphäre und bezeichnet den Dichter in seiner Funktion als Seher und Verkünder einer höheren Weisheit oder Wahrheit. Der Passus ist eigentlich nur ein Übergang, denn er schildert prosaisch die Entscheidung des Orpheus zum Gang in die Unterwelt und den Weg selbst, dessen Länge durch die lange Periode widergespiegelt wird.
Merkwürdig bleibt die Formulierung *quam* **satis** .. *deflevit* (11 f.), womit wohl der Zeitraum der rituellen und konventionellen Trauer gemeint ist.[2]

Die Aufgabe dient der Empathie; die Schüler sollen sich emotional in die Situation hineinfühlen, aber sich auch rational in sie hineindenken. Je nach Typ werden sie verschiedene Haltungen vorschlagen (von aggressiv-fordernd bis demütig-flehend). - Es ist sicherlich nicht leicht, Argumente zu finden; insofern eignet sich diese Aufgabe eher für eine kurze Gruppenphase. Sie lässt allerdings erahnen, wie schwierig die Aufgabe des Dichters an dieser Stelle war und wie brillant er seine Aufgabe löst.

---

2) Allerdings mag hier auch eine Vergilreminiszenz mit hineinspielen: In der zehnten Ekloge, der berühmten **Gallus-Elegie**, behandelt Vergil den Liebeskummer des Gallus, nachdem seine Geliebte Lycoris sich von ihm getrennt hat. Ein zentrales Motiv ist die unheilvolle Macht **Amors** (*omnia vincit Amor*, Ecl. X 69), der sich um die Gefühle, die er im Menschen verursacht, nicht kümmert: *Amor non talia curat, nec lacrimis crudelis Amor <saturatur>* (ebda. 28 f.). Insofern ergibt sich die Frage, wie der *furor* (ebda. 38 und 60) des *insanus amor* (ebda. 44) geheilt werden könne.
Der maßlosen Trauer und dem unheilbaren Liebesschmerz des Gallus setzt Vergil als *remedium amoris* das natürliche Maß der **bukolischen Welt** entgegen. Die Ekloge endet mit dem metaphorischen *satis*, dem heiter-friedlichen Ausklang des Tages, wenn der Hirte die Flöte niederlegt und das Vieh *gesättigt* den heimischen Stall für die Nacht aufsucht. Ein Bild *bukolischen* Friedens, das der Haltlosigkeit der *elegischen* Klage gegenübergestellt wird.

Die Rede des Orpheus vor den Unterweltsgöttern (S. 119-120)

	sic ait: „O **positi sub terra numina mundi**,	Antonomasie
18	in quem reccidimus, quicquid **mortale** creamur,	
	si licet et falsi positis ambagibus oris	
	vera loqui sinitis: non huc, ut **opaca** viderem ␣	Hyperbaton/Enjambement
21	**Tartara**, descendi, nec uti villosa colubris ␣	
	terna Medusaei vincirem guttura monstri;	
	causa viae␣est **coniunx**, in quam calcata venenum ␣	
24	vipera diffudit **crescentes**que␣abstulit **annos**.	
	Posse pati volui nec *me* temptâsse negabo.	p-Alliteration
	Vicit Amor. Supera deus hic bene notus in ora␣est,	
27	an sit et hic, *dubito*. Sed et hic tamen *auguror* esse,	Correctio/Antithese
	famaque si veteris non est mentita rapinae,	
	vos quoque iunxit **Amor**. Per *ego*␣haec **loca plena timoris**,	Emphase
30	per **chaos hoc ingens vastique silentia regni**,	Anapher, Pleonasmus
	Eurydices, oro, **properata retexite fata**!	Reim
	Omnia debemur ***vobis*** **paulumque morati** ␣	Antithese, Klimax
33	**serius aut citius** sedem **properamus** ad unam.	
	Tendimus huc omnes, haec est **domus ultima**, ***vos***que␣␣	Metapher
	humani generis **longissima regna** tenetis.	
36	**Haec** quoque, **cum iustos** matura peregerit **annos**,	
	iuris erit *vestri*. ‖ Pro munere poscimus usum;	Paradoxie
	quodsi **fata** negant veniam **pro coniuge**, certum␣est ␣	
39	nolle redire *mihi*: leto gaudete **duorum**!"	

Die **Rede des Orpheus** ist in der Forschung äußerst umstritten. Es geht um folgende Fragen:
a) Ist der Gesang des Orpheus ein **Lied** (*pulsisque ad carmina nervis*, ***nervos ad verba moventem***, 40) oder eine **Rede** (*ait*, 17, *talia dicentem*, 40)?
b) Ist diese Rede eine (Vergil-)**Parodie** oder nicht?
c) Wie ist sie im **Verhältnis zur Fassung Vergils** zu sehen? Stellt sie eine *Demontage* vergilischer Tragik und vergilischen Pathos dar oder eine epische *Variation* des Stoffes?
d) Ist sie eher **emotional/pathetisch** oder eher **rational-logisch** bzw. juristisch bestimmt? Inwiefern passt sie, je nachdem, zur Situation des Orpheus?
e) Entspricht ihr **Aufbau** dem klassischen Redeschema oder durchbricht er dieses?
f) Welche **Aussageabsicht** und welche **Strategie** stecken überhaupt hinter der Rede?

(1.) Aufbau und Gliederung der Rede:
[17-23] <u>Allocutio (Captatio Benevolentiae):</u> Orpheus beginnt mit einer förmlichen Anrede, wobei er sich den Machtverhältnissen zwischen *numina* und *mortalia* (*quidquid mortale*, 18) von Beginn an unterwirft. Indem er sich aufrichtig gibt (*si licet .. vera loqui*, 19 f.) und mögliche Missverständnisse ausräumt (*non huc, ut .. viderem Tartara, descendi*, *nec uti ..*, 20-22), sucht er das Wohlwollen seiner Zuhörer zu erreichen.
[23-24] <u>Narratio:</u> Die Erläuterung der Sachlage und des Anlasses - der Tod Eurydikes - wird sachlich, fast distanziert vorgetragen: *causa viae est coniunx, in quam calcata venenum vipera diffudit* (*causa* bezeichnet auch den juristischen Streitfall!). *crescentes abstulit annos* enthält bereits den Ansatz zu einem Argument, das jedoch erst weiter unten ausformuliert wird (*properata .. fata*, 31, und *iustos .. annos*, 36).

[25-31] Peroratio: Es folgt ein abrupter Gefühlsausbruch, der der Argumentatio vorausgeht (Umkehrung der üblichen Disposition!). Eindringlich ist der verzweifelte, paradoxe Ruf *posse pati volui* (Wollen und Können stehen im Widerstreit). Die Übermacht der Liebe (*vicit Amor*, 26) enthält vielleicht das stärkste Argument - allein die Liebe kann sich mit der Endgültigkeit des Todes nicht abfinden und besteht über den Tod hinaus -, obwohl es hier rein appellativ eingesetzt wird. In der Erwähnung des gemeinsamen Schicksales (*vos quoque* iunxit Amor, 29) sucht Orpheus Verständnis und Anteilnahme, zumindest bei Proserpina, und hofft darauf, dass die Erinnerung die Unterweltsgötter zu rühren vermag. Hier versucht Orpheus erneut eine Captatio Benevolentiae, indem er sein Schicksal mit dem der Unterweltsgötter verknüpft. Darin steckt zugleich eine geschickte Argumentatio, da die Überwältigung durch Amor sein Eindringen entschuldigen soll.

Fast übergangslos glaubt Orpheus wohl die Gelegenheit gekommen und bestürmt die Unterweltsgötter mit dem beschwörenden Wunsch *per ego .., per ..., Eurydices, oro, retexite fata*!

[32-37a] Argumentatio: Erst jetzt erfolgt die eigentliche Argumentation, die in mehrfacher Wiederholung die Berechtigung der gegnerischen Position konzidiert. Die Häufung der Prädikate *debemur*, *properamus* und *tendimus* (Klimax) spiegelt die zwanghafte Eile der Lebenszeit, als ob die Menschen wie in einen Trichter gezogen würden, der sie immer schneller auf ein Ziel hin zusammenführt. Die Pronomina (*me, vos quoque, ego, vobis, vosque, haec, vestri*) unterstreichen die Gegensätzlichkeit beider Parteien.

Der Schwerpunkt der Argumentation liegt (1.) auf dem Gegensatz von *omnes* und *unam sedem* und (2.) auf der Zeitstruktur der Bewegung: *paulum morati*, *serius aut citius*, *domus ultima*, *longissima* regna (Klimax von *paulum* zu *longissima*). Das erweiterte Argument (*omnes huc tendimus* → *longissima* regna tenetis) wird auf Eurydike angewendet (*haec quoque* → *iuris erit vestri*).

[37b] Peroratio: Die eigentliche Bitte wird erst jetzt in juristischer Terminologie ausgesprochen. Orpheus beantragt das Nutzungsrecht (*usum* pro munere, 37) für die seiner Gattin und ihm durch den zu frühen Tod entgangenen Jahre, wobei er glaubt, dies einfordern zu können (*poscimus*, 37), da dem Tod ja dadurch keine Minderung oder kein Schaden entstünde.

[38-39] Conclusio: Der Schluss ist kurz, aber dramatisch: Ein emotionaler, verzweifelter Ausbruch, der den solidarischen Selbstmord als Drohmittel einsetzt.

Der Aufbau der Rede kann in einem Tafelbild festgehalten werden:

Die Rede des Orpheus (Aufbau)		
- 17-23	*allocutio* (*captatio benevolentiae*)	höfliche Anrede
- 23-24	*narratio* (*captatio benevolentiae*)	sachliche Darstellung der Fakten
- 25-31	*peroratio* (*captatio benevolentiae*)	**Gefühlsausbruch**
- 32-37a	*argumentatio*	juristische Argumentation
- 37b	*peroratio*	Formulierung des Antrages
- 38-39	*conclusio*	**Gefühlsausbruch**/Drohung

Die Strategie des Orpheus ist leicht zu durchschauen. Er versucht mit allen Mitteln, das Wohlwollen und die Sympathie der Unterweltsherrscher zu erreichen, ohne sich auf einen der beiden als Adressaten seiner Rede festzulegen. Inmitten der kalten, stillen Unterwelt versucht er sachlich zu bleiben und argumentiert juristisch geschickt, kann jedoch im Angesicht des Todes das Aufbrechen seines Schmerzes und das Aufwallen seiner Gefühle nicht verhindern.

Die *vasti silentia regni* (~ verstörende Stille der riesigen Halle) setzen einen psychologischen Hinweis: Sollte Orpheus nicht gerade deshalb allzuviele und allzuhastige Worte hervorbringen, weil eben diese Stille ihm selbst unerträglich erscheint?

S. 120

Jules Machard: Inmitten der weitläufigen Unterwelt mit den Schatten, die im Dunkel des Hintergrundes umherirren, sitzt das Herrscherpaar **Pluto und Proserpina** auf einem erhöhten Thron. Zu ihren Füßen die griechischen Unterweltsrichter Minos, Rhadamanthys und Aiakos, auf der linken Seite die Eumeniden, rechts Hermes mit dem *caduceus* und **Eurydike**, in ihr Totengewand gehüllt, das Gesicht halb verdeckt. Bleiche Farben prägen das Bild, wobei die weißen Gewänder wie von einem Scheinwerfer angestrahlt leuchten; ein Einbruch oberirdischen Lichtes in die Finsternis des Hades.

Das Unterweltsauditorium lauscht still, aber ergriffen dem Vortrag des Orpheus. Zeichen der Regung sind vor allem bei Proserpina zu sehen, deren ausgestreckte Hand ihre Anteilnahme signalisiert, während ihr Gatte Pluto eher nachdenklich wirkt. Reglos und konzentriert sitzen die Totenrichter da, während Hermes gelangweilt seinen Kopf auf die Hand aufstützt. Eurydike verharrt wartend und statuenhaft im Hintergrund. Orpheus selbst steht in lockerem Kontrapost in der Mitte, den Lorbeerkranz auf dem Haupt, und trägt flehentlich sein Lied vor.

S. 121

Ambrosius Francken d. Ä.: Das Bild, das dem berühmten Orpheus-Bild Jan Brueghels entspricht [siehe ÜH], stellt eine Mischung zwischen antiker und christlicher Mythologie dar (Höllenvorstellungen). Die weiträumige Landschaftskulisse zeigt die Verwüstungen einer durch Krieg und Folter bedrohten Welt (Galgen und Wagenrad, brennende Städte), aus der ein Strom von Toten über eine Brücke in die Unterwelt marschiert. In der Mitte sind drei Teufel mit der Folterung von Toten beschäftigt.

Im näheren Hintergrund sind die von Ovid katalogartig genannten Unterweltsbüßer abgebildet: Der Kopf des Tantalus (linke, untere Ecke), darüber Sisyphus, auf seinem Felsblock hockend, und Prometheus (Hunde lecken an seiner Wunde, die der Adler, der weiter rechts hockt, gerissen hat). Oberhalb von ihm irren die drei Eumeniden mit Fackeln umher. Hinter Orpheus ist Ixion zu sehen, auf das Rad geflochten, links von ihm die Beliden. Rechts hinter Orpheus hockt Cerberus. - Wie bei Machard reagiert Proserpina engagierter, Pluto dagegen recht verhalten.

S. 120

(2.) Nicht ganz einfach ist es, hinter der rhetorischen Fassade **die argumentative Stärke der Position** abzuschätzen. Es sind vor allem drei Argumente, die Orpheus vorträgt:

- Das **1. Argument**, das allerdings nur angedeutet wird, ergibt sich aus einer Mengenberechnung. Bei der Masse der schon vorhandenen und noch zu erwartenden Toten spielt es keine Rolle, wenn *eine* von ihnen (für *kurze* Zeit) ausgeliehen wird. [Die Unterweltsgötter erleiden durch die (zeitlich begrenzte) Verleihung Eurydikes keinen **Mengenverlust**.]

- Das **2. Argument** liegt auf der Ebene der Zeit, deren Dauer für einen Gott als unerheblich angesehen wird. Der Gegensatz zwischen *paulum morati* (Lebensspanne) und *longissima regna* (Todesspanne), den nur ein endliches Wesen wie der Mensch ermessen kann, soll die Anmaßung der unerhörten Bitte mildern und die Bereitwilligkeit der Zustimmung fördern. [Die Unterweltsgötter erleiden durch die Rückgabe Eurydikes keinen **Zeitverlust**.]

- Das **3. Argument** ist subtiler und betrifft die - rein aus der Sicht des Menschen zutreffende! - **Ungerechtigkeit** der unterschiedlich langen Lebensdauer (*iustos annos*, 36).

Letzten Endes scheitern jedoch alle Argumente des Orpheus, da sie sich nicht als zwingend erweisen. Pluto könnte dieselben Argumente vorbringen, um das Ansinnen des Orpheus abzulehnen: Da die Dauer der Lebenszeit in der Tat im Vergleich zur Ewigkeit des Todes unerheblich ist, könnten Eurydike und Orpheus ja gleich im Totenreich bleiben. So muss es geradezu verwundern, dass Orpheus mit seiner Rede Erfolg hat.

Hinzu kommt, dass die Rede des Orpheus sich als äußerst ambivalent erweist, was der Leser in der Regel nicht auf Anhieb bemerkt. Michael von Albrecht hat herausgearbeitet, wie beleidigend sie eigentlich ist. Es finden sich folgende **ambivalente Züge**:

- 17-18: Betonung der **niederen Position der „Unterwelt"** (mundus *sub* terra *positus*).
- 19-20: **Beleidigende Frage**, ob er wirklich frei sprechen dürfe (si *vera loqui* sini*tis*, in persönlicher Formulierung, so als ob dies für die Unterwelt eher ungewöhnlich sei!).
- 20-22: Dezidiertes **Desinteresse** an der Unterwelt (*non ut viderem descendi*)
- 21, 29-30: **Abschätzige Bezeichnung der Unterwelt** als *opaca* Tartara, loca *plena timoris* und *chaos ingens*).
- 21-22: Demütigende **Erinnerung an das gewaltsame Eindringen des Herkules**, der keinerlei Respekt gezeigt hatte (*nec uti vincirem*, sc. *ut Hercules*).
- 26-29: Mehrfach betonter **Zweifel an der Echtheit der Liebe des Herrscherpaares** (*dubito, sed auguror, si fama non est mentita*), die zudem als schon längst vergangen (*vetus*) und als Vergewaltigung (*rapina*) bezeichnet wird.
- 29: Erinnerung an die **Überwältigung Plutos durch Amor** (*vos quoque iunxit Amor*).
- 36-37: **Relativierung der Macht der Unterwelt** (*cum iustos peregerit annos, .. erit vestri*!)
- 37: **Scharfe Forderung** *poscimus*
- 38: **Erneute Relativierung der Macht der Unterwelt** (*quodsi fata* (!) *negant*)
- 39: **Unterstellung von Schadenfreude und Grausamkeit** (*leto gaudete duorum*)

Neben dem Appell an die den Tod transzendierende Macht der Liebe (wiederum eine Einschränkung der Macht des Pluto) bleibt als einziges echtes Argument die Ungerechtigkeit der unterschiedlichen Lebensdauer, verbunden mit der Hoffnung, dass sich das **Schicksal** noch zurückdrehen ließe (*properata retexite fata*, 31, und *quodsi fata negant veniam*, 38).[3] Orpheus appelliert also eigentlich vor der falschen Instanz.

Das Argument des Orpheus von der Ungerechtigkeit einer unterschiedlich langen Lebensdauer mag zwar in sich stimmen, doch ergibt sich daraus noch lange nicht die Forderung nach einer Änderung dieser Situation. Denn die *iusti anni* müssten sonst eine feste, allen Menschen gleichermaßen zugemessene Lebensspanne bedeuten, und sie müssten als Anrecht dem Schicksal gegenüber einklagbar sein![4]

Letztlich stehen sich die **Macht** des Todes und das **Recht** auf Leben (*regnum* und *ius*) unvereinbar gegenüber. So schwankt die Rede des Orpheus zwischen Bitte (*oro, pro munere*) und Forderung (*poscimus*) und findet keine einheitliche Form; sie bleibt ambivalent! Und selbst seine abschließende Drohung, sich gleich mit umzubringen, entlarvt sich als rhetorisches Pathos, da er sich nach dem endgültigen Verlust Eurydikes doch nicht das Leben nimmt.

So lässt sich mit Egon Römisch die Rede des Orpheus eher existenziell deuten: „Mit den letzten beiden Versen stößt er alles um, was er an sorgfältiger logischer Deduktion vorgebracht hat, vertraut nicht mehr auf die Kraft der Argumente, sondern geht über in die offene Aggression". Das ist ein „verzweifelter Ausbruch eines Menschen, der sich um seine sinnvolle Existenz betrogen sieht." (S. 58).

---

[3]) Was die Unumstößlichkeit des Schicksals angeht, so kann man die Rede Jupiters an Venus an dieser Stelle mit einbeziehen (Met XV 807-814; Apotheose Caesars, TB S. 151): *Sola insuperabile fatum, nata, movere paras?* (Willst du allein, meine Tochter, das unbestechliche Schicksal verändern?).

[4]) Metaphysisch lässt sich mit den Schülern darüber diskutieren, wieviele Lebensjahre denn eigentlich **iusti** anni, eine dem Menschen zustehende Zahl, wären, und nach welchem Kriterium man dies entscheiden könne. Das Dilemma der Gerechtigkeit wäre aber selbst dann nicht gelöst, da sich zwei Definitionen von Gerechtigkeit gegenüberstehen: *omnibus idem* (allen dieselbe Lebenszeit) und *suum cuique* (jedem die **ihm zustehende** Lebenszeit)!

Berücksichtigt man diese deutlichen Ambivalenzen, so bleibt m. E. nur der Schluss, dass Ovid nichts anderes als eben diese Ambivalenz erzielen wollte und dem Leser gerade einen diffusen Eindruck der Rede vermitteln wollte.[5] Das Lied des Orpheus ist Rede und Gesang zugleich, ist pathetisch und kühl, emotional und rational, ebenso höflich wie unhöflich, ist in einem das Lied eines *vates* und das Plädoyer eines Rechtsanwaltes, und ist gleichermaßen strukturiert wie chaotisch; - eine geniale Mischung aller Elemente.

S. 120

Die Schwäche der Argumentation des Orpheus wird besonders deutlich, wenn man sich mögliche Gegenargumente aus der Sicht der Unterweltsgötter überlegt. Bevor man jedoch die Reaktionen der Unterwelt liest (TB S. 121), sollte man die Reaktionen der Schüler erfragen: *Wie eindrucksvoll und plausibel ist die Rede des Orpheus? Hat sie euch überzeugt? Glaubt ihr, dass sie auch die Unterweltsherrscher überzeugt hat?* Man kann dann gemeinsam überlegen, wie die Unterweltsherrscher - differenziert: **Proserpina** und **Pluto** - wohl reagieren werden und welche Argumente sie dagegensetzen können.

Die Reaktion der Unterwelt (S. 121)

	Talia *dicentem* nervosque ad verba *moventem*	Reim
	exsangues flebant animae. Nec **Tantalus** undam	
42	captavit refugam, stupuitque Ixionis orbis,	
	nec carpsēre iecur volucres, urnisque vacārunt	
	Belides, inque tuo sedisti, **Sisyphe**, saxo.	Apostrophe
45	Tunc primum lacrimis victarum carmine fama est	
	Eumenidum maduisse genas. Nec **regia coniunx**	Paradoxie, Antonomasie
	sustinet oranti nec, **qui regit ima**, negare	Antonomasie
48	**Eurydicen**que vocant. Umbras erat **illa** recentes	Hyperbaton/Enjambement
	inter et **in**cessit passū de vulnere tardō.	**in**-Alliteration (abbild. Wortstellung)

Die Reaktion der Unterweltsherrscher auf die Rede des Orpheus wird nahezu ausgeblendet, ja, selbst ihre Namen werden umschrieben (46 f.), während die Reaktion der Unterweltsbüßer - eine typisch ovidische Pointe - über sieben Verse hinweg katalogartig aufgezählt wird.

Die Unterweltsherrscher treten in der Tat kaum in Erscheinung und auch die Herbeirufung Eurydikes wird nicht weiter erläutert; kein Wiedersehen, kein „Herzschmerz". Statt dessen ist Ovid gedanklich schon beim Aufstieg aus der Unterwelt, der gerade für Eurydike nicht leicht werden wird: *incessit passu de vulnere tardo* (49). Ihr hinkender Schritt wird durch Metrik und Satzbau veranschaulicht (abbildende Wortstellung): *ínter et íncessit* (49).

---

5) Auslegungen solcher Stellen bei Ovid scheitern immer wieder daran, dass streng logische Kategorien der Ordnung und der *Ein*deutigkeit a priori gefordert werden, ohne dass sie vom Dichter selbst zwangsläufig gewünscht oder beabsichtigt sein müssen. Immer wieder finden wir diese **Technik ambivalenter Darstellung** bei Ovid; sie muss als eigene Erzähltechnik verstanden werden und darf nicht durch *mono*kausale, *ein*seitige Auslegungen geglättet werden.

Der Rückweg aus der Unterwelt (S. 122)

	Hanc simul et legem **Rhodopeius** accipit **heros**,	Zeugma, Antonomasie
51	**ne flectat retro sua lumina**, donec Avernas	
	exierit valles; **aut inrita dona futura**.	
	Carpitur **acclivis | per muta silentia** trames,	Pleonasmus
54	**arduus, obscurus, caligine densus opaca**.	Asyndeton
	Nec procul afuerunt telluris margine summae:	
	hic, ne deficeret, **metuens avidusque videndi**	Chiasmus
57	**flexit** amans oculos, et **protinus illa relapsa est**;	
	bracchia*que* intendens prendi*que et* prendere certans	Polyptoton
	nil nisi cedentes **infelix** arripit auras.	Hyperbaton
60	Iamque iterum moriens non est **de coniuge** quicquam	
	questa *suo* - quid enim nisi *se* quereretur amatam? -	qu-Alliteration, Parenthese
	supremumque „Vale!", quod iam vix auribus **ille**	
63	acciperet, dixit **revolutaque rursus eodem est**.	

Diese Passage, der Höhepunkt der Erzählung, ist weltberühmt und gehört zu den tragischsten Szenen der Antike. Dass Orpheus im Moment der Übergabe als *Rhodopeius heros* bezeichnet wird, vermittelt sein inneres Hochgefühl des Sieges, stellt sich im Nachhinein aber auch als tragische Ironie heraus.

Der **Wortlaut des Verbotes** sollte genau beachtet werden. Es geht aus dem Text nicht hervor, welche Autorität hinter der Anweisung steht, doch ist es kein persönlicher Befehl des Pluto, sondern ein allgemeines „Gesetz" (*legem*, 50), das auch nicht ausgesprochen, sondern empfangen oder besser „akzeptiert" wird (*accipit*, 50). Vor allem ist das Verbot der Rückschau nicht direkt auf Eurydike bezogen, sondern gilt allgemein (*ne flectat retro sua lumina*). Diese Beobachtungen sind wichtig für die Deutung der Tragik und für die beiden zentralen Interpretations-Fragen: a) *Warum dreht Orpheus sich um, obwohl er um die schrecklichen Konsequenzen weiß?* [Allgemein: *Welche Gründe kann es dafür geben, ein Verbot zu missachten?*], b) *Trägt Orpheus Schuld am endgültigen Tod Eurydikes?*

Kann aber ein „Unsterblicher" überhaupt die Sehnsucht des Menschen ermessen und versteht er die Tiefe seiner Trauer? Wohl weiß er um das endgültig Verlorene, um den Schmerz der Trennung (er beobachtet all dies ja an den Menschen), doch erlebt er es nicht in eigener Person und kann es darum weder fühlen noch wirklich begreifen.

Im Vordergrund der Aufmerksamkeit steht der Rückweg selbst. Auch hier zeigt sich die geniale Verdichtungstechnik Ovids, der mit ganz wenigen Pinselstrichen arbeitet und auf eine phantasievolle Ausgestaltung dieser überaus spannenden Szene verzichtet. Statt dessen entwirft er in nur zwei Versen gleichsam die Eckpunkte eines Rahmens, innerhalb dessen sich die Phantasie des Lesers selbst entfalten kann: *carpitur* **acclivis** *per* **muta silentia** *trames, / arduus, obscurus, caligine densus opaca*, 53 f.). Diese Angaben sind weniger geographisch gemeint, sondern sie eröffnen eine innere, psychische Disposition: Der Pfad ist steil (*acclivis, arduus*) = **schwierig für Eurydike**, still und stumm (*muta silentia*) = **ohne Möglichkeit der Kommunikation**, finster (*obscurus*) = **schwer zu finden und gefährlich**, voll dichtem Nebel (*caligine densus opaca*) = **unheimlich, gedämpft, richtungslos**.

Man sollte dieses Bild mit den Schülern möglichst genau ausmalen, um einen Verständnishintergrund für die folgende Katastrophe zu schaffen. Was der Mythos nicht beschreibt, nur andeutet, der Phantasie offenlässt, sind die **Gefühle**, die **Ängste**, das grausame Spiel zwischen

Hoffnung und Verzweiflung, das nun auf dem Weg zum Ausgang in beiden stattfindet; - als ob ein gehässiger, menschenverachtender Gott sich den inneren Kampf ausgedacht hätte, um sich zu weiden an menschlicher Qual. *Ist ein Mensch überhaupt dazu geschaffen und fähig, einem solchen Drang über längere Zeit zu widerstehen, den gerade das Verbotene ihm auferlegt* (vgl. die *Genesis*)? *Hatten die beiden überhaupt eine echte Chance? Oder ist das Ganze ein grausamer Spott der Unterweltsgötter, die um ihre Macht nicht zu fürchten brauchen und sie gegenüber dem Eindringling kaltherzig demonstrieren?*
Wie lange müssen wir uns den Weg vorstellen? Drei bis vier Stunden, sieben oder acht, einen ganzen Tag? ... *Was ändert sich, je nachdem?* ... *Und wie sieht dieser Weg aus?* ... Finsternis, absolutes Dunkel und Totenstille? Kein Laut zu hören, kein Hinweis dringt an das Ohr? Man kann es sich ausmalen: Geräusche nur gedämpft und dumpf, wie von Ferne klingen die Schritte mit trägem Schall. ... Steine und schlüpfrige Pfade ertastet der Fuß, immer in Angst um Absturz und Fall. ... Schwefelgeruch und modrige Dämpfe umhüllen wie Watte den Kopf, benebeln die Sinne und lassen den Schritt taumeln. ... Die Hände, wie sie ängstlich ins Ungewisse vorfühlen, klamm vor Kälte und Schauder. ... Aus der Sinnen-Entleertheit steigen Dämonen im Inneren auf, überfallen die schwankende Seele und zerren an Nerven und Verstand. ... Traumbilder tauchen auf, die die Wirklichkeit überdecken und langsam einlullen im Dahindämmern des Weges. ...

David Spear (geb. 1974, USA) - letzter Blick auf Eurydike, 2004

Es gibt kaum eine mythologische Szene, die mehr Möglichkeiten und Anregungen zu kreativer Ausformung enthielte. Als Beispiele seien hier zwei Schüleraufsätze wiedergegeben

S. 122

1) Anke Lüke (9a) aus der Sicht der Eurydike
„Erleichterung durchfuhr mich, als ich Orpheus in der Unterwelt erblickte. Für einen Moment dachte ich, dass ich träume. Wie war er hier hingekommen? Sein Gesang erinnerte mich an soviel Schönes aus längst vergangenen Tagen, aber er passte nicht in dieses kalte, dunkle, ewige Reich.
Doch die harte Bedingung Proserpinas riss mich aus meinen Träumen. So etwas konnte nur von ihr kommen: „Du darfst dich nicht umdrehen!", diese Worte hallten in mir wie ein warnendes Echo wieder. Würde er es schaffen? Diese Frage konnte und wollte ich nicht beantworten. Der letzte Funken Hoffnung, der mir die Kraft gab, mich auf den langen und schweren Weg zu machen, durfte nicht erlöschen. Meine Wunde an der Ferse tat weh, doch ich überwand mich und setzte mich gleich hinter Orpheus in Bewegung. Der Weg war steinig und auch die Dunkelheit lastete wie ein schwerer Stein auf meinen Schultern. Jeder Schritt tat weh. Orpheus wusste wohl, wie mir zu Mute war, denn er ging langsam.

Der Gedanke, dass er sich umdrehen würde, war nicht mehr abzuschütteln. Ständig hatte ich das Gefühl, er dreht sich gleich um. Doch irgendwann merkte ich, dass meine Beine müde wurden. Dürfte ich für einen Moment stehen bleiben? Das Risiko, dass ich ihn nicht mehr einholen würde und dass er sich aus Besorgnis, weil er keine Schritte mehr hörte, umdrehen würde, war zu groß. Also biss ich die Zähne zusammen und ging stolpernd weiter. Krampfhaft versuchte ich, Schritt zu halten; ich hatte das ungute Gefühl, Orpheus würde immer schneller. Oder waren es nur die Müdigkeit und die Kälte, die mich selbst so langsam werden ließen?

Plötzlich, ich hatte meinen kranken Fuß gerade aufgesetzt, stach ein spitzer Stein tief in meine Wunde. Ein qualvoller Schmerz durchfuhr mich. Ich wollte aufschreien, doch ich musste mich zusammenreißen. Meine Ferse brannte. Ein schmerzvoller Stich nach dem anderen durchjagte meinen müden Fuß. Ich hatte die Hoffnung schon fast begraben, als ich plötzlich ein Licht sah. „Der Ausgang", schoss es mir durch den Kopf. Mit aller Kraft wollte ich die letzten Meter hinter mich bringen. Auch Orpheus schien sichtlich erleichtert, denn seine Schritte wurden noch schneller.

Das Licht kam näher, mein Fuß schmerzte und in mir nagte die Angst, dass sich Orpheus vielleicht doch noch umdrehen würde. Und dann, wir waren nur noch einen Sprung weit vom Ausgang entfernt, drehte er sich tatsächlich um. Auch wenn ich es den ganzen Weg lang nicht gewollt hatte, merkte ich erst jetzt, wie sehr ich mich danach gesehnt hatte. In seinen Augen stand Traurigkeit, denn er wusste so gut wie ich, dass es jetzt ein Abschied für immer sein würde."

2) Verena Lüke (9a) aus der Sicht des Orpheus

„Die nächste Biegung und immer noch kein Ende. Wie lange folgte ich diesem steinigen Weg schon? Minuten, Stunden - ich wußte es nicht. Es tat auch nichts zur Sache. Gedankenverloren kämpfte ich mich durch dieses Labyrinth von niedrigen Gängen, dunklen Höhlen und geheimnisvollen Felsspalten, aus denen meist ein schauriges, kaltes blaues Lichtbündel fiel. Ein Lichtblick in dieser Dunkelheit? Nein, keineswegs. Es erzeugte Schatten, die lautlos an mir vorüberhuschten und diese wiederum erzeugten bei mir Gänsehaut. Wie gern hätte ich mich jetzt zu Eurydike umgewandt und mit ihr an der Hand diese tückische Unterwelt hinter mich gebracht. Aber jetzt musste ich stark bleiben! Für Eurydike und für mich selbst. Wenn ich mich nun doch einfach umdrehen würde? Es würde uns ja hier niemand sehen. Und wenn doch? Mein Gott, warum war es hier nur so furchtbar still, ja geradezu totenstill? Ich würde diese Stille nicht länger aushalten! Aber da! War da nicht ein Laut? Eurydike! War das nicht Eurydikes Stimme? Hatte sie gerufen, war sie in Gefahr oder war sie am Ende gar nicht mehr hinter mir? Ich geriet in Panik, mir trat der kalte Schweiß auf die Stirn, meine Hände begannen zu zittern. Was, wenn Pluto mir gar nicht die Wahrheit gesagt hatte? Warum konnte ich denn auch keine Schritte hören? Bestimmt hatte er Eurydike wieder mit sich fortgenommen! Nein, das durfte er nicht! Er hatte es mir versprochen! Diese nagende Angst machte mich krank! Völlig verstört sah ich mich nach Eurydike um und flehte:"Bleib bei mir!" Aber da löste sie sich schon nach und nach in Luft auf. Ich sah in ihre fragenden, traurigen Augen und wollte sie festhalten, doch ich griff nur in Luft und stieß einen entsetzten Schrei aus. Vorbei! Nein, ich wollte es nicht glauben; es durfte nicht sein! Es konnte doch nicht alles umsonst gewesen sein!"

Entscheidend ist die Frage, warum Orpheus sich trotz der schrecklichen Konsequenzen umdreht, anders gefragt, warum er es nicht schafft, das „Gesetz" einzuhalten. Ovid nennt zwei Beweggründe: Die **Besorgnis um Eurydike** (*ne deficeret, metuens*, 56) und die **Sehnsucht** des Orpheus (*avidus videndi*, 56); - einen rationalen und einen emotionalen Grund. Weitere plausible Gründe werden bei Vergil und in der Rezeptionsgeschichte genannt:

- **Ungewissheit** (bohrender Zweifel) bzw. der Zwang zur Vergewisserung
- **Misstrauen** gegenüber Pluto (Angst, dass dieser sein Versprechen nicht halten könnte)
- **Liebes-Sehnsucht/Schwäche** (er kann es nicht erwarten)
- **Sehnsucht** nach Gemeinsamkeit angesichts der kalten und leeren Unterwelt
- **Gefühl der Einsamkeit** und Verlorenheit (existenzielle Leere)
- **Sorge** um die verletzte Eurydike („Rücksicht")
- **Panik**, Kurzschlusshandlung (irrationale Reaktion)

Ovid motiviert den Fehler des Orpheus sehr feinfühlig mit einem weiteren Motiv: der **Liebe** (*amans*, 57, *quid enim nisi se quereretur amatam*, 61). Ein innerlich völlig unbeteiligter Orpheus, der einen Fremden hätte abholen sollen, hätte die Bedingung ohne Schwierigkeiten erfüllt. Gerade darin, dass er Eurydike *liebt*, scheitert er! Weil die Liebe als Sehnsucht unstillbar ist und der Mensch sie nicht aufgeben kann, ist das Scheitern des Orpheus im echten Sinne tragisch zu nennen (Schuldlosigkeit und Schuld zugleich).

Schnell und kompromisslos erfolgt der Rückzug der Eurydike: *et protinus illa relapsa est* (57). Eine ungeheuer verkürzte und so bis aufs Äußerste dramatisierte Situation. Wie in Zeitlupe - ein letztes Innehalten - erfolgt die grausame, weil endgültige **Trennung der Liebenden**: *bracchiaque intendens prendique et prendere certans / nil nisi cedentes infelix arripit auras* (58). Hier muss man auf jedes Wort genau achten. Bevor man die Stelle sprachlich interpretiert, kann man sie im Unterricht auch szenisch oder pantomimisch nachspielen lassen, um sich intensiver in die Situation und deren Beschreibung hineinzudenken: *bracchia*, die Unterarme, streckt (Orpheus?) in einer haltlosen, fast fragenden Geste aus ... *intendens*, nur der Intention nach ... *certans*, darum ringend, sie noch einmal zu berühren, obwohl es doch schon unmöglich ist ... *prendique et prendere*, ein wechselseitiges Hinsehen, das von beiden Seiten zugleich erfolgt [6] ... *nil nisi cedentes auras*: ungreifbar ist der Schatten der Vergangenheit ... *arripit*: in panischer Furcht will Orpheus noch das Verbliebene an sich raffen. - Nicht zuletzt aufgrund der feinen Psychologie der Wortwahl ist diese Szene unsterblich.

Adam Shaw (geb. 1973, USA) - Orpheus, 2004

---

6) Eine solche Stelle verursacht fast zwangsläufig einen Streit der Ausleger, ob nun Orpheus oder Eurydike als Subjekt anzusehen sei, anstatt wahrzunehmen, dass beide in einem Akt des Scheidens die Hände zueinander ausstrecken (eine geniale grammatische Incorrectio, die aber gerade so sein muss, um das Schwebende, das Unbestimmte der Situation und die wechselseitige Anziehungskraft der Liebe auch noch im Tode deutlich zu machen. - Wenn man sich hier überhaupt für ein eindeutiges Subjekt entscheiden will, so deutet das *nil nisi cedentes arripit auras* m. E. eher auf Orpheus hin, denn nur Eurydike ist ein **Schatten**; Orpheus greift gleichsam durch sie hindurch. - Auch psychologisch passt Orpheus eher in die Rolle des „Rückschauenden", der - in metaphorischer Deutung - das Unvermeidliche noch nicht „fassen" und „begreifen" kann.

Eurydike verschwindet als Person fast ganz (ovidische Technik der Ausblendung), so als ob sie von vornherein nur der „Schatten" des Orpheus gewesen sei. Mit *iamque iterum moriens* (vgl. *gemina nece*, 64) gerät sie noch einmal in den Blick, allerdings unpersönlich geschildert, wie aus der Distanz: *non est **de coniuge** quicquam / questa **suo*** (60 f.). In den Augen des Orpheus erscheint die **nupta** nova (8 f) als **coniunx**.

Eurydike ist im Unterschied zu Orpheus diejenige, die das Schicksal klaglos akzeptiert und so weise ist, nicht dem Vergangenen hinterherzutrauern (vgl. von Albrecht, S. 114). Dies ist die eigentliche metaphysische Lehre und Botschaft dieses Mythos. Denn letzten Endes stellen der Unterweltsgang und der Rückblick des Orpheus eine Metapher dar für das Hängen des Menschen am Verlorenen und Vergangenen, für den verbotenen Rückblick in der Zeit und für die Unmöglichkeit, das Vergangene wieder ans Tageslicht der Wirklichkeit zu holen.

Der Weg des Orpheus in die Unterwelt des Unbewussten und der Erinnerungen, der eigentlich ein innerer Weg der Trauerarbeit ist (davon spricht das gesamte zehnte Buch), war von vornherein vergebens. Und das Gesetz, sich nicht umzuschauen, war weder Strafe noch hämische Belehrung eines mitleidlosen Totengottes, sondern eine existenzielle Notwendigkeit, ein „Gesetz", das jeder Mensch akzeptieren muss, der nach einem solchen Verlust weiterleben will. Im existenziellen Sinne hat das Verbot seine volle Berechtigung: Geh vorwärts und schau dich nicht um; dann wird das Vergangene dir folgen, als Schatten zwar, aber dennoch nah!

Wie aber reagiert ein Mensch, der so Entsetzliches erlebt hat, und dessen Handeln für den Tod seiner geliebten Gattin verantwortlich war? Wie kann man sich die grausame Depression der einsamen, schuldbeladenen Rückkehr des Orpheus vorstellen und wie seinen weiteren Lebensweg? Das geniale psychologische Gespür, das in Ovids Verarbeitung des Orpheus-Mythos erkennbar wird, zeigt sich auch in der Schilderung der **Trauerarbeit des Orpheus**. Die mythologischen Vergleiche wirken über die Stichworte und die Wortfelder, die in ihnen enthalten sind; sie beschreiben - dichter und plastischer als es jede Schilderung einer rituellen Trauerklage könnte - die schreckliche Depression des Orpheus, die Zerrüttung seiner Seele:

- Das **Entsetzen** über seine Tat und deren Folgen: *stupuit* (64), *timidus* (65), *pavor* (66), schließlich die „Versteinerung" als Ausdruck des **Verlustes von spontaner Lebensfreude** und von Emotionalität: *saxo per corpus oborto* (67),
- das beklemmende **Schuldgefühl**: *qui in se **crimen** traxit* (68), *voluit videre .. **nocens*** (68 f.),
- die **Einsicht in die Haltlosigkeit des Daseins**: *o confisa figurae* (69), *iunctissima quondam pectora, nunc lapides* (70 f.), und
- die **Trauer über das Verlorene**: *infelix, .. iunctissima quondam* (70 f.).

Die mythologische Vergleichskette veranschaulicht die typische psychologische Reaktionskette bei einem Trauernden, wie sie aus der modernen Trauerforschung bekannt ist. Von Albrecht (S. 114): „Für Orpheus .. wird das Gebiet, in das er sich zurückzieht und das seine Heimat ist, zum Ausdruck seines unruhigen und hin und her gepeitschten Seelenzustands: *in altam / se recipit Rhodopen pulsumque aquilonibus Haemum* (76 f.)."

Enrico Scuri: Das Bild kann zur Veranschaulichung der Trennungsszene, zum Vergleich mit dem Text und als Anregung zur Diskussion herangezogen werden (vgl. das Bild, TB S. 125). Sehr schön sind das haltlose Dahinschweben und das ohnmächtige Zurückfallen der Eurydike dargestellt. Die Körperhaltung des Orpheus (extreme Drehung) betont sein Entsetzen und die Plötzlichkeit des Vorganges. Die Felsenkante, auf deren Rand Orpheus steht, während Eurydike in den Abgrund des Todes versinkt, lässt erahnen, dass von vornherein keine gemeinsame Lebensbasis vorhanden war. Das *arripit auras* setzt der Maler greifbar um in dem wehenden, blassblauen Gewand Eurydikes (im Kontrast zum roten Gewand des Orpheus).

S. 123

Sir Edward John Poynter: Die Darstellung des englischen Präraffaeliten (viktorianische Klassik) kann ebenfalls die Diskussion darüber anregen, wie die einzelnen Schüler sich die Situation auf dem Rückweg vorgestellt haben. Das Bild ist symbolischer Natur, veranschaulicht aber in erster Linie die drängende Eile des Orpheus, der eine nur schleppend folgende Eurydike fast gehetzt hinter sich her zieht, nur den Ausgang vor Augen. Poynter malt die Szenerie als Tal und berücksichtigt so Vers 51 f. (*donec Avernas exierit valles*). Auch hier deutet der Farbkontrast den Unterschied zwischen Leben und Tod an: Das blasse Weiß von Eurydikes Gewand und das Rot von Orpheus Umhang. Eurydike hat ihre Augen fast geschlossen und folgt wie im Traum ihrem Führer. Die Schlangen, die bedrohlich am Wegesrand lauern, symbolisieren die immer noch nahe Macht des Todes. Die Lyra, die Orpheus umfasst hält und voranträgt, weist auf sein Vertrauen auf die Macht der Musik als Heilmittel hin. Dass sich beide schon am Rande der Oberwelt befinden, wird durch die Nebelschwaden und das Morgenrot im Hintergrund angedeutet.

S. 123

(1.) Die **Ursachen für das Scheitern** des Orpheus können in ihm selbst liegen (Ungeduld, Schwäche, Wahn etc.), sie können im Wesen des Menschen liegen (Neugier, Willensfreiheit, unkontrollierbarer Einfluss des Unbewussten etc.) oder in den Bedingungen des Weges (plötzliche, erschreckende Geräusche oder Schreie hinter ihm, Orientierungslosigkeit im Nebel, ein Stolpern oder Ausrutschen etc.). Ob die Bedingung leicht oder schwer ist, hängt von der Willensstärke bzw. der Sehnsucht des Orpheus ab, von der Länge des Weges und von dessen Beschaffenheit (Schrecken und Düsternis der Unterwelt).

(2.) Das Verbot, das in sich selbst keinen Sinn macht, kann als ein Test oder eine Probe verstanden werden. Was aber sollte auf die Probe gestellt werden: Etwa die Willenskraft des Orpheus? - Es kann aber auch als hinterlistige Falle der Unterweltsgötter gedeutet werden, die um die Schwäche des Menschen wissen und sich auf diese Weise „diplomatisch" einer negativen Antwort entziehen; Orpheus muss die Vergeblichkeit seines Versuches selbst einsehen.

(3.) Eigentlich sind es nicht die Unterweltsgötter selbst, sondern eher das Schicksal, aus dessen Händen Orpheus **das Verbot** als ein metaphysisches Gesetz empfängt (*legem accipit*, 50.) Als solches ist es existenziell zu verstehen und erschließt sich über seine Symbolik. Zu fragen ist also, was das „Sich-Umblicken" im metaphorischen Sinne bedeutet. - Der Mensch kann und darf sich nicht nach dem Verlorenen und nach den Schatten der Vergangenheit ausrichten, sondern muss seinen Blick nach vorne wenden und in die Zukunft schauen; ansonsten entschwindet ihm das Leben.

(4.) Natürlich ist Orpheus in einem direkten Sinne **Schuld** am zweiten Tode Eurydikes. Der Mythos geht jedoch tiefer als die oberflächliche Frage nach der Schuld, indem er die **Tragik** aufdeckt, die im Wesen des Menschen selbst und in den Bedingungen seiner Existenz liegt. Der Versuch des Orpheus war wohl von vornherein zum Scheitern verurteilt, und es ist wichtiger und spannender zu fragen, warum dies so ist und so sein muss. Dass Orpheus sich selbst als schuldig empfindet, geht aus den mythologischen Vergleichen eindeutig hervor (s.o.).

(5.) Die **Versteinerungs-Sagen** bringen einerseits das Thema Metamorphose wieder in Erinnerung, sie beschreiben andererseits in symbolischer Form den inneren Gemütszustand des Orpheus, der vor Schreck und vor Trauer wie erstarrt ist und dessen Seele im Schock der Erkenntnis regungslos verharrt, zu keiner Bewegung und keiner Zielsetzung mehr fähig. Deutlich wird das quälende Schuldgefühl des Orpheus. Da seine Schuld nicht rechtlicher, sondern moralischer Natur ist, kann sie durch keine Entschuldigung und keine Strafe gesühnt werden, sondern nur metaphysisch (religiös) geheilt oder anderweitig kompensiert werden.

Vergils Orpheus (S. 124-125)

Der Orpheus-Mythos bietet eine ideale Gelegenheit, einen vergleichenden Blick auf die beiden großen augusteischen Dichter zu werfen. Neben den konkreten Unterschieden der Gestaltung wird auch der Unterschied des dichterischen Stils und der Persönlichkeit erkennbar.
Vergils Sprache ist in einem reineren Sinne episch, auf die anschauliche Beschreibung und auf das Erzählerische fixiert, vertieft dieses jedoch durch sehr gefühlshafte Gleichnisse. Auf diese Weise verbindet Vergil die äußere Darstellung (Erzähllandschaft) mit der inneren Gemütslage (Seelenlandschaft). Es entsteht ein anrührendes Stimmungsbild; der Leser begleitet den Helden auf seinem schweren Weg und erlebt dessen Ängste und Sorgen mit. Typisch für Vergil ist ein intensives Pathos, das vor allem in der Elegie der Nachtigall, einem elegischen Ausklang, spürbar wird (***miserabile*** *carmen;* ***maestis*** *late* ***questibus*** .. , Georg. X 514 f.).
Ovid vermeidet die Nacherzählung dessen, was bei Vergil bereits ausgeformt vorliegt; statt dessen vertieft er den Mythos in existenzieller und psychologischer Hinsicht und denkt gemeinsam mit dem Leser über die handelnde Figur und deren Situation nach.

Dass Ovid Vergil sehr genau studiert hat und sich bewusst von ihm absetzt, indem er dem Mythos eine ganz unterschiedliche Deutung und Bedeutung verleiht, zeigt sich an der Umformung einzelner Züge, so etwa der Reduzierung der **sieben Monate** (als rituelle und sozial geforderte Trauerzeit) auf **sieben Tage**. Während Vergils Orpheus **die heilende Kraft der Musik** nutzt, um gegen die innere Kälte und die Ödnis seiner Seele anzusingen, und doch in diesem Versuch letztlich scheitert, verstummt die Lyra des Orpheus für drei Jahre, ehe auch er in einem bewegenden Lied seiner Trauer Herr zu werden versucht.
Auch Vergil beschreibt weder den Weg in die Unterwelt noch die Unterweltsgötter selbst; statt dessen beschreibt er die Reaktion der zahllosen Totengeister (wie vieltausend Vögel ...).
Drei Unterschiede bei Vergil sind für die schulische Interpretation wichtig:
a) Orpheus dreht sich aus irrationalen Gründen um: Mangelnde Vorsicht, plötzlicher Wahn und Liebessehnsucht verdichten sich zu einer Übersprungshandlung (*cum subita **incautum** de-mentia cepit **a-mantem***, 488, und ***im-memor*** *- heu! -* ***victus****que **animi** respexit*, 491).
b) Ein dreifaches Krachen ertönt aus dem Tal der Unterwelt und verkündet so in einem magischen Zeichen den Groll göttlicher Mächte.
c) Eurydike reagiert nicht verständnisvoll, sondern anklagend (*quis tantus **furor**?*, 495).

Die Schuldfrage wird bei Vergil offen gelassen. Man kann die Handlung des Orpheus durchaus verstehen und verzeihen (***ignoscenda*** *quidem, scirent si ignoscere Manes*, 489), doch ändert dies nichts an der grausigen Tatsache (***crudelia*** *..* ***fata***, 495 f.), die jedoch alle Menschen betrifft. Die Mitleidlosigkeit und die verstörende Zufälligkeit des Schicksals wird im Bild der um ihre Brut trauernden Nachtigall wunderbar eingefangen. So endet Vergils Orpheus **elegisch** (er ringt nicht mit seiner *Schuld*, sondern mit seinem *Leid*!), Ovids Orpheus dagegen **tragisch** (er findet keine Verzeihung und hat seinen Lebensmut verloren).

Martin Drölling gestaltet die Trennungsszene ähnlich dramatisch wie Enrico Scuri, jedoch mit mehr Pathos und dramatischer Gestik. Durch den Schattenwurf steht Orpheus auf der Schwelle zwischen zwei Welten, während Eurydike schon haltlos in den Armen des Hermes (Caduceus und Flügelhelm) dahinschwindet. Ihre Füße und ihr Gewand versinken bereits im stygischen Nebel. Nur ihr linker Arm vermittelt noch eine letzte, kraftlose Abschiedsgeste in Richtung auf Orpheus.
Die Erregung des Orpheus wird durch das wallende, rote Tuch symbolisiert, doch liegt seine Lyra schon nutzlos am Boden, und obwohl sein linker Arm den der Eurydikes noch fast zu berühren scheint, weilt diese doch schon in einer anderen, unzugänglichen Welt.

Der Tod des Orpheus (S. 126-127)

Im Tod finden die beiden Liebenden wieder zueinander; ein versöhnlicher Ausklang (man vergleiche als Gegenbild das Aufeinandertreffen von Dido und Aeneas in der Unterwelt).

Man kann an dieser Passage sehr schön den - für das Abendland prägenden - Gegensatz zwischen dionysisch-bacchantischer und apollinisch-rationaler Geisteshaltung erkennen, der bis heute in den Konflikten zwischen Orient und Okzident nachwirkt (kollektive Gefühlsausbrüche bis hin zu Gewaltorgien und Hasslitaneien erscheinen uns fremd).

Als Kulturheros steht Orpheus eben auch für die besänftigende, ordnende Kraft der Musik, die die Gefühle und die Triebe kanalisiert und sublimiert.

S. 127

(1.) Die Musik des Orpheus ist geprägt von Harmonie (~ *concentus vocisque lyraeque*, 11) und „Stimmhaftigkeit" (*vocalia ora*, 8); ihre Eigenschaft ist es, alles Wilde zu bändigen und zu besänftigen, so auch symbolisch die Tiere als Sinnbilder seelischer Triebe (*animos ferarum ducit*, 1-2). **Das bacchantische Geheul** dagegen erfolgt chaotisch und wild (*furialibus ausis*, 12; *modus abiit, insana regnat Erinys*, 14), es wirkt zerstörerisch und gewalttätig (*cruentatis dextris*, 23), auch dadurch, weil ihm die Stimme und die „Melodie" (gr. der „süße Klang") der Sprache fehlt. Es ist eben bloßes Geheule, ein unmittelbarer Ausdruck der Gefühle im „Laut". Das Äußere der Bacchantinnen (*iactato crine per auras*, 6) ist Ausdruck eben dieser ungebändigten Wildheit und Triebhaftigkeit. Ihre rituell-kultische Zerstörungswut (*sacrilegae*, 41), die sich im Zerfleischen lebendiger Tiere äußert, demonstriert ihre dichotomische Funktion (*membra iacent diversa locis*, 50). Für ihr Tun reißen sie die der Agrikultur dienenden Geräte der Bauern („Instrumente" im ursprünglichen, nichtmusikalischen Sinne) an sich und verwenden sie zweckentfremdet als Mordwaffen.

Der nervtötenden Wirkung der bacchischen Instrumente - **tibia, cornu tympanaque et plausus et Bacchei ululatus** (16 f.) - steht allein der **sonus citharae** gegenüber (18); das Tönende muss sich gegen alles Dröhnende und Grölende (vgl. die skandierenden „Gesänge" von Neonazis) zur Wehr setzen. Der Sieg der Barbarei über die Kultur erfolgt allzu leicht; dies ist eine weitergehende, metaphorische Botschaft, die Ovid als engagierter Künstler wohl mit seiner Darstellung verband. Den zerstörerischen, elementaren Kräften stellt er die Schönheit und die Unvergänglichkeit wahrer Kunst, auch seiner eigenen, entgegen (vgl. den Epilog).

(2.) Das symbolische Überdauern von Orpheus Haupt und die ungebrochene Lebendigkeit seiner Zunge (als **Metapher für das Weiterleben** seines Gesangs) widersteht der scheinbar immer wieder siegenden Zerstörung. Dass das Haupt des Orpheus den Fluss Hebron hinabtreibt und in das Meer eingeht, ist eine Metapher für das Weiterleben im Fluss der Zeit. Trotz aller Kriege und Katastrophen wirkt die menschliche Kultur unvergänglich fort.

Ergänzende Literaturhinweise (vgl. TB S. 173)

- **Albrecht, Michael von**: Interpretationen und Unterrichtsvorschläge zu Ovids Metamorphosen, Consilia 7, Vandenhoeck & Ruprecht, Göttingen 2002, 103-118
- **Henneböhl, Rudolf**: Römische Dichtung im Plastik-Zeitalter - Kreativität als Mittel der vertiefenden Interpretation; in: Auxilia 47, Kreativität im Lateinunterricht, Buchners Verlag, Bamberg 2001, 86-103
- **Klodt, Claudia**: Der Orpheus-Mythos in der Antike; in: Maurer-Zenck, Claudia (Hrsg.), Der Orpheus-Mythos von der Antike bis zur Gegenwart; Peter-Lang-Verlag, Frankfurt 2004
- **Maier, Friedrich**: Orpheus und Eurydike - ein „unüberwindlicher" Mythos; in: Lateinunterricht zwischen Tradition und Fortschritt, Bd. 3, 166-193
- **Reinhardt, Udo**: Neue Bildobjekte zu ‚Orpheus und Eurydike' (nach Met. 10), in: Auxilia 48, Buchners Verlag, Bamberg 2001, 103-127
- **Römisch, Egon**: Metamorphosen Ovids im Unterricht, F. H. Kerle Verlag, Heidelberg 1976, 45-70
- **Simons, Benedikt**: Orpheus bei Vergil und Ovid, AU 2+3 (2006), 36-43

Pygmalion (S. 128-135)

1. Zentrale Deutungs-Aspekte

Inhalt: Partnerphantasien und ihre Verwirklichung
Interpretation: Poetologie, Wortfelder, Erzählstrategie
Gattung: Liebeskomödie (Romanze)
Erzählebenen (S. 12): artifiziell-ästhetisch, erotisch-sensualistisch, anthropologisch

2. Übersetzung

243 Weil **Pygmalion** mitbekommen hatte, wie diese ihr Leben in Schande
    verbrachten, war er verstört über die Fehler, die **die Natur** dem
    weiblichen Geschlecht so zahlreich verliehen hat. Deshalb lebte er
246 einsam, ohne Frau, und **entbehrte lange eine Bettgenossin**.
    Unterdessen schnitzte er sich aus weißem Elfenbein **in wunderbarer Kunst**
    glücklich eine Statue und gab ihr **eine Gestalt, wie sie keine Frau**
249 **gebären könnte**, und **verliebte sich in sein Werk**.
    Sie sieht aus wie eine **wirkliche junge Frau**, von der man **glauben könnte**,
    sie lebe und - wenn nicht die Ehrfurcht dem entgegenstände - sie wolle sich bewegen.
252 **So sehr verbirgt sich ihre Künstlichkeit hinter der perfekten Anfertigung**.
    Pygmalion bewundert sie und **entbrennt in Liebe** zu dem **vorgetäuschten Körper**.
    Oft legt er seine Hände an das **Werk**, um zu **prüfen**, ob es Körper oder
255 Elfenbein sei. Und **er ist davon überzeugt**, dass es schon kein Elfenbein mehr ist.
    Er küsst sie und **glaubt**, geküsst zu werden, spricht mit ihr, hält sie in den Armen,
    und **glaubt**, dass seine Finger sich bei der Berührung eindrücken,
258 ja, er fürchtet ihr blaue Flecken zuzufügen.
    Und mal **macht er ihr Komplimente**, mal **bringt er ihr Geschenke**,
    wie Mädchen sie mögen: Muscheln und geschliffene Steinchen,
261 kleine Vögel und Blumen **in tausenderlei Farben**,
    Lilien und **bemalte** Bälle und vom Baum getropfte Tränen
    der Heliaden. Auch schmückt er ihre Glieder mit Kleidern, steckt ihr
264 Ringe mit Edelsteinen an die Finger und legt ihr lange Halsbänder um.
    An ihren Ohren hängen leichte Perlen, Schmuckketten an ihrer Brust.
    Alles **steht ihr gut**, aber auch **nackt sieht sie nicht weniger schön aus**.
267 **Er legt sie auf sein Bett** auf **purpurfarbene** Polster,
    nennt sie seine **Bettgefährtin** und bettet ihren Nacken, ihr zugeneigt,
    auf **weiche** Kissen, **als ob sie es spüren könnte**.
270 Gekommen war der Festtag der Venus, auf ganz Zypern
    vielgefeiert, und zusammengebrochen waren junge Kühe, ihre gekrümmten
    Hörner mit **Gold** verkleidet, getroffen im **schneeweißen** Nacken.
273 Weihrauch dampfte, als **Pygmalion** nach Verrichtung des Opfers vor die
    Altäre trat und furchtsam sprach: „Wenn ihr Götter alles verleihen könnt,
    so wünsche ich mir, sei meine Frau" - nicht wagte er „**die elfenbeinerne**
276 **Jungfrau**" zu sagen - „ähnlich dem **Elfenbein-Bild**."
    Da sie selbst an ihrem Fest zugegen war, spürte die **Goldene** Venus,
    was sein eigentlicher Wunsch war, und - als Zeichen ihrer freundlichen
279 Gesinnung - flammte das Opferfeuer dreimal auf und züngelte hoch in die Luft.
    Wie er zurückkam, da sucht er (eilends) **das Ebenbild seines Mädchens** auf,

legte sich auf das Bett und **küsste sie**. Da **schien** sie sich zu erwärmen.
282 **Erneut küsst er sie** und **befühlt** auch **mit den Händen ihre Brüste**.
Von der Berührung wird das Elfenbein weich, legt seine Starre ab
und gibt den Fingern nach. So wie Wachs vom Hymettos in der Sonne
285 weich wird und, wenn man es mit dem Daumen knetet, sich zu vielen
Formen gestalten lässt und durch den Gebrauch selbst erst brauchbar wird.
Während er noch **staunt** und sich **zweifelnd** freut und **sich zu täuschen befürchtet**,
288 betastet er wieder und wieder **voll Liebe** mit der Hand **seine Traumfrau**.
Da war sie Körper, und unter dem Daumen fühlt er ihre Adern pulsieren.
Da erst brachte **der Held von Paphos** eine Fülle von Worten hervor,
291 mit denen er *Venus* dankt. Endlich **drückt er den nicht mehr täuschenden Lippen** mit seinem Mund **Küsse auf**, und **die Jungfrau spürte diese Küsse und errötete**. Und wie sie ängstlich zu den Sternen aufschaut,
294 da erblickte sie zusammen mit dem Himmel ihren **Liebhaber**.
Der **Ehe**, die sie gestiftet hatte, steht die Göttin bei, und nachdem
sich die Hörner des Mondes neunmal zum vollen Kreis gerundet hatten,
297 gebar **jene** die **Paphos**, nach der die Insel benannt ist.

S. 128

Abel de Pujol: Die Verwandlung der Propoetiden ist ein in der Malerei selten aufgegriffenes Sujet. Abel de Pujol zeigt den Übergang von Körper zu Stein und die verschiedenen Reaktionen auf die Strafe der Versteinerung (*v.l.n.r.*): Mitleid und Hilfsbereitschaft, Niedergeschlagenheit, Abwehr und offene Klage. – Das Schicksal der Propoetiden leitet die Pygmalion-Erzählung durch ein gegenläufiges Motiv ein: Während die Propoetiden aus Mangel an Scham versteinert werden, wird die schamhafte Statue des Pygmalion (vgl. 293) lebendig.

3. Motive und Bedeutung der Pygmalion-Erzählung

Die Pygmalion-Erzählung ist eine der vielfältigsten Erzählungen Ovids, da sie eine Fülle von Motiven enthält, die zum Teil nur angedeutet sind, die aber in der Rezeptionsgeschichte ihre Ausformung finden. So ist Pygmalion der Prototyp vieler moderner Erzählungen von der Herstellung künstlicher Menschen (von *Frankenstein* und *Pinocchio* bis zu den *Automaten* und *Robotern*) oder von der weiteren Ausformung eines Menschen (von *My Fair Lady* bis *Pretty Woman*). Eine Übersicht soll die **Motivbreite** verdeutlichen:

- Die Frage nach der moralischen und körperlichen **Perfektion des Menschen**: *offensus vitiis, quae plurima menti femineae natura dedit* (244 f.)
- **Künstlerische Inspiration** und Imagination: *mira feliciter arte sculpsit ebur* (247 f.)
- Die Frage nach der **künstlerischen Vollendung**: *ars latet arte sua* (252)
- **Projektionen** auf den Partner: *operis sui concepit amorem* (249)
- Täuschung und **Illusion in der Kunst**: *virginis est verae facies, quam vivere credas* (250 f.)
- Täuschung und **Illusion in der Liebe**: *oscula dat reddique putat* (256)
- Bewertung und „**Gestaltung" des Partners**: *ornat vestibus artus* (263), fit utilis *usu* (286)
- Heimliche Wünsche und **moralische Hemmungen**: *non ausus ... dicere* (275 f.)
- **Wunschvorstellungen** vom Traumpartner: *simulacra suae puellae* (280)
- **Anpassung** an die Wirklichkeit: *timidum ad lumina lumen adtollens* (293 f.)
- **Metaphorik der Versteinerung** (innere und äußere Lebendigkeit): *posito rigore* (283)
- **Hingabe** in der Liebe: *temptatum mollescit ebur* (283)
- Körperliche und seelische **Abhängigkeit**: *tractata pollice multas flectitur in facies* (285 f.)
- Nacktheit, **Verhüllung und Scham** (Sexualität und Erotik): *sensit et erubuit* (51)

202

4. Interpretation im Textverlauf

Die Einsamkeit des Pygmalion (S. 128)

243	Quas quia **Pygmalion** aevum per **crimen** agentīs ⏑	qu-Alliteration
	viderat, offensus vitiis, quae plurima menti ⏑	vi-Alliteration
	femineae **natura** dedit, sine coniuge caelebs ⏑	Pleonasmus, c-Alliteration
246	vivebat **thalami**que diu **consorte** carebat.	
	Interea **niveum** mira feliciter **arte** ⏑	
	sculpsit *ebur* formamque dedit, **qua femina nasci** ⏑	f-/n-Alliteration
249	**núlla potest**, **operis**que *sui* concepit **amorem**.	Emphase

Immer wieder steht man staunend und bewundernd vor der schwerelos erscheinenden Technik Ovids. In wenigen Versen schafft er es, ein ganzes Bedeutungsfeld aufzuspannen und die Grundmotive seiner Erzählung zu entfalten. Diese beginnt ganz prosaisch, was den Satz- bzw. Versbau und die Sprache angeht; dennoch ist das Ganze beziehungsreich.

Pleonastisch wird die Einsamkeit des misogynen Pygmalion verdeutlicht (245b-246). Grund für seine Misogynie sind die naturgegebenen *plurima vitia mentis femineae*, die bei Pygmalion Abscheu hervorrufen. Von der Vorgeschichte her kann der Grund für diese Abscheu eigentlich nur die Schamlosigkeit der Propoetiden und ihre Neigung zur Prostitution sein, also kein **körperlicher Fehler**, sondern ein **moralischer** (!), der mit dem Begriff **crimen** (243) bezeichnet wird (in der Liebeselegie ein Fachbegriff für eine sittliche Verfehlung).

Pygmalions Reaktion ist Abschottung, und so erfahren wir in der ganzen Erzählung rein nichts über seine soziale Situation, seine Familie, Wohnort, Freunde etc., und selbst beim Opferfest bleiben alle anderen Menschen ausgeblendet. Dass die selbst gewählte Einsamkeit schon länger andauert, wird nur kurz erwähnt (*diu, interea*). Pygmalion selber empfindet sie wohl als unbefriedigend und greift zu einem künstlichen Mittel, um Abhilfe zu schaffen. Damit beginnt die Urgeschichte menschlicher Stellvertreter (Puppen, Statuen, Cyborgs etc.).

Von vornherein liegt jedoch in dieser Erzählung ein Paradox. Pygmalion verliebt sich nicht in die Statue, weil sie **moralisch** fehlerlos wäre, sondern weil sie **körperlich vollkommen** ist, also von makelloser Schönheit (dafür steht metaphorisch das glatte Weiß des Elfenbeins; vgl. heutige Schaufensterpuppen aus Plastik). Es die nämlich die *forma* (~ schöne Gestalt), also das Äußere der Statue, was seine Liebe weckt, und obwohl er bei den Propoetiden die profanierte Darstellung des Körpers als schamlos abgelehnt hatte, beginnt er mit seiner Statue ein Spiel, das auf eine ebensolche Profanierung, ja, auf die „Prostitution" hinausläuft (abgeleitet von *pro statuere*, vor sich hinstellen oder sich vor jemanden hinstellen).

Der Schlüssel zu diesem Paradox liegt im **Motiv der Schönheit**, einem Grundmotiv innerhalb der *Metamorphosen*. Sie ist das eigentlich verbindende Element, denn sowohl in der Kunst als auch in der Liebe entfaltet die Schönheit ihre Anziehungskraft. Alle Paradoxien dieser Erzählung beruhen auf der Überschneidung der beiden Motivstränge **Liebe und Kunst**. Die **Liebe** entfaltet sich zwischen den Spannungspolen **crimen** (hässliches Verhalten, *Prostitution*) und **amor** (Anziehungskraft der Schönheit, *Intimität*), die **Kunst** zwischen dem natürlichen Defekt (*vitia*) und der artifiziellen Perfektion.

So garantiert erst die Künstlichkeit der Statue (*mira arte, qua femina nasci nulla potest*) ihre Perfektion, die die Natur von alleine nicht erreichen könnte (**natura** *vitia dedit*). Und ebenso garantiert erst die Intimität der Beziehung das Gelingen der Liebe. Die Anziehungskraft der Statue als Kunstwerk und als *thalami consors* hängt jedoch unmittelbar von ihrer Schönheit ab, die den Eros, das Streben nach Nähe und Vereinigung, hervorruft. Sie erst macht aus dem misogynen Pygmalion einen „Kunst-Liebhaber" und später einen erotischen „Liebhaber".

S. 129

(1.) Ovid verknüpft leitmotivisch zwei Bereiche, den der **Liebe** (mit den Spannungspolen *crimen* und *amor*) und den der **Kunst** (mit den Spannungspolen *natura* und *ars*). Die **Schönheit** (*forma*) ist das verbindende Element. Sowohl der Künstler als auch der Liebende sucht die Schönheit und unterliegt ihrer Anziehungskraft. Die motivische Verschränkung kann man in Form eines Kreuzes graphisch darstellen.

Der Unterschied zwischen natürlicher und künstlicher Schönheit (Diskussionsfrage: *Was empfindet ihr als schöner?*) und zwischen Liebe als schamloser Zurschaustellung (Prostitution) und als scheuer Verehrung (Intimität) ist das Grundthema von Pygmalion. Mit diesen Themen hat sich Ovid nicht nur als Künstler, sondern auch als Liebeslehrer (*Ars amatoria*) Zeit seines Lebens auseinandergesetzt.

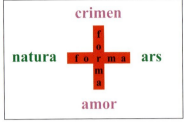

(2.) Pygmalion ist kein Künstler von Beruf her oder aus Passion, sondern jemand, dem aus Not und mit Glück (*feliciter*, 247) sonderbarerweise (*mira arte*, 247) ein perfektes Werk gelingt. Die Perfektion des Werkes resultiert entweder aus der Stärke der Sehnsucht (Wunschtraum, Imaginationskraft) oder sie besteht von vornherein nur subjektiv und illusionär: *Ihm selbst* erscheint die Statue als perfekt, da sie seiner Vorstellung entspricht.

feliciter und *mira arte* sind doppeldeutig. Gelingt Pygmalion die Herstellung seiner Traumfrau eher zufällig und nur <u>mit Glück</u>, so dass sein plötzliches Fertigungsgeschick *verwunderlich* ist? Oder gestaltet er aus der Einsamkeit seiner Sehnsucht heraus eine so **wunderbare** Figur, dass ihn sowohl das sichtbare Ergebnis als auch der Stolz auf seine Leistung *beglücken*? [1]

Im Gegensatz zu einem als Künstler tätigen **Bildhauer** arbeitet Pygmalion nicht nach einem Vorbild; er hat eben kein *Modell* und kann nur aus seiner *inneren* Vorstellungskraft heraus arbeiten. Sein Ziel muss es sein, dieser inneren Vorstellung so nahe wie möglich zu kommen, um die Natur zu übertreffen und (subjektive) Perfektion zu erreichen.

Ein Bildhauer dagegen sucht sich ein *Vorbild*, das ihm Modell steht; sein Ziel ist es, in einem Angleichungsprozess eine möglichst genau Kopie herzustellen (~ modellieren). Nach antikem Kunstideal ist die Nachbildung dann vollendet, wenn das Abbild dem Urbild exakt gleicht und so täuschend echt wirkt, dass man beide verwechseln könnte (*ars latet arte sua*).

	Der Umgang mit der Statue (S. 129)	
	Virginis est **verae** facies, quam **vivere credas**	vi/ve-Alliteration
	et, si non obstet reverentia, **velle** moveri:	
252	**ars** adeo **latet arte** sua. ‖ **Miratur** et **haurit**	Sentenz
	pectore **Pygmalion simulati corporis ignes**.	p-Alliteration, Metapher
	Saepe manus **operi temptantes** admovet, **an sit**	
255	corpus, an **illud ebur**. **Nec adhuc ebur esse fatetur**.	Antithese, Correctio
	Oscula dat reddi**que putat** loquitur**que** tenet**que**,	Polysyndeton
	et **credit** tactis digitos insidere membris	
258	*et* metuit, pressos veniat ne **livor** in artus.	Hyperbaton

---

1) Auf einer abstrakteren Ebene geht es um das Problem des subjektiven Urteils in der Kunst und um die Frage nach der Realität, sowohl in der **Liebe** (*Kann der Wunschpartner und die Traumfrau/der Traummann, den man vor Augen hat, in der Wirklichkeit überhaupt gefunden werden?*) als auch in der **Kunst** (*Kann ein Kunstwerk täuschend echt/lebensecht sein? Wo verläuft die Grenze zwischen Illusion und Täuschung/Selbstbetrug?*)

Et modo **blanditias adhibet**, *modo* grata puellis **munera fert illi**: <u>conchas</u> teretes*que* <u>lapillos</u>	Anapher
261 *et parvas* <u>volucres</u> *et* <u>flores</u> **mille colorum**	Polysyndeton, Pleonasmus
<u>lilia</u>*que* <u>pictas</u>*que* pilas *et* ab arbore lapsas <u>Heliadum lacrimas</u>. ‖ **Ornat** *quoque* <u>vestibus</u> artus,	pi-Alliteration Antonomasie
264 *dat* digitis <u>gemmas</u>, *dat* longa <u>monilia</u> collo.	Anapher, Parallelismus
Aure leves <u>bacae</u>, <u>redimicula</u> *pectore* pendent:	Chiasmus
cuncta decent. **Nec nuda minus formosa videtur.**	Antithese, Litotes
267 **Conlocat hanc stratis** concha Sidonide **tinctis** adpellat*que* **tori sociam** adclinata*que* colla **mollibus** in plumis - **tamquam sensura** - reponit.	 Polysyndeton Parenthese

Der Passus ist für die schulische Interpretation ideal, da sich an ihm viele Darstellungstechniken Ovids aufzeigen lassen. Dazu gehört die szenische Gliederung, die anhand von Textkonnektoren nachweisbar ist (adverbiale, konjunktionale oder verbale Neueinsätze): *saepe* (254), *et modo* (259), *ornat quoque* (263), *conlocat* (267).

Es finden sich viele Umschreibungen und Metaphern der Liebesterminologie. Beschrieben wird die zunehmende **erotische Faszination**, die das **Kunstwerk** auf Pygmalion ausübt. Dabei vermischt Ovid zwei Wortfelder: **Liebe** und **Wahrnehmung**. Auf diese Weise verschränkt er zwei Leitmotive und begründet die Verstrickung des Pygmalion diffiziler, als es auf den ersten Blick scheinen mag (vgl. die Narcissus-Erzählung).

Die täuschende Wirkung, die von der faszinierenden Schönheit der Figur ausgeht (*virginis est verae facies*, 250), lässt die **Künstlichkeit** des Objektes aufgrund seiner **Perfektion** vergessen (*ars latet arte sua*). Der Begriff *ars* wird ambivalent verwendet: a) *ars* ~ künstliche Herstellung, b) *latet arte* ~ künstlerische Vollendung, Qualität des Kunstwerkes.

4

129

(3.) Die illusionistische Wirkung des täuschend echten Kunstwerkes führt zu einer **mentalen** und zu einer **erotischen** Verirrung. Ziel der Darstellung Ovids ist es zu zeigen, wie Pygmalion im Zusammenspiel dieser beiden Einflüsse immer stärker der Faszination des Werkes unterliegt und die rationale Distanz verliert. Dies lässt sich an der Häufung von Verben und an der Art ihrer Anordnung leicht demonstrieren (s. das Tafelbild auf der folgenden Seite).

Dass sich die Wahrnehmung Pygmalions verändert, zeigt sich auch an den Bezeichnungen für die Statue. Erschien sie ihm anfangs noch als *opus* (7) und wurde unpersönlich als *illud* (13) bezeichnet, so sieht er sie unmerklich immer mehr als wahre Frau (*virginis verae*, 8) und als Sexualpartnerin an (*tori sociam*, 26).

Arnold Houbraken (1660-1719) - Pygmalion

Doch bleibt die Realisierung von Pygmalions Traum zunächst noch in der Schwebe und Ovid streut immer wieder leise Zweifel ein, die die Unsicherheit des Pygmalion widerspiegeln: *simulati* corporis (253), *an sit corpus, an .. ebur* (254 f.), *tamquam* sensura (269).

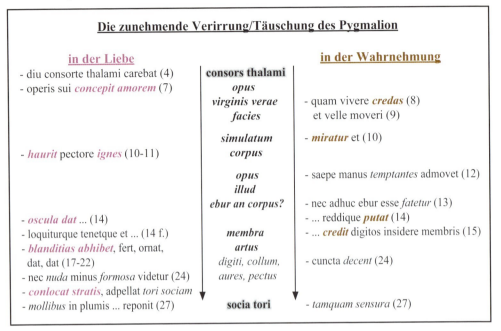

S. 129

(4.) Vor der Bearbeitung dieser Aufgabe ergibt sich die Gelegenheit, antikes und modernes Empfinden in Beziehung zu setzen. Man kann die Schüler fragen, welche *blanditia* und *munera* sie heute für die Liebeswerbung einsetzen würden (Sammlungsphase mit Tafelanschrieb) und welche Intentionen jeweils damit verknüpft wären (Deutungsphase). Auf diese Weise versetzen sie sich intensiver in die Situation und
in das Empfinden des Pygmalion.

a) Subtile Psychologie spiegelt sich in den **Geschenken** wieder, die Pygmalion der Statue bringt. Ovid zählt nämlich nicht nur die Menge der Geschenke auf, sondern beschreibt auch die Art, wie Pygmalion sie darbringt (indirekte Charakterisierung). Wie schon beim Betasten der Statue (256 f.) ist sein Handeln von Hektik gekennzeichnet, was man an der schnellen Verbfolge und den Polysyndeta ablesen kann (259-264). Eifrig bemüht wie ein junger Liebhaber schleppt er alles Mögliche an, was der Statue gefallen könnte (**Liebeswerbung**) oder zu ihr passen könnte (**künstlerische Ausgestaltung**). Sein Handeln ist von **erotischer** wie von **artifizieller** Sehnsucht (Drang nach Gefallen) bestimmt.

b) Dass Pygmalion unbewusst doch ein Ungenügen an der Situation bemerkt und die **Künstlichkeit seiner Statue** nicht ganz verdrängen kann (*nec adhuc ebur esse fatetur*, 255), zeigt sich in der kompensatorischen Natur seines Handelns. Die allzu weiße und allzu perfekte Statue wirkt eben dadurch unlebendig, dass sie a) *bewegungslos* und b) *farblos* ist. Deshalb sind die Geschenke nicht nur darauf ausgerichtet, was einem jungen Mädchen gefallen könnte (*conchas teretesque lapillos*), sondern was eben diesen Eindruck der Starre (*parvas volucres, pilas*) und vor allem den der unnatürlichen Blässe überdecken und kompensieren könnte (*flores **mille colorum**, lilia, **pictas** pilas*). Daran, dass die Attribute *mille colorum* zu *flores* und *pictas* zu *pilas* eigentlich überflüssig sind, wird die besondere Absicht der Darstellung erkennbar.

In der Art der Geschenke gibt es eine deutliche Zäsur nach *Heliadum lacrimas* (263). Waren die Geschenke vorher noch kleinere Gaben, die aus der **Natur** (!) stammen - mit der Absicht, die Statue natürlich wirken zu lassen -, folgen nun kostbare Pretiosen, die **künstlich** oder **künstlerisch** hergestellt werden: Elegante Kleider, Finger- und Ohrringe, Halsbänder und Ketten (263-265). Dies zeigt, dass das Liebeswerben des Pygmalion an Ernsthaftigkeit zunimmt und eine dauerhafte Verbindung (*coniugium*) anstrebt.

(5.) Das konsequente erotische Verhalten Pygmalions zeigt, dass er nahe daran ist, die Grenze zwischen Fiktion und Realität aufzuheben. Auf die Werbung folgt die „Eroberung" (*conlocat hanc stratis, mollibus in plumis reponit*) mit dem Ziel des Geschlechtsaktes. Ovid vermeidet allerdings eine grob sexuelle Sprache und deutet die Intentionen Pygmalions nur symbolisch an; die intensiv roten Polster (purpurfarben) stehen für die Intensität seiner Liebesglut, *mollis* und *tamquam sensura* verdeutlichen sein sinnliches Begehren.

Natürlich ist es jedem klar, dass das Verhalten des Pygmalion in einem wörtlichen Sinne „a-sozial" ist. Viele Schüler sehen jedoch darin kein moralisches Problem (keine „Ab-artigkeit"), solange er niemanden direkt schädigt. Gegenüber oberflächlichen Deutungen sollte die Diskussion jedoch auch die anthropologische Wahrheit des Mythos aufzeigen: Jeder Mensch hegt Wunschvorstellungen (Traumpartner), die er auf die Wirklichkeit überträgt und nach denen er andere Menschen bemisst. Ein solches Verhalten ist normal, kann aber problematisch werden, wenn es zum Wirklichkeitsverlust führt (Illusionen).

Das Fest der Venus (S. 130)

270 **Festa dies** Veneris tota celeberrima Cypro	
venerat, et pandis inductae cornibus **aurum**	Reimanklang
concidierant ictae **nivea** cervice iuvencae	
273 turaque fumabant, cum munere functus ad aras	
constitit et timide: „Si, dī, dare cuncta potestis,	Lautmalerei (Stottern)
sit **coniunx**, opto," - non ausus ,**eburnea virgo**'	Parenthese
276 dicere **Pygmalion** - „similis **mea**" dixit „**eburnae**."	Hyperbaton
Sensit, ut ipsa suis aderat Venus **aurea** festis,	Epitheton ornans, Hyperbaton
vota quid illa velint, et - amici numinis omen -	Parenthese
279 flamma ter accensa est apicemque per **aera** duxit.	a-Alliteration

Mit *festa dies Veneris* erfolgt ein zeitlicher Sprung (Tempus- und Szenenwechsel); *ut rediit* (280) führt später zur Ausgangssituation zurück.

(1.) Die **Beschreibung der festlichen Opfer** erfolgt in archaischer Epik (dunkle Vokale in den Versen 272 f. und 279). Die Realpräsenz der *aurea Venus* - mit homerischem Epitheton ornans - wird deutlich betont: *ut ipsa .. aderat Venus aurea* (277, Epiphanie).

Über das archaisch-epische Kolorit hinaus verfolgt Ovid mit den Farbhinweisen *inductae cornibus **aurum**, **nivea** cervice* und *Venus **aurea*** eine sublime Andeutung. Zunächst verblüfft die umständliche Umschreibung der rituellen Schlachtung. Man kann jedoch den Vorgang des Opfers und die Farbsymbolik auf Pygmalion und seine Statue übertragen: *nivea cervice* erinnert an das Elfenbein-Weiß der Statue, die als Liebesopfer des Pygmalion auf dessen Bett niedersinkt (*iuvenca* hier in der metaphorischen Bedeutung: junges Mädchen).

Auch die Göttin selbst, die hier so feinfühlig und freundlich reagiert, wird durch das Attribut *aurea* mit dem Opfervorgang identifiziert (*inductae cornibus **aurum***). Sie steht als Liebesgöttin noch über der Statue und stellt das eigentliche Idealbild einer Frau und das religiöse

207

Kultbild dar. So dürfte die heimliche Sehnsucht des Pygmalion sich auch auf sie richten und man kann seinen so zögerlich ausgesprochenen Wunsch auch dahingehend interpretieren, dass seine Frau auch der Venus selbst zumindest ähneln möge (vgl. dazu auch die bildlichen Darstellungen, TB S. 131 und 133: Die Ähnlichkeit zwischen Venus und Statue).[2]

S. 130

(2.) Die **Charakterisierung Pygmalions** erfolgt äußerst geschickt anhand der Art, wie er stammelnd und stotternd (Lautmalerei) seine Bitte vorträgt. Der Satz ist völlig verdreht (eingeschobenes *opto* und *dixit*; *mea* in weiter Sperrung von *coniunx* getrennt und dadurch eher auf *eburnae* bezogen; unterbrechende Parenthese, jeweils nach und vor der Penthemimeres). Pygmalion druckst förmlich herum und wagt seine Bitte nur zögerlich zu äußern.
Erst nach und nach enthüllt sich sein Wunsch: *sit coniunx, opto* (→ Wer soll seine Gattin werden?) - *non ausus eburnea virgo* (→ Also nicht die Statue?!) - *similis mea* (→ Wem ähnlich?) - *eburnae* (Natürlich doch der Statue!). Fragt man die Schüler, was Pygmalion denn eigentlich will, und warum er seinen Wunch nicht direkt ausspricht, so dürften alle das Wesentliche verstanden haben. Aus *reverentia* (251) traut sich Pygmalion nicht, um die Verlebendigung seiner Statue zu bitten, und kleidet seinen Wunsch in eine indirekte Form. Letzten Endes weiß er also doch um die (moralische und faktische) Unmöglichkeit seines Tuns.

Die Verwandlung der Statue (S. 130-131)

Ut rediit, simulacra suae petit ille puellae	Antonomasie
incumbensque toro dedit oscula: visa tepere est.	
282 Admovet os iterum, manibus quoque pectora temptat:	
temptatum mollescit ebur positoque rigore	Polyptoton
subsidit digitis ceditque, ut Hymettia sole	Vergleich
285 cera remollescit tractataque pollice multas	
flectitur in facies ipsoque fit utilis usu.	f-Alliteration
Dum stupet et dubie gaudet falliquet veretur,	Klimax
288 rursus amans rursusque manu sua vota retractat:	Anapher, Metonymie
corpus erat, saliunt temptatae pollice venae.	
Tum vero Paphius plenissima concipit heros	Antonomasie
291 verba, quibus Veneri grates agit, oraque tandem	Polyptoton
ore suo non falsa premit dataque oscula virgo	
sensit et erubuit timidumque ad lumina lumen	Polysyndeton, Wortspiel
294 adtollens pariter cum caelo vidit amantem.	Metapher, c-Alliteration
Coniugio, quod fecit, adest dea, iamque coactis	
cornibus in plenum noviens lunaribus orbem	co-Alliteration
297 illa Paphon genuit, de qua tenet insula nomen.	

---

2) Im Hintergrund der Pygmalion-Erzählung stehen kultische Praktiken orientalischer Fruchtbarkeitsreligionen: Der *hieros gamos*, die Heilige Hochzeit zwischen Gott und Mensch, entweder in symbolischer Form vollzogen oder stellvertretend durch orgiastische Feiern, bei denen Tempeldirnen den weiblichen Aspekt (Fruchtbarkeit) vertraten. In älteren Versionen der Sage erscheint Pygmalion als König von Zypern und zugleich als Oberpriester, der eben diesen *hieros gamos* rituell vollzog.
Ovid spielt also sehr subtil auf solche Ur- und Vorformen des Mythos an und verknüpft die Vorgeschichte um die Kerasten (Gehörnten, → Opferkühe) und die Propoetiden (Prostituierte) mit den Vorgängen beim Opferfest. Im Gegensatz zu den Kerasten erscheinen die weißen Kühe als unschuldige Opfer, die selbst hingeschlachtet werden, und im Gegensatz zu den Propoetiden (~ Tempelprostituierten) ist Pygmalion als scheu und schüchtern charakterisiert.

Mit *ut rediit* verlagert sich die Handlung wieder zurück ins Haus des Pygmalion. *dum stupet* (287) und *tum vero* (290) markieren die Handlungsfortschritte bis hin zu *coniugio* (295), dem Stichwort für den Schlussteil.

simulacra suae puellae verknüpft geschickt das Opferfest, wo Pygmalion vor dem *simulacrum* der Venus gebetet hatte (vgl. *sua vota*, 288), mit der häuslichen Szenerie. Zugleich lässt der Begriff *simulacrum* erahnen, wie sehr Pygmalion das Standbild vergöttert und es der Venus gleichsetzt. Dabei ist die „Statue" längst zu einer Bettpuppe geworden (*thalami consors* und *tori socia*) und kommt - etwas böswillig formuliert - aus der Horizontalen nicht mehr heraus. Denn Pygmalion macht eben da weiter, wo er aufgehört hatte: *incumbens* toro dedit oscula (281).

Im Folgenden beschreibt Ovid das allmähliche Erwachen der Statue und die zögerliche Realisierung des Wunders durch Pygmalion. Man kann die Schüler auffordern, Bescheid zu geben, sobald sich der Leser (oder Pygmalion als Handlungsfigur) sicher sein kann, dass die Statue lebt (deutlich erst ab Vers 289!). Ovid zieht nämlich das illusionistische Spiel in die Länge. Immer wieder muss sich Pygmalion vergewissern, dass seine <u>Sinneseindrücke</u> nicht täuschen. Seine <u>erotischen Betätigungen</u> gehen jedoch unvermindert weiter. Durch die ganze Passage zieht sich das <u>Wortfeld des Küssens</u> (dedit *oscula*, 281, admovet *os iterum*, 282, *oraque tandem ore suo .. premit*, 291 f., data *oscula*, 292) <u>und des Betastens</u> (*manibus quoque pectora* temptat, 282, *temptatum* mollescit ebur, 283, subsidit *digitis*, 284, *tractata pollice*, 285, rursusque manu sua vota *retractat*, 288, *temptatae* venae, 289).

Wie - je nach Geschmack - absurd oder komisch die ganze Szene ist, wird erst klar, wenn man sich das Erwachen der Statue bildhaft vorstellt. Noch halb ohnmächtig kommt sie erst allmählich zu sich und erlebt als Erstes, wie Pygmalion neben oder auf ihr liegt und sie heftig abknutscht (*ora .. premit*, 291 f.), während er sie gleichzeitig befummelt und betatscht: *manibus quoque pectora temptat* (282). Ovid hat die Szene wohl bewusst im Stile eines Groschenromanes geschrieben (Ovidischer Humor bzw. Ironie). Noch absurder wird das Ganze, vergegenwärtigt man sich, dass *er*, der bisher kein einziges Wort sprach und nur stammelnd seinen Wusch vor der Göttin zu äußern vermochte, nunmehr in seiner Begeisterung gleich einen Schwall von Worten hervorbringt (*plenissima* concipit *.. verba*, 290 f.). Besagter Wortschwall richtet sich aber keineswegs - wie der Leser nach dem Enjambement zunächst noch vermuten darf - an seine geliebte Statue, sondern - ganz Ausdruck römischer Pietät! - an die Liebesgöttin. Die erwachende „Galatea" muss sich da doch recht komisch vorgekommen sein! Entsprechend lässt sich die Antonomasie *Paphius heros* an dieser Stelle auch nur ironisch lesen; - allenfalls kommt er selbst sich wie ein Held vor!

Immer wieder spielt Ovid auf diese Weise mit dem Tenor seiner Erzählungen und führt seinen Leser durch ein Konglomerat stilistischer und gattungsmäßiger „Metamorphosen"; ein heiteres, literarisches Spiel, das er mit seinem Leser spielt. Dies zeigt sich auch wieder in der Schlusspartie: Die Realpräsenz der Göttin galt nämlich nicht nur für ihr Fest (*ipsa .. aderat Venus*, 277), sondern erstreckt sich auch auf die Ehe, der sie als Patronin helfend zur Seite steht: *Coniugio, quod fecit, adest dea* (295). In typisch ovidischer Doppeldeutigkeit ließe sich *dea* sogar als Bezugswort zu *illa Paphon genuit* (297) lesen.

(1.) Der Moment **nach dem Erwachen der Statue** ist eine Schwebesituation, aus der heraus alles Mögliche passieren kann. Insofern ist es auch nicht schwer, sich verschiedene Fortsetzungen (ironischer, komischer oder tragischer Natur) auszudenken. Wie im Märchen (Wunschmotiv) könnte die Situation durchaus kippen und Pygmalions ungewöhnliches Verhalten könnte für ihn ein böses Erwachen geben.

Man kann die Ideen der Schüler stichwortartig an der Tafel sammeln und sie überlegen lassen, welchen Erzählstrang Ovid wohl weiter verfolgen könnte. Einige Ideen seien hier genannt:

> **Mögliche Fortsetzungen der Erzählung nach dem Erwachen der Statue**
> 1) Wie er es vor dem Altar der Venus formuliert hatte, erhält Pygmalion tatsächlich eine Gattin, die seiner Statue (nur) ähnlich sieht. [ironische Version]
> 2) Die Statue wird zwar lebendig, entspricht aber vom Charakter her nicht seinen Vorstellungen. [negative Version]
> 3) Venus erweckt zwar die Statue zum Leben, bestraft Pygmalion aber für seine Fixierung auf das Äußere mit Blindheit. [moralische Version]
> 4) Die Götter verwandeln Pygmalion aufgrund seiner Hybris (Unzufriedenheit mit dem natürlichen Aussehen und Wesen der Frauen) selbst in eine nackte Statue. [moralisch-religiöse Version]
> 5) Die Statue wird nur nachts (in den Träumen des Pygmalion) lebendig, am Tage erstarrt sie wieder. [psychologische Version]
> 6) Venus erweckt die Statue zum Leben und Pygmalion heiratet sie. Sie bekommen Kinder und werden eine glückliche Familie. [märchenhafte Version, Happy End]
> 7) Pygmalion zerstört aus Versehen (oder auf Befehl der Venus) die Statue und erkennt erst, als sie zerstört ist, ihre Wesenlosigkeit. [philosophisch-erkenntnistheoretische Version]
> 8) Die Statue wird zwar lebendig, beginnt aber sich zu prostituieren. [ironische Version]

S. 131

(2.) Die Erzählung endet mit einer **Aitiologie**. Doch wirkt der sachliche Hinweis (*de qua tenet insula nomen*, 297) als Schlusswort äußerst ernüchternd. Der Leser, der mit seiner Phantasie noch ganz beim Erwachen der Statue ist (*pariter cum caelo vidit amantem*, 294), muss den plötzlichen Sprung zur Ehe (*coniugio*, 295) und zur Geburt der Tochter (*illa Paphon genuit*, 297) - neun Monate später! - erst einmal verdauen. Dies ist nicht nur die übliche Kürze, in der Ovid seine Erzählungen nach dem Höhepunkt auslaufen lässt, dient also nicht nur der Vermeidung von Langeweile, sondern es ist geradezu ein Affront; - ein viel zu schnelles Happy End, das sich nicht aus der Erzählung selbst ableitet, sondern aufgesetzt wirkt!

Gerade hier, wo noch so viele Fragen offen sind, bricht Ovid völlig unvorhergesehen ab: *Wie reagiert die erwachende Statue? Kann Sie sprechen? Erkennt sie Pygmalion und wird sie ihn lieben? Wie verläuft das anfängliche Kennenlernen und wie entwickelt sich diese merkwürdige Beziehung zwischen Schöpfer und Geschöpf? Wie ist überhaupt der Charakter der eburnea virgo? Wird Pygmalion auch an ihr etwas auszusetzen haben?*

(3.) Kernpunkt der Darstellung ist **das allmähliche Erwachen der Statue**: *visa **tepere** est* (281), ***mollescit** ebur .. ut Hymettia sole cera ..* (283 ff.), *corpus erat, saliunt temptatae pollice venae* (289), *data oscula virgo **sensit** et **erubuit*** (292 f.), *illa Paphon **genuit*** (297). Ein wohlkalkulierter Prozess der Verwandlung, der sich von Außen nach Innen vollzieht und dann von Innen nach Außen hin sichtbar wird. *corpus erat* greift die Frage des Pygmalion (*an sit corpus, an illud ebur*, 254 f.) wieder auf und stellt definitiv die Verwandlung fest.

Dennoch lässt die Überprüfung des Pulses mit dem Daumen (*pollice* in 285 und 289) erneut Zweifel aufkommen.[3] Erst die Sinneswahrnehmung (*sensit*) und das Erröten (*erubuit*) schaffen Klarheit, wobei *erubuit* die Schamhaftigkeit der *virgo* demonstriert; sie entspricht insofern dem Wunschbild des Pygmalion (*offensus vitiis*, 244).[4] Abgeschlossen ist die Verwandlung aber erst durch die Geburt, die alle Zweifel an der Weiblichkeit der Statue ausräumt; nun ist sie voll und ganz Frau, nicht nur *consors thalami*, sondern *coniunx Pygmalionis*!

---

3) Für Schüler mag es interessant sein, dass die antike Medizin bereits den Pulsschlag beachtet, aber offensichtlich auch darum weiß, dass dieser nicht mit dem Daumen gemessen werden darf (Gefahr einer Täuschung durch den Eigenpuls des Daumens).

4) Mit dem Blick in den Himmel erfüllt die Statue auch die wesentliche Bedingung eines Menschen als religiöses Wesen, wie Ovid sie in der Schöpfungserzählung definiert hatte: ***caelumque videre** iussit et erectos ad sidera tollere vultus* ... (Met. I 84-86; TB S. 22).

(4.) Deutlich zu erkennen ist eine **Dreiteilung der Erzählung**, wobei das Venusfest (270-279) den Mittelblock bildet. Mit *ut rediit* (280) und *incumbens toro* (281) spinnt die Erzählung den unterbrochenen Erzählfaden weiter. Den Verlauf der Erzählung kann man in einem Tafelbild wiedergeben.

1- 7	Aus Unzufriedenheit schafft sich Pygmalion ein eigenes Bild seiner Traumfrau.
8-13	Er verliebt sich in die Statue und verliert immer mehr den Realitätsbezug.
14-16	Er geht mit der Statue wie mit einer lebendigen Partnerin um (*erster erotischer Höhepunkt*).
17-24	Pygmalion umwirbt die Statue (Komplimente und Geschenke: a) natürliche, b) künstliche).
25-27	Er behandelt sie als seine *thalami consors* (*zweiter erotischer Höhepunkt*).
28-37	Am Venusfest trägt er der Liebesgöttin seinen Wunsch nach Verlebendigung der Statue vor.
38-47	Die Statue wird allmählich lebendig, Pygmalion begreift das Wunder nur zögernd.
48-52	Pygmalion dankt Venus überschwänglich, während die Statue vollends erwacht.
53-55	Sie heiraten und bekommen nach neun Monaten eine Tochter (Aitiologie: Paphos = Zypern).

(5.) Pygmalion ist kein **Künstler** von Beruf her (auch keine Künstlerfigur!), sondern ein Liebender, der aus Sehnsucht und Verzweiflung schöpferisch tätig wird. Sein Handeln ist vom Wunsch nach Schönheit bestimmt, wobei er sein Geschöpf - ähnlich wie ein Künstler - ästhetisch immer weiter vervollkommnet und ausschmückt (*cuncta decent*, 24).
Der Anblick ihrer Schönheit intensiviert wiederum sein erotisches Begehren; er handelt als **Liebhaber** und durchläuft alle Stadien der Liebe: Sich-Verlieben (1-7), Illusionen und Träume bis hin zum Realitätsverlust (8-16), spielerisches und ernsthaftes Umwerben (17-24), erste erotische Erfahrungen und der Wunsch nach sexueller Vereinigung (25-27), Wunsch nach Heirat (28-37), Entwicklung der Partnerschaft bis hin zur Liebe und zur Anbetung/Vergötterung des Partners (38-52), Heirat und Gründung einer Familie (53-55).
Wie eng sich dabei sein ästhetisches und sein erotisch-sexuelles Handeln verzahnen, lässt sich an folgender Übersicht ersehen (mögliches Tafelbild):

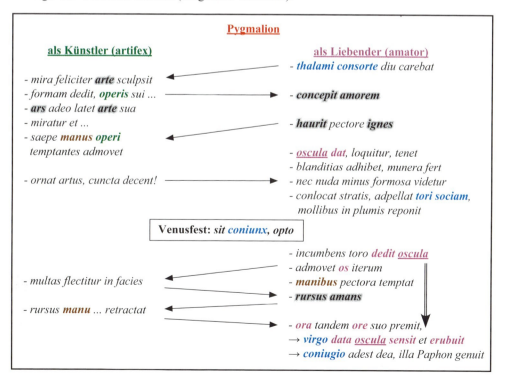

S. 131

Das Bild von **Louis Gauffier** gehört zu einem häufigen Darstellungstypus. Die *eburnea virgo* steht erhaben auf einem runden Podest. Ihr zu Füßen liegen die Geschenke Pygmalions: Rosen und diverser Schmuck, kostbare Vasen und eine Lyra als Hinweis auf möglichen Minnegesang. Die Architektur ähnelt der einer *cella* in einem (dorischen) Tempel, die ganze Szene erscheint wie eine kultische Verehrung (Altar rechts von Pygmalion, Götterbüste links hinter der Statue, Opferfeuer mit Weihrauchdämpfen, anbetende Gestik Pygmalions).

Die Statue ist im Übergang zwischen *ebur* (untere Körperhälfte) und *corpus* (obere Körperhälfte) dargestellt, wobei ihr Blick und die tastenden Hände kein volles Erwachen beschreiben. Noch geht ihr Blick ins Leere und nur eine leichte Rötung der Wangen weist auf ihre schamhafte Reaktion hin. Insgesamt stehen der erste Teil der Erzählung (Pygmalions Werbung, 259-265) und das Venusfest (277-279) im Hintergrund der Darstellung.

Venus selbst ist anwesend, auf einer Wolke schwebend. In ihrer Rechten hält sie einen Schmetterling über das Haupt der Statue, Symbol der Seele, die sie der Statue eingibt. Mit der Linken winkt sie Amor herbei, der mit seinem Pfeil die Liebe der *virgo* zu ihrem Schöpfer erwecken soll. Pygmalion selbst betrachtet voll Begeisterung aus ehrfurchtsvollem Abstand das Wunder der Belebung, das er kaum zu begreifen vermag. Sein roter Umhang korrespondiert mit der Glut des Feuers und symbolisiert seine Liebesglut.

S. 132

Anne-Louis Girodet-Trioson: Das Bild ist nach heutigem Empfinden etwas kitschig, aber doch sehr feinsinnig gemalt. Es stellt das Wunder der Belebung in einen offenen Raum, der als Innenhof oder Vorplatz eines Tempels gedeutet werden kann (Tempelarchitektur, Venusstatue und Opferfeuer links von Pygmalion, aufsteigender Opferrauch aus einem Weihrauchkessel hinter dem Sockel: *tura fumabant*, 273). Die Abbildungen auf dem Sockel der Statue dürften an die Schaumgeborene erinnern (*Venus Anadyomene*, gr. die Emporgetauchte), ebenso das goldene Gewand und die goldene Flakon-Flasche zu ihren Füßen. Ein strahlend heller Schein aus dem Hintergrund - Hinweis auf die Epiphanie der Venus? - taucht die Szene in ein zauberhaftes, numinoses Licht.

Pygmalion steht staunend vor der Statue, deren Oberkörper sich allmählich belebt. Beide sind einander zugewandt. Dem purpurroten Mantel des Pygmalion steht das glatte Elfenbeinweiß der Statue gegenüber, auf deren Wangen sich eine zarte Röte legt. In scheuer Ehrfurcht (*reverentia*, 251) nähert sich Pygmalion der Statue und wagt es kaum, diese zu berühren. Seinen Blick hält er hoffend auf ihr Antlitz gerichtet, darauf wartend, dass sich ihre Augen öffnen.

Die Statue selbst wirkt noch in sich gekehrt, ihre linke Hand (die des Unbewussten) tastet zögernd nach ihrem Herzen, deren Schlag sie wohl zum ersten Mal verspürt. Die Verwandlung vollzieht sich zunächst in ihrem Inneren, ehe sie auch äußerlich sichtbar wird (Erröten, Bewegung des Oberkörpers und der Hände).

Ein kleiner, verschmitzter Amor drängt sich unbemerkt zwischen die beiden und führt - ohne direkten Kontakt - ihre Hände zusammen (Sinnbild der baldigen Eheschließung).

Michael Markov (geb. 1964, Russland) - Animation der Galatea, 2000

S. 133

Louis Lagrenée: Das Bild gehörte zu einer Serie zu den „Vier Künsten", die Lagrenée 1773 präsentierte. Sie umfasste „die Poesie" (Anakreon), „die Malerei" (Apelles), „die Bildhauerei" (Pygmalion) und „die Musik" (Orpheus).

Auch Lagrenée verlagert die Szene eher in den Innenhof eines dorischen Tempels als in die Werkstatt oder gar das „Schlafzimmer" des Pygmalion. Der purpurrote Vorhang, der von einem kleinen Amor beiseitegeschoben wird, weist den Betrachter darauf hin, dass hier ein numinoses, übernatürliches Geschehen stattfindet, das normalerweise menschlichen Augen verborgen bleibt; - die Malerei enthüllt das Wesentliche, das für die Augen unsichtbar ist.

In fast anbetender Verehrung kniet Pygmalion vor der Statue und ergreift deren linken Arm, um nach dem Puls zu fühlen (*saliunt temptatae pollice venae*, 289). Sein Blick drückt flehentliche Liebe aus, seine Haltung Ergriffenheit und Zuneigung.

Auch die Statue ist Pygmalion zugeneigt und erwidert auf diese Weise seine Gefühle. Ihre Augen scheinen bereits geöffnet zu sein, auch ihre Haut wirkt schon körperlicher (*corpus erat*, 289). Sie greift mit dem rechten Arm (dem des Bewusstseins) zu ihrem Herzen, dessen Pulsschlag sie zum ersten Mal verspürt. Nur ihr Fuß scheint noch aus Elfenbein, doch steht sie schon kurz davor, von ihrem Sockel herabzusteigen.

Die Göttin Venus, deren Epiphanie die Wolke symbolisiert, begleitet die Szene (*coniugio, quod fecit, adest dea*, 295). Ihr blaues Gewand zeigt im Gegensatz zum tiefroten des Pygmalion, dass sie gefühlsmäßig eher unbeteiligt ist. Ihre Hand liegt wie beiläufig auf dem linken Oberarm der *virgo*. Ein kleiner Amor hinter ihr hält die Liebesfackel und lässt deren Flamme auf die Statue überspringen; sie erwacht gleichzeitig zum Leben und zur Liebe. Der Delphin auf dem Sockel der Statue erinnert an die Mitwirkung der Venus bei der Anfertigung.

Geschickt ist die Komposition, d.h. die Darstellung der Beziehung zwischen den drei beteiligten Figuren. Pygmalion und die Statue sind in Haltung, Gestik und Mimik direkt aufeinander bezogen. Venus steht unterstützend hinter Pygmalion, ihr Blick und ihr ausgestreckter Arm sind jedoch auf die Statue gerichtet, der sie gleichzeitig Leben einhaucht und Liebe vermittelt (*pariter cum caelo vidit amantem*, 294). Interessanterweise erscheinen Körper, Gesicht und Haare der Venus und der Statue weitgehend identisch (vgl. die Deutung oben, S. 207 f.). Rätselhaft bleibt der abgeschlagene Frauenkopf im Vordergrund, der in mehreren Bildern dieser Zeit auftaucht. Möglicherweise dient er als symbolischer Hinweis auf die Misogynie des Pygmalion (*offensus vitiis* .. , 244 f.)

S. 132

(1.) Beide Bilder sind überwiegend symbolischer Natur. Bei Lagrenée scheint die Belebung der Statue und die Annäherung zwischen ihr und Pygmalion weiter fortgeschritten zu sein als bei Girodet-Trioson. Die verbindende Funktion des Eros wird bei Girodet-Trioson betont, Venus selbst bleibt numinos im Hintergrund (Statue, Opferfeuer und helles Licht). Bei Lagrenée erscheint Venus leibhaftig und nimmt am Geschehen direkt Anteil, mehrere Amoretten assistieren ihr. Die Farbsymbolik und die Innigkeit des Ausdruckes ist bei beiden Malern ähnlich. Bei Girodet-Trioson erfolgt das Wunder der Belebung religiös-numinos (Licht im Hintergrund), bei Lagrenée sind es sowohl der liebende Kontakt des Pygmalion (*tractata pollice*, 285, und *rursus amans rursusque manu sua vota retractat*, 288) als auch der Beistand der Venus, die die Belebung gemeinsam bewirken.

(2.) Bei **Girodet-Trioson** steht das Venusfest stärker im Vordergrund und wird als auslösendes Moment begriffen (Verse 273-277). Die Haltung des Pygmalion weist auf die Verse 287-288 hin. - Bei **Lagrenée** steht der Schlussteil der Erzählung mehr im Vordergrund (288-295): *sensit et erubuit* (293), *pariter cum caelo vidit amantem* (294), *coniugio, quod fecit, adest dea* (295).

S. 132

B

S. 161

(3.) Das Bild von **Mel-Ramos** ist Teil einer Serie zum Thema „Verwandlung der Galatea". Es greift zwar formal einige Aspekte antiker Skulptur auf (vgl. die Venus von Milo und die sandalenlösende Nike), enthält aber auch Elemente der Pin-up-Kunst (deutliche, auf den Betrachter ausgerichtete Erotik). Durch das gleißend-helle Licht und den steril-nackten Raum wird eine völlig andere Atmosphäre evoziert als in den klassizistischen Bildern, die eher eine mystisch-religiöse Stimmung intendieren.

Die erwachende Statue steht im Zentrum, dem Betrachter frontal gegenübergestellt. Der Prozess der Belebung vollzieht sich mit scharfer Trennlinie (noch oberhalb des Herzens). Durch das Fehlen sonstiger beteiligter Figuren (Venus, Cupido, Eroten, Zuschauer etc.) und jeglicher Attribute ist die Begegnung reduziert auf das Geschehen zwischen erwachender Statue und Betrachter. Dieser wird selbst in die Rolle eines Pygmalion gedrängt, bietet sich ihm die Statue doch in ihrer Weiblichkeit und Körperlichkeit unmittelbar dar. Dies erinnert an das *crimen* der Propoetiden.

Der leicht gesenkte Kopf, der den Betracher fixierende Blick, die teils offenen, teils bedeckenden Haare und der leicht geöffnete Mund ergeben eine Pose erotischer „Anmache", die die Statue fast instinktiv einzunehmen scheint. Dabei weiß der Betrachter noch nicht, welche Gedanken und Empfindungen in der erwachenden Statue stecken mögen. Der kahle, nackte Raum entspricht der Inhaltsleere dieser Begegnung, die ja nur eine scheinbare und illusorische ist, da sie auf den Projektionen und Phantasien des Rezipienten beruht.

Wodurch die Belebung erfolgt, ist im Gegensatz zu den klassizistischen Darstellungen nicht eindeutig zu klären. Das gleißende Licht, das von einem Scheinwerfer zu stammen scheint - ähnlich wie bei Modeaufnahmen, wo das Model sich vor dem Photographen in Positur setzt -, hebt die Figur der Statue plastischer hervor und schafft einen unwillkürlichen Bezug, eine Art Ausrichtung und Bewegung auf den Betrachter hin. So zeigt dieses Bild weniger ein objekthaftes Geschehen, das aus der Distanz heraus auf einer Leinwand betrachtet werden kann, sondern es provoziert eine persönliche Reaktion des Betrachters. So mag die Belebung auch von ihm selbst ausgehen, da er in das Bild mehr hineindenkt, als es zeigt.

Gegenüber dem Bild von Girodet-Trioson (Seite 132), das extrem gefühlvoll und anmutig erscheint und viel weniger erotisch wirkt, zeigt sich die stärkere Rationalität (bzw. Funktionalität) und die Reduzierung auf das Sexuelle, die ein Kennzeichen der Neuzeit sein dürfte.

S. 135

(1.) Der Text passt, als ob er in Hinblick auf die Pygmalion-Thematik geschrieben wäre. Insbesondere folgende Aussagen stimmen motivisch überein:
- Manche Frauen sind einfach zu schön, um wahr zu sein (*qua femina nasci **nulla potest***)
- ihre persönliche Traumfrau zu modellieren (***simulacra** suae puellae, sua **vota***)
- eifrige ‚Frauen-Entwickler' (*saepe manus operi **temptantes** admovet*)
- Die Kandidatinnen sollen als Ganzes überzeugen (***nec nuda minus formosa** videtur*)
- Dadurch soll eine möglichst realistische Wirkung erzielt werden (*virginis est **verae** facies, quam vivere credas ...*)
- Keinesfalls sollte sie zu perfekt geraten. - Gerade der ein oder andere Makel lässt eine Pixeltraumfrau erst natürlich schön erscheinen und macht die Illusion perfekt (***ars adeo latet arte** sua*)
- Nicht die schönste Frau, sondern die perfekte Illusion einer realen Frau (*operisque sui concepit amorem, **nec adhuc ebur** esse fatetur*)

Wie bei Pygmalion geht es um künstlerisch-technische Perfektion und die damit verbundene Illusion. Digitale Frauengestalten können nach Belieben (bis in ihre einzelnen Pixel hinein) verändert und dem Wunsch des Betrachters angeglichen werden. Dies betrifft die Körperformen ebenso wie die Hauttönung, die Augenfarbe etc.

S. 135

S. 135

(2.) Die verblüffende Realitätsnähe, die heute mit digitaler Technik möglich ist, lässt sich kaum noch von realen Bildern unterscheiden (vor allem bei photoartigen Darstellungen). Oft sind es nur noch einzelne Unstimmigkeiten, auf die man bei genauer Betrachtung aufmerksam wird, oder es ist ein diffuser Gesamteindruck, der unnatürlich erscheint. Manchmal ist es auch die Überperfektion, die misstrauisch macht (zu glatte Haut, zu glänzende Augen etc.).
Die Aufgabe der Zuordnung ist sehr spannend und führt sofort zu Diskussionen. Allerdings sind alle hier abgebildeten Frauen digital (dies ist kein intendierter Trick, sondern liegt daran, dass die Bildrechte für reale Models nur sehr schwer zu bekommen sind! - Die Angaben zu den Bildern finden sich im Textband auf Seite 176).
Die Beseeltheit eines Wesens vermittelt sich in erster Linie durch dessen Ausdruck. Einige der Darstellungen wirken bei genauer Hinsicht leicht starr. Vor allem der Blick ist es, der die innere Regung (Gefühle) erkennen lässt, und der auch digital am schwersten zu imitieren ist. Unnatürlich wirken besonders die beiden rechten Bilder. Das obere hat zu glatte Haare und es fehlt die Synchronisation der Augen (das linke Auge gesondert betrachten!). Beim unteren Bild ist die Nase zu knubbelig und in der Mitte zu dick; die über die Augen fallenden Haare wirken zweidimensional.

Zum Aufbau der Bücher XI-XV (Seite 136-137)

Mit dem **Tod des Orpheus** (Buch XI) endet symbolisch auch die mythische Zeit. Der Zug des Bacchus leitet den Übergang von **Griechenland** nach **Kleinasien** (Midas), wo mit der Erbauung **Trojas** und den Erzählungen um Peleus, den Vater des Achill, die mythischen Sagen auslaufen. Verwandlungen in Vögel herrschen im letzten Drittel der *Metamorphosen* vor.
Ab Buch XII beginnt der „historische" Teil der *Metamorphosen*; als frühestes „Geschichtsdatum" galt der Antike der **Trojanische Krieg**. Die folgenden Bücher zeichnen den Weg von Troja bis nach Rom nach und imitieren dabei die großen epischen Vorbilder: Homers *Ilias* und *Odyssee* und Vergils *Aeneis*.[5] Deutlich begibt sich Ovid damit in Gefilde epischer Konkurrenz; entsprechend klingt die Liebesthematik allmählich aus (Vertumnus und Pomona als letzte Liebeserzählung).
Mit Buch XIV verstärkt sich das **Thema der Verewigung**, das in mehreren Apotheosen immer mehr verdichtet wird, bis es schließlich in die Selbstapotheose Ovids, den Epilog, einmündet. Die Verewigungsthematik, die bereits in Buch X bestimmend war, beherrscht das gesamte letzte Drittel des Werkes (poetologisch bereits präfiguriert im Weiterleben von Haupt und Leier des Orpheus).
Die lange **Rede des Pythagoras** in Buch XV bildet nicht, wie man früher annahm, die philosophische Basis des Gesamtwerkes, sondern nur ein philosophisches Pendant zur mythologischen Metamorphosenlehre. Vielmehr wird - in Anschluss an das **Helden-Epos** - die verwandte **Gattung des Lehr-Gedichtes** durch Pythagoras vertreten (mit deutlichen Bezügen zu Lukrez als wichtigstem Gattungsvertreter).
Damit reizt Ovid die Gattungskonventionen des Epos voll aus und schafft es, in fünfzehn Büchern eine *summa litterarum* zu präsentieren, die neben **Liebeselegie**, **Helden-Epos** und **Lehr-Gedicht** auch die Gattung der **Bukolik** (Polyphem) und die **Geschichtsschreibung** integriert (eine Kurzabhandlung der römischen Geschichte von Romulus bis Augustus).
Die Komposition ist also Ausdruck des dichterischen Programmes, in dem Ovid sämtliche namhafte Vorgänger und sämtliche Gattungen der Literatur in einem Großgedicht vereint.

---

5) Allerdings parodiert Ovid durch übersteigerte homerische Kampfszenen (vor allem beim Kampf der Lapithen gegen die Kentauren) die Blutrünstigkeit des klassischen Epos.

Somnus und Morpheus (S. 138-143)

1. Zentrale Deutungs-Aspekte

Inhalt: Allegorie des Schlafes und des Traumes, Traum und Wahrheit
Interpretation: Deutung einer Allegorie (antike Traumlehre), Symbolisierung
Gattung: Allegorie
Erzählebenen (S. 12): sensualistisch, artifiziell

2. Übersetzung

583 Aber die Göttin erträgt es nicht länger, für einen Toten angefleht zu werden,
und damit (Alcyone) ihre trauervollen Hände von den Altären fernhalte,
sprach sie: „**Iris**, du getreueste Botin meiner Stimme,

586 suche geschwind die Halle des schlafspendenden Somnus auf
und befiehl ihm, er solle **Träume** in der Gestalt des verblichenen
Ceyx zu Alcyone schicken, **die ihr die Wahrheit verkünden**."

589 Kaum hatte sie gesprochen, da legte **Iris** ihren tausendfarbigen Umhang an
und mit ihrem weiten Bogen den Himmel färbend strebte sie zu der
unter Wolken verborgenen Behausung des ihr aufgetragenen **Herrschers**.

592 Es gibt da nahe bei den Kimmerern eine tief sich erstreckende **Höhle**,
die **Einwölbung eines Berges**, **Behausung und „Tempel"** des **trägen Schlafes**,
wohin niemals die Sonne, weder beim Aufgang noch auf mittlerer Bahn noch bei

595 ihrem Untergang, mit ihren Strahlen gelangen kann. **Nebel** vermischt mit **Finsternis**
dünstet der Boden dort aus und (es herrscht) eine **zwielichtige Dämmerung**.
Kein Hahn mit seinem Kamm weckt dort mit lautem Krähen Aurora

598 und *keine* leicht erregbaren Hunde durchbrechen mit ihrem Gebell
die **Stille**; es schnattern keine Gänse, die noch wachsamer sind als Hunde.
Kein wildes Tier, *kein* Vieh, *kein* Ast, vom Winde bewegt, *keine*

601 Streitereien menschlicher Zungen geben einen Ton von sich.
Stumme Stille herrscht dort. Nur tief unten aus dem Felsen entspringt
ein Bach mit Lethe-Wasser, dessen Wellen mit einem **Murmeln** dahingleiten

604 und durch das **Rieseln rauschender Steinchen** zum Schlaf einladen.
Draußen vor der Höhle blühen **üppiger Schlafmohn** und **unzählige Kräuter**,
aus deren Milch die Nacht einen betäubenden Saft gewinnt, den sie in der

607 feuchten Abenddämmerung über die Erde hin ausstreut.
Kein Geräusch macht die Eingangstür beim Öffnen oder Schließen,
keine Tür befindet sich im ganzen Haus, *kein* Wächter auf der Schwelle.

610 In der Mitte der **Höhle** aber steht **ein Bett aus Elfenbein**, leicht erhöht,
aus **weichen Flaumfedern**, **dunkelfarbig**, mit einer **schwarzen Decke** versehen,
wo **der Gott** selbst ruht, seine Glieder vor Erschlaffung ausgestreckt.

613 Um ihn herum liegen verstreut **leere Träume**, die ganz unterschiedliche
Gestalten nachbilden, so zahlreich **wie die Ähren** bei der Ernte,
wie die Blätter im Wald oder wie der Sand, der an die Küste gespült wird.

616 Sobald **die junge Frau** dort eintrat und mit ihren Händen die ihr im Weg
stehenden **Träume** auseinanderschob, erstrahlte die **heilige Halle**
vom Glanz ihres Kleides und **der Gott**, der seine vor schwerer Müdigkeit

619 herabgesunkenen Lider kaum heben konnte und immer wieder (in den Schlaf)
zurücksank, und dem einnickend das Kinn immer wieder auf die Brust fiel,

	riss sich endlich von sich selbst los, stützte sich auf den Ellenbogen und
622	wollte wissen, als er sie erkannte, weswegen sie käme. **Sie** aber sprach:
	„**Schlaf**, **du** Ruhe der Welt, **du** sanftester, **Schlaf**, aller Götter,
	du Friede der Seele, der *du* die Sorge vertreibst, der *du* die von harter Arbeit
625	erschöpften Körper sanft berührst und ihnen Erholung schenkst:
	Lass in Trachin, der Stadt des Herkules, **einen Traum, der die wirkliche Gestalt**
	täuschend echt nachahmt, Alcyone in der Gestalt des Königs erscheinen
628	und ihr die Bilder des Schiffbruches vor Augen führen.
	So befiehlt es Juno." Nachdem sie ihren Auftrag erfüllt hat,
	entfernt sich **Iris** - denn länger konnte sie die betäubende Wirkung
631	nicht mehr aushalten -, und als sie merkte, wie ihr der Schlaf in die
	Glieder fuhr, da entfloh sie und kehrte auf demselben Bogen zurück.
	Aber **der Vater** erweckt aus dem Volk seiner tausend Kinder den
634	**Morpheus**, einen **Künstler im Nachahmen von Gestalten**;
	kein anderer kann **geschickter** als er den (typischen) Gang (eines Menschen)
	nachmachen, sein Mienenspiel und seine Art zu sprechen.
637	Auch die (passende) Kleidung fügt er hinzu und die Worte, wie sie einem
	jeden ganz eigen sind. Er **imitiert** freilich nur *Menschen*, doch ein anderer
	wird zum *wilden Tier*, zum *Vogel*, zur lang gestreckten *Schlange*;
640	**Ikelos** nennen ihn die Götter, die Menschen dagegen „Schreckgespenst".
	Es gibt einen Dritten noch ganz anderer **Kunst**: **Phantasos**.
	Dieser **verwandelt sich ganz täuschend** in *Erde* oder in *Felsen*, in *Wasser*
643	oder in einen *Baumstamm*, überhaupt in *alles, was unbeseelt ist*.
	Die einen pflegen ihr Gesicht in der Nacht nur Königen und Anführern
	zu zeigen, **andere** durchschwirren verschiedene Völker und die Masse.
646	Diese übergeht **der greise Somnus** und aus allen Brüdern wählt er
	einzig den **Morpheus**, die Befehle der **Thaumas-Tochter** auszuführen,
	und erneut von weicher Erschlaffung dahingerafft, legte er sein Haupt
649	nieder und barg es in der Tiefe des Kissens.
	Jener fliegt mit seinen Flügeln völlig lautlos durch die Dunkelheit
	und innerhalb von recht kurzer Zeit gelangt er in die Stadt
652	Haemonia. Nachdem er seine Flügel abgelegt hatte,
	nahm er das Aussehen des Ceyx an und stand in dessen Gestalt
	leichenblass, einem Toten ähnlich, ohne jede Bekleidung
655	vor dem Bett der armen Gattin. Nass erschien ihr der Bart ihres
	Mannes und aus den feuchten Haaren schien das Wasser herabzutriefen.
	Dann beugte er sich über das Bett, sein Gesicht von Tränen überströmt,
658	und sprach folgende Worte: „Erkennst du deinen Ceyx, meine arme Gattin?
	Oder ist mein Gesicht vom Tode entstellt? Schau: Du erkennst und findest
	statt deines Mannes (nur noch) den Schatten deines Gatten vor.
661	Nichts haben mir, Alcyone, all deine Bitten geholfen: Ich bin tot!
	Setz nicht noch weiter falsche Hoffnungen auf mich!"

3. Bedeutung der Erzählung

Die Allegorie des Schlafes ist eingebettet in die Erzählung von **Ceyx und Alcyone**, einer tragischen Liebesgeschichte. Die Schüler erfahren indirekt einiges über antike Religion (Gebete und Opfer der Alcyone für ihren abwesenden Gatten; die negative Reaktion der Göttin Juno, die Zuordnung verschiedener Gottheiten) und vor allem über die antike Traumlehre.

4. Interpretation im Textverlauf

Der Auftrag der Juno an Iris (S. 138)

583 *At* dea non ultra pro functo morte rogari ⏑	
sustinet, utque manus funestas arceat aris	
„Iri, meae" dixit „**fidissima nuntia vocis**,	Hyperbaton, i-Assonanz (Lautmalerei)
586 vise soporiferam **Somni** velociter **aulam**	v-/so-Alliteration, Hyperbaton
exstinctique iube Ceycis **imagine** mittat ⏑	
somnia ad Alcyonen **veros narrantia casus**."	
589 Dixerat, induitur velamina mille colorum ⏑	Asyndeton
Iris et arcuato caelum curvamine signans ⏑	c-Alliteration
tecta petit iussi **sub nube latentia regis**.	

Ovid verwendet eine gehobene, epische Sprache und einen pompösen Satzbau, um die Göttin Juno zu charakterisieren (Verse 583-588). Diese galt in der Antike als herrschsüchtig und matronenhaft, leicht erregbar und nachtragend (die berühmte *ira Iunonis*). Dementsprechend klingt der Beginn ihrer Rede fast aufgeregt schrill (i-Laute).

Iris wird hier in ihrer Doppelbedeutung als mythologische Figur (Götterbotin) und als Naturerscheinung (Regenbogen) dargestellt. So zieht Iris den Regenbogen wie ein Reisekleid an, benutzt diesen aber zugleich auch als Brücke zur Erde (590 f.; vgl. 632).

Die Behausung des Schlafgottes (S. 138 und 140)

592 Est prope Cimmerios longo **spelunca** recessu,	
mons cavus, ignavi **domus et penetralia Somni**,	
quo numquam radiis oriens medius*ve* cadens*ve* ⏑	Polysyndeton
595 Phoebus adire potest: **nebulae caligine** mixtae ⏑	Personifikation
exhalantur humo **dubiaeque crepuscula lucis**.	
Non vigil ales ibi cristati cantibus oris	Antonomasie
598 evocat Auroram, *nec* voce silentia rumpunt ⏑	Polysyndeton
sollici*ti*ve canes canibus*ve* sagacior anser.	Polyptoton, Klimax
Non fera, *non* pecudes, *non* moti flamine rami	Anapher (Negationenkette)
601 humanae*ve* sonum reddunt convicia linguae:	Hyperbaton
muta quies habitat. Saxo tamen exit ab imo ⏑	
rivus aquae Lethes, *per quem cum murmure* labens	Lautmalerei
604 invitat somnos *crepitantibus unda lapillis*.	Lautmalerei
Ante fores antri fecunda papavera florent	f-Alliteration
innum*erae*que herbae, *qu*arum de lacte soporem	Reim
607 **Nox** legit et spargit per opacas umida terras.	Hyperbaton, Personifikation
Ianua *nec* verso stridores cardine reddit:	
nulla domo tota est, custos in limine **nullus**.	Chiasmus, Polyptoton
610 At *medio* ←**torus**→ est ebeno sublimis *in* **antro**,	abbildende Wortstellung
plumeus, atricolor, pullo velamine tectus,	Asyndeton, p-Alliteration
quo cubat ipse **deus** membris languore solutis.	
613 **Hunc** circa passim varias imitantia formas ⏑	a-i-Assonanz
Somnia vana iacent totidem, quot messis aristas,	Personifikation, Vergleich
silva gerit frondes, eiectas litus harenas.	Asyndeton

(1.) Allegorie des Schlafes
- **Behausung (592-596):** Die tief eingeschnittene Höhle in der Flanke eines Berges liegt fernab von aller Welt, in ein dämmerndes Zwielicht getaucht [~ *Der Schlaf liegt am Rande der uns erfahrbaren Wirklichkeit, sein Wesen liegt für uns im Dunkel.*]
- **Absolute Stille (597-602 a)** [~ *Der Schlaf kann nur in tiefer Ruhe existieren; er wird durch jedes Geräusch gestört.*]
- **Bächlein mit Lethewasser (602b-604)** [~ *Der Schlaf ist von Vergessen (gr. Lethe) begleitet; im Schlaf tauchen wir in eine andere, „unterirdische" (sublime) Wirklichkeit.*]
- **Schlafmohn vor der Höhle (605-608)** [~ *Der Schlaf hat eine betäubende Wirkung, er kann aber auch durch bestimmte Stoffe (Narkotika) bewirkt werden. Die Schlafmilch als „Tau der Nacht" entspricht unserem Sandmännchen (Erklärung der Verklebungen in den Augen).*]
- **Fehlen von Türen (609)** [~ *Im Schlaf kann ein Mensch sich nicht verschließen; die Bewusstseinskontrolle und das willentliche Sich-Abschotten sind vorübergehend ausgeschaltet.*]
- **Das Bett des Schlafgottes (610-612):** Aus Elfenbein, erhöhte Position, weiche Kissen, schwarze Decke [~ *Viele Menschen benötigen eine weiche Unterlage („in den Schlaf sinken") und Dunkelheit, um einschlafen zu können. Oft hat man im Traum das Gefühl zu schweben oder erhoben zu sein (torus sublimis). Der glatte Schimmer des Elfenbeins erinnert wohl an das Schummrige eines Traumes (vgl. dazu auch TB S. 142, Aufg. 4).*]
- **Schlafgötter ringsum (613-615)** [~ *Es gibt unzählige Träume, die einem Menschen „eingegeben" werden oder ihm „zufliegen" (Metaphern der unerklärbaren Herkunft)*]
- **Das mühsame Erwachen (618-621)** und **das Wiedereinnicken des Schlafgottes (648 f.)** [~ *Der Schlaf sträubt sich dagegen, unterbrochen oder gestört zu werden. Oft fällt es uns schwer, uns „aus dem Schlaf zu reißen" und umgekehrt „nicken" wir bei extremer Müdigkeit schnell ein und können die Augen kaum „offen halten".*]

(2.) Erst durch das Zusammenspiel diverser **Darstellungstechniken** und Erzählmittel erreicht Ovid die für ihn typische Anschaulichkeit; man könnte Ovids Schilderung ohne Schwierigkeiten als Hörspiel vertonen oder in einem Bühnenbild (etwa im Schuhkarton) darstellen. - Fragt man die Schüler, was der Haupteindruck ist, den die Szene hinterlässt, so dürften dies die *schummrige Dunkelheit*, die *absolute Stille* und das *schwarze Bett des Somnus* sein, das zum Schluss geschickt ins Zentrum des Blickes gerät. Der Leser verfolgt das Geschehen mit den Augen der Iris, die beim Eintreten alle Einzelheiten wahrnimmt.
Folgende **Darstellungstechniken** finden sich in diesem Abschnitt (592-615):

- **Wortfelder: Licht und Schatten** (*nebulae caligine mixtae, dubiae crepuscula lucis*), **Behausung** (*spelunca, domus, penetralia, antri, domo, antro, sacra domus*), **Erschlaffung** (*ignavi Somni, membris languore solutis, gravitate iacentes vix oculos tollens, iterumque iterumque relabens*), **Stille** (*silentia, muta quies*), **Tiere** (597-600)
- **Stilmittel:** Polysyndeton, abbildende Wortstellung, Lautmalerei etc.
- **Negationen-Kette** (597-599, 600 f.)
- **Sinneseindrücke: Tastsinn** (*nebulae exhalantur humo, rivus aquae Lethes, manibus obstantia virgo somnia dimovit*), **Gehör** (*vigil ales .. cantibus oris evocat Auroram, nec voce silentia rumpunt; humanaeve sonum reddunt convicia linguae; cum murmure labens, crepitantibus lapillis; ianua nec stridores reddit*), **Bewegung** (*moti flamine rami*), **Gesichtssinn/Farben** (*fecunda papavera florent* ~ rot, *de lacte* ~ weiß, *atricolor, vestis fulgore reluxit; vix oculos tollens*)
- **Episches Kolorit:** *oriens mediusve cadensve Phoebus* (594 f.), Vergleich (614 f.)
- **Metaphorik:** Wächtertiere (*vigil ales, solliciti canes, sagacior anser*; vgl. die berühmten kapitolinischen Gänse) als Synonyme drohender Gefahr werden ausgeschlossen.

Viktoria Peine (Jgst. 11) - Die Höhle des Schlafgottes, 2007

S. 139

S. 139

(1.) **René-Antoine Houasse** hält sich eng an die Vorlage Ovids; deshalb kann man dem Bild leicht einzelne Textstellen zuordnen. In das weite Höhlenrund der Bergflanke (*longo spelunca recessu, mons cavus*, 10 f.) schwebt aus den Wolken die Götterbotin Iris hinein, in himmelsblau gekleidet. Bei ihrem Eintritt in die Höhle, von deren Boden dunkle Dämpfe aufsteigen (*nebulae caligine mixtae exhalantur humo*, 13 f.), schiebt Iris das Gespinst der Träume auseinander (*manibusque obstantia virgo somnia dimovit*, 34 f.); einzelne blasse Traumgestalten sind in dem Nebel erkennbar. Durch den Glanz des Regenbogens erstrahlt die ansonsten dunkle Höhle (*vestis fulgore reluxit sacra domus*, 35 f.) und der Schlafgott, der auf seinem erhöhten Lager ruht (*medio torus est ...*, 28-30), wird aus dem Schlaf gerissen (*vix oculos tollens ..., excussit tandem sibi se cubitoque levatus*, 37-39). Die Blumen am Rand seines Bettes sind ein Hinweis auf den Schlafmohn, der vor der Höhle blüht (*fecunda papavera florent ..* , 23 f.). Am unteren Bildrand fließt das kleine Lethe-Bächlein (*rivus aquae Lethes*, 20-22).

(2.) Zu den Füßen des Gottes schlafen lauter kleine, geflügelte Traumgötter (*hunc circa passim varias imitantia formas Somnia vana iacent ...* , 31-33) in verschiedenen Stellungen (vielleicht in Anlehnung an *varias imitantia formas*).

Iris betritt die Höhle (S. 140)

616	Quo simul intravit manibusque *obstantia* ←**virgo**→	abbildende Wortstellung
	somnia dimovit, vestis fulgore reluxit	
	sacra <u>domus</u>, tardaque **deus** gravitate iacentes	
619	vix oculos <u>tollens</u> ‖ *iterumque iterumque* <u>relabens</u>	Lautmalerei
	summaque <u>percutiens</u> ‖ nutanti pectora mento	
	excussit tandem sibi se cubitoque levatus,	s-Alliteration, Paradoxie, Lautmalerei
622	quid veniat - cognovit enim - scitatur, at **illa**:	Parenthese

Die junge Frau wird bei ihrem Eintreten von den wabernden Träumen wie von Spinnweben umgeben (*obstantia* virgo *somnia*, abbildende Wortstellung), die sie mit der Hand erst beiseiteschieben muss (*manibus ... dimovit*; vgl. das Bild von Houasse).

Die Szene selbst ist wunderbar gemacht. Der Schlafgott wird durch das plötzlich eindringende Licht für kurze Zeit aus seinem tiefen Schlummer geweckt, wobei Ovid höchst eindringlich die Schwere der Augenlider (*tarda .. gravitate* iacentes *.. oculos*) und das schlaftrunkene Wiedereinnicken des Gottes schildert (619-621; *iterúmque_iterúmque* gibt fast lautmalerisch das wiederholte Herabfallen des Kopfes wieder.). Ermüdend wirkt die Wiederholung der Partizipien *tollens .. relabens/ .. percutiens* (619 f.). Dagegen erscheint das Klangbild *excussit tandem sibi se* (621), als ob der Schlafgott sich mit einem tiefen Seufzer aufrappeln würde.

Die Botschaft der Iris (S. 141)

623	„**Somne**, quies rerum, *placidissime*, **Somne**, deorum,	Anapher, Lautmalerei
	pax animi, *quem* cura fugit, *qui* corpora duris ␣	Asyndeton
	fessa ministeriis *mulces* reparasque labori:	Pleonasmus
626	Somnia, **quae veras aequent imitamine formas**,	
	Herculea Trachine iube **sub imagine** regis	
	Alcyonen adeant **simulacraque naufraga fingant**.	
629	Imperat hoc Iuno." Postquam mandata peregit,	
	Iris abit - neque_enim_ulterius tolerare soporis ␣	Parenthese
	vim poterat -, labique_ut somnum sensit in artus,	s-Alliteration, Lautmalerei
632	effugit et remeat per quos modo venerat arcus.	

(1.) Dem **Schlaf** wurde in der Antike eine lösende und beinahe erlösende Funktion zugesprochen. Ohne ihn gäbe es keine Erholung für Mensch und Tier, sowohl in körperlicher als auch in seelischer Hinsicht. Seine Nähe zum Vergessen (gr. *Lethe*) und zum Tod (gr. *Thanatos*) wurde mythologisch durch die Verwandschaftsbeziehung ausgedrückt. Als „Sohn" der Nacht (gr. *Nyx*) gehört er zu den frühen, chthonischen Göttern und vermochte selbst Zeus einzuschläfern.

(2.) Wie der orphische Hymnus zeigt, zitiert Ovid in der **Anrede der Iris** solche allgemein bekannten hymnischen Prädikationen (Intertextualität); dabei imitiert der weiche Wohlklang der Worte in sich schon das Wesen des Schlafes.

Allerdings tritt in Ovids Erzählung der Schlaf nicht als Wohltäter und Erlöser auf, sondern als schonungsloser Darsteller der Wahrheit. Insofern passt der Hymnus (feierliche Sprache, Relativstil) eigentlich nicht in die Logik der Erzählung. Die Idee, die hinter dem Zitat steckt, ist jedoch eine andere. Iris bricht nämlich nach nur drei Versen den begonnenen Hymnus ab und wendet sich schnell ihrer Aufgabe zu, der Übermittlung von Junos Befehl. Ihre Botschaft fasst sie in ebenfalls nur drei Versen zusammen, wobei sie sich eng an den Wortlaut des Befehles hält (man vergleiche die Verse 587 f. mit den Versen 626-628.) Auch die abschließende Bekräftigung *imperat hoc Iuno* (629) klingt kurz und abgehackt.

(3.) All dies zielt darauf hin, einen scherzhaften Zug vorzubereiten, nämlich die **übereilte Flucht der Iris**, die die lähmende Einwirkung des Schlafes kaum noch von sich abwehren kann und sich deshalb eilends entfernt. Dabei kopiert Ovid in den Versen 630 f. die Beschreibung des wiedereinnickenden Somnus: *neque_enim_ulterius tolerare soporis vim poterat ... labique_ut somnum sensit* (mit einem Wechsel zu spondeischem Rhythmus; vgl. 619 f.), um so den Leser die Einwirkung des Schlafes auf Iris unmittelbar nacherleben zu lassen.

S. 141

Evelyn de Morgan: Das Bild veranschaulicht in symbolischer Form die drei dunklen Urkräfte. *Nyx* sitzt - in entspannter Haltung, die Augen geschlossen - am Ufer eines Meeres (~ Seelensymbolik) auf einem schwarzen Felsen (~ Symbol ihrer ursprünglichen Kraft und ihres chthonischen Ursprungs); ihre Wirkung wird durch den weiten, herabfallenden Umhang (~ Mantel der Nacht) gekennzeichnet. Ihre Kinder hocken ihr zu Füßen, wobei ihre rechte Hand jeweils die Verbindung untereinander symbolisiert. *Thanatos* sitzt tiefer als **Hypnos**, der sich an die Nacht anlehnt und eine ähnliche Haltung wie sie einnimmt (gesenkter Kopf, abgestützter Arm); er ist ihr besonders nahe. *Thanatos* hat im Gegensatz zu den beiden anderen die Augen geöffnet und blickt den Betrachter sinnend an. Die Fackel des Lebens hat er zu Boden auf den feuchten Sand gesenkt und bringt sie auf diese Weise zum Erlöschen.

Die Söhne des Somnus (S. 142)

	At **pater** e populo natorum mille suorum	p-Alliteration
	excitat **artificem simulatoremque figurae**	
635	**Morphea**: non illo quisquam **sollertius** alter	Litotes
	exprimit incessus vultum*que* sonum*que* loquendi.	Polysyndeton
	Adicit *et* vestes *et* consuetissima cuique	
638	verba. Sed hic **solos homines imitatur**, at alter	
	fit fera, fit volucris, fit longo corpore serpens:	Anapher, f-Alliteration
	hunc **Icelon** superi, mortale **Phobetora** vulgus	Chiasmus
641	nominat. Est etiam diversae tertius **artis**	
	Phantasos: ille in humum saxum*que* undam*que* trabem*que*,	Polysyndeton
	quae*que* vacant anima, **fallaciter** omnia transit.	
644	*Regibus* **hi** *ducibusque* suos ostendere vultus	
	nocte solent, *populos* **alii** *plebemque* pererrant.	Parallelismus, p-Alliteration
	Praeterit hos **senior** cunctisque e fratribus unum	
647	**Morphea**, qui peragat **Thaumantidos** edita, **Somnus**	
	eligit, et rursus molli languore solutus	
	deposuit*que* caput strato*que* recondidit alto.	Polysyndeton

S. 142

(3.) Die Traumwelt weist sehr enge Bezüge zur Thematik der Metamorphose auf. Träume sind Produkte der unbewussten Phantasie (wie die echten Mythen auch). Im Traum ist Verwandlung ebenso möglich wie im Mythos, wobei Träume auch oft sehr gefühlsintensive Situationen vermitteln, manchmal auch dramatische Erlebnisse.

Allerdings kennt der Traum das Erwachen, die Rückkehr zu einer anderen Welt, der der „Wirklichkeit", in der alle Taten und Erlebnisse sich konkret auswirken. Träume und Mythen dagegen sind virtuelle Phantasieprodukte, in denen der Mensch verschiedene Rollen, diverse Verhaltensweisen und deren Konsequenzen ungestraft durchspielen kann.

(4.) Neben den unzähligen leeren Träumen (*somnia vana*, 614) sind vor allem die direkten Söhne des Somnus interessant, da sie verschiedene Aspekte von Träumen in Personifikation darstellen: **a) Morpheus** (von gr. *morphé*, Gestalt): Die gestalterische Kraft des Traumes schlechthin; er kann Menschen perfekt imitieren. **b) Phobetora** (gr. Schreckgespenst): Die bedrohlichen Aspekte der Phantasie (Angst-Träume, vor allem von bedrohlichen Tieren; vgl. die diversen „Monster" im Mythos). **c) Phantasos**: Sinnbild der Vorstellungskraft, die alle möglichen Gegenstände realistisch vor Augen stellen kann (die Phantasie schlechthin).

Die Erscheinung Verstorbener (als Geist oder im Traum) dachte man sich in genau der Gestalt, wie sie im Moment des Todes gewesen war (Kleidung, Wunden, Bartwuchs etc.).

Interessant ist die Vorstellung, dass die Könige durch besondere Traumboten bedient werden (644 f.). Geistesgeschichtlich bilden solche mythologischen Allegorien eine Vorstufe zur Psychologie als Wissenschaft.

In der Person des Morpheus und in seinen Söhnen *Gestaltung*, *Phantasie* und *Imitation* stellt Ovid einen *artifex* vor Augen, der eine perfekte Imitationskraft besitzt, sozusagen einen Dichter, Maler und Bildhauer des Inneren. Die **Genauigkeit der Imitation**, die Ovid wiederholt betont, hat auch einen poetologischen Aspekt, imitiert Ovid doch selbst immer wieder die Sprache und den Stil epischer Vorbilder wie Vergil und Homer „täuschend echt".

Morpheus verkündet Alcyone die Warhrheit (S. 143)

650	Ille volat nullos strepitus facientibus alis ␣	
	per tenebras intraque morae breve tempus in urbem ␣	
	pervenit Haemoniam | positisque␣e corpore pennis	p-Alliteration
653	in faciem **Ceycis** abit sumptaque figura	
	luridus, exanimi similis, sine vestibus ullis	
	coniugis ante torum **miserae** stetit. Uda videtur ␣	Hyperbaton
656	barba viri, *madidis*que |gravis *fluere*␣unda| *capillis*.	abbildende Wortstellung
	Tum lecto␣incumbens, fletu super ora profuso,	
	haec ait: „**Agnoscis Ceyca**, **miserrima coniunx**?	
659	An mea mutata␣est facies nece? **Respice**: **Nosces** ␣	m-Alliteration, ce-Assonanz
	inveniesque *tuo* **pro coniuge coniugis** umbram.	Polyptoton
	Nil opis, **Alcyone**, *nobis tua* vota tulerunt:	tu-Alliteration
662	occidimus! Falso *tibi me* promittere noli!"	

Veros narrantia casus (588) bezeichnet einen Aspekt der **antiken Traumlehre**. Da man glaubte, dass die Träume göttlicher Natur sind (Eingebungen des Traumgottes), betrachtete man sie unter dem mantischen Aspekt als Offenbarungen und Omina. Auf diese Weise hat bereits die Antike Techniken und Methoden der Traumdeutung entwickelt.

Auffällig ist, wie schonungslos und direkt Morpheus Alcyone die Wahrheit verkündet. Offensichtlich kommt es ihm darauf an, sie tatsächlich zu einer Änderung ihres Verhaltens zu bewegen, so dass sie der Göttin Juno nicht länger zur Last fällt. Knallhart wird dafür jedes Mitgefühl verdrängt. Dahinter mag die psychologische Erkenntnis stehen, dass nur die Wahrheit zur Einsicht verhelfen kann.

Das Bild von **Adam Shaw** passt zum drastischen Schluss. Der leere, öde Strand und die dunklen Wolken am Horizont spiegeln die inneren Empfindungen der Alcyone wider: Ihr Gefühl der Verlassenheit, der unstillbare Verlustschmerz und die Gefühlskälte, die der eisige, fahle Leichnam ihres Gatten in ihr auslöst.

Die Verwandlung in den Tauchervogel (engl. *kingfisher* oder *Halcyon*, s. rechts), der sich symbolisch immer wieder ins Meer hinabstürzt, um den Geliebten zu suchen und ihm dort nahe zu sein, schafft im Gedächtnis der Natur ein bleibendes Andenken (*monumentum*) an die verzweifelte Liebe und die unstillbare Sehnsucht der Alcyone. Eines der seltenen Bilder ehelicher Liebe und Verbundenheit in den *Metamorphosen*.

Die Fama (S. 144-145)

1. Übersetzung (Vergil, Aen. IV 173-188)

Sofort zieht **Fama durch die Großstädte** Lybiens,
Fama, das schnellste aller **Übel**.
3 In der Bewegung wächst sie und erstarkt im Voranschreiten;
zunächst klein aus Furcht, erhebt sie sich bald **in die Lüfte**,
schreitet am Boden einher und verbirgt ihr **Haupt in den Wolken**.
6 Wie es heißt, hat die Mutter Erde sie, angetrieben von Zorn auf die
Götter, als Letzte geboren, dem Coeus und dem Enkeladus als
Schwester: Schnell zu **Fuß** und mit flinken **Flügeln**,
9 **ein riesig-schreckliches Monster**, das - wundersam zu erzählen! -
so viel, wie es **Flaumfedern** hat, *ebensoviele* wachsame **Augen** darunter besitzt;
so viele **Zungen** und **Münder** ertönen, *ebenso viele* **Ohren** richtet es auf.
12 *In der Nacht* fliegt es zwischen **Himmel** und **Erde** durch die Dunkelheit,
zischend, und schließt seine **Augen** niemals zu erquickendem Schlummer.
Bei Tageslicht hockt es wachsam auf dem obersten **Dachfirst** oder
15 auf hohen **Türmen** und **verbreitet Schrecken** selbst **in den Großstädten**,
ebenso epicht auf Erdichtetes und Verkehrtes wie Verkünderin der Wahrheit.

2. Interpretation im Textverlauf

Die Fama bei Vergil (S. 144)

Vers	Text	Stilmittel
173	Extemplo Libyae **magnas** it Fama **per urbes**,	Hyperbaton, Personifikation
	Fama, **malum** qua non aliud *velocius* ullum.	
	Mobilitate *viget viresque adquirit* eundo;	vi-Alliteration
176	parva metu *primo, mox* sese attollit in auras	Chiasmus
	ingrediturque solo et caput inter nubila condit.	
	Illam Terra parens, ira inritata deorum,	i-Alliteration
179	extremam - ut perhibent - Coeo Enceladoque sororem	Parenthese
	progenuit, pedibus celerem et pernicibus alis,	p(e)-Alliteration
	monstrum horrendum ingens, cui, *quot* sunt corpore plumae,	abbildende Wortstellung
182	*tot* vigiles oculi subter - mirabile dictu -,	Parenthese
	tot linguae, *totidem* ora sonant, *tot* subrigit aures.	Anapher, Asyndeton
	Nocte volat caeli ←medio→ terraeque per umbram,	abbildende Wortstellung
185	stridens, nec dulci declinat lumina somno.	d-Alliteration
	Luce sedet custos aut summi culmine tecti	Parallelismus (zu Vers 184)
	turribus aut altis, et magnas territat urbes,	
188	tam **ficti pravique** tenax, quam nuntia veri.	Chiasmus, Paradoxie

Die Schilderung Vergils bewegt sich auf epischer Stilhöhe und veranschaulicht mit allen sprachlichen Mitteln (Metrik, Vers- und Satzbau, Wortwahl, Stilmittel) das unheilvolle Wirken und das numinos-schreckliche Wesen der Fama. Sie wird - ähnlich wie der *furor impius belli* (Aen. I 294 f.) - als **Dämon** dargestellt (lat. *monstrum*, 181), der darauf lauert, an Kraft zu gewinnen und sich jederzeit auszubreiten.

Gliederung:
- 173-174   Das **Wirken** der Fama in Lybien (Anlass der Schilderung)
- 175-177   Größe und **Wachstum** (Entstehung)
- 178-179   **Herkunft** (Genealogie)
- 180-183   **Aussehen** und Sinnesausstattung (Fähigkeiten)
- 184-188   **Verhalten** und **Wirkung** (Folgen)

Vergil beschreibt die Fama als ein geflügeltes Wesen (~ Schnelligkeit der Verbreitung, Leichtigkeit des Aufschwungs etc.), das überall in der Welt umherschweift. Hauptaspekt seiner Schilderung ist die **Bewegung** der Fama (ihre Verbreitung) und dadurch auch ihre *Wirkung* auf die Menschen (speziell der **Großstädte**, wo sie eher beheimat zu sein scheint als auf dem Lande). **magnas urbes** rahmt die Schilderung.
Ihr Verhalten wird zeitlich differenziert: Während sie *tagsüber* auf den Dächern hockt, zischt sie *des Nachts* über die Erde dahin; - ein nachtaktives Ungeheuer (~ Gerüchte scheuen das Tageslicht), das im Schutze der Dunkelheit zuschlägt. Im Gegensatz zu Ovid wertet Vergil mit deutlichen Attributen: *malum* (2) und *monstrum horrendum ingens* (9). Die auffällig vielen Elisionen und Synaloephen dienen der Charakterisierung der Fama. So wird ihre Länge (~ das Schlangenartige) in Vers 181 genial veranschaulicht: *monstr‿orrend‿ingens*.
Schön ist die **körperliche Symbolik**: **Federn** (~ schnelle Verbreitung) und **Flaumfedern** (~ feine Wahrnehmung), unter denen sich unzählige **Augen, Münder und Ohren** verbergen.

1. Übersetzung (Ovid, Met. XII 39-63)

39 **In der Mitte des** <u>Erdkreises</u> gibt es **einen Ort zwischen Ländern und Meer und den himmlischen Gefilden, Grenzgebiet einer dreigeteilten Welt**.
    Was irgendwo ist, sei es auch noch so weit entfernt, wird von dort
42 erspäht, und **jede Stimme** dringt in die **gewölbten Ohren**.
    Die <u>Fama</u> wohnt dort und hat sich ihren Wohnsitz **auf der Spitze der Burg**
    gewählt, hat ihr **Haus mit unzähligen Eingängen** versehen und **mit tausend**
45 **Löchern**, mit **keinen Türen** die Schwellen verschlossen.
    Tag und Nacht steht es offen, besteht **ganz aus tönendem Erz**, dröhnt
    überall, gibt alle **Stimmen** wieder, die es empfängt, und wiederholt sie.
48 *Keine Ruhe* herrscht drinnen und *nirgendwo Stille*,
    aber dennoch *kein Geschrei*, sondern ein **Gemurmel leiser Stimmen**,
    ein Geräusch, **als wenn man die** <u>Brandung des Meeres</u> **von ferne**
51 hört, ein Ton wie weit entferntes <u>Donnerhallen</u>, wenn Jupiter
    die Gewitterwolken ertönen lässt. Ein Gewimmel
    besetzt die Hallen, **ein leichtes Völkchen**, das kommt und geht.
54 **Tausenderlei Gerüchte** schweifen umher, **Erdichtetes** vermischt
    mit **Wahrem**, und **Wortfetzen** wälzen sich dahin.
    Von denen füllen die Einen **leere Ohren** mit **Gerede**,
57 jene tragen **Erzähltes** anderswohin, das Maß des **Erfundenen**
    wächst und jeder Autor fügt dem **Gehörten** irgendetwas Neues hinzu.
    Dort leben die <u>Leichtgläubigkeit</u>, dort der **furchtsame** <u>Irrtum</u>,
60 eitle <u>Freuden</u> und **aufgeschreckte Ängste**,
    plötzlicher <u>Aufruhr</u> und <u>Geflüster</u> zweifelhaften Ursprungs.
    Sie selbst sieht, was alles **im Himmel, auf dem Meer** und
63 **auf der Erde** geschieht, und **durchforscht den gesamten** <u>Erdkreis</u>.

2. Interpretation im Textverlauf

Die Fama bei Ovid (S. 145)

39	**Orbe** locus medio est inter **terras**que **fretum**que **caelestes**que **plagas**, **triplicis confinia mundi**.	Polysyndeton
	Unde quod est usquam, quamvis regionibus absit,	
42	inspicitur penetratque **cavas vox omnis ad aures**.	
	Fama tenet summaque **domum** sibi legit **in arce**,	Personifikation
	innumerosque aditus ac **mille foramina tectis**	
45	addidit et **nullis** inclusit limina **portis**.	
	Nocte dieque patet, *tota* est **ex aere sonanti**,	
	tota **frem**it **voces**que **refer**t **itera**tque quod audit.	Anapher, i(t)-Assonanz, Lautmalerei
48	*Nulla quies* intus *nullaque silentia parte*,	Anapher (Polyptoton)
	nec tamen est **clamor**, sed **parvae murmura vocis**,	
	qualia de pelagi,| siquis procul audiat,| undis	Vergleich, abbildende Wortstellung
51	esse solent, qualemve sonum, cum Iuppiter atras	Vergleich
	increpuit nubes, extrema tonitrua reddunt.	
	Atria turba tenet: veniunt **leve vulgus** euntque,	t-/v(e)-Alliteration
54	mixtaque cum veris passim **commenta** vagantur	v-Alliteration
	milia rumorum confusaque **verba** volutant.	v-Alliteration
	E quibus **hi vacuas** ←implent **sermonibus**→ **aures**,	Hyperbaton (abbildende Wortst.)
57	**hi** narrata ferunt alio, mensuraque ficti	Anapher
	crescit et **auditis** aliquid novus adicit *auctor*.	Enallagé
	Illic **Credulitas**, *illic* temerarius **Error**	Personifikationen, Anapher
60	vana**que** **Laetitia** est consternati**que** **Timores**	
	Seditioque repens dubio**que** **auctore** **Susurri**.	Polysyndeton
	Ipsa, quid **in caelo** rerum **pelago**que geratur	
63	et **tellure**, videt **totum**que inquirit **in orbem**.	Wortspiel (totum|qu in|qui|rit)

S. 144

Gliederung (symmetrischer Aufbau):
- 39-42 **Orbe locus**   der Wohnort der Fama zwischen den Welten (*orbe .. medio*)
- 43-47 **Fama tenet**   Ihr Haus (~ Abbild ihres Wesens)
- 48-58 **nulla quies intus** Das Innere des Hauses und seine Bevölkerung (Sozialität)
- 59-61 **Illic .., illic ..** Weitere Bewohner (Familie und Verwandte)
- 62-63 **totum in orbem**   Ihr weltweites Wirken (*totum in orbem*)

Nach der Schilderung Ovids wohnt die Fama „überall und nirgends" (*triplicis confinia mundi*: im Grenzgebiet/Niemandsland der dreigeteilten Welt; vgl. Met. I 5). *locus* (39), **domum** (43), *atria* (53) und *ipsa* (63) sind gliedernde Stichworte, wobei **orbe** (39) am Ende der Schilderung als Rahmung wieder aufgegriffen wird (*totum in **orbem***, 63).
Ovid schildert nicht das Gerücht selber, sondern seine Verbreitung. Es ist kein selbstständiges Wesen, kein für sich operierendes Monster, sondern setzt sich aus vielen Kräften zusammen; es selbst bleibt dabei eher schemenhaft und unbestimmt.
Es bewegt sich auch nicht von seinem Wohnsitz fort, sondern wirkt akustisch. **Das akustische Element** nimmt den zentralen Raum ein (*cavas **vox** omnis ad aures*, 42; *ex aere **sonanti***, 46; *tota fremit vocesque refert iteratque quod **audit***, 47 *nulla quies ..*, 48; ***clamor***, 49; *parvae **murmura vocis***, 49; ***audiat***, 50; ***sonum***, 51; ***tonitrua***, 52; ***auditis***, 58; ***Susurri***, 61), umrahmt vom **optischen Element** (*inspicitur*, 42, und *videt*, 64).

Die Rede des Pythagoras (S. 146-149)

1. Zentrale Deutungs-Aspekte

Inhalt: Kulturanthropologie und Seelenwanderungslehre
Interpretation: Philosophische Deutung (Wandlung und Verwandlung)
Gattung: Lehrgedicht
Erzählebenen (S. 12): anthropologisch, philosophisch, historisierend

2. Einleitungsteil (S. 146-147)

Mit der vorsokratischer Naturphilosophie des 6. und 5. Jh. v. Chr. begann der Weg des Logos, des denkenden und forschenden Verstandes, der die Bildwelt und Traumwelt des Mythos ablöste. Ovid zieht also in der Rede des Pythagoras einen weiten Bogen von den Uranfängen des Denkens bis hin zur „modernen" Naturwissenschaft und „Aufklärung" seiner Zeit.

Im Zentrum der vorsokratischen Philosophie stand neben metereologischen, geologischen und kosmologischen Phänomenen die Frage nach der „Arché" (gr. Anfang), nach dem Ursprungs-Wesen der Wirklichkeit. Nur mit Hilfe des denkenden Verstandes (der Logik) wurden die **Kosmologie** und **Astronomie** (Anaximander, Anaximenes), die **Elemente-** (Empedokles, Anaxagoras) und **Atomlehre** (Leukipp und Demokrit), die **Biologie und Evolutionslehre** (Empedokles), die **Anthropologie und Psychologie** (Empedokles, Demokrit) und die **Erkenntnislehre und Sinnesphysiologie** (Empedokles, Demokrit) entwickelt.

(1.) Die großen vorsokratischen Philosophen versuchten ihre Zeitgenossen aufzuklären und ihnen so religiös-abergläubische Ängste zu nehmen (Blitze als Ausdruck von Götterzorn, Unterweltsstrafen nach dem Tod etc.). Die Lehre von der Seelenwanderung, die wahrscheinlich aus dem indischen oder vorderasiatischen Bereich nach Großgriechenland eingewandert war, wurde als Befreiung von solchen Ängsten verstanden (Erlösung). **Das neue Welt- und Menschenbild**, das sich aus der archaischen Denkweise zu lösen begann, entdeckte den menschlichen Verstand als Quelle der Einsicht in die Zusammenhänge und als „Weg der Forschung" (Parmenides), die bis in die Neuzeit mehr theoretisch als praktisch betrieben wurde. Durch Aufklärung veränderte sich der Bezug des Menschen zur Religion und zum Mythos. Gott selbst wird zum Objekt menschlichen Denkens und damit seiner Übermacht entkleidet (frühzeitlicher Atheismus). Ja, mit den Sophisten erklärt sich der Mensch schließlich selbst zum Maßstab alles Erkennens und Handelns (Protagoras, Homo-mensura-Satz) und stellt sich, bildlich gesprochen, auf die Schultern des Atlas (*nube vehi validique umeris insistere Atlantis*, 149), mit dem Gefühl alles überblicken und verstehen zu können. Ein ungeahntes Machtgefühl und geistiges Freiheitsgefühl war mit diesem Prozess verbunden.

(2.) **Wissenschaftsdisziplinen:** **Kosmologie** oder vielmehr **Kosmogonie** (Uranfang des Weltalls: *magni **primordia mundi** et rerum causas*, 67 f.), **Naturphilosophie** und **Theologie** (*quid **natura** ..., quid **deus***, 68 f.), **Metereologie** (*unde nives, quae **fulminis** esset origo, ... quid quateret terras*, 69-71), **Astrologie** (*qua **sidera** lege mearent*, 71) und **philosophische Aufklärung** (*quodcumque **latet***, 72, *quaeque diu **latuere***, 147).

(3.) Die konkreten Ängste vor den Naturgewalten (Blitz und Donner, Erdbeben), die wir auch heute - zumindest als Kinder - immer noch genauso verspüren wie die Menschen früherer Zeiten, sind durch naturwissenschaftliche Aufklärung weitgehend verschwunden (noch heute werden Kleinkinder durch Aufklärung über das Phänomen getröstet). Geblieben ist die Angst vor dem Tod (*trepidosque obitumque timentis*, 151, *genus attonitum **gelidae formidine mortis**,*

153) und vor der Ungewissheit der Zukunft (*seriem evolvere fati*, 152). Beides sind bleibende Existentiale eines Lebe- und Sterbewesens, wie es der Mensch ist.

In der Geistesgeschichte - auch der Neuzeit - sind aber nicht nur Ängste abgebaut worden, sondern viele neue **Ängste** hinzugekommen; darin zeigt sich die „Dialektik der Aufklärung": **Daseins- und Leistungsängste** (vielfältige psychologische Krankheiten und Störungen, wie z.B. Essstörungen), **Weltuntergangs- und Katastrophenängste** (Umweltzerstörung und dritter Weltkrieg), Angst vor Seuchen- und die Schreckgespenster der **Erderwärmung** und des globalen **Terrorismus**. Es ist eigentlich erstaunlich, dass es der Menschheit in mehr als 2500 Jahren nicht gelungen ist, ihrer Ängste Herr zu werden. Insofern ist die Charakterisierung des Menschen als *genus attonitum gelidae formidine mortis* (153) durchaus zutreffend.

S. 147

Das Bild von **Michael Chelich** ist eine Allegorie des menschlichen Forschungsdranges und der Sehnsucht, die Enge der Welt und die geistige Einengung des Verstandes zu sprengen und die Weite des Kosmos für die eigene Existenz zu erschließen. Es ist ein spannungsgeladenes, teils auch paradoxes Bild, aber sehr anregend für die Deutung und Diskussion (zu den einzelnen Deutungsschritten siehe TB S. 167). Die Darstellung ist überaus dynamisch und schildert den explosiven Vorgang der geistigen Entwicklung der Menschheit.

Einzelne Beobachtungen:
• Am oberen Pol einer Erdkugel befindet sich ein **hohler Kopf aus Stein** oder Beton mit grüblerischem Gesichtsausdruck, der sich ab der Nase auf einer **Plattform** erhebt. Der größte Teil der **Hirnschale** ist (durch eine Explosion, überwiegend nach links hin) aufgesprengt, so dass das Innere frei liegt. In diesem Kopf befindet sich auf einem Podest die Stele oder Büste einer weiteren **steinernen Figur eines bärtigen Mannes**. Dieser hat den linken Zeigefinger mahnend oder dozierend erhoben und hält in seiner rechten Hand ein **Astrolabium**, in dessen Mitte eine Erdkugel aufgehängt ist (geozentrisches Weltbild).

• Auf der Plattform, von der aus sich steinerne Stege über den Erdkreis erstrecken, befinden sich eine Reihe von Menschen (Männer und Frauen), die alle ein grünes Tuch um die Hüften tragen. Von einer Grube mit einem **Dinosaurier-Skelett** (in Nordamerika), das sie offensichtlich betrachtet und untersucht haben, laufen sie mit ausgestreckten Armen (erwartungsvoll?) in den Innenraum des aufgebrochenen Schädels, wo sie sich jubelnd oder anbetend um das **Kultbild des Heros** versammeln.

• Um die Außenseite des Schädels herum befinden sich weitere Menschen, die zum Teil noch **Seile** festhalten, die an Pollern befestigt sind. Alle Seile im Vordergrund sind durch die Wucht der **Explosion** gerissen, während diejenigen im Hintergrund (die der Explosion abgewandte Seite) ein riesiges Tuch halten, das - halb losgerissen - in den Himmel hinaufflattert.

• Auf diesem Tuch sind einzelne **Lichtpunkte** (Sterne) und möglicherweise auch Sternbilder zu sehen; es dürfte also das „Himmelszelt" oder „Himmelstuch" bedeuten, an dem in der Vorstellung der Antike die Fixsterne und die Sternbilder hafteten („Firmament"). Hinter dem Tuch wird ein weiterer Kosmos (Sternenhimmel) sichtbar.

• Aus dem **Schädelinneren** erheben sich weitere, überwiegend unbekleidete Menschen, die Arme nach oben ausgestreckt, in staunender Bewunderung das **Weltall** betrachtend. Sie schweben dem Betrachter entgegen in die Weite des Kosmos, wobei am oberen Bildrand eine **Galaxie**, mehrere **Geier** und ein funkelndes, **eiförmiges Gebilde** (Supernova?) zu sehen sind.

• Unklar bleibt die Beziehung zwischen den nackten und den bekleideten Menschen, deren Tuch an die Tracht ägyptischer Priester erinnert. Versuchen sie die beiden im Vordergrund schwebenden nackten Menschen (einen Mann und eine Frau) zurückzuhalten, oder unterstützen sie sie? Man kann vermuten, dass die grüngewandeten Menschen die Wächter (?) des Himmelszeltes waren, von denen etliche bei der Explosion mit dem Tuch emporgerissen wurden - so hält der eine (Mitte links) noch ein Stück vom Seil in der Hand - und nun eher ängstlich (vgl. die beiden Frauen links) oder skeptisch (die mittleren Figuren) das Ungeahnte betrachten. Die meisten halten **physikalische Instrumente** und **Messgeräte** in ihren Händen; alle tragen ein **Amulett**.

• Die unbekleideten Menschen wirken freier und streben gezielter nach oben, wo sie mit einem **Prisma** (die Frau rechts) und mit einem **Spiegel** (?) das **Licht** (Symbol der Wahrheit und der Erleuchtung) einzufangen suchen. Man kann vermuten, dass die Unbekleideten diejenigen sind, die die gemeinsame Doktrin (~ den Glauben an das geozentrische und homozentrische Weltbild) „abgelegt" haben und nun vorurteilslos sich dem Anblick des Kosmos hingeben.

Deutung: Der Betrachter erhält einen Blick auf ein Geschehen, das er sozusagen aus nächster Nähe und *sub specie aeternitatis* mit beobachten kann. Vom Titel her geht es um ein religiöses Thema, nämlich den **Zusammenhang von Mensch, Gott und Schöpfung**. Inhaltlich geht es wohl um den **Aufbruch der Neuzeit** durch die Sprengung des homozentrischen und geozentrischen Weltbildes. Die Explosion erfolgte auf der rechten Hirnseite, also der Seite des Bewusstseins und der Rationalität.

Erst mit dem geistigen Aufbruch der Moderne entdeckt die Menschheit ihre eigene Vergangenheit (**Dinosaurierskelett** ~ Evolutionslehre) und damit ihre Vorläufigkeit. Sie wendet sich der Erforschung des Kosmos zu. Die **Geier** können einerseits als Todesvögel gedeutet werden oder - da sie hoch im Himmel kreisen - als Sinnbilder seelischen Aufstieges und geistiger Weite (~ Seelen-Vögel; vgl. den Adler des Zeus und die Figur des Prometheus). Wie der „Stein der Weisen", der „Heilige Gral" oder „Das Allerheiligste" stellt das **Urei** der Schöpfung das Zentrum menschlicher Erkenntnis und menschlichen Strebens dar (vgl. auch die Lichtsymbolik der Aufklärungszeit). Bringt man das Bild in Beziehung zur Person des Pythagoras und dessen Lehren, so kann die Kultfigur im Inneren des Schädels auf Kulturheroen wie Pythagoras, Empedokles oder Demokrit hindeuten.

3. Gliederung der Rede des Pythagoras (XV 60-478)

Numa, Nachfolger des (als Quirinus vergöttlichten) Romulus, geht nach **Croton**, wo er den Lehren des **Pythagoras** lauscht, die er als weiser König später anwendet.

60-74	Einleitung: Bedeutung des Pythagoras von Samos (als Lehrer und Aufklärer)
	Die **Lehren des Pythagoras** (in fiktiver wörtlicher Rede):
75-110	Gegen das **Verzehren von Tieren** (Seelenwanderung)
111-142	Verurteilung von **Tieropfern** (Seelenwanderung)
143-175	Die Lehre von der **Seelenwanderung** und der Wiedererinnerung (gr. Anamnesis)
176-258	„Panta rhei"-Lehre (Heraklit), der **„Fluss" der Zeit**
259-360	**Geologische Phänomene** (Entstehung von Land und Meer, Flüssen und Bergen)
361-417	**Urzeugung** (ungeschlechtliche Entstehung) und Geschlechtlichkeit, der **Phoenix**
418-452	**Entstehen und Vergehen von Städten** und Völkern (~ politische Evolutionslehre)
453-478	Zusammenfassung der Grundlehren: 1. **Unvergänglichkeit im Wandel** (*omnia mutantur, nihil interit*), 2. **Seelenwanderung**, 3. **Vegetarismus**

Für Ovid selbst, der in einem „aufgeklärten" Zeitalter lebte, in dem die Bindungen an die alte Religion zugunsten einer rituellen Staatsreligion und einer privaten, häuslichen Religion bereits weitgehend gelockert waren, stellten die Lehren des Pythagoras wohl eher so etwas wie ein Konglomerat frühzeitlicher Denkformen dar. Die Rede des Pythagoras wird also wohl kaum als persönliches Bekenntnis Ovids verstanden werden dürfen, sondern sie gliedert sich ein in das geschichtliche Curriculum der Bücher XII bis XV.

Dennoch ist nicht leicht zu verstehen, warum Ovid eine so umfangreiche Rede in den Schlussteil integriert, während er seine eigene Zeit nur ganz kurz und dadurch fast despektierlich abhandelt. Die Betonung der Vergänglichkeit alles Irdischen stellt in sich schon eine extreme politische, anti-imperialistische Äußerung dar; kein anderer Dichter hat die Konsequenzen eines evolutionären Weltbildes so deutlich vor Augen geführt (vgl. auch die Vier Zeitalter). Die Seelenwanderungslehre unterstützt wohl auch die **Verewigungsthematik**, die in den Büchern X bis XV im Vordergrund steht, und bereitet auf diese Weise den Epilog mit vor. Poetologisch gesehen vertritt die Rede des Pythagoras die **Gattung des Lehrgedichtes** (Lehrepos), die der Gattung des **Heldenepos** (in der Rekonstruktion der Gattungsgeschichte) folgt.

4. Übersetzung

165 **Alles wird verwandelt, nichts vergeht. Der Geist** schweift umher und
gelangt von dort hierher, von hier dorthin und besetzt alle möglichen
167 Glieder und **geht von tierischen in menschliche Körper über** ...
169 Und so wie Wachs leicht in neue Gestalten umgeformt wird,
nicht bleibt wie es war und nicht dieselben Formen bewahrt,
aber dennoch immer bleibt, was es ist: Ebenso lehre ich, **dass die Seele**
172 **immer dieselbe ist, aber in verschiedene Gestalten übergeht.**

176 Und da ich mich **auf hohe See begeben habe** und ich **die Segel voll in den
Wind gehängt habe**: **Es gibt nichts auf der ganzen Welt, was Bestand hat.
Alles fließt und jede Gestalt formt sich (nur) im Wandel.**
179 Auch **die Zeiten** selbst gleiten in unaufhörlicher Bewegung dahin,
nicht anders als ein Fluss. Denn weder ein Fluss kann stehen bleiben
noch **die flüchtige Stunde**, sondern wie die eine Welle von der anderen
182 angestoßen wird, selbst gedrängt wird und im Kommen die vorherige drängt,
so flüchten auch die Zeiten gleichermaßen, und gleichermaßen folgen sie
und **sind immer neu**. Denn was vorher war, bleibt zurück, und es entsteht,
185 was noch nicht war, und **so ist jeder Moment wieder neu**.

235 **Zeit, du gefräßige**, und auch du, **neidisches Alter**,
ihr zerstört alles; alles benagt der **Zahn der Zeit**
237 und verbraucht es allmählich in **schleichendem Tod**.

252 **Keinem bleibt seine Gestalt** und **die Natur, die Erneuerin der
Dinge**, erschafft aus den einen Gestalten jeweils andere.
Und **nichts gibt es im ganzen Weltall** - glaubt mir! -, **was vergeht**, sondern
255 es verändert und erneuert nur seine Gestalt, und geboren zu werden bedeutet,
dass man beginnt etwas anderes zu sein als man vorher war, und zu sterben
bedeutet, dass man aufhört dasselbe zu sein. Und auch wenn jenes vielleicht
258 hierhin und dieses dorthin getragen wird, **so bleibt insgesamt doch alles bestehen**.

454 Aber damit wir auf unseren Pferden nicht das Ziel aus den Augen verlieren und
allzuweit abschweifen: Der **Himmel** und alles, was darunterliegt, **verwandelt
sein Aussehen**, ebenso die **Erde** und alles, was auf ihr lebt.
457 Und auch **wir, ein Teil der Welt**, **können** - da wir nicht nur Körper sind,
sondern auch geflügelte Seelen - **wilde Tiere als Wohnung nehmen
und in den Körpern von zahmen Tieren hausen.**

5. Interpretation im Textverlauf

Die Seelenwanderungslehre (S. 148)

165	**Omnia mutantur, nihil interit.** Errat et *illinc* ␣	Antithese, Asyndeton
	huc venit, ↔ *hinc illuc* et quoslibet occupat artus ␣	Chiasmus
167	**spiritus** eque *feris* → *humana* ␣ in corpora **transit** ...	Chiasmus
169	Utque nov*is* facil*is* signatur **cera** figur*is*,	Vergleich, Homoioteleuton
	nec manet ut fuerat nec formas servat easdem,	Pleonasmus
	sed tamen ipsa ␣ eadem ␣ est: ‖ **animam** sic semper eandem ␣	Alliteration, Parallelismus
172	**esse, sed in varias** doceo **migrare figuras.**	Chiasmus (169-172)

Die Frage nach dem Bleibenden in allem Wandel (gr. Arché) gehört zu den Urfragen abendländischer Philosophie, ja, menschlicher Existenz überhaupt. *Omnia mutantur, nihil interit* fasst sentenzartig das Credo der Heilslehre des Pythagoreismus zusammen. Aller Wandel ist nur eine Veränderung von Gestalt und Ort, **ein Übergang** (*transit*, 167, und *migrare*, 172); er betrifft nur **das Äußere** (*artus*, 166, *corpus*, 167, *forma*, 170, *figura*, 172), aber nicht das Wesentliche, den Geist bzw. die Seele (*spiritus*, 167, *anima*, 170). Das Gleichnis von der beliebigen Formbarkeit des Wachses benutzt Ovid wiederholt (vgl. Pygmalion, TB S. 130).

Die Mutationslehre und die Zeit (S. 148)

176	Et quoniam ‖ magno feror aequore ‖ plénaque *v*entis ␣	Metapher (2x)
	*vé*la dedi: ‖ nihil est toto, quod perstet, in orbe.	*ve*-Alliteration, Hyperbaton
	Cuncta fluunt ‖ **omnisque vagans formatur imago.**	Hyperbaton
179	Ipsa quoque ␣ adsiduó labúntur **témpora** mótu,	Hyperbaton, o-Assonanz
	nón secus ác **flumén.** ‖ *Neque* ␣ *enim consístere flúmen* ␣	Vergleich
	néc **levis hóra** *potést,* ‖ *sed ut* únda ␣ *inpéllitur únda* ␣ ␣	Vergleich, abbildende Wortst.
182	úrgetúrque ␣ eadem veniéns urgétque priórem,	Polyptoton
	témpora síc fugiúnt paritér, paritérque sequúntur	Chiasmus
	ét **nova súnt sempér.** ‖ Nam *quod fuit ante,* relictum ␣ est	s-Alliteration, **Chiasmus**
185	fitque, *quod haud fuerat,* ‖ **moméntaque cúncta novántur.**	

Die Metapher der Seefahrt als Bild für den Erzählfortschritt oder - wie hier - für die Gewagtheit der These hat Ovid in der *Ars amatoria* häufig benutzt (Kennzeichen des Lehrgedichtes). *Cuncta fluunt* (178) ist ein Heraklit-Zitat (gr. *panta rhei*). Von diesem stammt auch die berühmte Metapher vom Fluss, in den man nicht zweimal steigen kann, da er nie derselbe bleibt. Heraklit hat damit ein Bild für das Grundparadox der Wirklichkeit gefunden, die immer *Sein* und *Werden*, Bestand und Veränderung zugleich ist. Zwar können Strukturen einige Zeit erhalten bleiben (das Flussbett), die Materie aber (das Wasser) befindet sich in ständigem Fluss: *omnis imago* (~ Sein) *vagans formatur* (~ Werden).
Die Zeit, die selber nur im Werden und Vergehen (als Zukunft und als Vergangenheit) sich erhalten kann und nur im ständigen Wechsel ewig sein kann, ähnelt eben darin dem Lauf eines Flusses. Indem sie alles mit sich reißt, ist sie selbst eine der zentralen Verwandlungsmächte. Auch hier bereitet Ovid den Epilog vor, da seine eigene Unvergänglichkeit im Laufe der Zeit und der Weltgeschichte an den beständigen Fluss des Weitererzählens und weiter Gelesen-Werdens gebunden ist: *ore legar populi* **perque omnia saecula** *fama ... vivam.*

Sehr schön veranschaulicht Ovid **das Ineinanderlaufen der Wogen** und die Wechselwirkung von hemmenden und treibenden Kräften (den Sog des Wellenspieles):

- Häufung von **Verschleifungen** (Vers 181 f. auch mit Elision und Enjambement),
- Wechsel zwischen **daktylischen und spondeischen Partien** (mit deutlichen und weniger deutlichen Zäsuren) als Veranschaulichung eines Brandungs-Rhythmus (vor allem 181 f.). Die Verse 183-185 sind überwiegend daktylisch, wobei *momenta* (185b) ein spondeisches Gegengewicht setzt.
- **Vokalanklänge** (Assonanzen), besonders bei den betonten Anfangslängen der einzelnen Metren, auf- und abklingende Vokalfolgen (in 181-183 ein Wechsel von e und u). Die Verse 178 f. und 185b, die eher dunkel und gravitätisch klingen, rahmen das Bild vom Fluss der Zeit.
- **Chiasmus** (183 und 184 f.) zur Illustration der gegenwirkenden Kräfte,
- **Wiederholungen**: *unda .. unda* (181), *urgeturque .. urgetque* (182), *fugiunt pariter, pariterque sequuntur* (183), *quod fuit ante, .. quod haud fuerat* (184 f.)

Die gefräßige Zeit (S. 148)

234	**Tempus edax** rerum, tuque, **invidiosa vetustas**,	Apostrophe/Personifikation, **Chiasmus**
	omnia **destruitis**, vitiataque **dentibus aevi**	Metapher
236	paulatim **lenta consumitis** omnia **morte**.	**Chiasmus**

Chiastisch stehen sich *tempus edax* und *invidiosa vetustas* gegenüber. Wie schon zuvor benutzt Ovid das Wortfeld der Zeit (*tempus, vetustas, aevum*) bzw. der Vergänglichkeit (*omnia destruitis, consumitis omnia; dentibus aevi, lenta morte*). Alt ist die Metapher vom „Zahn der Zeit". - Im Epilog greift Ovid dieses Bild und die Thematik wieder auf (Intertextualität): *edax abolere vetustas, incerti spatium mihi finiat aevi*).

Leben und Sterben als Verwandlungsprozess (S. 149)

252	**Nec species sua cuique manet**, **rerumque novatrix**	Antonomasie
	ex aliis alias *reddit* **natura** figuras.	Polyptoton
	Nec perit in toto quicquam, mihi credite, **mundo**,	Anapher, Hyperbaton
255	sed *variat* faciemque *novat*, **nascique** vocatur	
	incipere esse aliud, quam quod fuit ante, **morique**	Parallelismus
	desinere illud idem, cum sint *huc* forsitan *illa*,	**Chiasmus**
258	*haec* translata *illuc*, **summa tamen omnia constant**.	a/o-Assonanz

Die Terminologie der Verwandlung (vgl. den Wortschatz, TB S. 160 f.) bestimmt diesen Abschnitt: *manere, novatrix, figuras reddere, perire, variare, novare, nasci, transferre, constare*. *species* (252), *figura* (253) und *facies* (255) sind Termini der äußeren Gestalt. Wie bei der Weltentstehung (vgl. TB S. 21) bildet die Natur mit ihrem schöpferischen Potenzial (*rerum novatrix*, 252) eine grundlegende Verwandlungsmacht.

Man kann mit den Schülern darüber diskutieren, ob die Vorstellung, dass Tod und Leben nur Übergangsstadien sind (der Körper als momentanes Konglomerat bestimmter Elemente), heute noch gültig ist. Im rein naturwissenschaftlichen Sinne dürfte dies weitgehend auch dem modernen Weltbild entsprechen (etwa alle sieben Jahre tauschen wir durch den Stoffwechsel unsere Materie vollständig aus). Ob in der Summe alles bestehen bleibt (*summa tamen omnia constant*, 258) bzw. ob die Materie ewig ist, ist dagegen eine offene physikalische Frage.

Die Seelenwanderungslehre (S. 149)

453	Ne tamen oblitis ad metam tendere longe␣␣	Metapher
	exspatiemur equis: **caelum**␣et quodcumque sub illo␣est,	Hyperbaton, e-Alliteration
455	**inmutat formas tellus**que␣et quicquid in illa␣est.	Parallelismus
	Nos quoque, **pars mundi**, quoniam non **corpora** solum,	quo-Alliteration
	verum␣etiam **volucres animae** sumus, **inque ferinas**␣␣	
458	**possumus ire domos pecudumque␣in corpora condi.**	p-Alliteration

Wieder leitet Ovid mit einer Metapher (Pferderennen) einen neuen Abschnitt ein (s. o.). Sprachlich ist der Passus durch archaisch-religiöse Sprachformeln (*caelum et quodcumque sub illo est*, 455) und durch eine prosaische Sprache geprägt (Lehrgedicht).

(1.) Pythagoras nennt als **Verwandlungsmächte** die **Bewegung** und damit die **Zeit** (*adsiduo labuntur tempora motu*, 179) und die **Natur** (*rerumque novatrix* ..., 252 f.). Da die Rede durchgehend naturwissenschaftlich geprägt ist, werden die Götter und damit die mythologisch-religiöse Deutung der Wirklichkeit nicht erwähnt. - Begriffe und Aussagen zu Vergänglichkeit und Unvergänglichkeit sind in den Texten (oben) rot markiert.

(2.) Die **Seelenwanderung** ist keine Metamorphose, da sie keine bleibende Gestaltveränderung darstellt, sondern nur einen Wechsel des Wohnortes, bei dem die Seele identisch bleibt, ihr Freiheitsraum jedoch unterschiedlich eingeschränkt ist (der Körper als Grab der Seele).

(3.) In der Forschung war es lange umstritten, ob Ovid mit der Rede des Pythagoras (Wandlungs- und Seelen-Wanderungslehre) das **Konzept der Metamorphose** (Verwandlungs-Sage) stützen wollte oder gar in den Inhalten der Rede ein verkleinertes Abbild des Gesamtwerkes hat vorlegen wollen, eine Art Deutungsschlüssel. Ein solche These geht von der falschen Vorstellung aus, dass **a)** entweder dem Mythos eine einheitliche Theorie von Verwandlung zu Grunde läge, die als naturwissenschaftliche Lehre erfasst und beschrieben werden könnte, oder **b)** dass Ovid selbst eine einheitliche Theorie von Verwandlung entwickelt hätte, mit deren Hilfe man jede Verwandlung konzeptionell interpretieren könnte. Beides ist nicht der Fall!
Die Verwandlung führt in allen Fällen zu einer *neuen Gestalt*, in der das Wesen einer Person einen neuen Ausdruck findet. Die verwandelte Gestalt bleibt dauerhaft als neues Wesen (Lorbeerbaum), als Lokalität (Salmacis-Quelle) oder als Stern (*sidus Iulum*) erhalten und erfüllt die Funktion eines Mahnmales (vgl. Niobe). Auf Dauer wird die Natur zu einem Spiegel, in dem der Mensch sein eigenes Wesen und die Vielfalt seiner Möglichkeiten erkennen kann. Die Wandlungslehre dagegen (*cuncta fluunt*) lässt nichts, keine Form und keine Gestalt auf Dauer bestehen, so dass auch keine bleibende, sondern nur eine momentane Orientierung für den Menschen möglich ist (*momenta cuncta novantur*, 185). Einzig die Seele als ein diesem Prozess entrückter Teil garantiert die Kontinuität über alle Veränderungen hinweg.

Suzanne Duranceau: Das letzte Bild der Erd-Trilogie zeigt die sterbende Erde, auf der die frühere Ordnung und vom Menschen durchgeführte Gliederung noch erkennbar ist. Während im Außenkreis noch einige Reste menschlicher Zivilisation sichtbar sind, erscheint der Innenkreis wüst und leer. Erde und Wasser sind als Elemente getrennt (ein Rückfall in die urzeitliche Erde) und das Land liegt seiner Geschöpfe verwaist nackt und bloß da (*suis animalibus orba*, TB S. 22, Vers 72). - *Tempus edax rerum, tuque, invidiosa vetustas, omnia destruitis* ... (234 f.). - Zerrissen und abgestorben bringt der Erdboden kein Leben mehr hervor, im Zentrum liegen symbolhaft die Gebeine der Mutter Erde.

Die Apotheose Caesars (S. 150-151)

1. Zentrale Deutungs-Aspekte

Inhalt: Unveränderbarkeit des Schicksals
Interpretation: Zweideutigkeit der Aussage, (Grammatik: Futurformen)
Gattung: Epos (Parodie?)
Erzählebenen (S. 12): politisch

2. Übersetzung

746 **Caesar ist Gott** in *seiner eigenen* Stadt. In Kriegsrüstung und in Toga (gleichermaßen) überragend, haben seine im Triumph beendeten Kriege, seine politischen Leistungen und sein so schnell angewachsener Ruhm in allen Dingen nicht mehr
749 zu seiner Verwandlung in einen neuen Stern mit langem Schweif beigetragen als *sein* Nachkomme. Denn von den Taten **Caesars** war kein Werk bedeutender,
751 als dass er [durch testamentarische Adoption] der **Vater von diesem** geworden ist.

760 Damit *dieser* also *nicht aus sterblichem Samen gezeugt* sein sollte, *musste **er zum Gott gemacht werden***. Als das **die goldene Erzeugerin des Aeneas** sah, und auch sah, dass dem **Oberpriester** ein trauriger Tod
763 bereitet wurde und die Waffen der Verschwörer sich regten, erbleichte sie und zu allen Göttern - wer immer ihr gerade entgegen kam - sprach sie: „ Schau doch, mit welcher Gewalt *mir* ein Hinterhalt gestellt
766 wird, und von welchem Betrug **der Kopf** bedroht ist, der *mir* von dem Trojaner Julus allein noch übrig ist."

807 Folgendes sprach ihr Vater zu ihr: „Du allein, **mein Kind**, willst **das unüberwindliche Schicksal** verändern? Selbst magst du das Haus der drei Schwestern betreten. Dort wirst du in der riesigen Halle
810 die **Schicksalstafeln aus Erz und hartem Eisen** erblicken, die (dort) **sicher und ewig** weder den **Einsturz des Himmels** noch die **Gewalt des Blitzes** noch irgendeinen **Untergang** zu fürchten brauchen.
813 Finden wirst du dort, **eingeritzt in unzerstörbaren Stahl**, **das Schicksal** deines Geschlechtes. Ich selbst habe es gelesen und es mir gemerkt und will es dir
815 wiedergeben, damit du nicht länger mehr über die Zukunft im Unklaren bist.

840 Nimm unterdessen diese Seele aus dem ermordeten Körper und mache sie zum Stern, damit **der vergöttlichte Iulius** von seinem erhabenen Sitz aus
842 immer auf *unser* Kapitol und das Forum hinabschauen kann.

3. Interpretation im Textverlauf

Zunächst muss beachtet werden, dass die Apotheose Caesars nur eine von mehreren ist, die eine Entelechie bilden: Herkules, Romulus, Caesar, Augustus (*in spe*) und Ovid (*in ore*). Dies relativiert die Bedeutung, die Ovid der Apotheose Caesars beimisst. Noch heute - mit dem Abstand von 2000 Jahren - ist es schwer zu entscheiden, ob Ovid tatsächlich dem Kaiserhaus huldigt, oder ob er eigentlich genau das Gegenteil tut, indem er in gewagter Weise die Bedeutung des julischen Kaiserhauses relativiert und eher nebensächliche Szenen (etwa die jammernde, machtlose Venus) in den Vordergrund stellt. Entsprechend gespalten sind hier die Reihen der Interpreten.

Nihilismus ist nach Nietzsche die Umwertung aller Werte, und so wird Augustus wohl mit Recht solche Partien verstanden haben. Es ist auch schwer zu sagen, ob Ovid den Epilog erst nach dem Verbannungsurteil an sein Werk angehängt hat, eine Art Trotzreaktion. In dem Fall hätte wohl der ursprüngliche Schlusssatz des Epos Augustus gegolten: *tarda sit illa dies et nostro serior aevo, qua caput Augustum, quem temperat, orbe relicto accedat caelo faveatque precantibus **absens**!* - XV 868-870). Möglicherweise aber wollte Ovid auch schon vor dem Verbannungsurteil eine Sphragis ans Ende seines Epos setzen, um mit seiner eigenen Selbstapotheose zugleich auch die Rolle der Kunst in den Vordergrund zu stellen und den dichterischen Lorbeer über den Kriegslorbeer zu erheben.

Caesars Verdienste und die Klage der Venus (S. 150)

746	**Caesar** in urbe *sua* **deus est**. Quem Marte togāque praecipuum *non* bella *magis* finita triumphis	Metonymie
	resque domi **gestae** properata*que* **gloria rerum**	Polysyndeton
749	in sidus vertēre novum stellamque comantem,	
	quam **sua progenies**. *Neque* enim de **Caesaris** actis	
751	ullum maius **opus**, *quam* quod **pater** exstitit **huius**.	
760	**Ne foret *hic* igitur mortali semine cretus**,	
	***ille* deus faciendus erat**. Quod ut **aurea** vidit	Epitheton ornans
	Aeneae genetrix, *vidit* quoque **triste** parari	Antonomasie, Anapher
763	**pontifici letum** et coniurata arma moveri,	Enallagé
	palluit et cunctis, ut cuique erat obvia, divis	
	„Adspice", dicebat, „*quanta mihi* mole parentur	Lautmalerei der jammernden Klage
766	insidiae *quanta*que **caput** cum fraude petatur,	Anapher
	quod de Dardanio solum ***mihi*** restat Iulo."	

Sprachlich ist diese Passage fast rein prosaisch gehalten, was durch die wenigen Stilmittel und die unelegante Metrik noch verstärkt wird. Das ganze liest sich wie ein Stück Pflichtlektüre, und doch hat Ovid das obligatorische Herrscherlob mit seinem eigenen Witz angereichert.
Die ganze Szene ist eine herrliche Parodie und reich an parodistischen Zweideutigkeiten, unter anderm darin, dass hier Vergils Pathos und sein - aus Ovids Sicht - platter Nationalismus durch Intertextualität (Bezüge zur Aeneis) lächerlich gemacht werden. Dichter hat Ovid kaum anderswo Sprache und Stil der Aeneis nachgeahmt. Folgende Punkte sind zumindest parodie-verdächtig:

- Dass Caesar zum Gott erhoben werden *musste*, klingt wie eine sachliche Notwendigkeit, aber nur solange man den Urbeher dieses Konstruktes, Augustus, nicht nennt. Augustus musste seinen Adoptivvater „natürlich" zum Gott machen, um selber göttlich sein zu können (scil. nur per Adoption, nicht per Geburt!). Eine freche oder gar unverfrorene und selten offene Kritik an augusteischer Propaganda. [vgl. insgesamt die Diskussion bei Bömer!]
- Das Konstrukt der Erbfolge wird auch durch den Begriff *aurea* Aeneae **genetrix** (~ „göttliche Erzeugerin") ins Lächerliche gezogen. [vgl. dagegen Bömer, S. 459]
- Dass sie jeden Beliebigen anspricht und ihm ihr Leid vorjammert (*et cunctis, ut cuique erat obvia, divis*, 764), trägt wenig zu ihrer Würde als Göttin bei. Ihre Beschwerde, ***quanta*** *mihi* **mole** *parentur / insidiae* (765) parodiert das berühmte ***tantae molis*** *erat, Romanam condere gentem* aus dem Proömium der Aeneis.
- Ihre Idee, Caesar durch Einnebelung seinen Feinden zu entziehen, ist auch nicht gerade

neu, (mehrfach in der Ilias und Odyssee, vor allem die wenig ruhmvolle Rettung des Paris durch Aphrodite/Venus im Zweikampf gegen Menelaos; vgl. auch Aeneas, der vor dem Betreten Karthagos von Venus in einen schützenden Nebel gehüllt wird).

Es kommen zwei Stellen hinzu, die in den Text nicht mit aufgenommen wurden:
- Regelrecht sarkastisch klingt die indirekte Kritik an den in der Kaiserzeit zunehmenden Triumphen, die der Glorifizierung des Systems und seiner Führer dienten: *et multos meruisse, aliquos egisse triumphos* (757 - und dass er **viele** Triumphe verdient hatte, und auch **ein paar** feiern konnte).
- Hinzu kommt der überglorifizierende Dank an die Götter in 758 f.: *... quam tantum genuisse virum? Quo praeside rerum / humano generi, superi, favistis* **abunde**! (Was könnte denn mehr sein, ... als solch einen Mann hervorgebracht zu haben? Dadurch, dass er Staatsführer war, habt ihr Götter dem menschlichen Geschlecht *mehr als nötig* eure Gunst erwiesen).

Das Schicksals-Tabularium (S. 151)

807	Talibus hanc genitor: „Sola **insuperabile fatum, nata**, movere paras? *Intres* licet ipsa sororum	Rhetorische Frage
	tecta trium. *Cernes illic* molimine vasto	t-Alliteration
810	**ex aere et solido** rerum tabularia ferro,	
	quae *neque* **concussum caeli** *neque* **fulminis iram**	c-Alliteration, Polysyndeton
	nec metuunt **ullas** ←**tuta atque aeterna**→ **ruinas**.	abbildende Wortstellung
813	*Invenies illic* **incisa adamante perenni**	Parallelismus
	fata tui generis: <u>legi ipse animoque notavi</u>	Polysyndeton
815	et <u>referam</u>, ne sis etiamnum ignara futuri.	
840	Hanc animam interea caeso de corpore raptam	c-Alliteration
	fac iubar, ut semper Capitolia **nostra** forumque	
842	**divus** ab excelsa prospectet **Iulius** sede!"	Hyperbaton

Im Hintergrund der Darstellung steht die **Klagerede der Venus** aus der Aeneis (Aen. I, 227-253; *quem das finem, rex magne, laborum?*, 241) und die **Antwortrede Jupiters** (ebda. 257-196).

Die Passage ist hoch poetisch und vom Klang epischer Sprache getragen. Hinzu kommt das mantische Futur des Praesagiums. Die sprachlichen und inhaltlichen Bezüge zum Epilog sind noch dichter als in der Rede des Pythagoras (vor allem 810-812). Dagegen weist die kleinbürgerliche Vision, wie der vergöttlichte Julius von seinem himmlischen Hochsitz aus auf „unser Kapitol und unser Forum" herabschaut, wieder den destruierenden Tonfall auf.

Eine poetologische Anspielung scheint in Vers 814 f. vorzuliegen: „it seems that Ovid is portraying Jupiter as having „read", „memorized", and as now „recalling" his own words in Aeneid I", und: „distant prophecy in *Aen.* I has now become present reality in *Met.* 15." (Smith, R. A.: Epic Recall and the Finale in Ovid's Metamorphoses, Museum Helveticum 51/1994, 45-53; ebda. S. 52).

S. 151

(1.) Bereits der Auftakt: *Caesar in urbe sua deus est* (746) kann nur als **karikierende Kritik** gelesen werden. Weder war Rom *sua urbs*, noch wollte Caesar als *deus* verehrt werden. Eine solche Vorstellung lag dem Römer eigentlich völlig fremd und wurde eher durch Vorbilder im Orient oder durch Caesars Feinde genährt.

Die Karikatur oder besser **Parodie** lebt davon, dass alle Sätze wortwörtlich für sich genommen völlig richtig und stimmig sein können, dass aber durch Überzeichnung, durch veränderte Betonung oder durch Auslassung insgesamt ein schiefes, ironisches Bild entsteht.
- Caesar hat keine größere Tat vorzuweisen als die Adoption des Augustus!? (746-751)
- Er musste um der Karriere des Augustus willen zum Gott erhoben werden!? (760-761)
- Seine Mutter (süffisant *genetrix*: Erzeugerin!) klagt in jammerndem Tonfall vor allen Göttern und gibt so ihre Macht und ihre Würde preis (761-767).
- Caesar wird von Venus zum Stern erhoben (Apotheose, Katasterismos), damit er von oben eine bessere Aussicht auf das Geschehen in Rom hat!

Insgesamt spielt Ovid sehr deutlich auf Inhalt und Stil der Aeneis an (Intertextualität) und unterwirft so deren Pathos und deren imperialistische Ideologie der Kritik.

(2.) Schon die Kürze der Abhandlung und der auf ein abschließendes Gebet für Augustus folgende Epilog mit der Selbst-Apotheose Ovids lassen kaum noch eine linientreue Auslegung zu. Wenn überhaupt **Panegyrik** und nicht von vornherein **Parodie**, so erfolgt diese doch äußerst schematisch und fast mit Widerwillen, den Konventionen und den Erwartungen der Zeit folgend. Selbstbewusst stellt Ovid das **Reich der Poesie** neben das **Imperium der Politik** und den **dichterischen Lorbeer** über den **Kriegslorbeer** der Triumphatoren.

Das Bild von **Adolphe Yvon**, das an seine berühmte Napoleon-Darstellung erinnert, ist eine kritische Allegorie auf den Imperialismus und seine Folgen. Der Imperator reitet buchstäblich über Leichen, während er die Weltkugel als Ziel seiner Eroberungen und als Symbol seiner grenzenlosen Gier in der ausgestreckten rechten Hand hält und mit seinem Blick fixiert. Auf einem Tigerfell sitzend (~ die Bezähmung alles Wilden) trägt er auf dem Kopf den Siegeslorbeer und hält die Zügel straff in der Hand. Der rote Feldherrenmantel umweht ihn dynamisch, als ob er alle Lebenskraft in seiner Person vereinen würde.

Begleitet von mitleidlosen Soldaten folgt ihm ein Zug von Gefangenen, die einen Strick um den Hals tragen, der am Schweif des Pferdes festgeknotet ist. Alle Völker, Altersstufen und Geschlechter müssen dem Zug des Imperators folgen, ihre Verzweiflung und ihre um Mitleid flehenden Gesten und Bitten bleiben ungehört. Das vergilische *parcere subiectis* scheint hier vergessen zu sein.

Mit Schwert und Fackel schwebt die Furie des Krieges (vgl. Vergil I 294-296: *furor impius belli*) über dem Zug, hinter sich Brand und Verwüstung zurücklassend, vor sich den Tod, der wie ein gespenstisches Brüderpaar in synchroner Bewegung mit Sicheln seine Ernte einbringt. Der Totenkopf im Vordergrund ist ein stilles *memento mori*, die Visitenkarte des Todes.

Keine Zuflucht gibt es mehr, und so werden auch die Menschen, die sich um Asyl heischend zum Altar der „Patria" geflüchtet haben, gnadenlos hingemetzelt. Eine Blutlache auf den Stufen weist darauf hin, dass das Asylrecht schon zuvor missachtet wurde, und dass dem Sieger nichts mehr heilig ist: *pietas* unterliegt der *gloria*.

Zur grausamen Dynamik der Vernichtung trägt die Natur symbolhaft bei (auch dies eine vergilische Erzähltechnik). Dunkle Sturmwolken ziehen von rechts nach links und verdüstern den Himmel, während der kahle Baum im Hintergrund sich vom Wind gepeitscht nach links neigt, während eine Krähe im schnellen Flug darüber hinwegzieht. Wie ein brausender Sturm zieht der Zug der Vernichtung durch die Lande.

Angesichts der Verherrlichung des Imperialismus im Europa des 19. und 20. Jahrhunderts stellt das Bild ein seltenes kritisches Fanal dar, ähnlich wie Picassos *Guernica*. Ob Ovid selbst den Römischen Imperialismus ähnlich kritisch gesehen hat, muss offen bleiben. Sein Stil war es nicht, die Gräueltaten seiner Zeit mit moralisierendem Ernst anzuprangern, sondern sie vielmehr mit leisem Spott und mit Mitteln der Poesie zu desavouieren.

Epilog (S. 152-153)

1. Übersetzung

871 Und schon <u>habe ich</u> ein <u>**Werk**</u> <u>vollendet</u>, das weder **der Zorn Jupiters** noch **Feuer** und **Schwert** noch **das gefräßige Alter** werden vernichten können.
Wenn er will, **jener Tag**, der kein Recht außer das auf **diesen Körper** hier
874 besitzt, mag er ruhig **die unsichere Dauer meines Lebens** beenden.
Denn **mit dem besseren Teil meiner selbst** werde ich **auf ewig über die hohen Sterne hinweg** getragen werden und **mein Name** wird unzerstörbar sein.
877 Und überall, wo sich **römische Macht** über die beherrschten Länder hin erstreckt, werde ich im **Mund des Volkes** gelesen werden, und **durch meinen Ruhm** werde ich **über alle Zeiten hinweg**, falls **die Voraussagen der Seher** noch etwas gelten, **leben**.

2. Interpretation

Der **Epilog** ist als **poetologische Sphragis** (abschließendes, persönliches Siegel), als **Epigramm** (persönliche Grabinschrift), als **Selbstprophezeiung** und als **poetisches Testament** des Dichters Ovid zu verstehen. Innerhalb der *Metamorphosen* ist er neben dem **Prolog** (*fert animus*) der einzige direkt vom Dichter selbst gesprochene Teil, hat also auch *existenzielle* Relevanz. Mehr als sonst erfahren wir darin von den Zielen und Hoffnungen des Dichters, auch wenn der Epilog in erster Linie als *literarisches* Zeugnis zu sehen ist.

S. 152

Das Bild von **Thomas Cole** gehört zu einer Serie „*the course of empire*", (der Verlauf des Reiches) von 1834 bis 1836 mit den Bildern „*The savage state*" (der wilde Zustand), „*The pastoral or arcadian state*" (Der ländliche Zustand), „*The consummation of empire*" (die Vollendung des Reiches, → TB S. 9), „*Destruction*" (Zerstörung) und „*Desolation*" (verwüsteter Zustand).
In ähnlicher Weise kann man auch die *Metamorphosen* als einen Gesamtblick auf die geschichtliche Entwicklung, das Werden und Vergehen von Mensch und Welt begreifen. In der Rede des Pythagoras vertritt dieser die Idee des Aufblühens und Absterbens ganzer Reiche und Völker: *sic tempora verti cernimus atque illas* **adsumere robora** *gentes,* **concidere** *has* (Met. XV 420-422; vgl. Spengler: Der Untergang des Abendlandes). Der Vogel Phoenix ist ein Sinnbild für diese zyklische Entwicklung (Met. XV 391-407).
Das Bild kann der selbstwussten Prophezeiung Ovids (*quaque patet domitis* **Romana potentia** *terris*, 877) entgegengestellt werden und man kann fragen: *Welche Errungenschaften bleiben im Auf und Ab der kulturellen Entwicklung immer bestehen? Von welchen Errungenschaften* **unserer** *Kultur kann man vermuten, dass sie Jahrhunderte überdauern werden?*

Die Vision der in unzerstörbaren Stahl eingeritzten Schicksalsbeschlüsse (TB S. 151) erinnert an die Grundschwierigkeit der Menschen, eine Dauerhaftigkeit der Erinnerung durch Fixierung in irgendeiner Form zu erreichen (vgl. heutige Datenträger wie CD-Rom, Photos, Hologramme etc. und ihre Verfallszeiten).
Ovid war sich wohl bewusst, dass nur das, was sich wandelt, auch Bestand haben kann, und dass die Bedingung für sein Weiterleben nicht in erster Linie an Äußerlichkeiten geknüpft ist (Haltbarkeit und Verbreitung von Büchern, politische Stabilität etc.), sondern an das bleibende Interesse, das seine Dichtung findet. Nur dann überlebt sie in der kulturellen Tradition und wird in allen möglichen Rezeptionsformen Teil der kulturellen Evolution.

Epilog (S. 152)

871	*Iamque opus* exegi, quod *nec* **Iovis ira** *nec* **ignis**	Metonymie, i-Alliteration
	nec poterit **ferrum** *nec* **edax** abolere **vetustas**.	Metonymie, Polysyndeton (Anapher)
	Cum volet, **illa dies**, quae nil nisi **corporis huius**	Antonomasie
874	ius habet, **incerti spatium** mihi finiat **aevi**.	Hyperbaton, Enallagé
	Parte tamen **meliore mei** super alta perennis	m-Alliteration, Hyperbaton
	astra ferar, nomenque erit indelebile nostrum.	Hyperbaton
877	Quaque patet domitis **Romana potentia** terris,	Hyperbaton
	ore legar populi, ‖ perque omnia saecula fama,	p-Alliteration, Metapher
879	si quid habent veri vatum praesagia, ‖ **vivam**.	v-Alliteration

S. 153

(1.) *Parte meliore mei* (875) meint zunächst die Seele als das Bleibende und Unzerstörbare (vgl. die Lehre des Pythagoras), aber sicherlich auch das geschaffene Werk, in dem Ovid sich als Dichter entäußert und verewigt hat.
Die Wortfelder lassen sich leicht zu einem Tafelbild zusammenstellen. Elemente der Vergänglichkeit werden verneint, Elemente der Dauerhaftigkeit durch Attribute verstärkt. Man kann im Anschluss fragen: *Lassen sich weitere, heutige Elemente von Dauerhaftigkeit und Vergänglichkeit nennen?* (z.B. das Internet, wo all das weiterlebt, was immer wieder neu aufgerufen und gelesen und in neue Zusammenhänge eingebunden wird. - *Wodurch könnte dieses Netz zerstört werden?*).

Vergänglichkeit	Dauerhaftigkeit
	- **opus** exegi
- Iovis ira (Blitz) [~ Zorn des Augustus?]	
- ignis (Feuer)	
- ferrum (Schwert, ~ Krieg und Gewalt)	
- edax vetustas	
- illa dies (= mors) → corpus	
- spatium incerti aevi → tamen	- **parte** meliore **mei** (~ anima, opus)
	- super **alta** astra **perennis** ferar
	- **nomen** erit **indelebile nostrum**
- qua patet Romana potentia	- ore legar populi
- si quid habent veri vatum praesagia	- **fama** per omnia saecula **vivam**

(2.) So wie die Narzisse an Stelle des Narcissus entsteht und für immer an sein Schicksal erinnert, wird auch Ovid sterben, doch wird die Erinnerung an ihn in seinem Werk, das seinem Wesen und Charakter entspricht, weiterleben. Die Verwandlung beginnt quasi mit der Veröffentlichung des Werkes. Der Hinweis auf die Sterne (sogar: *super alta astra ferar*) lässt an einen Katasterismos (Verstirnung) denken als höchste Form der Metamorphose (und zugleich als Vergöttlichung).

(3.) Der Selbstapotheose Ovids geht **eine Reihe von Apotheosen** voraus, die in einer Klimax angeordnet sind (siehe im TB S. 136 f., braune Markierung): Herkules (Buch IX, TB S. 112), Aeneas und Romulus (Buch XIV), schließlich Caesar (Buch XV).
Aber auch die Erzählung um die Sibylle von Cumae (Buch XIV) und die Rede des Pythagoras (Buch XV) bereiten das Thema vor. - Sehr bescheiden im Vergleich zum Epilog klingt das Ende von Tristia IV 10 (TB S. 8). An der Gleichheit des Wortlautes wird erkennbar, dass Ovid beide Texte bewusst verknüpft hat (Selbstzitat, Intertextualität).

S. 153

(4.) Die Selbstprophezeiung Ovids klingt zwar recht anmaßend, doch hat Ovid tatsächlich Recht behalten. Man sollte jedoch unterscheiden zwischen persönlicher Arroganz (um die es hier wohl nur am Rande geht) und poetischer Stilisierung.

Falls der Epilog nach dem Verbannungsurteil verfasst wurde oder nach dem Urteil nicht mehr verändert wurde, stellt er eine Kampfansage dar und ein mutiges Zeugnis für die Freiheit und das Selbstbewusstsein eines Künstlers gegenüber den Ansprüchen der Politik und ihrer Forderung nach Anpassung an die geltende Doktrin. Das, was Augustus kaum für sich hätte reklamieren können und allenfalls erhoffen konnte, spricht Ovid in der Funktion eines *vates* (Dichters und Sehers) selbstbewusst für sich aus: *nomen erit indelebile* **nostrum** und *fama* **vivam** (als Schlusswort des gesamten Epos!).

Kurt Wenner (vgl. S. 149) [Ikarus, Phaethon und die Zeit (mit Sense und Stundenglas)]

S. 153

(5.) Die Anklänge fallen schnell ins Auge: Die Negation der Zerstörungsmächte, die Begriffe *perennis* und *altius* (bei Ovid: *super alta perennis astra ferar*) und die Vorstellung des Weiterlebens: *non omnis moriar* **multaque pars mei** (bei Ovid: **parte meliore mei**).

Wie im Prolog (*ad mea tempora*) bezieht Ovid auch im Epilog die Aussagen auf die eigene Person (*opus exegi, corporis* **huius**, **mihi** *finiat*, **parte meliore mei**, *nomen* **nostrum**, **vivam**). Horaz dagegen sieht sein Werk als ein Denkmal (*monumentum*), das schon rein äußerlich von seiner Person getrennt ist. Sein Anspruch bleibt bewusst bescheiden (**non omnis moriar multaque pars mei**; **crescam** *laude*) und auch die Erfüllung der Schlussbitte *cinge volens, Melpomene, comam* wird der Muse freigestellt; es gibt keinen Automatismus des Ruhmes.

S. 153

Das Bild „Endzeit" von **Angerer d. Ä.** bezieht sich auf die Apokalypse des Johannes. Am Ende der Zeit wird alles in einen großen Trichter hineingesogen und alle Ereignisse der Geschichte und der kosmischen Evolution verdichten sich zu einem einzigen Moment, wenn alle bisher festen Koordinaten zusammenfallen. Das Bild erinnert an physikalisch-kosmologische Ereignisse (Schwarzes Loch, Galaxienwirbel etc.) und an christlich-mythologische Visionen vom Höllensturz der gefallenen Engel und von endzeitlichen Auseinandersetzungen zwischen Licht und Finsternis, Erleuchtung und Verdammnis.

Die ausgestreckte Hand vor dem Medusenhaupt (links unten) mahnt den Betrachter vor dem Schreckensbild der Endzeit, wenn die Posaunen erschallen und das Endgericht naht.